FLASH

新・100年予測

FLASHPOINTS

George Friedman

ジョージ・フリードマン

夏目大 訳

The Emerging Crisis in Europe

ヨーロッパ炎上

早川書房

POINTS

新・100年予測

——ヨーロッパ炎上

FLASHPOINTS

The Emerging Crisis in Europe

by

George Friedman

Translated by
Dai Natsume
First published 2015 in Japan by
Hayakawa Publishing, Inc.
This book is published in Japan by
arrangement with
Doubleday
an imprint of The Knopf Doubleday Publishing Group
a division of Random House LLC
through The English Agency (Japan) Ltd.

装幀／國枝達也

我が姉、アーギに捧ぐ

死にゆく若者への賛歌

飼われた牛のように死んでいくものたちに　弔いの鐘など何の意味があろうか
ただ怪物のような銃の怒りがあるだけだ
ただライフルが時々つかえながら早口で話しているような音をたてるだけ
早口ながらも一応は祈りの言葉を唱えているのだろうか
彼らにもうごまかしはやめてくれ　祈りも鐘もいらない
哀悼の言葉もいらない　ただ声を合わせて歌うだけでいい
耳をつんざく狂ったような砲弾の音も嘆きの合唱に聞こえる
あとはもう悲しい村からラッパの音が彼らのために鳴り響けばいい
彼らを弔うためのろうそくはどこだ
少年たちの手の中にはない　きっと目の中にある
聖なる別れの言葉はかすかだが美しい輝きを放つだろう
少女たちの青ざめた額は彼らの聖布とすればいい
辛抱強い心　その優しさを花として手向けよう
そして今宵も夜の闇がゆっくりと　とばりのように降りていく

――ウィルフレッド・オーエン、一九一八年一一月四日、サンブルの戦いにて戦死

目次

III 紛争の火種

はじめに

一九一四年から四五年までの間に、ヨーロッパでは、戦争、集団虐殺、粛清、計画的飢餓などの政治的理由によって一億人もの人間が死んだ。それは他のどの時代と比べても、世界の他のどの場所と比べても極めて異常な数である。しかも、四〇〇年以上にもわたって世界の大半を支配下に置き、人々の世界観を大きく変えてきたヨーロッパで、これだけの死者を出したというのが驚きだ。

彼らが世界を征服した時代は、世界の人々の日常生活が大きく変わった時代でもある。音楽は、かつては演奏されている場所まで行って生で聴くしかないものだった。識字能力は、本が貴重で手に入りにくいものだったために、ほとんどの人にとって役立たないものだった。夜の暗闇は、かつては耐えるしかないものだったが、今では自分の意志ですぐになくすことができる。平均寿命は倍ほどにまで伸びた。出産の時に命を落とす女性は大幅に減った。一九一四年までの間に、ヨーロッパ人が自分たち自身だけでなく、世界のあらゆる人々の暮らしをいかに変えたか、それを正確に把握することは難しい。

一九一三年にヨーロッパのどこかの都市でコンサートに行くと想像してみてほしい。演目には、モーツァルトやベートーヴェンの曲が並んでいる。それは冬の寒い夜かもしれないが、ホールは眩しいくらいに明るく、暖かい。客席には、優雅な装いの女性たちがいるが、皆、軽装で厚着はしていない。その大きな部屋からは、冬は追放されている。客席の男性の一人は、さっき東京に電報を打って生糸を注文したばかりだ。一ヶ月もしないうちに届くだろう。何百キロメートルも離れた街から列車に三時間揺られてここまで来た夫婦もいる。一四九二年にヨーロッパの冒険が始まった頃には、どれも不可能だったことである。

ヨーロッパの偉大なオーケストラの演奏するモーツァルトやベートーヴェンは他に比べるものがないほど素晴らしい。モーツァルトの音楽はこの世のものではないように聞こえる。ベートーヴェンの音楽は、自分が今、間違いなくこの世界に生きていると感じさせてくれる。ベートーヴェンの交響曲第九番を聴いて、革命、民主主義について思いをめぐらす人もいただろう。それは理性の音楽だ。実は、人間こそが神である。そういう考え方を象徴するような音楽だ。ヨーロッパの芸術や、超越論、内在論といった哲学、政治学などは、人類を以前とは違う別の場所へ連れて行った。多くの人にとって、それは天国への扉のように思えただろう。もしその時代に生きていたら、私も同じように感じたはずだ。

直後に地獄が待っていることなど、誰も予測しなかったに違いない。翌一九一四年からの三一年間、ヨーロッパは真っ二つに分かれて戦うことになる。彼らを偉大にしたはずのもの、科学技術、哲学、政治などが彼ら自身を攻撃し始めた。より正確には、彼らはそうしたものすべてをお互いを攻撃するための武器としたのだ。おかげで、自らも同じ武器で攻撃されることになった。三一年間の終わりには、ヨーロッパ全体が墓場のようになった。都市も生活も完全に破壊された。彼らの世界支配は終わりを迎えることになる。ベートーヴェン交響曲第九番の「歓喜の歌」はもはやヨーロッパの賛歌には聞こえない。皮肉で虚しいから騒ぎにしか聞こえなくなってしまった。

何もヨーロッパだけではない。他の文明にも大きな動乱、戦争はあったし、そこで残虐な行為もなされた。しかし、その唐突さ、激しさ、破壊の速度、世界全体に与えた影響の大きさなどは特別である。何より特異だったのは、高度に発達を遂げた文明が、いわば「自殺」を遂げたという点だ。植民地で見られた彼らの残忍さは、この結果の予兆だったのかもしれない。ヨーロッパ社会の根の深い不平等性とも関係があるかもしれない。狭い場所に数多くの国がひしめき合っていることも原因の一つだろう。だが、ヨーロッパの優れた文化と、恐ろしい強制収容所とが結びつかず、少なくともその差にまず驚かされるというのも確かだ。

ヨーロッパは世界を征服したが、その同じ時にヨーロッパ内部でも互いを敵として戦っていた。何世紀も内戦が続いていたようなものだ。ヨーロッパ帝国は、軟弱で動きやすい砂地の上に築かれたと言ってもいい。大きな謎なのは、なぜヨーロッパ人がまとまるのがそれほど難しいのかということだ。ヨーロッパの地理が原因なのだろうか。ヨーロッパは一様な土地ではない。島もあり、半島もあり、半島からさらに伸びる半島というのもある。海、海峡、険しい山、深い谷、果てしない平原もある。ヨーロッパの大河は、アメリカのように、どこかで一本にまとまるということがない。それぞれがまったく別に流れており、土地を大きく分断している。

ヨーロッパほど、狭い範囲に多くの国が集まっている大陸もないだろう。オーストラリア大陸より少し広いだけの場所に、五〇もの独立国が存在する（この数字には、トルコやコーカサス諸国も含めている。その理由は後述）。国だけではなく、人も密集している。ヨーロッパの人口密度は一平方キロメートルあたり七二・五人である。欧州連合（EU）諸国に限ると、一平方キロメートルあたり一一二人となる。アジアの八六人と比べると多いことがわかるだろう。ヨーロッパは混み合っていて、細分化されている場所ということだ。

ヨーロッパの地理を見ると、誰かが征服して統一することは困難だとわかる。これは、小規模な国が非常に長い期間存続できるということでもある。紀元一〇〇〇年のヨーロッパの地図は二〇〇〇年の地図とそう変わらない。つまり、隣国は長い間ずっと同じということも多いわけだ。そうなると、もはや相手を信頼することも許すことも不可能だというほど、悪い記憶が積もることになる。ヨーロッパ内部で戦争が絶えず繰り返されていたのはそういう理由からだ。二〇世紀の大戦争は、本質においてはそれ以前の戦争と変わらない。ただ、テクノロジーとイデオロギーが違っていただけだ。その違いがヨーロッパ大陸に破滅をもたらした。

ヨーロッパには、いくつかの境界地帯が存在する。そこで国家、宗教、文化が分かれる。異なる民族や、宗教、文化が交じり合う場所でもある。そこには、政治的、法的な国境線が含まれることも多いが、境界地帯は国境線よりも範囲が広く、またより重要だ。たとえば、メキシコとアメリカの間の国境線と比較してみるとよくわかる。両国の間には明確な国境線が引かれている。ところが、メキシコからの影響は北のアメリカの内部にまで広がっている。言語も人も、アメリカの奥深くへと入り込んでいるのである。反対に、アメリカの文化や企業も南のメキシコの奥深くへと入り込んでいる。メキシコとの国境に近いアメリカの州に長らく住んだメキシコ人は、母国の人たちからは、アメリカの文化を吸収した異質な存在と見られる。国境のすぐ北の文化は、元のアングロ文化から、メキシコの影響を受けて変質を遂げ、別のものになっている。言語も混在し「スパングリッシュ」と呼ばれる、スペイン語と英語の両方を使って生活する人々がいる。国境近くの地域に住む人たちは独自の文化を持っており、場合によっては、国境から遠いところにいる同国人より、国境の向こう側の外国人に似ている。

私はテキサス州オースティンの南に住んでいる。オースティンは英語風、もしくはドイツ語風の地名だ。オースティンの西はドイツ人が入植した場所である。実際、I-35（州間道路35号）を車で南に走ると、「ニューブローンフェルズ」のようなドイツ語の地名が多くなる。ところが、サンアントニオに近づくにつれ、スペイン語の地名が多くなり、メキシコにいるような気分になってくる。ある。意味で、もうそこはメキシコなのだろう。だが、実際の国境はそこから一〇〇キロメートル以上も南にあり、それにもやはり意味はある。

ヨーロッパには、数多く境界地帯があるが、特に重要なのは、ヨーロッパ大陸（ヨーロッパ半島）とユーラシア大陸本土、つまりロシアとを分ける境界地帯だ。これは、ウクライナ、ベラルーシ、リトアニアなどの国々をすべて含む広い地域だ。この一世紀の間には、政治的、法的な国境線が大きく西へ移動し、ロシアが境界地帯すべてを吸収した時代もあるが、反対に現在のように国境線が大きく東へ移動して、境界地帯に数多くの独立国が生まれた時代もある。国境線がどこへ移動しようと、この地域内の人たちは多くのものを共有している。地域のどこの人であっても、西のヨーロッパ諸国や、東のロシアとの共通点よりも、境界地帯内部の他地域との共通点の方が多い。ウクライナのように、地名自体が「辺境」を意味する国もある。

境界地帯は単に、国と国の間に存在する地域というだけではない。時にヨーロッパの歴史を決定づける役割を果たしてきた場所だ。たとえば、フランスとドイツの間には、北海からアルプス山脈にまで至る境界地帯が存在する。バルカンは、中央ヨーロッパとトルコの間の境界地帯である。ピレネー山脈は、イベリア半島とその他のヨーロッパとを分ける境界地帯となっている。ハンガリーの周囲にも、小さな境界地帯がある。そこでは、ハンガリー人が、ルーマニアやスロバキアの領土で生活している。水の境界地帯もある。イギリスと大陸ヨーロッパとを分ける英仏海峡がそうだ。ヨーロッパにはこのように、古くから争いの絶えなかった境界地帯が数多く存在するのだ。境界地帯自体は世界各地に存在するが、そこがこれほど明確に争いの舞台となっている場所は、ヨーロッパをおいて他にはない。

境界地帯は人や文化の出合う場所であると同時に、密輸が一つの産業として成り立つ場所でもあるし、戦争が始まりやすい場所でもある。紛争の火種となることが多いというわけだ。ラインラントは現在は静かな場所だが、常にそうだったわけではない。一八七一年以降、この地域を発端として、ドイツ語地域とフランス語地域の間に三度の戦争が起きている。ここが紛争の火種になるのは、フランスとドイツとを分ける根深く、深刻な問題がそこにあるからだ。ここにいったん火がつけば、周囲は炎に包まれる。現在では、ロシアの西の境界地帯が紛争の火種となっている。すでに火がつき、炎も出ているが、まだ、ヨーロッパ全体にまで広がる大きな炎にはなっていない。

二つの大戦では、ヨーロッパの境界地帯すべてが紛争の火種となり、そこから出た炎がヨーロッパ全体に燃え広がった。世界の人々は史上稀に見る戦争を目撃することになった。一九一四年に起きた戦争はいったん終わり、しばらくは静かな時が続いたが、一九三九年から再び始まってしまう。戦争中は耐え切れないほどに恐ろしく、悲しい出来事が無数に起き、人々の記憶に刻まれることになった。境界地帯での戦闘は特に壮絶なものとなった。そして、ホロコーストはあちこちから出た炎が一つにまとまって巨大になった結果、起きたような事件だったと言えるだろう。

戦後、ヨーロッパは大変な苦労の末に復興した。だが、はじめは他者の助けを必要とした。独り立ちをするまでには時間を要した。その苦い体験に懲りた人々の心には「二度とあってはならない」という強い思いが生じた。ユダヤ人もホロコーストの再発は決して許さないと決意し、防止に力を注いでいる。ヨーロッパ人は、二度と戦争が起きてはならないと絶えず口に出して言うわけではないが、その思いはあらゆる行動に影響を与えている。悲惨な三一年間をくぐり抜けた後に待っていたのは冷戦時代だった。ヨーロッパ人は、戦争か平和か、生か死かを自ら決めることができなくなった。決めるのはモスクワとワシントンだ。結果的にヨーロッパでは大きな戦争は起きず長く平和が続いた。その理由を深く考えてみることには価値があるが、平和が続き、脅威が後退したことでヨーロッパ人の「二度とあってはならない」という思いが薄らいだのも確かだ。ヨーロッパは帝国を失った。世界に与える影響力は大幅に低下した。戦争が二度と起きないようにと願っても戦争をするかしないかを自分たちで決めるだけの力を失ったのだ。冷戦時代に戦争がなかったのも、自分たちの努力のおかげではなく、他国の行動の結果たまたまそうなっただけだ。

悪夢のような戦争の再発を自らの力で防ぐため、ヨーロッパ人が設立した組織がEUである。EUの目的は、ヨーロッパ諸国を一つに結びつけることだ。互いに極めて近い関係になって共に繁栄すれば、どの国も他の国を脅して平和を乱そうなどとは考えなくなるだろう。そういう発想である。皮肉なのは、ヨーロッパ人たちは何世紀にもわたりその逆のことを目指していたということだ。どの国も他国の抑圧から逃れて自由になりたいと願っていた。どの国も、自らの主権を確立し、他者に影響されずに自分の運命は自分で決められるようになりたいと望んだ。諸国はこれからも国家の主権、主体性を捨てようとはしないだろう。たとえその逆の理念を掲げるEUに加盟していても、全体の繁栄とともに自らの繁栄を追求することは忘れない。もちろん、EU全体のために制約を受けることはあるだろうが、主権を手放すわけではない。ヨーロッパの賛歌であるベートーヴェンの「歓喜の歌」の歌詞にもあるように、各国がそれぞれの主権を保ったままヨーロッパが統合する、という矛盾はきっと乗り越えられると信じられた。

世界にとって最も重要なのは、EU諸国から本当に紛争は排除されたのか、それともたまたましばらく平和が続いているだけなのか、という問いだ。本当に紛争が排除されたのなら喜ばしいことだが、それは幻想にすぎないと考える人もいる。ヨーロッパは現在、世界の中でも繁栄している地域のうちの一つである。ヨーロッパのGDPを合計するとアメリカよりも大きくなる。地理的には、アジア、中東、アフリカなどと接している。また大きな戦争があれば、ヨーロッパだけでなく、世界の他の地域にも間違いなく影響する。ヨーロッパが、あの悪夢の三一年間、そして一〇〇〇年にも及ぶ紛争の歴史を本当に乗り越えたのか、本当にもう戦争はないのか、というのはどの地域の人にとっても重要な関心事だ。

私がこの本を書いた理由もそこにある。この問題は、色々な意味で私の思考や私の人生を大きく左右してきた。私は一九四九年、ハンガリーで生まれた。私の両親は一九一二年と一九一四年に生まれている。私の家族は、二度の大戦の三一年間だけでなく、その後にもヨーロッパでいくつもの恐怖を体験してきた。私たちはヨーロッパを離れることになった。それは、ヨーロッパ人の心の中には恐ろしく邪悪なものがあると両親が確信したからだ。その邪悪なものは普段は隠れていて見えないが、状況によって外に現れる。アメリカにいると、物事は様々な取り決め、決断によって進んでいくように感じられる。しかし、ヨーロッパでは事情が違う。ヨーロッパではどこかで何かが取り決められたり、決定されたりしても、それだけでは何の意味も持たない。ヨーロッパでは、どこかである時、ひとりでに歴史の雪崩が起き、その雪崩に誰も彼もが押し流されるのだ。アメリカ人は世界に立ち向かおうとする。ヨーロッパ人は世界から身をかわそうとする。果たしてヨーロッパ人は戦争を追放できたのか、という私の問いは、私が子供の頃、両親と夕食の席で交わした会話から生じたもので、それが今に直接つながっている。両親は夜には悪夢にうなされていることが、彼らの寝言からうかがえた。私には異なった二つの人格が同居している。今はアメリカ人である。すでに書いたとおり、アメリカ人の人生に対する態度は、ヨーロッパ人のそれとはまるで違う。ただ、自分は同時にヨーロッパ人でもある。だとすれば、自分はいったい何者なのか。そんなアイデンティティの危機にも陥った。やがて、私は一つの問いを抱えるようになった。ヨーロッパは本当に以前とは変わったのか。それとも、今も

「歓喜の歌」が皮肉にしかならない相変わらずのヨーロッパなのか。

若い時に政治哲学を学ぶことを選んだのも、この問いについて最高のレベルで考えたかったからだ。人間が生きる上での基本的な条件についての問いは、どれも結局は政治的なものになると私は信じている。政治とはコミュニティに関わるものである。あるコミュニティにおける義務、権利、敵、味方、それを決めるのが政治だ。哲学とは、この世界に当たり前のように存在するものについて、改めて細かく分析する学問である。すべての人が見慣れているような、ごく当たり前のものに真正面から立ち向かい、よく知っているはずのものについて自分は実は何も知らなかったと発見するのが哲学だろう。私にとっては、それが物事を理解する最も自然な方法である。

人生は単純ではない。大学院で私はドイツ哲学について集中的に学んだ。ユダヤ人としては、国策として強制収容所で子供を殺すような人たちがどこから生まれて来るのかを知りたかったのだ。しかし、当時は冷戦時代で、ヨーロッパが戦争をするかどうかは突き詰めればソ連次第であるということは理解していた。ソ連はドイツと同じくらい私の人生に影響を与えることになった。私にとってまず知るべきはカール・マルクスだろうと考えた。新左翼（スターリンを嫌悪する共産主義者）の最盛期だったこともあり、私はカール・マルクスについて学ぶことを決めた。

学ぶ過程で、私は何度もヨーロッパに戻り、ヨーロッパの新左翼の人たちと親しくなった。アルチュセール、グラムシ、マルクーゼといった関連の哲学者について理解したいと考えていたのだが、図書館にこもって本を読みふけるようなことはとてもできなかった。外の世界であまりに多くのことが起きていたからだ。新左翼は、当時も大半の普通の人々にとっては、流行の社会運動の一つでしかなく、参加していると人に感心されるという程度のものだった。運動を通じて世界を理解し、また世界を変えようと真剣に考えていたのはごく少数にすぎない。ただ、ほんの一握りながら、新左翼の運動を暴力をふるう口実にする者、暴力を運動する人間の義務だと考える者がいた。

一九七〇年代、八〇年代はヨーロッパが徐々に暴力的になっていた時代だったというのは意外に忘れられがちだ。アルカイダの前の時代のテロリズムが存在した。ヨーロッパのほとんどの国でテロ集団が活発化し、暗殺、誘拐、ビルの爆破といった事件が起きた。同じような左翼のテロ集団はアメリカにも存在したが、ヨーロッパよりも数は少なかった。私はその数少ない集団に興味を引かれた。彼らの政治的暴力は、階級闘争の名の下にヨーロッパで展開されていた運動の模倣だった。一応、言葉でも政治的な主張をしてはいたが、そこにはあまり説得力は感じられなかった。

彼らが当時よく使っていた言葉に「ニーキャッピング」というのがある。これは、敵の膝を拳銃で撃つという攻撃のことだ。敵を殺すのではなく、障害が残るような攻撃をするのが、果たして優しさなのか、余計に残酷な行為なのかはわからなかったが、彼らを注視すべき存在だとは感じた。大戦時代のヨーロッパの生き残りのように感じられたからだ。あの時代を将来へと引き継ぐ存在だと思った。彼らにとって何より重要なのは、自分に与えられたと自ら信じている使命である。国や都市など自分たちの属するコミュニティの価値観は完全に否定していた。そうすると、自ら信じる義務のためであれば、何をしても自由である、自分を止めるものは何もないという考えに至るのだ。集団の中の何人かと会って話をしたが、彼らは自分たちが何かを変えられるとは思っていないようだった。その行動は、ただ世界に自分の怒りをぶつけるもの、普通の暮らしを送る平凡な人々への軽蔑を表現するものだったのである。普通の人の心に棲む悪魔を見つめ、それを攻撃することを使命と信じていた。

私は彼らとしばらく時を過ごしたことで、ヨーロッパの将来に不安を覚えるようになった。ヨーロッパ人自身は、過去と訣別したという自信を年々深めていたが、私は信じる気にはなれなかった。ヨーロッパは私の目には、手術に失敗した癌患者のように思えた。医師は癌細胞をすべて取り除いたつもりでわずかに残してしまった。一定の条件が整えば、病気は再発する可能性が高い。一九九〇年代には、ヨーロッパの二つの地域、バルカンとコーカサスで戦争が勃発した。だが、ヨーロッパ人の多くは、あの戦争を現代の象徴とはみなさなかった。最近では、新たに極右のテロリスト集団も、現代ヨーロッパの象徴とはみなさなかった。ヨーロッパを象徴するものとは見なかった。彼らは左翼のテロリストも現れているが、やはり同じような扱いである。この態度は、ヨーロッパ人の誇りと自信の表れであり、おそらく正しい見方をしているのだとは思うが、確かな証拠はない。

EUは今、試練の時を迎えている。人間の作る組織は必ず同じような試練を経験することになる。いくつもの問題（多くは今のところ経済の問題）に直面しているが、これを解決しなければ前には進めない。EUは、ヨーロッパに平和と繁栄をもたらすことを目的として設立された。では、EU全体、あるいは一部の加盟国から経済的な繁栄が失われたら、平和はどうなるのか。南ヨーロッパでは今、失業が深刻な問題になっている。中には、大恐慌時代のアメリカより失業率の高い国すらある。これは何を意味するのだろうか。

この本では、まさにそのことを書いている。世界には「ヨーロッパ例外論」とでも呼ぶべき考え方が存在する。ヨーロッパは他の地域とは違って特別という考え方だ。例外論者は、仮に平和と繁栄を脅かすような問題に直面したとしても、他の地域には無理でもヨーロッパになら解決ができると考える。これが誤りだという証拠はないので、本当かもしれない。議論は必要だろう。ただ、万が一、ヨーロッパが例外でなく、やはり問題が解決できないのだとしたら、その後に何が起きるのだろうか。

この問いに答えるには、主に三つのことについて考えなくてはならない。一つは、なぜヨーロッパ人たちは数々の発見をし、自分自身を変革することができたのか、ということ。また、発見や変革はどのように起きたのか。二番目は、偉大な文明だったはずのヨーロッパがなぜ悲惨な三一年間を経験することになったのか、どこに欠陥があったのか、ということ。戦争の原因はどこにあったのか。そして三つ目は、今後、ヨーロッパの紛争の火種になるのはどこか、どのような紛争の火種があるか、ということだ。

もしヨーロッパが流血の歴史を超越し、今後は一切大きな戦争の起きない場所になったのだとしたら、それは世界にとって重大なニュースである。反対にもしそうでないとしたら、それはさらに重大なニュースだろう。この本ではまず、過去五〇〇年間の歴史がヨーロッパ人にとってどんな意味を持つものだったのかを考えてみることにしよう。

I　ヨーロッパ例外主義

第1章　ヨーロッパ人の生活

一九四九年八月一三日の夜、私たち家族は、ハンガリー領内のドナウ川の岸からゴムボートに乗り込んだ。旅の最終的な目的地はウィーンである。共産主義者たちから逃れる旅だ。家族は四人。父エミル、三七歳、母フリデリカ、愛称ドゥシ、三五歳、姉アグネシュ、一一歳、そして私はまだ生後六ヶ月だった。家族の他には、密航を請け負う業者の人間がいたが、それがどこの誰なのか、名前すら明かされることはなかった。あえてそうしていたのだろう。一つ間違えればいつ死んでもおかしくないほど危険なことをしていたのだから当然だとも言える。両親は、ともかくいかなる犠牲を払っても私たちを守ろうとしたのだと思う。

私たちはまずブダペストを出発して、鉄道でアルマシュフジトゥというハンガリーの村までたどり着いた。ドナウ川沿いの村で首都からは北西の方角にある。私と姉はブダペストで生まれた。両親はどちらも別の土地からブダペストに来て、出会い、恋に落ちた。そしてその後は、二〇世紀前半にヨーロッパを襲った絶え間ない混乱に巻き込まれることになる。私の母は一九一四年、当時はポジョニと呼ばれていた現在のブラティスラヴァ近くの街で生まれた。そこはハンガリーの一部であり、従って、オーストリア＝ハンガリー帝国の一部でもあった。父は、一九一二年にハンガリー東部の街、ニールバートルに生まれている。

二人は、第一次世界大戦が始まる直前に生まれた。この戦争は一九一八年に終わったが、戦争によりヨーロッパの体制は崩壊してしまった。オスマン、ハプスブルク、ドイツ、ロマノフという四つの帝国は倒れ、バルト海から黒海にいたる地域では、それまでは強固でまったく動かないように見えたすべてのものが流動的になった。戦争と革命、外交交渉の結果、地図上の国境線は新たに引き直され、新たに生まれた国もいくつかあるが、反対に消えた国、縮小された国もある。私の父の出身地であるムカチェヴォという街は、ウクライナ、つまりソビエト連邦に属することになった。ポジョニは、ブラティスラヴァと名前を変え、チェコとスロバキアを融合して新たに作った国の一部となった。

私の両親はユダヤ人なので、彼らにとって国境線の変化は天候の変化に似ていた。変化により、以前よりも生きやすくなることもあれば、反対に生きづらくなることもあった。ハンガリーのユダヤ人には他にはない特徴があった。ハンガリー語を話すのである。東ヨーロッパのユダヤ人は多くが、ドイツ語と他のいくつかの言語を融合した「イディッシュ語」を話すので、例外的な存在と言える。イディッシュ語ではかつてヘブライ文字を使用していたので、それがさらに混乱の元になっている。イディッシュ語を話すユダヤ人は、自らが住む国に属しているという意識を持たないことが多かった。国の側でも同じ認識だった。時には、彼らが国に属していないことを明言することもあった。国境は便宜的に引かれているだけで、どこに住んでいるかで自分たちが何者かが決まるわけではない、というわけだ。イディッシュ語を母語として使うのは、住んでいる地域の社会との結びつきが弱いことの象徴である。周囲の住民からすれば、それは不満の種になることもあったが、一方で強く結びつく必要などないとも思われていた。

ところがハンガリーのユダヤ人の多くは、イディッシュ語を使わず、ハンガリー語だけを話す。ハンガリー語は、姉と私の母語でもある。中には、私の父のように、第二言語としてイディッシュ語を知っている人もいたが、そういう人は少なかった。私の母はまったくイディッシュ語を話せなかった。

いずれにしても母語はハンガリー語であり、国境線が移動した際、母の家族一二人は全員が、テーラーだった母の父親の手引によってブダペストに移住することになった。同じ時期、父の家族の中には、ウクライナになってしまった土地を出て、西へと移住する人もいた。戦争後もハンガリーの領土として残った地域へと移ったのである。重要だったのは、ユダヤ人とハンガリー人との関係である。ヨーロッパの他の国と同様、ハンガリーにもユダヤ人差別はあったのだが、にもかかわらず両者の間には一方で強い結びつきもあった。簡単に「あった」と言い切ってしまうと語弊はあるが、あったのは確かである。

両大戦の間の時期、ハンガリーは決して住み心地の悪い土地ではなかった。ただ、平穏が訪れる前に、共産主義政権が混乱をもたらし、そしてヨーロッパでは過去に何度も繰り返された大量殺戮を伴って、反共産主義政権が生まれた。何世紀ぶりかで独立を果たしたハンガリーを統治することになったのは、もはや存在しなくなっていた海軍の提督である。彼がすでに存在しなかった国王の摂政となった。摂政となったホルティ・ミクローシュの家には「流れに身を任せる」という家訓があったのかもしれない。そう思えるくらい、彼は時代の流れに逆らわなかった。一九二〇年代、そして一九三〇年代も途中まで、ハンガリーの時代の流れは「リベラル」だったが、さほど極端だったわけではない。私の父のような国の東部出身の田舎の少年がブダペストに出てきて印刷業について学び、二〇歳になる頃には自らの印刷所を開くことができるくらいの状況ではあった。それは、その時代と環境にしては特殊なことだったが、そもそも特殊な時代だったのだ。ヨーロッパ人にとって第一次世界大戦の体験はあまりに強烈で、それに懲り、邪悪な精神は一掃されたと、一九三〇年代にもなお信じ続けることができていた。

とはいえ悪魔はそう簡単には消えてなくならない。第一次世界大戦があったからといって、何かが解決したわけではないのだ。それは、ドイツの地位をめぐる戦争だった。ドイツは一八七一年に統一を果たしたが、そのことがヨーロッパの均衡と安定に大きな影響を与え、混沌へと導いた。ヨーロッパに新たに強く、裕福な国が一つできたのだが、その国の立場はひどく不安定だったのである。フランスとロシアの間に挟まれており、すべてのプレーヤーを背後で巧みに操るようなイギリスの存在もあったからだ。まず、フランスとロシアの両国から同時に攻められたら生き残れないことをドイツ人はよく知っていた。また、フランスとロシアがドイツを脅威に感じていたため、実際に同時の攻撃があり得ることもよく知っていた。従って、必然的にドイツの戦略は、最初に一方の国を打ち負かし、その後に再び力を蓄えてもう一方の国も倒す、ということになる。一九一四年、ドイツはこの戦略を実行しようとしたのだが、結局は失敗し、戦争に敗れてしまった。

私の祖父は、オーストリア＝ハンガリー帝国の兵士の一人として第一次世界大戦に従軍している。当時まだ二歳だった私の父を家に残し、ロシアの前線で戦ったのだ。祖父は戦争から帰還したが、他の多くの人と同じように、帰ってきた時には精神も身体も壊れていた。戦争によって死なずに済んだとしても、家を離れる前とはまるで違う人間に変わってしまう人は珍しくなかった。祖父は帰還後、間もなく亡くなっている。おそらく結核だったのだろうと思う。

第一次世界大戦によってドイツの地位が定まることはなかった。地政学的な脅威はなくならず、そこにイデオロギー的な憤怒が加わることになってしまった。ドイツ敗戦の原因は、内部での背信だということにされた。もし背信があったのだとしたら、裏切るような人間が中にいたということになる。これは難しい問題で、そう簡単には結論が出せないのだが、ドイツ人は、裏切り者はユダヤ人だと簡単に決めつけてしまった。ユダヤ人が悪意をもって陰謀をめぐらし、それがドイツを敗戦へと追いやった、そう決めたのだ。このドイツ人の感情は私たち家族にとっても大きな意味を持つことになった。

あくまでドイツの国益を確保したいというヒトラーの願望は、時代の大きな流れを作り出した。ハンガリーの摂政、ホルティ・ミクローシュが身を任せるべき流れは、ベルリンからやって来るようになったわけだ。イデオロギー的に言って、私の両親は、ドイツにとっては大きな脅威ということになる。両親もそれを認識していた。ユダヤ人にとってハンガリーに住むということは、それ以前は悪い選択ではなかったのだが、最悪の選択へと変わってしまった。ヨーロッパ人が一世紀以上もの間、直面してきた選択に、私の両親も直面することになった。ヨーロッパにとどまるか、アメリカへ行くかの選択である。実際、母の姉はニューヨークに住んでいた。そして、どういう手段を使ったのかは知らないが、私の両親も一九三八年にアメリカのビザを手に入れた。黄金よりも価値のあるビザだ。これから何が起きるかを考えれば、ビザはもはや命そのものとも言えた。

私の父は頭の良い人間だったが、それでもこれから先何が起きるのかはわからなかった。父は反ユダヤ主義者が多数いる社会で成長し、彼らがユダヤ人に対し、何をし得るかは知っていた。そこにはひどい暴言や暴力も含まれていることを知っていたのである。一九三八年の時点で、父はブダペストで印刷所を経営しており利益も出していた。それを放り出して、言葉さえ通じない別の国でゼロからやり直すのは大変だし、父自身もそうしたいと思っていたわけではなかった。だが、混乱に陥ったヨーロッパの現実を見れば、もはや外に出るしか道はないとわかったはずである。ところが、個人的な必要から彼はとどまり、困難に耐える決意をした。今回の反ユダヤ主義は自分の知っていたものとはわけが違うとわかった時には、もはや手遅れになっていた。

この決断は私たち家族に破滅をもたらした。ホルティ・ミクローシュはドイツの意のままになることで国を守ろうとした。ハンガリーはドイツの危険な冒険に協力している限り、国内での自由は保つことができた。ドイツはわずか六週間の戦闘でフランスを打ち破り、関心をソ連へと移した。ソ連にも短期間のうちに勝てると確信していた。流れに逆らわないホルティは、ハンガリー軍をその戦争へと派遣した。そうしておけば、報酬として失った領土を取り戻せると期待していたのである。まさに私の家族が第一次世界大戦後に離れることになった土地だ。しかし、報酬を得るには国民の血を差し出さなければならなかった。ホルティもそれをよくわかっていた。

私の父も徴兵され、ハンガリー軍に入った。はじめのうち、父は単なる一人の兵士にすぎなかった。だが、ハンガリー軍がドイツ軍とともに戦う以上、ユダヤ人である父が普通の兵士でいられないことは明らかだった。父は他のユダヤ人たちと同様、労働大隊へと移された。そこでの任務は、たとえば、地雷原の除去などだ。その方法は極めて原始的である。ただ、その上を歩いて通り抜けるのだ。そんなことをすれば、兵士は全員、死ぬことになる。労働大隊に入るというのは、すなわち必ず死ぬということを意味するのである。ホルティ自身の反ユダヤ主義はさほど強いものではなく、当時としてはごく普通、という程度のものだったので、彼自身はそこまでを望んでいたわけではないだろう。だが、彼にはハンガリーの独立を守るという義務があった。もし、そのためにユダヤ人を労働大隊に入れることが必要であれば、必要なことをしただろう。

父を含め、私の一族の男たちは、多くがハンガリーの東の国境からカルパチア山脈を抜け、クルスク、キエフ、ドン川流域のヴォロネジにまで進軍した。その時までには、私の一族の男たちはほとんどが死んでしまっていたし、通常の兵士たちにも命を落とした者が大勢いた。ソ連は弱そうに見えたが、そう見えただけだった。ソ連が実は強いことがわかったのは、一九四二年の秋である。その時期に、ドン川の東に集結した大軍が、スターリングラードの大半を征圧していたドイツの第六軍に対して反撃を開始した。ドイツの目標は、コーカサスへの経路を塞ぐことだった。そこにはバクーという都市があったからだ。バクーは、一九世紀末にスウェーデンのノーベル兄弟が豊かな油田を発見した場所である。兄弟はそれを利用して石油会社を設立している。バクーはその当時もまだ、ソ連の石油のほとんどを産出していたため、ヒトラーは是が非でもバクーを奪い取りたいと考えていた。スターリングラードと、ドン川とヴォルガ川の間の土地を奪い、バクーを自分たちのものにすれば、戦争は終わると知っていたのである。

ところが、ソ連はスターリングラードでは反撃をしなかった。スターリングラードを攻めずに、その北と南を攻撃した。第六軍を包囲して補給を絶ち、兵糧攻めにしようとしたのだ。食糧がなくなれば降伏するか全滅するかするだろうという考えである。私の父にとって問題だったのは、ソ連の北への攻撃が直接、彼に向かってきたことだ。ドイツ軍に比べて同盟国軍は弱いことをソ連側は熟知していた。一九四二年冬の時点で、イタリア、ルーマニア、ハンガリーなどがドイツと同盟を結んでいたが、いずれの国の兵士もヒトラーの大ドイツ史観のために死にたくはないと思っている点では共通していた。それだけに、ソ連が大軍を組織して一斉攻撃を仕掛けて来た時には、ハンガリー軍の結束は簡単に崩れてしまった。特に恐ろしかったのは、「スターリンのオルガン」と呼ばれたソ連軍の自走式多連装ロケット砲だったと父は話してくれた。このロケット砲は、砲台から一〇発以上のロケットを秒単位の間隔で連続して発射することができた。父は生涯、ロケット砲の悪夢を繰り返し見ることになった。

ヴォロネジからブダペストまで、ハンガリー軍の長い撤退が始まった。一九四二年から四三年にかけての冬、一〇〇〇キロメートルをはるかに超える距離を撤退しなくてはならなかった。冬のロシアだ。戦死者は恐ろしいほどの数にのぼったが、ほとんどがユダヤ人だ。私の父は雪の中を、冬用の衣服もないまま歩いたという。まともな食糧はなく、残飯をあさるなどして飢えを凌ぐしかなかった。背後に迫るドイツの武装親衛隊に捕まれば、確実に死が待っていることもわかっていた。父は、本人の説明によれば、三つの理由によって生き残ることができたという。一つ目は、娘、つまり私の姉のことをいつも考えていたからだ。常に彼女が目の前数メートルのところにいるように感じていたと言っている。目の前にいて、手の届きそうな姉を捕まえようとしていたのがよかった、というのだ。二つ目は、父が農村出身で、生まれた時から厳しい環境で鍛えられていたからである。都会の人間はやはり弱い、と父は言う。そして三つ目は、とにかく運が良かったからだ。とてつもなく運が良かった。

ヒトラーにはバクーが必要だった。ソ連に勝とうと思うのならば、地政学的に見て、絶対に必要な場所だ。ドイツがスターリングラードを手に入れようとしたのも、ソ連がそうさせまいとしたのも偶然ではない。ドイツの同盟国軍が中心ではなく脇にいたのも偶然ではないし、ソ連軍の攻撃が同盟国軍に集中したのも偶然ではなかった。私の父が攻撃の標的となったのも必然である。ハンガリー軍はたとえどこにいても標的になったはずだし、その中でもユダヤ人は最も危険な場所に置かれたはずだからだ。偶然と言えるのは、私の父が生き残ったことくらいである。歴史の大きな流れは、個人を超えた強い力によって決まってしまう。しかし、細々としたことは、誰かの意思や、単なる偶然によっていくらでも変わり得る。その細々としたことが、個々の人間にとっては非常に大切になる場合があるのだ。

父がようやくのことでブダペストに帰り着いた一九四三年には、ハンガリーはまだドイツからの独立を保っていた。これは重要な事実である。ハンガリーの外交政策は、ドイツの強い影響を受けてはいたが、それでもまだ自ら政策を決定できる余地は残されていたということだ。余地はかなり減っていて、さらに減りそうではあったが、自らを統治できる力はまだ残っていたのである。特にこれはユダヤ人にとってありがたいことだった。ハンガリーのユダヤ人も極めて困難な状況に置かれてはいた。他のハンガリー人に比べれば苦しい立場にいたことは確かだし、そもそもハンガリー人全員が大きな問題に直面していたのだから決して楽だったわけではない。だが、ドイツの狂ったように激しい反ユダヤ主義がそのままハンガリーに入ってきたわけではなかった。それが救いだ。私の母も姉も生きていられたし、印刷所も一応、何とか営業を続けることができた。住むところもあり、食べる物もあった。ホルティは国をそのくらいの状態には保つことができたのである。もちろん、その気になればさらに踏み込んで自由を得ようとすることもできただろうが、そんなことをすれば、かなり早い段階でナチスの怒りを買うことになったはずである。安定的ではなかったにせよ、当時のヨーロッパでユダヤ人が生き残れる状態を保ったというのは、ホルティの小さくない業績と言えるだろう。少なくとも私たち家族にとっては大きなことだった。ナチスに完全に占領されてしまったポーランドと、何とか独立を保ったハンガリーとでは、生活が大きく違っていた。それは、まさに生死を分けるほどの違いだった。私はホルティという人間が何か良いことをしたかどうかはわからないが、他国の指導者がした悪いことをしなかったという点で高く評価できると思っている。ハンガリーはもっと早くもっと悪い状況になっても不思議はなかった。ホルティを厳しく評価する人は多いが、私の両親はそうではない。現在でも意見は分かれているが、一つ確かなのは、当時の彼の行動は、人間の生死に関わっていた、ということである。彼も他と同様、ヨーロッパの狂気に囚われていた。行動の選択肢はわずかしかなかったし、良い選択肢など一つもなかった。

時代の流れに従うというホルティの姿勢は、一九四四年にはますますあからさまになる。敗色が濃くなってきたドイツからソ連の側に乗り換えようと秘密の交渉を開始したのである。ドイツの諜報機関がそれを察知し、ヒトラーはホルティに会談を要求する。そして、その場でハンガリーを占領すると脅し、ハンガリー国内の一〇〇万人近いユダヤ人を国外追放するよう求めた。ホルティは譲歩し、一〇万人のユダヤ人を国外追放することを承諾した。この頃のヨーロッパでは、これでも相当に「人道的」と言える措置だった。そのくらい、堕落していたのだ。一〇万人を殺すのに協力して、八〇万人ほどをほんの少し長生きさせる、彼にできるのはせいぜいそのくらいだった。しばらく後にハンガリーはドイツに占領され、それすらも不可能になってしまった。ホルティが従ってきた歴史の流れは、ついにハンガリーを圧倒した。ホルティの命運は尽きたのであり、ハンガリーはヒトラーとハンガリーのファシストたちの思うがままになるしかなかった。そして、私たち家族の命運も、ホルティとともに尽きることになる。

ハンガリーにはアドルフ・アイヒマンが送り込まれることになった。ハンガリー国内になおも残っていたヨーロッパ最大のユダヤ人コミュニティに対する「最終措置」を監督するためだ。ドイツにとってもはや戦況は絶望的なものになる中、乏しい人材と輸送設備が、何十万という数のハンガリーのユダヤ人を輸送することに振り向けられた。行き先は、ハンガリーの北にあるアウシュビッツなどの収容所だ。そこへ運ばれたユダヤ人たちは処刑される。

時に国家は、合理的な説明のつかない行動を取ることがある。私は、ヒトラーがユダヤ人をどう見ていたのか、その見方を理解しようと試みた。彼がいったい、何を考えていたのかを想像しようとした。ユダヤ人を殺すという決断の背後には、後述するとおり、一応の論理があった。いかに奇っ怪なものだとはいえ、論理はあったのだ。しかし、ハンガリーのユダヤ人を殺す決断となると話は違ってくる。連合国が近々、海からフランスに攻め込もうと計画していることが明らかで、しかも、赤軍が非常な勢いで西へと進んでいることもわかっていた。持てる力のすべてを集めて、それに対処する必要に迫られていたはずである。状況から見て、ハンガリーのユダヤ人を殺すことに力を注ぐというのは、極めて納得し難い決断だ。少しでも論理的に物を考えていたらできない。

だが、それは突き詰めれば、私にはどうでもいいことだ。私が考えるべきことではない。私には二人の息子がいる。二人がまだ幼い頃、どこの父親でもするように、眠っているのを眺めながら彼らの将来について考えた。時に私は暗い想像をした。もし彼らが、そう遠くない過去に、私が生まれた土地で生きていたとしたら、国の政策、そして国家権力によって連れ去られ、殺されることになったかもしれない。そうなった時、私は彼らの人生の背後にどのような論理がはたらいているのを見ることになるのか。もしかすると、世界の非常に大きな流れから見れば、一応の論理があるのかもしれない。だが、眠り込んだ二人の子供を前にすると、論理など破綻してしまう。私の父が生き残ったのは単なる運の善し悪しであって、論理など何もない。父の取った行動のいずれかが作用したわけでもない。それと同じように、論理は何もなく、単に悪意だけで誰かを捕まえ、殺してしまう指導者もいる。まだ幼い子供が、戦争に巻き込まれて偶発的に死んでしまうこともあるが、他に何の目的もなく、単純に殺すために殺すということもある。

地政学では、「人間は常に必要に迫られて何かをする」という前提で物を考える。情け容赦のない現実に突き動かされて、やむを得ず行動する、というわけだ。つまり、ある国家がどの方向に進むかは、その国の置かれている現実を見れば、ある程度予測できることになる。ヒトラーが反ユダヤ主義的な行動にどのくらいの力を注ぐかは、ドイツのその時の現実を見ればおおまかには予測ができた。全体的な動きならば予測は不可能ではなかったのである。しかし、個人のレベルで何が起きるか、ある家の幼い子供たちにどういう運命が待っているかまでは、予測ができない。論理に基づいて考えてもわからないからだ。大きな歴史の流れと個人の人生の間には断絶がある。個人の人生は歴史の影響を受けるが、歴史とは直接つながりのない出来事も多い。あるいは、人間の理解の限界を試す惨禍こそ、歴史の行き着く果てなのかもしれない。

私たちの家族は、他の大半のユダヤ人家族に比べればかなり運が良かったと言える。それは私たちの人間としての資質のおかげとばかりは言えない。父は確かに賢い人だったが、あの地獄の中では、賢さなど大して役には立たなかった。誰かに教わったのか、自分で判断したのかはわからない。ただ彼はともかく、ブダペストにいるユダヤ人は間もなくすべてドイツに捕らえられてしまうだろうと考えた。それで自分の母と姉とを、自分の生まれ故郷の村に行かせることにしたのだ。ところが、ドイツがその時、実際にユダヤ人狩りをしたのはブダペストではなく、もっと東の地方だった。結局、父の母親と姉は真っ先にアウシュビッツへと送られた。母親は即座にガス室送りとなったが、姉は生き延びた。ブダペストでユダヤ人狩りが行われたのはもっと後になってからで、しかも散発的なものに終わっている。一九四四年六月に私の母は、彼女の三人の姉妹とともにオーストリアへと送られ、道路や工場の建設作業をさせられた。四人のうち二人は亡くなり、私の母を含めた二人は生き残って戦後ブダペストへと戻ってきた。母はチフスから回復したばかりで体重はわずか三六キログラムほどまで落ちていた。

父は私の姉といとこの命を救ったが、どういう手段を採ったのかはよくわからない。ソ連軍がブダペストに徐々に近づいてくる中、ドイツ軍の兵士たちは車で狂ったように街を走り回り、残っているユダヤ人を見つけ、移送して殺害しようとしていた。当時まだそれぞれ五歳と六歳だった姉といとこはドイツ軍に捕まり、道路で一列に並ばされ、トラックに載せられるのを待っていたらしい。姉の記憶では、その時に一人の男が現れたという。長身、ブロンドの髪で、革のコートを着た男だ。彼がやって来て姉といとこを見つけ出し、列から出してくれた。五歳児が見てもすぐに外国人とわかる風貌で、場違いだったと姉は言う。男は「君たちをどこか安全なところへ連れて行くよう、お父さんから言われて来た」と言った。そして二人をスイスの赤十字の保護下にある建物まで連れて行った。父は包囲されている街の中を駆け巡り、二人に毎日、食べ物を運んでくれた。その時には、かつて彼をロシアの奥深くまで連れて行った労働大隊に再び入れられていたのだが、にもかかわらず二人のために食糧を調達してくれたのだ。

なぜ、そんなことが可能だったのかは誰にもわからない。革のコートの男が誰だったのかも、私の姉を含め家族の誰も知らなかった。父がそこに関わっていることは明らかだったのだが、具体的にどう関わったのかは謎だ。私にも姉にも、その点について一切、説明はなかった。あの時代、あの場所で生き残るには、よほど幸運か、よほど狡猾でなくてはならなかったはずだ。多少、幸運なくらいでは、また多少、狡猾なくらいでは、とても生き残ってはいけなかった。それはユダヤ人に限った話ではなかった。生き残った人のほとんどすべてに、驚くような物語があるのだろう。私の父にもあったはずだが、それを語って聞かせることはなかった。とうとう、それを胸に抱えたまま亡くなってしまった。父は、生涯、罪の意識に苛まれていた。自分の母親と姉をハンガリー東部へと送り、結局、母親を死なせてしまったことを自らの過ちと考えていた。父はこのことに関して決して自分を許さず、娘を守るために十分なことをしたという自信もなかった。父が私たちに何も話さず、沈黙を保ったのはそのせいではないかと私は考えている。だが、あんな時代のことだから、もっと暗い理由があったのかもしれない。

やがて父自身もマウトハウゼンの強制収容所に入ることになった。しかし、父は生きて帰宅できたし、私の母も姉も無事に終戦を迎えることができた。一家全員が無事だったのは奇跡としか言いようがない。ハンガリーはソ連に占領された。ソ連から見れば、戦後のハンガリーの立場はドイツと変わらなかった。どちらもがソ連に侵入し攻撃を加えた敵国だったからである。ソ連のハンガリーへの侵攻には復讐の意味があった。ドイツに対するものほどではないにせよ、それはやはり確かに強烈な復讐だった。ブダペストで戦闘が行われていた六週間、私の姉は地下室に隠れていた。その間、ソ連軍は途切れることなく迫撃砲による攻撃を続け、アメリカ軍は空からの爆撃を続けたのである。

ドイツ軍も最大限の抵抗をしていた。ブダペスト、そしてドナウ川は、ウィーンやドイツ第三帝国へと続く平原を守るための砦となるので、ドイツ軍も必死で守ろうとしたのである。ドイツ軍は、ブダペストが完全に包囲されてからも激しく抵抗したが、一方の連合国側の攻撃も過酷を極めた。五歳だった私の姉と、六歳だったいとこは、大人の男でもとても耐え切れないようなひどい状況にしばらく置かれることになったわけだ。ただ、本人も言っていたが、姉にとって、その状況はもはや珍しいものではなく、ごく普通の日常と思えるほどになっていた。迫撃砲や爆弾でいつ命を落とすかもわからない、世界はそういう場所である、それが当たり前であると彼女は感じていたのである。

戦争が終わり、危機が去れば、生き残った人間は元の暮らしに戻る。私の父の場合、それは印刷所の再開を意味した。印刷所を開き、食べるために稼がなくてはならない。母の体調も良くなり、体重も回復していったが、これは食べ物が手に入ったからである。父はどこかから食べ物を調達してきたが、それは疑いなく闇市で買ったものだ。両親は、引き続きユダヤ教の戒律や慣習に従って調理、食事をしていたが、ある時、父が持って帰ってきた豚肉をめぐって言い争いになったという。ユダヤ教の戒律では豚は食べてはいけないはずではないのか、ということだ。私は、後になってその話を聞き、その頃にはある程度、普通の暮らしが戻りつつあったのだな、と感じた。その一年前であれば、おそらく誰も「豚肉を食べてよいかどうか」など問題にもしなかっただろう。

ソ連占領下の暮らしは厳しいものだった。ロシア人たちは戦争で大変な苦しみを味わい、大きな損害も受けていたため、もはや他人に優しくしようという意思を失っていたし、そうするだけの余裕もなかった。彼らは戦争の結果としてハンガリーを占領することになったが、それは当然、自らの利益のためであり、ハンガリー人のためではない。ただし、当初はソ連がハンガリーを占領しているといっても名目だけのことで、一九四八年まで公式にはハンガリーの政治に直接関わっていたわけではない。ソ連はハンガリーでの選挙の実施を望んでいたが、実施にあたっては異様なほどに慎重になっていた。押しつけるのではなく、あくまで公正な方法で選挙をし、なおかつ真の共産党政権が生まれるようにしなくてはならないと考えたからだ。一九四八年に選挙は実施されたが、この時、共産党は敗北を喫してしまった。公正な方法では共産党政権は生まれなかったわけだ。そこで彼らは、なりふり構わなくなった。二回目の選挙を実施し、当然ながら、今度は共産党が勝利を収めた。これがハンガリー人民共和国の建国へとつながった。親ソ共産主義者の統治する国である。形の上では、偶然そうなったということになっている。

だが、実際に起きていたことをよく見れば、選挙からの流れはすべてが茶番というしかないものだった。ソ連の赤軍がすぐそばで銃を手に脅しているのだから、ハンガリーとしては、彼らの望みどおりに動くしかなかった。それが現実だったのだ。戦後もやはり、政治の動きは、私たち家族にとっての個人的な問題を生むことになった。私の父は戦前には社会民主主義者だったが、戦後もそのリストに名前が残っていた。社会民主主義者にとっては生き辛い時代である。何しろ、共産主義者たちは、保守主義者よりも社会民主主義者を憎んでいたからだ。なぜ憎むかというと、両者は支持層が同じ労働者階級だからだ。労働者階級の支持をめぐって競合することになる。一九四八年の選挙に先立ち、共産主義者と社会民主主義者は一つにまとまったはずだった。つまり、社会民主主義者というのはもはやハンガリーには存在しないことになっていたのである。その状況で引き続き社会民主主義者でい続けていることが発覚すれば、私の父は（おそらくは母も）、処刑されるか投獄されるかのどちらかだっただろう。ハンガリーでは戦後最初の選挙で「誤った結果」が出たので、スターリンは二度目には正しい結果が確実に出るよう躍起になっていた。運を天に任せるつもりはまったくなかったのである。

私の父が社会民主主義者になったのは一九三〇年代、まだ二〇代の前半だった頃だ。その当時は誰もが政治に強い関心を持っており、ユダヤ人は皆、左翼に走った。それは右翼よりは左翼の方がまだユダヤ人に優しかったからだ。少なくとも父の目にはそう見えた。一九三〇年代の父がどうだったにしても、きっと一九四〇年代の父とは大きな違いがあったはずだ。その間に現実の政治というものを目の当たりにする機会が多数あったからだ。政治と、それによって生じる結果を彼は何度も見せつけられた。そのせいで、政治というものには何を犠牲にしてでも関わるべきではない、と考えるようになった。政治に関わると、自分が壊されてしまう恐れがある。政治に関わったおかげで手足を縛られてしまい、生き残るために動こうとしてもうまくいかない場合もある。戦後の父は、自らの政治信条はあっても、政治からは距離を置くようになっていた。

だが、その時の父の姿勢はこの場合、問題ではなかった。彼の名前がかつての社会民主主義者のリストに載っており、今も引き続き載っているということが問題だった。ソ連の内務人民委員部（NKVD）によって操られたハンガリーの秘密警察（AVO）は、裏切り者を探していた。そして、社会民主主義者のリストを持っていた。古いものではあったがリストには違いない。父の腹違いの兄弟だった叔父は共産主義者で、リストの情報を見ることができた。父と叔父は政治的な意見の相違もあり、長年、仲が悪かったのだが、意外にも叔父は父の名前がリストに載っていることを本人に伝えた。「リスト」という言葉を耳にするだけでも恐怖に震えるような時代である。自分の名前が載っているというのは衝撃だったはずだ。

私の両親はまさに絶望的な状況に置かれていた。私が生まれたのは一九四九年で、叔父からリストについて知らされる直前のことだった。数年前に病気をして身体の弱っていた母が出産をするというのは危険なことだったと思う。姉は一一歳になっていて、その齢ですでにいくつもの恐ろしい体験をしていた。家族はまた新たな危機に直面することになった。ハンガリーにとどまれば、ＡＶＯに捕まり、大変な目に遭わされるだろう。かといって、子供を連れて外国へ逃げようとするのもやはり危険だ。死んでしまっても不思議はない。両親はこの時に自分たちの取った行動の理由を私に詳しく説明してくれたことがない。だが、戦争中の経験がそこに強く影響していたことは間違いないと思う。共産主義者たちが自分たちに何をしてくるのかは正確には予測できなかったわけだが、ナチスと同様のことをするに違いないと彼らは思ったのだろう。ナチスがユダヤ人の全滅を目論んだように、共産主義者は社会民主主義者を全滅させようとする、そう思ったのだ。両親は国を去ると決めた。それは賭けであり、大失敗の恐れもあったが、他にどうすることもできなかったのである。

ハンガリーからの脱出は簡単ではなかった。人民共和国建国が宣言されて以降、ソ連は国民を中にとどめることに力を注ぐようになっていた。ハンガリーとオーストリアの国境は封鎖されていた。地雷原が設置され、犬を連れた衛兵がサーチライトとマシンガンを持って巡回していた。北にはチェコスロバキアがあった。チェコスロバキアはハンガリーと同じく実質的にソ連に支配されていたことから、国境の警備は、オーストリアとハンガリーの国境に比べれば緩くなっていた。チェコスロバキアもオーストリアと国境を接していた。オーストリアにたどり着くことが、両親にとっての唯一の希望だったが、ハンガリーから直接、オーストリアに入ることは不可能だった。チェコスロバキアを経由するしか方法がなかった。

チェコスロバキアとオーストリアの国境が比較的、通りやすくなっていたのには理由があった。それは、一九四八年にイスラエルが建国されたことと関係がある。イスラエルは元々、大英帝国の委任統治領だった場所に作られた国である。当時、イギリスが弱くなることであれば、スターリンは何でも喜んだ。イギリスは、その後も引き続き、イスラエルにとっての敵であり続けるだろうと考え、イスラエルと同盟関係を結ぶことを検討した。地中海への交通路を手に入れることは、ロシア人にとって長年の悲願だった。ギリシャやトルコの反政府運動の支援をしたのも、その狙いがあったからだ。しかし、一方でアメリカも、いわゆる「トルーマン・ドクトリン」で、ギリシャ、トルコの反共産主義勢力を支援し始めたため、ソ連の試みが成功する可能性は大きく下がった。イスラエルとの同盟は、スターリンにとっては賭けだったが、リスクは小さかった。一九四九年の時点でイスラエルが必要としていたのは武器と国民となるべきユダヤ人、この二つである。スターリンの手にはその両方があった。問題はそれをどのようにしてイスラエルまで送り届けるかということだ。スターリンは、一九四七年から四九年までの間、チェコスロバキアがイスラエルに武器を売ることを許可した。イスラエルにすれば、武器とユダヤ人を提供してもらえるのであれば、誰であってもありがたかった。それでともかく彼らの抱える地政学的な問題は解決するからだ。細かい点を考えれば、必ずしも喜ばしいことでなかったとしても、大きな目的は果たすことができる。

チェコスロバキアからオーストリア、そしてイタリアのいくつかの港を経由してイスラエルへと至る、というパイプラインができた。チェコスロバキアとイスラエルの間で武器売買が行われていることはよく知られていた。そして、ユダヤ人も、武器と同じパイプラインを通じてイスラエルへと運ばれていたのだ。私はそのことを、後年、両親から聞かされた。夕食時の何気ない会話の中でのことだった。両親はまず、チェコスロバキアのブラティスラヴァまで行こうと決めた。ブラティスラヴァは、母の生まれた場所から近いが、さらに大事だったのは、ウィーンからも近いことだった。また、そこにはソ連のあらゆるところからユダヤ人が集められ、オーストリア、イスラエルへと送られているという情報もあった。父はそれを一応、信頼できると思える人から聞いたのだ。問題はブラティスラヴァにどうやってたどり着くかである。

ソ連の地中海戦略とプラハの政治状況とが結びつき、それが私たち家族にとって突破口となった。この時、私たちの課題は主に三つだった。一つは、ＡＶＯに察知されることなくブダペストを去ること。そして、ドナウ川を渡れる地点まで到達することだ。チェコスロバキアへはドナウ川を渡って行く。二つ目は、ブラティスラヴァにまでたどり着いて、そこでイスラエル人たちと接触すること。三つ目は、オーストリアまで行って、イスラエル人たちと別れることだ。

ＡＶＯに察知されずにブダペストを離れるのは容易ではなかったし、少しでも容易にできる策が両親にあったわけではない。冬に着る暖かいコートは高価なものなので、それを置いて逃げることはしたくなかった。しかし、冬が来るのはまだ何ヶ月も先のことだった。残念なことに、その時は八月で、冬のコートを着て一家で街を歩けば確実に目立ってしまう。四人が数日間は生きられるだけの食糧を持って行かねばならないというのも問題だった。亡命しようとする時には、当然のことながら亡命者に見えてはいけない。だが、食糧を多く持っていれば、どうしても亡命者に見えてしまうだろう。また、大事なのは、ドナウ川を渡る時だ。ブラティスラヴァまで確実に誘導してくれる人を誰か見つける必要がある。

ただ幸いにも、古代ローマの時代から密輸はこの地域の一つの産業になっている。「ここにあるよりもあそこに持って行った方が価値が上がる」という物があれば、必ずそれを運ぼうという人間がいる。それに、どの時代にも、何かあるいは誰かから逃げようとしている人間はいる。人や物を密かに運ぶことを生業にする人間が現れるわけだ。人や物を船に載せて運ぶ密輸業者はドナウ川にもいた。密輸業者は、当然のことながら非情で抜け目がない。危険な場所に身を置くことも多いし、普通でない状況に置かれた人間とばかり関わることになるからだ。いちいち感情を動かしているわけにはいかない。移動する時は常に死の危険と隣り合わせだ。いつ死んでもおかしくはない。もちろん、密かに国境を越える人間なら誰もが知っていたとおり、そういう人種に身を委ねるのは危険だ。ただ、一つ安心材料と言えるのは、彼らの仕事は常に誰かの紹介で始まるということだ。もし、預かった人間から一度でも物品や命を奪ったりすれば、以後、なかなか良い仕事は回してもらえなくなるだろう。一度きりでやめるつもりなら、それで得をすることはあっても、長く続けていくことはできない。

自分の身を含め、何かの密輸、特に国境を越えての密輸を依頼する際、重要なのは、信頼できる業者を紹介してくれる知り合いだ。その点、私の父はつての多い人だったので、業者を紹介してもらうことは不可能ではなかった。途中、多少の困難はあったが、最終的には、報酬を支払うことを条件に、目的の場所まで私たちを連れて行ってくれる人物を紹介してもらうことができた。報酬は当然のことながら現金で、しかも前払いする必要があった。その金を父がどうやって工面したのかは知らない。それについて父は何も話したことがない。だが、四人が逃げようと思えば、相当の額になったはずである。

私たちが業者に会ったのは、一九四九年八月一三日の夜である。場所は、ドナウ川の岸、アルマシュフジトゥという街のそばだった。そこは、ブダペストからの鉄道が最も川のそばまで来ているところだ。川幅は広く、流れは緩やかで、夏には途中に島が現れる。サーチライトの光が近くまで来た時や、朝日が思いの外、早く昇った時には、この島が良い隠れ場所になる。私たちは、こうしてゴムボートに乗り込み、ドナウ川を渡ったのである。

発見され、捕まってしまう危険は非常に大きかった。中でも私は大きな危険要素だった。夜の静寂の中、赤ん坊が泣けば、間違いなく死を意味する。そこに登場するのがウンガール医師だ。彼はブダペストの医師で、我が家の伝説の中でも大きな位置を占める。信頼のおける計画を立ててくれたからだ。彼は私の両親に睡眠薬を渡した。その睡眠薬で私を眠らせ、静かにさせようというわけだ。ずっと眠らされていた私とは違い、一一歳になっていた姉は目を覚ましたまま、その状況を乗り越えた。それを思う度、畏敬の念が湧いてくる。わずか一一歳で耐え抜いたのは驚異だ。だが、忘れてならないのは、姉はたった五歳の時から生き残るための闘いをしてきたということだ。幸い、川を渡る際には何の問題も起きなかった。私たちは、あらかじめ定められた場所で、定められた時間に業者の人間と会った。日没を待って私たちはゴムボートに乗り込み、手でボートを漕いで川を渡り、チェコスロバキア側に着いた。そこからは、何キロメートルか西にある、かつてハンガリー領だったコマーロム（その時はチェコスロバキア領で、コマールノという名前になっていた）という町を目指した。

コマーロムに着いた後、次に目指すべきは、ブラティスラヴァだ。ブラティスラヴァは、チェコスロバキアの中のスロバキア地域の首都である。チェコスロバキアという国は、第一次世界大戦後のトリアノン条約によって生まれた。この条約は、基本的にはオーストリア゠ハンガリー帝国を解体し、複数の民族国家を作るというものだったが、一部に例外を残すことになった。たとえば、ユーゴスラビアは、互いに敵意を持つ民族を寄せ集めた連合国家だったし、チェコスロバキアも、チェコとスロバキアという互いをあまり良く思ってはいない者どうしを組み合わせた国だった。この時、ハンガリーの国境線は引き直されることになった。南東部のトランシルヴァニアは、ルーマニアに属するということになったが、北部はチェコのスロバキア地域に入れられた。ここでの話には、この事実が重要な意味を持つ。こうした歴史的経緯のおかげで、コマーロムからブラティスラヴァへと至る鉄道は、ハンガリー語が話される地域を通ることになったからだ。その鉄道に私たち家族が乗っていてもさほど目立つことはない。両親はそこを計算に入れていたのだ。

私たちは朝早くの列車に乗り込み、ブラティスラヴァへと向かう旅に出た。母は持ってきたサラミを取り出し、家族に食べさせ始めた。母がスライスしたものを私に食べさせながら、姉にも渡していると、近くにいた乗客が身を乗り出して彼女に耳打ちした。「すぐにしまいなさい。それハンガリーのサラミでしょう」もし列車がスロバキア語の話される地域を通っていたなら、私たちは即座に逮捕されていたとしても不思議はなかっただろう。ハンガリーのサラミはスロバキアでは手に入るはずのないものだったからだ。だが、元来がハンガリーだった地域にいたため、他の乗客は私たちが亡命者であることを理解し、同情をしてくれたのである。この人に注意してもらえたおかげで私たちは救われた。そして私は、この話から、サラミを取り出すことでも地政学的な問題が発生することがあるのだと学んだ。

私たちが雇った業者にはそれぞれ専門分野があった。川を担当する業者もいれば、列車を担当する業者もいた。列車に乗る時には、川とは違う業者と顔を合わせることになっていたわけだ。彼らが私たちをブラティスラヴァへと連れて行ってくれる。列車に乗る時には家族は二手に分かれる予定だった。母と子供たち、そして父一人だ。狙われているのは父だったからだ。最初に父が誰が業者かを見分け、話をする。ただ問題は、お互いを知らせる合図が明確には決まっていなかったことだ。あるいは決まっていたのに父がそれを忘れてしまっていたのかもしれない。列車内に一人座り、父は業者らしき人物に目を向けた。いきなり会話を交わすのではなく、顔の表情をいくつかに変化させ、肩をすくめ、その地域の逃亡者の間で会話に使われていた手ぶりをした。父は手ぶりで業者らしき人物に何か質問をして相手はそれに答えたらしいが、その質問がどう相手に伝わっていたかはもはや誰にもわからない。父は顔を動かして「一緒に列車を降りよう」と相手に伝えた。業者らしき人物がかすかにうなずき、立ち上がって歩き始めたので、父は後をついて行った。その間に母は同じ車両の反対側に本物の業者がいるのに気づいたのだが、もはや遅すぎた。母が振り返ると、父はすでに列車を降りていた。業者だと思ったのは一般の乗客だったのである。列車は走り出し、父はスロバキアの地に一人、取り残されてしまった。非常に困った事態だ。こういうことが滞りなくうまく運ぶのは映画の中だけなのだろう。

その後、父がどうやって私たちと再会できたのかは知らない。話してもらったことがないからだ。しかし、私たち家族は全員が無事にブラティスラヴァに到着した。そして、あるユダヤ人学校の地下にいたユダヤ人亡命者たちに合流した。地下室には何週間かいた。その間にも、イスラエルの業者が何人もの亡命者を連れて行った。彼らは皆、イスラエルへと移住することになるのだ。街中の建物にいるのだから、チェコスロバキアの秘密警察が私たちの存在を知っていることは明らかだった。というのも、人が次々と中へ入っていくのに、入ったままで誰も出て来ないからだ。イスラエルの当時の首相だったダヴィド・ベン＝グリオンとスターリンの間の取引が功を奏していたのだろう。おかげで私たちは安全でいられた。

だが、問題もあった。両親はイスラエルへは行きたくなかったのである。父は献身的なシオニストであり、ユダヤ人の作った国家も強く支持してはいたが、自らが個人的にそこに住みたいとは思っていなかった。イスラエルは独立戦争に勝利したばかりで、以後、生き残っていけるかどうかはまったく不透明だった。父はそういう場所で暮らすことに疲れ果てていた。彼が行きたかったのはアメリカだ。アメリカを選んだのは、あくまで地政学的な理由からである。アメリカの隣国はカナダとメキシコの二つで、どちらも強い国ではない。父が住みたかったのは、自らは強くて、しかも隣国が強くないという国だった。そして可能であればナチも共産主義者もいない国が望ましい。あまりに何かを強く信じ過ぎていて、その信条のために彼自身や家族を殺そうとする、そんな人間のいない国に行きたかった。

イスラエルの国益と父の個人的な利益には齟齬があった。イスラエルは、国を構成する国民の数が十分でないという問題を抱えていた。イスラエルという国が長く存続するためには、多くのユダヤ人がやって来る必要があった。だが、父が生き残っていくためには、何とかイスラエルに行かずに済ます必要があったのである。隠れ家を提供してもらえたのはイスラエルのおかげなのでそれには感謝していたが、だからといってイスラエルに自分が行くわけにはいかない。どうしても国境を越えてオーストリアには行かねばならないが、その後、何もせずにいればいわば手榴弾を二つ渡されたような状態でネゲブへと送られることになる。それは父の個人的利益とは対立する。

父の置かれた状況は、イスラエルという国が生真面目でユーモアを解する相手ではなかったためにさらに複雑になっていた。彼らの目的は、ユダヤ人を一人でも多く集めることだ。私たちはユダヤ人だからこそ、そこにいることができた。また、彼らの目から見れば、私たちはこれからユダヤ人だけの国に行けるのだから、夢のような状態にいたということになる。私たちにイスラエルは不要かと言えばそうではなかった。父の話によれば、オーストリアまで行くには、イスラエルの助けは絶対に必要だったという。イスラエルの助けがなければ、オーストリアまでもたどり着けない。オーストリアまで着いたら、他のユダヤ人たちから離れて独自の行動を取るのだ。そのために父が採った手段は嘘をつくことである。イスラエルに行けば誰かに殺されてしまう可能性も高かったのだが、表面上は、そのイスラエルにとても行きたいように見せるのだ。安全に国境を越えてオーストリアに着くまではその態度を崩さない。結局はイスラエルを怒らせることになるのだとしても、怒らせるタイミングはできるだけ遅らせるべきだと父は考えた。

父は、彼のような人生を送ってきた者でなければ決して思いつかず、ましてや実行など絶対にしないような計画を実行に移した。私たちはバスかトラックに乗ってオーストリア国境まで行った。バスとトラックのどちらだったかは私にはわからない。国境に着くと、チェコスロバキア側の国境警備兵が、私たちの乗って来た車の捜索を始めた。日頃から同じような車は多く見て、慣れているはずなのに、通常よりも丹念に捜索をしたらしい。そして、彼らは私の父と家族全員を逮捕してしまった。警備兵がイスラエル側にどう説明したのかはわからないが、イスラエルとしては、そこで一家族が抜けるくらいはさほど気にしなかったのではないかと考えられる。ユダヤ人がイスラエルに向かう際には、そこが主たる経路となり、通る人間も多かったからだ。理由が政治的なものにせよ、法律的なものにせよ、わずかな人数が減るくらいは重要な問題ではなかったようだ。イスラエルに向かうユダヤ人の一団は、通常は国境を越えてオーストリアに入った後、アドリア海の港に向かうことになる。

集団が行ってしまった後、逮捕されていた私たちは釈放され、自分たちだけで国境を越えることを許された。この逮捕はあらかじめ仕組まれたことだったのだろう。そうとしか思えない。父がどうやってそれを仕組んでもらったのかは謎だが、ともかく力ずくで集団から離れて行動できるようにはなった。ブラティスラヴァの地下室に閉じ込められている間に手はずを整えたのだろうが、その方法を父は私には明かしてくれなかった。姉は父のしていたことを何となくは察していたようだ。少し成長してから私は母に尋ねてみたのだが、母は「あれは単なる偶然だった」と言うばかりだった。その答えで納得せず、なおも食い下がろうとすると頭を叩かれてしまうので、さらに尋ねることはできなかった。確かなことは、私たちが最後にたどり着いたのがネゲブではなくニューヨークのブロンクスだったということだけだ。どのようにしてたどり着いたのかは永遠にわからなくなってしまった。

その当時、オーストリアに行くというのは、冷戦に直接巻き込まれることを意味した。一九四九年のヨーロッパは多くが連合国かソ連の実質的な占領地域になっていた。国境線は、各国の内情、誰がどう統治しているかとは無関係に、連合国とソ連によって勝手に引かれてしまっていた。ソ連に占領された国には、共産主義政権ができた。一方、アメリカやイギリスによって占領された国には、様々な種類の立憲共和国ができた。さらに重要なことは、一九四九年の時点には、すでにベルリン封鎖が起きていたということだ。チャーチルの有名な「鉄のカーテン」演説の後であり、北大西洋条約機構（NATO）もすでに組織されていた。ヨーロッパは全体が武装化されており、すぐにでも次の大戦が起きそうな雰囲気になっていた。

ウィーンはそうしたヨーロッパの状況の縮図のようだった。ウィーンは、ベルリンと同様、ソ連、アメリカ、イギリス、フランスの四ヶ国によって分割統治されていたが、実質的には、連合国とソ連によって二分されていたと言っていいだろう。もしうっかり、ソ連に統治されている地域に入ってしまったとしたら、連合国の統治する地域の人たちとは離れ離れになり、永久に会うことができないかもしれない。それは私たち家族の知り合いにも実際に起きたことである。ウィーンでは、多数の亡命者救済組織が活動しており、あらゆる種類の亡命者が集まる場所になっていた。ユダヤ人亡命者のための主要な組織の例としては、アメリカ・ユダヤ人共同配給委員会（JDC、「ジョイント」とも呼ばれる）などがあげられる。これは、他の多くの組織を傘下に持つ統括組織である。私たち家族はジョイントから、以前ロスチャイルド病院だった建物に行くよう指示された。亡命に必要な関係書類は連合国救済復興機関（UNRRA）によって発行され、どこかの国が身柄の引き受けを申し出るまで、ともかくしばらく待つことになった。

幸いなことに、亡命者受け入れに積極的な国は多かった。特に積極的だったのは、カナダ、オーストラリア、ニュージーランドなどの英連邦諸国である。どの国も人口を増やしたがっていたが、受け入れるのはヨーロッパの白人に限った。ユダヤ人も彼らの言う「ヨーロッパ白人」に含まれていたので問題はなかった。私たちは、オーストラリアかカナダのいずれかを選ぶことができた。母は難民キャンプを出られるのならどこでもよく、オーストラリアでもカナダでも喜んで行くつもりだったが、父は違った。どちらの国にも行きたくなかったのだ。オーストラリアは第二次世界大戦中、日本から侵略を受け、アメリカに救われたことを父は知っていた。当時からすればつい最近の話だ。カナダも父から見て弱い国だった。アメリカが侵略して来ないので存続できるが、アメリカの態度はいつ変わるかわからない。アルベール・カミュは「犠牲者にも加害者にもなりたくない」と言っていた。父に言わせれば、カミュのこの考えは妄想でしかないということになる。彼の経験からすれば、人間は犠牲者になりたくなければ加害者になるしかなく、この二つ以外の何かになることはできない。父はどうしてもアメリカへ行きたかった。それ以外は、キューバだろうがブラジルだろうが、すべて問題外だった。オーストリアにそのままとどまるのもあり得なかった。ナチの残党が多過ぎ、とても安心して暮らせそうにない。

今もそうだが、当時もアメリカへ亡命したいという人はあまりに多く、受け入れてもらうのは容易ではなかった。アメリカは、どの国からも一定以上の人数の亡命者を受け入れないようにしていた。国別に受け入れ人数をあらかじめ定めていたのである。かれこれ一〇年ほどあちこち逃げ回る生活をしてきた父だが、不法入国をしようと考えたことは一度もなかった。アメリカへどうしても合法的に行きたい。しかし、そのためには長い間、待たなくてはいけない。時間と空間は父の敵だった。オーストリアはソ連にあまりに近い。早く動かないと悲惨なことになってしまう。父はそう思っていた。オー間もなくまた戦争が始まってしまう。その前に家族をヨーロッパから脱出させねばならない。待っている余裕はなかった。

ヨーロッパでは数々の陰謀が渦巻いていた。ソ連は、フランスやイタリアなどへも共産主義者の勢力を拡大しようと躍起になっていたし、復活したばかりのドイツの軍や諜報機関などにも共産主義を浸透させようと画策していた。スターリンは、できたばかりのCIAにも共産主義者を潜入させ始めていたし、すでに多く共産主義者が入り込んでいたイギリスの諜報機関への潜入もさらに本格化させていた。ソ連の諜報機関は非常に優秀だった。スターリンは情報が力であると考えていたからだ。情報の力で連合国を弱体化、無力化させることができれば、戦争は必要ないか、仮に戦争になっても簡単に勝てる可能性が高い。少なくとも、優秀な諜報機関があれば、アメリカやイギリスが何を考えているのかを正確につかむことはできるだろう。

アメリカは、一九四八年のベルリン封鎖や、ギリシャ、トルコでの紛争以降、ソ連を異常に警戒するようになった。アメリカが戦後の世界のあり方について抱いていた幻想は、ソ連のおかげですべて雲散霧消したのである。ナポレオン侵攻や第一次世界大戦の後、第二次世界大戦による荒廃を経験したことで、ソ連としては、西側からの攻撃を受けた時の被害を抑えるための緩衝地帯がどうしても必要だと考えるようになっていた。その緩衝地帯は、バルト海とアドリア海を結ぶ線上になくてはならない。そこはドイツで、ヨーロッパの中心とも言える場所だ。

アメリカから見れば、ソ連軍がドイツの中心部に駐留すれば、ソ連が西ヨーロッパの征服を目論んでいるとしか思われない。ソ連には、ドイツ国防軍を木っ端微塵に破壊するだけの強大な軍事力があった。しかも、世界で最も優秀な諜報機関を持っていたし、フランスやイタリアには巨大な共産党が存在した。ソ連がヨーロッパ大陸を征圧したとすれば、ソ連の持つ資源とヨーロッパ諸国の高い産業力とが結びつくことになる。必ずや、アメリカにとって安全保障上の脅威となるだろう。特に、豊富な資源が海軍力や空軍力の増強に活かされた場合が問題だ。それを防ぐことが、アメリカの国家戦略の基本になった。

アメリカは二つの非常に現実的な問題に直面していた。一つはソ連軍の台頭による自国の軍事力の相対的な矮小化である。もう一つは、諜報能力の不足だ。ソ連で、もしくはソ連に支配された地域で何が起きているのかを知る能力が不足していた。一つ目の問題の解決のため、アメリカは核兵器を大量に保有するようになった。二つ目の問題に関しては、私の父のような人たちと取引し、うまく利用することで対処しようとした。

諜報機関はほぼ何もないところから作る必要があった。アメリカの諜報活動と言えば、第二次世界大戦中には、ほとんどはフランスやドイツを対象としていた。しかし、これからはもっと東に向かわねばならない。まずは東欧やソ連について何か知っている人間、同地域に何かつながりのある人間を雇うことが肝要だろう。現地の言語を話せるだけでも有用だった。アメリカにはそういう人が極端に少なかった。ドイツ軍の諜報部で、ソ連に関する諜報活動を指揮していたラインハルト・ゲーレンなどは、本来、アメリカ政府にとって極めて不快なはずだが、彼のような人物こそ不可欠になったわけだ。ナチスの親衛隊の諜報活動をしていたような人間はさらに不愉快だったが、当時のアメリカにとってはどうしても必要だった。

だが、戦争が終わって四年も経つと、たとえかつてドイツ軍で諜報活動をしていた人間であっても、ソ連が新たに作った緩衝国で何が起きているのかはよくわからなかった。また、東欧にできた政権を転覆させ、ソ連を追い出すことは可能だとアメリカ政府は考えていたが、それは幻想でしかなかった。亡命者たちを祖国に戻し、そこで反政府活動を扇動させる、あるいは、少なくともソ連の西側での動きを妨害する諜報活動をさせる、というのがアメリカ政府の計画だったが、成功の見込みは薄かった。

この計画は「ロールバック作戦」と呼ばれていたが、弱点が二つあった。まず、反乱を起こし、政権を不安定にしても、国を支配しているソ連軍が弱体化するわけではないということだ。もう一つは、アメリカへの亡命者の中には、ソ連のスパイが多く紛れ込んでいるということだった。あえて目につく行動を取らせ、アメリカ政府が雇うのを待っていた。どの亡命者がスパイか見分けはついた。家族を祖国に置いて一人で亡命しているのはたいていがスパイだったからだ。家族は人質に取られていた。西側の諜報機関のレベルがソ連に追いつくにはしばらく時間がかかった。それまではいくらアメリカがスパイを東側へ送り込んでもすぐに発覚し、逮捕されてしまった。逮捕され、拷問にあうと皆、何もかも話してしまうのだ。

東側からの亡命者をスパイに雇うというのは、あまり良い諜報活動とは言えなかったが、私の父にとってアメリカ政府の方針は好都合だった。ソ連がスパイを雇う時にとった手段は家族を人質に取ることだったが、アメリカの場合は、市民権証明書とグリーンカードを提供するという方法をとった。詳しいことは私にはわからないが、その後に起こったことから想像すると、父とアメリカ政府の間で何らかの取引が行われ、結果、最初に母と姉、そして私がウィーンを離れ、アメリカに渡ることになったのだろう。私たちはまずザルツブルクに行き、そこから飛行機で（当時の私たちにとってはとんでもないことだ）ブレーマーハーフェンへと向かった。ブレーマーハーフェンからは軍艦の艦長室に乗り込み、いよいよアメリカに旅立つことになった。

父は後に残った。こうなった理由は公式には、母が国籍はハンガリーだったもののチェコスロバキア生まれだったから、ということになる。母とその子供だった私たちは、チェコスロバキア人に割り当てられた枠を使ってアメリカに入国できた。父は、ハンガリー人に割り当てられた枠が空くまで待たねばならなかったということらしい。ただ、この説明にも問題はある。アメリカ政府は家族を分割して扱うということをしていなかったからだ。特にUNRRAカードを持っている家族を分けることはなかった。実際には、公にはなっておらず、私にもわからない事情が裏にあったのだろうと思われる。後年、父という人間がよくわかるようになった頃には、よくオーストリアとアメリカの政府について彼が口にしていたのを覚えている。いずれにしろ「アメリカ政府はバカだ」など良いことは言っていなかった。家に残っていた当時の書類なども手がかりに、具体的に何があったのか私はできるかぎり推測を試みた。母がニューヨーク市で関連書類への記入をしたその日に、父はオーストリアのハラインで亡命者としての届け出をしている。ハラインは、ヒトラーが山荘を持っていたオーバーザルツベルクの近くの街であり、またゲーリングが盗んだ美術品を隠し持っていた場所でもある。そして第四三〇陸軍防諜分遣隊本部の近くでもあった。これはまさに対ソ連の作戦を展開していた部隊で、当時の冷戦下では重要な役割を果たしていた。

父は、ハンガリーからの他の亡命者たちとともにアメリカの防諜活動に参加し、その見返りとして、家族には危険が及ばないよう自分とは別に逃げられるようにしてもらった。そういうことではないかと私は推測している。当時の父の不可解な行動はこう考えないと説明がつかない。私の推測がもし正しいとすれば、父もまた他の大勢の亡命者と同様の行動を取ったということになる。父は生前、スパイ活動をする大学生を毛嫌いしており、何度か嫌悪感を口にするのを聞いたことがあるが、その時の口ぶりからは父がスパイ活動に関して知識を持っていることがうかがえた。自分が実際にスパイだったのだとすれば、知識があるのも当然だ。無事に生き延びたことから考えて、父の任務はさほど重要なものではなかったのだろう。ソ連側は、私の父のような素人が行うレベルの低いスパイ活動は完全に見破っていたと考えられる。父は自分の置かれた状況に大きな不安を感じていたはずだ。家族の安全が確保できたのは喜ばしいが、自身は地政学的な断層線とも言うべき場所にあまりに近づいていた。線の向こう側にはソ連の戦車が、こちら側にはアメリカの爆撃機がいる、そんな場所だ。

父がアメリカに渡り、私たちとともに暮らし始めたのは一九五二年だ。その頃には、東欧におけるアメリカの作戦は完全に崩壊していた。アルバニアに人を送り込んでゲリラ部隊を形成し、国を乗っ取るという試みは、最初の人を送り込む段階で失敗してしまった。内部に侵入しようにも、ソ連の諜報部隊が海岸で待ち構えていたからだ。私の父もそんな作戦に参加したのだろうか。父が腕章をつけて船に乗り、殺し屋のように見える人たちの一団に取り囲まれている、という写真が残っている。本人の説明によれば、腕章はそのグループのリーダーの印だという。英語が話せたためにリーダーになったというのだ。この説明には無理がある。父は英語などまともに話せはしなかった。二〇年後、ニューヨーク・タイムズ紙で組版の仕事をするようになった時でもそうだったのだから、当時もそう違わないだろう。

アメリカに着いてすぐ、父は印刷の仕事を見つけた。最初に住んだのはブロンクスだ。後の時代ほどひどくはなかったが、それでも決して住み良い場所とは言えなかった。その後、私たち家族はクイーンズに小さな家を買って住むようになる。家には狭いながら、両親が愛した庭もあった。次に住んだのは、ロングアイランド南海岸の小さな家だった。姉はエンジニアと結婚して三人の子供を産んだ。私はそこで学校へ通い、大人になった。

一九六〇年代には、ピート・シーガーが、安い建材で大量に作られた、小さく無個性な住宅を嘲笑う歌を作った。私がその歌を歌っていると父は、歌詞の意味をきいてきた。大量生産の安物の住宅に対する嫌悪、ひいては、そこに住む安っぽく、個性のない人たちへの嫌悪を歌っているのだ、と私は説明した。「その人の人となりは、どこでどう暮らしているかで決まるってことだよ。僕たちも大量生産される商品みたいな人間になっているんだ」私はそう言った。その時、私たちは裏庭にいたのだが、父の返答を決して忘れることはないだろう。父は「アメリカ人ってのはそんなことを気にして生きているんだね」と言ったのだ。

確かにそのとおりだった。安全が確保され、ある程度、暮らしにゆとりができると、人間は「自分が自分であることの証」を失うのを恐れるものだ。父はそれを決して失ったことはなかったし、気にしたこともなかった。そもそも彼は常に命を失う危険にさらされていたからだ。父はアメリカが好きだったが、それはアメリカにいれば安全だからだった。ヨーロッパから渡ってきた父が知っていたのは、命は大事であるということ、自分にとって最大の敵は自分の命を奪う人間であるということだ。それがすべての基本である。彼にとって世界は単純な場所だった。ヨーロッパは、狼のような人間と、その餌食になる人たちしかいない場所だった。アメリカは違う。アメリカには恐れるべき人も恐れる人もいなかった。父にとってはもうそれだけで望外の喜びだったのである。

父は決してロシア人を許さなかった。ナチスの生んだ恐怖を彼らが引き継いだからだ。父はフランス人も許さなかった。腐敗していて弱く、わずか六週間で戦争に負けてしまったからだ。自らの力で立とうとせず、フランスに頼っていたポーランド人も許さなかった。そして何よりもドイツ人を決して許さなかった。怪物のようになってしまったヨーロッパも許さなかったし、あまりにも簡単に自身を許したヨーロッパ人も許さなかった。父にとってヨーロッパは、怪物たちとその協力者、そして怪物の被害者たちしかいない場所だった。彼は二度とハンガリーにもヨーロッパにも戻らなかった。行ってみたいとも思わなかったようだ。大学生の頃、私は父に尋ねた。「ヨーロッパは以前とは変わったのだから、それを認めたらどうか」と。父の答えは「ヨーロッパは絶対に変わらない。ただ、何もなかったことにしてしまうだけだ」という明快なものだった。

今のEUを見ていると、父の言葉を思い出す。EUとはまさに「何もなかったことにしてしまう」ための機関だからだ。もちろん、皆、過去に何があったかは知っているし、その過去に嫌悪感を抱いていないわけではない。過去に起きたこと、見聞きしてきたことはすべて踏まえた上で、長らく存在してきた悪魔をヨーロッパから切り離そうとする試み、それがEUなのだろうと思う。ただ、一方で、歴史を超越するなどということがそう簡単にできるのか、とも思う。この本では、ヨーロッパの暗部に目を向けていく。私の父が決して変わらないと確信していたリアルなヨーロッパの姿を直視してみよう。この本の物語は一般的な近代ヨーロッパ史よりも込み入っているし、私の父の頭にあったヨーロッパ像よりも複雑だ。ただ、この本を読めば、私たちの家族がヨーロッパで体験したことの裏にある理由がわかるだろう。物語はポルトガルの小さな町から始まる。

第2章　世界を席巻するヨーロッパ

ヨーロッパには「果て」と呼べる場所がある。サン・ヴィセンテ岬だ。ヨーロッパ大陸の最南西端に位置し、崖が大西洋に向かって突き出ている。ヘロドトスによれば、古代ギリシャ人は、ジブラルタルより向こうに広がる海を神「アトラス」の名にちなんで「アトランティック（Atlantic）」と呼んだという。そこはアトラス神の領域だということだ。大きく力強く、神秘的な神にその姿を重ねていたのである。サン・ヴィセンテ岬に立ってみれば、まさにその場所にふさわしい名前だと感じるだろう。そこから広がる世界は、不可思議で恐ろしげではあるが、同時にうっとりするほど魅力的でもある。

古代ローマ人は、サン・ヴィセンテ岬のことを「プロモントリウム・サクルム（聖なる岬）」と呼び、夜に人が近づくことを禁じた。彼らはそこを世界の果てと考え、夜になると悪魔が大西洋から岬に上がってきて、人間の魂を奪い取ると考えたのである。真っ暗闇の中に立っていれば、何もない大西洋から悪魔が現れ、自分に襲いかかる、などと想像してしまっても不思議はない。昼間でさえ、人里離れた寂しい場所である。今はポルトガル海軍の通信施設があるが、他は世界の果てを訪れるわずかな観光客相手の売店が少しあるくらいだ。そんな状態だから、見ていてもそこが重要な場所であるとはなかなか思えない。

サグレスという小さな町の南には、もう一つの岬がある。サン・ヴィセンテ岬よりも一キロメート

ルほど東に位置する岬だ。航海王子エンリケは一五世紀、その場所に宮殿を建てた。ただし、現在も残っているのは、おそらく後に建てられた礼拝堂と、地面に描かれた円だけである。何のための円なのかはわかっていないが、おかげで、かつてその場所に重要な物が存在したということだけは明確にわかる。エンリケはその場所からヨーロッパの大航海時代の始まりを見守っていた。ヨーロッパ人が世界中を探検し、支配していく時代の始まりである。サン・ヴィセンテ岬が旧世界の果てだとすれば、サグレスは新世界の起点だったと言える。

サグレスでヨーロッパ人はついに、古代ローマ時代からの古い悪魔を追放することができた。しかし、代わりに新たな悪魔が現れ、その悪魔は現代にいたるまでヨーロッパに存在し続けている。帝国は必ず悪魔を生み出す。ローマ帝国が生んだ悪魔は消えたが、入れ替わりに巨大で恐ろしいヨーロッパ帝国が始まり、新たな悪魔を生んだ。帝国は空前の繁栄を謳歌したが、一方でいくつもの罪を犯したことは疑う余地がない。ヨーロッパの盛衰は現在の私たちにもまだ影響を与え続けている。そしてそれはすべて、サグレスと大西洋から始まったのである。

ポルトガルの王子、エンリケ（ポルトガル国王ジョアン一世の息子）は航海王子として知られ、航海学校を設立したとされる。そこで、後に大西洋を探検することになる船乗りを育てたというわけだ。生徒の中には、インド航路を開拓したヴァスコ・ダ・ガマや、史上初の世界一周を成し遂げたフェルディナンド・マゼランなどがいるとも言われている。クリストファー・コロンブスも、船が難破して救助された後にエンリケの航海学校にしばらく身を置いたことがあるとされている。これが実際にどういう学校であったのか、実際に在籍したのは誰なのか、通説のうちどれが本当でどれが嘘なのかを断定するのは難しい。また学校に在籍したとして、それが何を意味するのかが不明だし、エンリケ自身がどのくらいの時間を学校で過ごしたのかもわかっていない。記録はごくわずかしか残っていないが、ただわずかながら確実な記録から言えるのは、ヨーロッパによる世界征服がこの地から始まったということである。それは間違いない。ポルトガルは、未知の富を追い求め、大西洋の探検に国の財産の多くをつぎ込んだ。

ポルトガルにとって探検は国家的な大事業だった。成果が得られる保証はまったくない中、莫大な資金が投じられた。そんなことをしたのには様々な理由がある。国内での権力闘争や、他国との競争も原因となっただろうし、宗教的、イデオロギー的な要因も関係していると思われる。また純粋な名誉心も強くはたらいたと考えられる。どのような探検を試みた時も、航海が失敗した時も成功した時も、エンリケは必ず詳細な記録を残した。航海を重ねるごとに、船は少しずつ遠くまで到達できるようになった。大きな飛躍はなかったが、何十年にもわたって航海を続けたことで、知識も蓄積されていった。航海術や工学にも進歩をもたらしたのは当然だが、同時に金融や官僚制度の進歩も促した。また、人々の功名心を煽ることにもなった。

サグレスのことを考える時、私が必ず思い出すのは米航空宇宙局（NASA）のことである。NASAが英雄的な活躍をしていた時代の姿は、ちょうど大航海時代のサグレスに重なる。NASAもやはり、とてつもない額の資金を要する組織であり、国内の政治、地政学、イデオロギーなどが大きな原動力になっていた時期が長かった。冒険の成功そのものによる名誉が重要だった点も同じだ。マーキュリー、ジェミニ、アポロなど、宇宙計画の名前はギリシャの神々にちなんでつけられていた。宇宙船を開発する人、操縦する人、計画を管理する人、誰もが皆、自分に与えられた任務を淡々と冷静にこなしながらも、心の奥底には夢やロマンを隠し持っていたのだ。自らの持つ能力、知力を駆使して、未知の世界の悪魔に闘いを挑むというロマンである。生きて冒険を成功させるためには、自らを鍛え、律することが必要になる。わずかずつでも船（宇宙船）を改良し、一歩一歩確実に前進していかねばならない。サグレスやNASAの人たちは、ある意味で詩を書く人間よりも詩的な生き方をしているとも言える。ヨーロッパ人の冒険は神話から始まったのではなく、神話を打ち砕こうという意思から始まった。それが帝国の始まりだった。二〇世紀に帝国が終焉を迎えると、入れ替わりにまた神話が復活した。

この危険な事業に取り組めたのは、エンリケ王子に必要な地位と資源があったからで、そうでない人間にはほぼ不可能なことだっただろう。エンリケは、テンプル騎士団のポルトガルにおける後継組織で非常に裕福なキリスト騎士団を利用できる立場にいた。船の建造は高くつくし、造った船を失えばもっと高くつく。費用を活かすには、エンリケのような資質を持った人間が不可欠だった。成功までにはある程度、時間を要するがそれを待つことのできる忍耐力のある人間だ。短気を起こしては元も子もなくしてしまう。エンリケは慎重で几帳面で、思慮深く、忍耐力も備えていた。彼が探検という事業に乗り出した当時の世界は、まさに探検の影響によりその後の数世紀の間に生じた世界とはまったく違っていた。一五世紀末から一九世紀末までの間に、世界の大半の地域がヨーロッパ諸国に占領されるか、その強い影響下に入るかした。そこから免れた地域はほとんどなかったと言っても間違いではない。

大切なのは、ヨーロッパが世界の他の地域を単に征服したのではないということだ。ヨーロッパ人は世界を元とは違う場所に変えたのだ。それまでの世界では、人々は自分が何者なのかをよくわかっていなかった。だが、ヨーロッパ人が来て以降は、自分が何者なのかを知るようになった。自分が何者かを知らず、自分たちの文明の他に文明が存在するという認識もない。そういう世界では、世界中の人間をまとめて「人類」とみなすような考え方も生まれようがない。インカ人は、コサック人など見たこともないし、存在も知らなかっただろう。タミル人はスコットランド人を知らないし、日本人はイロコイ・インディアンを知らなかっただろう。世界各地に点在する文明はほぼどれも他から隔離されていて、世界全体を把握できる人間はどこにもいなかった。だが、ヨーロッパ人が世界に進出したことで、文明と文明とを隔てていた壁は打ち砕かれた。世界中の文化が、どれほど小規模なものも皆、ヨーロッパ人の支配下あるいは影響下に置かれたことで、すべての人間が世界の人類の構成員となったのである。自分だけは他とは違って特別である、あるいは自分だけは他から孤立していると考える権利は否定されてしまった。世界の人類は一つだという発見は、ヨーロッパ人の意識にも革命を起こし、世界の支配を続ける原動力ともなった。そして、強引な支配により、多くの血が流れることにもなった。

ヨーロッパ人の始めた事業は世界を征服し、世界の人類を一つにしたが、それには代償が伴ったのである。ヨーロッパの帝国主義の直接的な影響でいったい何人が死んだのか、それは誰にもわからない。軍事行動で死んだ人もいれば、飢えや病気で死んだ人もいる。その他にも様々な要因で人が死んだ。帝国が形成される約四世紀の間に一億人もの死者が出たと推定する専門家もいるが、それが正しいかはわからない。世界人口が今よりはるかに少ないことを考えれば、あまりの代償の大きさに圧倒されるばかりだ。大きな犠牲が出た一方で、ヨーロッパ人は富を得て、蓄積し、それを利用することになった。ロンドンやパリの街を歩いてみればすぐにわかる。街の中にある建物の一つ一つ、街灯の一つ一つにいたるまでが、ヨーロッパが帝国から得た富を利用して作られたものである。莫大な富があったからこそ成し得た魔法だ。世界が払った代償はとてつもなく大きいが、その代償が大きな可能性を生んだことも否定できない。

オノレ・ド・バルザックは言っている。「すべての大きな財産の背後には大きな犯罪がある」と。これはヨーロッパ帝国にもそのまま当てはまる言葉だ。ヨーロッパ帝国が犯した罪は、単に大勢の人間を死に追いやったというだけではない。遭遇したすべての人から、自分の未来を自分で決める権利を奪ってしまったのは大きな罪だ。ヨーロッパ人が何かに触れる度、必ずその何かからは、選択肢や可能性が少なくとも部分的には失われた。しかも、ヨーロッパ人は世界中のあらゆるものに触れたのだ。世界中の文明に触れ、世界中の人間に触れた。ヨーロッパの帝国主義の犯した罪をすべて告発しようと思ったら、とてつもなく膨大な数になる。だが、ヨーロッパ帝国主義には、人類に大きな可能性をもたらしたという面もある。個人の人生に評価を下す際、その全体を見るべきなのと同じように、ヨーロッパも全体像を見るべきだろう。相手が大きいほど評価は困難になる。注意していないとすぐに誤った評価を下してしまう。

ヨーロッパの果てのサグレスという町の学校から革命が始まったのはなぜなのか。他の文明が同様の革命を起こす可能性もあったはずだ。エンリケが航海学校を設立したのと同時期、中国人はすでに世界の海に乗り出せる能力を備えた海軍を持っていた。その気になりさえすれば、遭遇する人間すべてを自らに服従させることもできたはずである。古代ローマ人や古代スカンジナビア人にも可能だったかもしれない。当時のヨーロッパ人、ポルトガル人の持っていた技術は彼らだけのものではなかった。にもかかわらず、世界を変えたのは他の誰でもなく、ポルトガル人やその他のヨーロッパ人だった。なぜ、最初はポルトガルだったのか、その後、大西洋側の他のヨーロッパ諸国、スペイン、フランス、オランダ、イギリスなどが後を引き継いでさらに大きな動きにしたのはなぜか。それを考えなくてはいけないだろう。

ヨーロッパとイスラム、探検の始まり

ここでの物語で重要な役割を果たすのはイスラム教徒たちだ。ヨーロッパ人はキリスト教徒であり、ヨーロッパはキリストが崇拝されている土地である。だが、キリスト教がヨーロッパを支配する傍らで、別の宗教も成長を遂げていた。イスラム教だ。イスラム教は、キリスト教よりもはるかに広い土地を支配した。モロッコからミンダナオ島まで、中央アジアからザンジバルにいたるまでの広大な地域がイスラム教の支配下に入ったのである。二つの宗教の信者には密接な結びつきがある。それは単に旧約聖書を共有しているというだけではない。交易、政治の面でも深く関わってきたし、戦争をしたことも同盟を組んだこともある。両者の間では緊張が高まったこともあったが、ここで重要なのは、緊張はありつつも両者は互いに協力し合い、切磋琢磨していたということだ。

イスラム教徒は、人類の歴史でも特に広範囲にまたがる文明を築き上げた人たちだ。それは一つの統合された帝国ではなかったが、イスラム教徒には、世界全体を支配する可能性もあった。ただ、イスラム教国の多くには、商船隊や軍艦もあったが、遠い地域まで出て行く海軍を発達させる必要はな

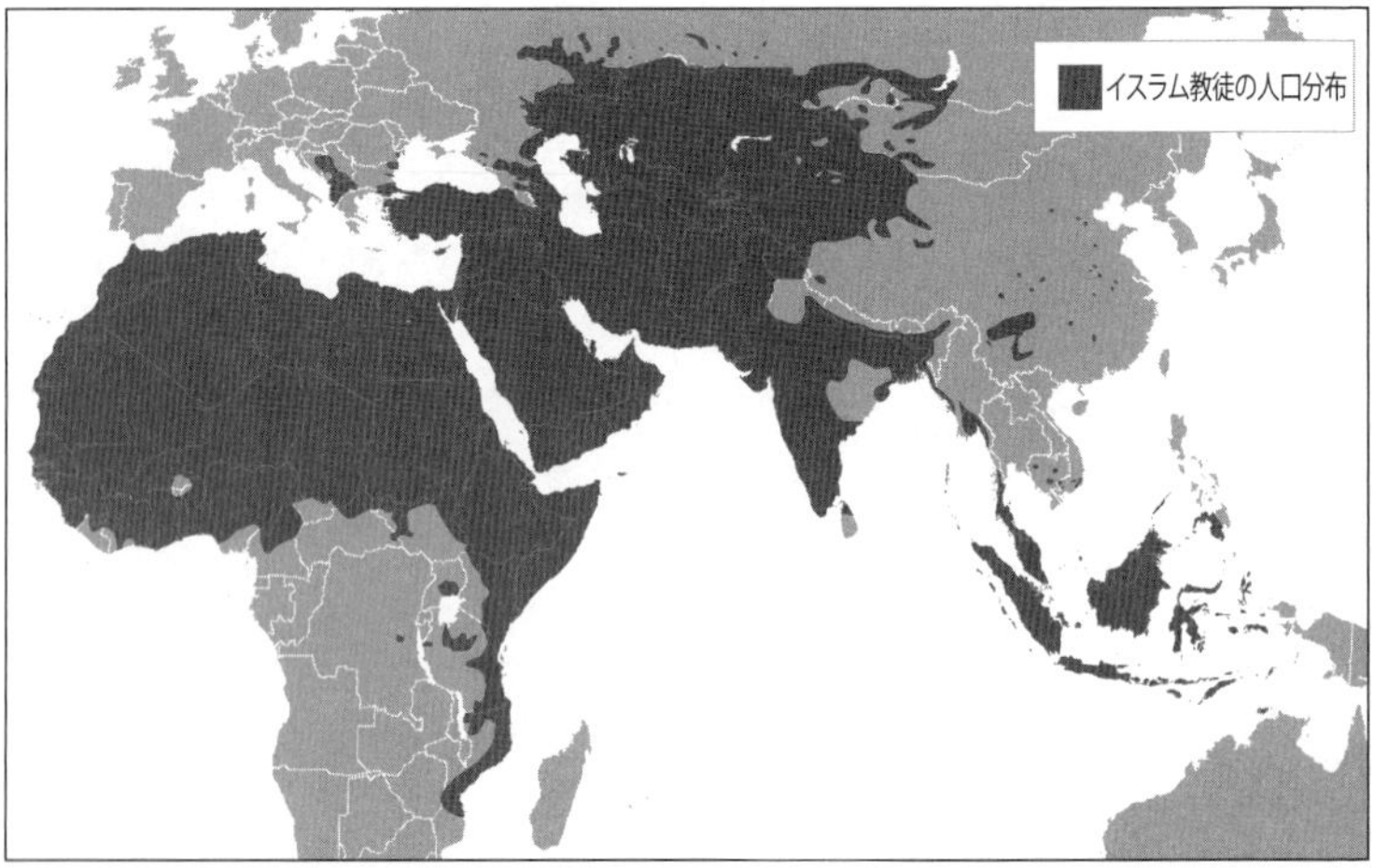

イスラム教の支配地域

かった。沿岸からそう遠く離れずに、イスラム教の支配地域の端から端まで帆船で航行することが可能だったからだ。遠くまで航行する船を作るには費用がかかるが、それだけの費用をかける価値を彼らは認めなかったのである。彼らは多数の地域に港を造ったが、その大半はイスラム教国であり、あくまで交易や食糧補給を目的とする港だった。イスラム教徒は、経済的にポルトガル人のようにリスクを冒す必要を感じていなかった。大きな船がなくても、小さな船だけで効率的に広い地域を支配できていたし、良い陸路も確保していたからである。

一方のポルトガル人は問題を抱えていた。その問題の一部は、イスラム教徒のとった戦略から生じていたものだ。キリスト教とイスラム教は、イスラム教というものが生まれた当初から互いに競い合っていた。キリスト教は地中海の北岸、イスラム教は南岸に広まっていたが、七一一年、イスラム教徒の軍勢は北へと向かい、スペインを征服、その後、最終的にはピレネー山脈を越えてフランスにまで進出した。しかし、七三二年、カール・マルテルがトゥール・ポワティエ間の戦いに勝利したことで、イスラム教徒はピレネー山脈の西に押し戻され、イベリア半島に閉じ込められることになった。この時、もしマルテルが敗れていたら、ヨーロッパは今とはまったく違った場所になっていただろう。

興味深いのは、たとえ戦争をしていても、キリスト教徒とイスラム教徒が実はかなりの程度、共存していたということである。「ローランの歌」は、一二世紀半ばのフランスの詩で、現存する最古のフランス文学作品だ。この詩の中では、スペインにおけるキリスト教徒とイスラム教徒との戦いのことが語られる。舞台となるのはサラゴサという街である。カール・マルテルの孫、カール大帝（シャルルマーニュ）は、イスラム教徒のサラセン帝国のマルシル王と戦う。マルシル王は、「もしカール大帝が戦いをやめてスペインを去れば、自分はキリスト教に改宗するだろう」と申し出る。戦いに嫌気が差していたカール大帝はこの申し出を受け入れようとするが、臣下の戦士、ローランは「彼らは信用できないので受け入れるべきではない」と進言する。その後、複雑ないきさつがあり、結局、和平合意は反故にされ、ローランは死ぬ。この詩で印象的なのは、両軍の戦士たちが非常に似通っていることだ。に終わり、ローランはサラセン軍と戦うことになる。そして戦いはキリスト教徒側の勝利どちらも同じような封建制度の下で生きており、忠義、騎士道といった価値観もほとんど同じである。神に仕えながらも、政治的に必要性があれば自在に道義に反する行動を取れるところも同じだった。

両者は、多くの面で互いの鏡像のような存在だった。イスラム教徒とキリスト教徒は、宿敵であり、常に密接に関わり合っていた。互いに陰謀をめぐらして陥れようとすることもあれば、時には同盟を結ぶことすらあった。そしてまた信用させておいて相手を裏切るのである。絶えずお互いを征服し合っていたし、甘い言葉で誘いをかけることもあった。間違いなく、お互いがお互いに影響を与え、どちらもが徐々に変貌を遂げていた。ヨーロッパもムスリムも、両者の間の絶え間ない戦いと協力関係を抜きにしては十分に理解できない。ヨーロッパの歴史を理解するには、ムスリムの歴史を理解する必要がある。サグレスで下された決断には、ヨーロッパの両端で起きた出来事が影響を与えている。

一四五三年、イスラム教徒のオスマン帝国は、コンスタンティノープルを占領した。三九年後の一四九二年、スペインは、ヨーロッパにおけるイスラム教徒の最後の砦、グラナダを奪還した。かつて自分たちのものだったコンスタンティノープルは、キリスト教徒、ヨーロッパにとって重大な脅威へと変わってしまった。しかし、グラナダの奪還は、イベリア人に自信と資源を与えた。そのおかげでまったく前例のないことに挑む決断が可能になったのである。

ヨーロッパ人は香辛料を強く求めていた。それは中世後期においては究極の贅沢品と言ってもよかった。当時は主としてインドから来ていた。香辛料は食べ物の風味づけや保存、病気の治療などに使われていた他、媚薬としても利用された。中でも最も重要だったのは胡椒である。食物の保存に使われたし、黒死病がヨーロッパに蔓延した時代には、病気を防ぐ効果もあると信じられていた。その真偽はともかく、胡椒は非常に高価で、金にも匹敵するほどだった。

アジアとヨーロッパをつないでいたのは陸路と海路である。胡椒はインドから船で運ばれていたし、絹は中国から陸路（シルクロード）で運ばれていた。シルクロードは当時から今にいたるまで重要な役割を果たし続けている。ただし、今は絹ではなく、主にパイプラインで運ばれる石油などの方が重要になっている。アゼルバイジャンのバクーなど古い都市では、かつてシルクロードを旅した人々が宿泊し、食事をとったキャラバンサライ（隊商宿）が再現されたりもしている。バクーには立派な建物が数多くあるが、どれも相当な数の人の行き来がなければ存在し得ないものばかりだ。それを見るだけで、シルクロードがいかに多くの人に利用されたかがわかる。当然、とてつもない富も生まれていたのである。

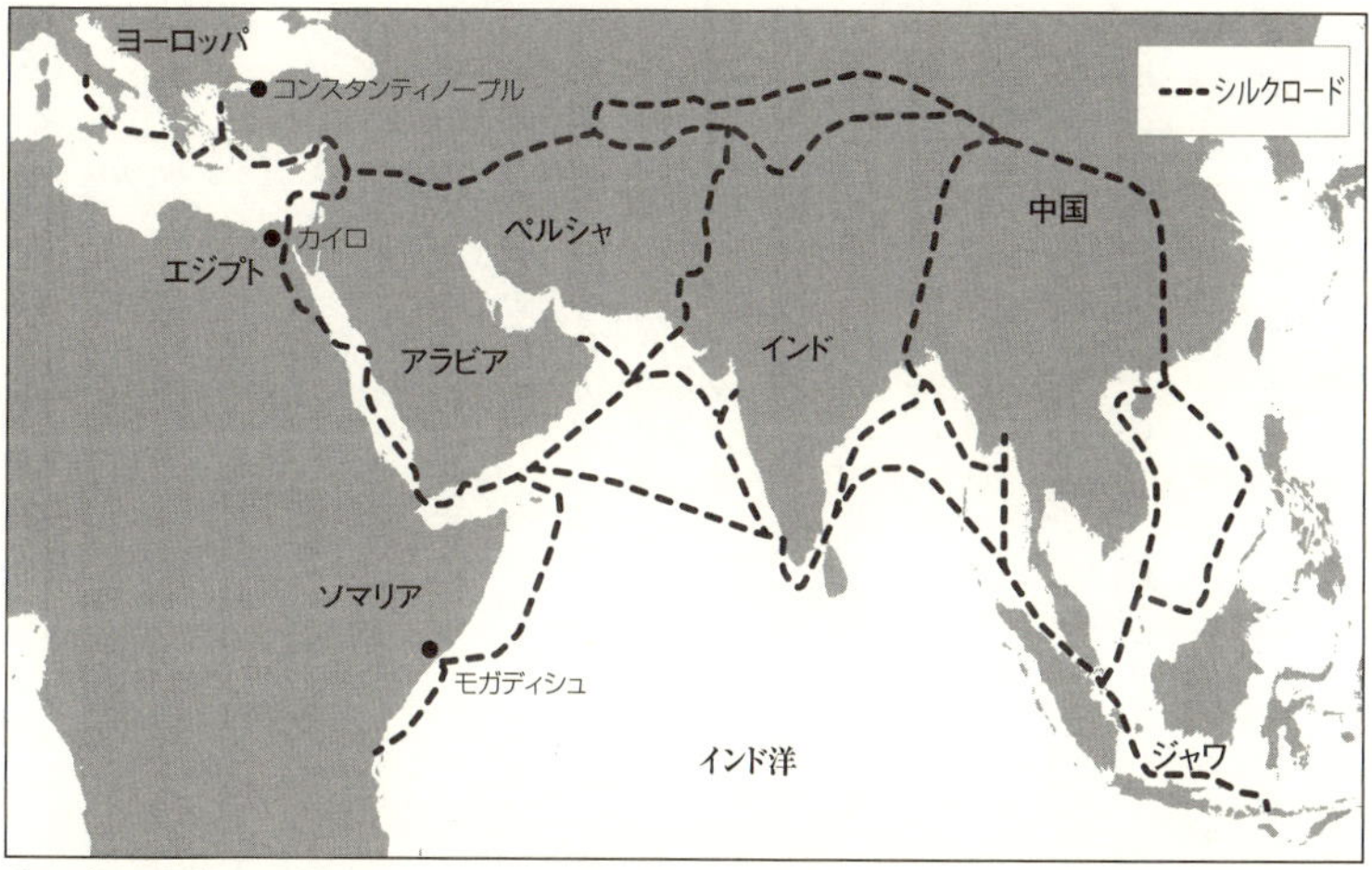

シルクロード

海路も陸路もコンスタンティノープルでいったん終点となる。ヨーロッパに物資を運ぼうとすれば、そこからイタリアのいくつかの港へと向かう別の海路を利用する必要がある。新たな経路を利用すれば、その度に商人たちが価格を上乗せしてしまう。結果、元は安価だった物が、ヨーロッパに着く頃には極めて高価になる。大金が集まれば、そこに政治権力が生まれる。また、ソマリアのモガディシュのような主要な交易所は大きな力を持つようになる。ヨーロッパとの香辛料貿易を支配したいと考えたカリフは、一〇世紀にカイロという街を築いた。以後、紅海を通り、地中海沿岸地域へと運ばれる香辛料はすべていったんカイロに集められるようになった。ヨーロッパ人は、この香辛料を手に入れるために、対価として銀や羊毛など、ヨーロッパでは手に入りやすいがインドや中国では貴重になる品物を渡す。香辛料は貿易のあり方を決めただけでなく、千年も存続するような都市まで作ったのである。

カイロを築いたカリフは当然、イスラム教徒だった。そして、コンスタンティノープルはキリスト教徒の都市だったので、貿易によって生まれた富はイスラム教徒とキリスト教徒の間で分け合っていた。ところが、カイロができ、イスラム教徒とキリスト教徒の協調体制ができてから四〇〇年後、新たな勢力によって状況は一変した。オスマン帝国がコンスタンティノープルを征服したのである。彼らは地域のキリスト教徒を従属させ、東地中海を軍事的に制圧した。オスマン帝国は以前から香辛料貿易に干渉していたが、コンスタンティノープル征服以後は、ヨーロッパ人を貿易から締め出した。はじめは、ヨーロッパ人の貿易を完全に禁じ、しばらく後には、シルクロードを運ばれてくる物品に極端に高い関税をかけるようになった。

こうした行動に宗教的な理由があったのは間違いない。だが、行動の動機は宗教だけではなかった。地中海を支配するのに、彼らは協力者を必要とした。かつては地中海の多数の勢力と同盟関係を結んでいたが、一五世紀中頃には、キリスト教徒のヴェネツィアが最も重要な同盟国となっていた。オスマン帝国とヴェネツィアは協力し合い、香辛料の価格を吊り上げていった。シルクロードが事実上、利用不可能になったことで、ヨーロッパ人のアジアとの陸上貿易は崩壊した。そして、地中海も閉じられてしまったことで、海上貿易も同様に崩壊したのである。しかし、もしヨーロッパ人がオスマン帝国を迂回する経路を見つけられれば、インドとの貿易を再開できる上、オスマン帝国とヴェネツィアに独占されていた利益を奪い返すこともできるだろう。

イスラム教徒の力の増大と、香辛料価格の高騰、この二つがエンリケを突き動かした。エンリケの主導の下、数多くの船長、航海士が関わって何度も探検が繰り返された。彼らは皆、エンリケの投じた資金により訓練し、経験を積んだ人々である。

南へと探検に出た人々、船は、その多くが行方不明となってしまった。

伝説では、船はボジャドゥール岬より南には行けないとされていた。水温が上昇しすぎて沸騰して

ポルトガル人の西アフリカ探検の軌跡

しまうと考えられていたからだ。そこより南に行こうと旅立った船が無事に帰って来たことはなかったので、伝説は正しいように思えた。船が帰って来ないのには実は別の理由があった。アフリカのそのあたりの沿岸はイスラム教徒に支配されていたので、ヨーロッパの船は途中の食料補給がほぼできないのである。当然、海水が沸騰するようなことはなかった。そしてついに一四三四年、ボジャドゥール岬への到達に成功する船が現れた。その後、ポルトガル船は少しずつ南に行けるようになった。一四四五年には、ついにアフリカの最西端よりもさらに南にも達した。この探検の過程で、航海術は大きく向上し、ポルトガルの大西洋における勢力も高まっていった。

ただし、この時点でポルトガル人は、インドまでの経路を探そうとは考えていなかった。彼らが探していたのは金だ。香辛料を買うために金を手に入れようとしていた。アフリカのマリは金を豊富に持つ極めて裕福な国だと言われていたので、ポルトガルはマリへと向かう経路を探した。その経路とはおそらくは川である。川を遡ってアフリカの内陸へと入って行けば、マリへと到達できるはずだ。だが、これはあくまでヨーロッパ人の間での通説であり、真実かどうかはわかっていなかった。ポルトガル人は当時としては進んだ人たちであり、その彼らが、自国からわずか二五〇キロメートル南のアフリカの内陸のことについて、これほど無知だったというのは驚きかもしれない。だが、それは現代人の見方である。自分たちが何者であるかもよくわかっていない時代においては何も不思議ではなかった。ポルトガル人は、アフリカ西岸からさらに遠くへと慎重に歩を進める間に、この無知を徐々に克服していった。

エンリケとポルトガル人を突き動かす動機は香辛料以外にもあった。イスラム教徒を打ち負かしたいという動機だ。イスラム教徒は西アフリカを手中にしていたが、沖合まで船で出てくることはなかった。キリスト教徒の船が沿岸に近づいた時にだけ拿捕《だほ》していた。ポルトガル船が南を探検しようとすれば、イスラム教徒に捕まらないよう、沿岸から十分に離れて航行する必要があった。アフリカから遠く離れて航行していたおかげで、大西洋上でアゾレス諸島を発見し、自分のものにできた。そして、遠くを航行することで、イスラム教徒たちよりも南へと進出できるようになった。エンリケはかつて十字軍兵士の一人だった。彼はモロッコのセウタを征服した部隊を率いていたし、イベリアを支配していたイスラム教徒が次第に追い出されていく時代に生きていた。エンリケにとっては、富を追求することと、イスラム教徒を打ち負かすこととは表裏一体で切り離せないことだったのである。

当時、アフリカのどこかに、「プレスター・ジョン」という王が統治する強大なキリスト教国が存在するという伝説があった。この王国が異教徒に包囲されたために、プレスター・ジョンは他のキリスト教国からの援軍を求めているとも言われていた。また反対に、周囲の異教徒を征服したので、求められればヨーロッパに援軍を出すことができるのだという人もいた。この伝説は何世紀もの間、存在していた。よく考えてみればそれはおかしなことなのだが、気づく人は少なかった。そして、ポルトガル人がアフリカの最西端よりも南へと進出し、マリへの経路を探すようになった時、いよいよプレスター・ジョンとも接触できる可能性が生まれたと考えられるようになった。接触できれば、ともに新たに十字軍を編成し、北アフリカの奥深くへと進むこともできるのではないか、そう思う人が現れたのである。

ここで当時のイベリアの地政学的状況を、イスラム教徒と切り離して考えてみよう。大西洋に面したイベリア半島は、ピレネー山脈があるために、ヨーロッパの他の地域からは隔離され、孤立している。スペインが統一を果たし、グラナダから最後のイスラム教徒を追放すると、地上においてはポルトガルよりも強力な国家となったが、海ではポルトガルが優位に立っていた。ポルトガルとの競争に勝つためにも、海上の交易路を確保するためにも、スペインは海軍力を高めなくてはならなかった。規模で劣るポルトガルは地上ではスペインに対抗できず、海に活路を見出すしかなかった。

ポルトガル人が動いた要因は一つではなく、ここにあげた複数の要因がすべて組み合わさっていたのだろう。スペインにも対抗しなくてはならず、インドに到達できる経路も求めていたし、マリの金も探していた。プレスター・ジョンとも接触したかった。キリストの言葉を少しでも多くの人々に広めたいという気持ちもあっただろうし、大西洋上の陸地を多く獲得したいとも考えていた。この複雑な動機は、ヨーロッパ帝国主義の重要な特徴の一つである。目的はいくつもある。単なる幻想でしかない目的もあったし、相矛盾する目的が同居していることもあった。だが論理的であろうとなかろうと、その目的がポルトガル人たちに前へ進む力を与えていたことは確かである。

スペイン人はポルトガル人よりも遅れてゲームに参加した。彼らはすぐそばにいるイスラム教徒と何世紀にもわたって戦いを続け、ついにグラナダに残っていた最後のイスラム教徒たちを追い出して、国の統一を成し遂げた。ポルトガルは、スペインがそうして国内のことに気を取られている間に積極的に海へ出て、強大な海運国として発展を遂げた。だが、統一され、平和にもなったスペインはポルトガルよりはるかに大きく強い国である。ポルトガルはただ、先手を打ち、目の前にあったチャンスをうまくものにしただけだ。スペインとしては、ポルトガルが先んじて手に入れたものを奪い取りたかった。ポルトガルへの競争心は、スペインをより強く探検へと駆り立てた。

アフリカの西を回る南向きの経路はすでにポルトガルが押さえていたし、即、同じ経路での探検に出ることはスペインには不可能だった。だが、クリストファー・コロンブスがスペインに別の選択肢を与えることになった。彼は、中国やインドには、東回りでなく西回りで行くことも可能だと主張したのである。問題は、西回りでインドや中国へ行くことが仮に可能だとしても、いったいどのくらいの時間がかかるのか、知っている人間がヨーロッパにはいないことだった。はじめ、コロンブスは西回りでの航海をしたいという申し出をポルトガルにしていたが、拒否されている。南向きの経路が有望なのは間違いなく、ポルトガルはすでにその経路を支配していた。彼らにはわざわざ危険な賭けをする理由がなかったのである。スペインは違った。インドへ行く経路を必要としていて、南へ出てポルトガルと直接、競争するのは避けたかった彼らは、コロンブスの申し出を受け入れた。一か八かの賭けに出て、コロンブスの支援をしてもよいと思える状況にいたわけだ。

ポルトガルの南への探検は、投資に見合う成果をあげた。ヴァスコ・ダ・ガマはアフリカ南岸を経て一四九八年五月、インド、マラバル海岸のカリカット王国へと到達した。インドに着いた彼は、強硬な手段で自らの存在を現地の人間に知らせた。街に砲撃を浴びせて脅したのである。脅された国王は即座に、ポルトガルとの交易の開始に同意した。ヴァスコ・ダ・ガマは、このインドへの航海の途中、メッカへの巡礼者を乗せた船を発見し、沈没させている。乗っていた船員や巡礼者たちは全員、死亡している。この事実からも、イスラムへの敵意と富への欲望は強く結びついていたことがわかる。

インドに着いた彼は、そこで自分たちと同様、イスラムに敵意を抱くヒンドゥー教徒に出会う。これでヴァスコ・ダ・ガマは、エンリケ航海王子の掲げた目標を達成したと言える。オスマン帝国を迂回してインドに到達する経路を開拓したのだから、そう言っていいだろう。後の何世紀にもわたりヨーロッパ人はインドを支配することになるが、そのための下地が整ったということだ。

イベリア半島の成功はこれで絶頂を迎えたのだとしても不思議はなかったが、実際にはそうではなかった。コロンブスの航海の方が重要な意味を持っていたことが後でわかるからだ。その航海は、実際に出てみると、当時、想像されていたとおりの困難なものだった。

コロンブスの最初の航海が期待したほどの成果をあげたように見えなかったことから、失望したスペインの宮廷は、コロンブス以外の人間にも資金を提供するようになる。彼らは、香辛料を入手する経路以上に価値の高いものを発見することになる。それまで存在すら知らなかった残り半分の世界である。しかも、そこは金と銀があふれていた。スペインは、金や銀を香辛料と交換するなど、交易で富を蓄積するような悠長なことはしなかった。航海の末、たどり着いた先の住民たち、誤解により「インディアン」と名づけられた人たちから、富を強奪したのである。

ポルトガルは、すでに存在が知られていた土地に行くための新たな経路を発見しただけだ。それに対し、コロンブスは、偶然とはいえ、まったくの未知だった土地を発見した。ヨーロッパ人がそれまで知らなかった人間と遭遇したのだ。世界には自分の知らなかった人間が大勢いるという発見は、ヨーロッパ人の考え方に革命的な変化をもたらした。インドへと到達したポルトガル人は当初、勝者のように見えた。未知のものに遭遇したスペイン人は、前例がなく、判断の基準がないために、自分たちが成功したのかどうかもわからなかった。だが、後になって結局、ポルトガル人よりもはるかに価値の高いものを手に入れていたことがわかった。

ホメロスが叙事詩『オデュッセイア』に書いているとおり、オデュッセウスは旅のはじめに自分にとって未知の世界へと入っていく。そこは未知であるだけでなく、驚くべき存在に満ちた世界だった。一つ目の巨人、キュクロープス、ロートスの実を食べるロートパゴス族、その他、人間よりも神に近い存在に多く出会うのだ。ドイツの哲学者、マックス・ホルクハイマーや、テオドール・アドルノなども言っているように、彼は「恍惚の世界」とでも呼ぶべき場所にいたのである。オデュッセウスは未知の世界を発見し、やがて理解するようになり、ついには支配するにいたる。彼は未知の世界を覆っていたベールを引き剝がした。同時に、その世界にかけられていた魔法も解けることになった。彼も悟ったことだが、何かをよく知ると、その何かにかけられた魔法は解けてしまう。これはオデュッセウスにとっての悲劇だ。世界について学ぶのは、平凡で退屈な場所を増やし、魅力的な場所を減らす行為であるということだ。ヨーロッパ人にも同じ悲劇が起きた。未知の土地を発見すると、はじめのうちは謎めいていて魅了されるのだが、やがて魔法は解け、単に実利を得るための退屈な場所に変わっていってしまう。

コロンブスが発見した未知の土地でもやはり同じことが起きた。彼の発見は、人々の富への欲望を刺激したことも事実だが、同時に、もっと心の深いところにある未知のものを求める欲望も刺激した。どこか遠く、海の向こうにまだ見知らぬ世界がある、そう思うと心が浮き立ったのである。ヨーロッパ人は新世界に魅了された。ただ日常生活に追われている平凡な人までもが、遠い世界に思いを馳せ、空想をめぐらすほどだった。海は以前から、人智を超えた恐ろしいものに満ちていると思われていた。コロンブスは海にかかっていたベールを少し剝がしたわけだが、それでも、その恐ろしい海の向こうに知らない世界があったのだから、まだ魅力は尽きなかった。新世界には秘密が多く隠されていたし、その上、富を得ることもできた。長旅をして海を越えるのは辛かったが、その辛さは十分、耐えるに値すると思われた。コロンブス以降、無数のヨーロッパ人が大西洋を渡った。はじめのうちは未知の世界を自分の目で見たいという気持ちで渡った人が多かっただろう。ただ、行く人が増えるにつれて、ベールは剝がれ、謎は謎でなくなり、未知の世界は平凡で退屈な世界へと変わった。コロンブスの発見は確かに素晴らしかったが、せっかくの新世界を壊さずに知る方法までは発見できなかったのである。

こうなったのは結局、ヨーロッパに科学というものがあったからと考えることもできる。この世界には、時に人智を超えているように見える謎が多く存在するが、謎にはそれを解く鍵が必ず巧妙に隠されている。そう信じるのが科学だ。知らないことを知りたいという欲望がなければ科学は成り立たない。ヨーロッパはこの欲望にとらえられていた。それはファウストの神話に象徴的に表れている。ファウストは、権力でもなく、財産でもなく、知識のために悪魔と取引をするのだ。ファウストの姿はまさにヨーロッパの姿だ。コロンブスが未知の土地にたどり着き、理解も想像もできなかったものを目にした時からそれは始まった。

新世界を訪れたのは、初期の頃は探検家たちだったが、やがて別の種類のヨーロッパ人がやって来るようになる。それは、コンキスタドールと呼ばれる屈強の男たちである。

飢えた男たちは武装する

エストレマドゥーラは乾燥して暑く、スペインでも特に貧しい土地だ。新世界を探検し、征服した男たちが多く生まれたところでもある。彼らの名前は歴史に残っている。ペルーのインカ帝国を征服したピサロ、パナマに到達し、新世界からはじめて太平洋を見たバルボア。北へと向かいミシシッピ川を発見したデ・ソト。だが、中でも最も偉大で重要な人物は、メキシコを征服したエルナン・コルテスだろう。

コルテスは、多くの面でエンリケ航海王子とは対照的な人間だった。簡単に言えばエンリケは満腹だったが、コルテスは飢えていたということになる。エンリケは常に穏やかな態度で感情の起伏も大きくなかったが、コルテスはほぼ悪党のような男だった。エンリケの望みは、自分の一族の権力を維持することだったが、コルテスには元々、富も権力もなく、いずれ手に入れたいと強く望んでいた。エンリケは社会の最上位層の出身だったが、コルテスは底辺に近い層の出身だ。エンリケは忍耐強く、物事をすぐに決めつけない気の長さがあったが、コルテスはそうではなかった。コルテスにはともかく早く成功したいという焦りがあり、待つことができなかった。情け容赦なく、すぐに決断を下してしまう。二人は、どちらも以降五〇〇年間のヨーロッパを象徴するような人物と言っていいだろう。ヨーロッパには、エンリケのように上品で洗練された顔と、コルテスのような冷酷な悪党の顔とがあった。二人には共通点もあった。それはカトリックへの深い信仰、イスラム教徒への強い敵意だ。何を信じ、何に責任を感じ、何を恐れるか、そうした点で二人はほぼ同じだったと言える。

エンリケには世界を知りたいという願望があった。ただし、それは忍耐強い願望で、その充足のための行動は秩序立っていた。一歩一歩慎重にことを進めていたのである。一気に大きな成果をあげようとはせず、失敗はあっても決してあきらめない、そういう姿勢だ。彼のおかげでコロンブスのような人たちが現れる素地が作られ、謎のベールは剝がされていった。一方のコルテスは賢明ではあったが、同時に残忍でもあった。彼は敵に出会うとまずは言葉巧みに操り、その後は武力で打ち負かして無慈悲に奴隷化してしまう。エンリケがじっくりと待つような時に、コルテスは急ぐ。それはエンリケが裕福で、コルテスが貧しかったからでもある。ヨーロッパ人が広い世界へと出て行く時には、慎重な姿勢と綿密な計算が必要になった。自分の行動が何を生むのか、はじめのうちはそれを恐れる気持ちの方が優勢だった。だが、やがて性急に勝利を求め、力で強引に欲しいものを奪い取る姿勢が勝るようになった。この二つは一方だけでは存在し得なかっただろう。慎重で冷静な態度と、大砲などの強力な武力、この二つのおかげでヨーロッパ人は何世紀もの間、無敵でいられた。

コルテスのような人間が現れたことにより、ヨーロッパの世界への「攻撃」は比喩的なものから、本来の意味での実際的な攻撃へと姿を変えた。ヨーロッパ人にとって、まったく未知だった大陸、まったく未知だった文明と出会ったのはそれがはじめてのことだった。アステカ帝国の首都テノチティトラン周辺には、約二〇万人の人たちがいた。その中には支配階級に属する人々もいれば、それに従属する部族もいた。アステカの戦士たちは勇敢で、よく訓練されており、決していい加減にあしらうことのできる相手ではなかった。経済の規模は相当なもので、アステカの首都はヨーロッパの大半の都市よりも洗練されていて複雑なものだった。

コルテスは、ユカタン半島沿岸のコスメル島に上陸した。現在はすぐそばにカンクンがあり、ホテルが立ち並び、クルーズ船が多く停泊している。そこはマヤ人の土地だった。今も、カンクンを出て、田舎道を車で一八時間ほど走り、チアパスの山々の中へと入って行けば、マヤの末裔に会うことができるだろう。彼らはそこで暮らし、なおもメキシコシティの政府に抵抗を続けている。コルテスは五〇〇人の男たちと何人かの奴隷とともに上陸した。伝説では、彼は上陸後、そこまで自分たちを連れて来た船を焼き払ったとされている。その上で皆に「もはや退路は絶たれた」と告げた。あるのは勝利か、死かである。退却の許されない戦いということだ。本当にコルテスが船を燃やしたのか、真偽のほどはわからない。だが、わずか五〇〇人で帝国に立ち向かうのだから、皆殺しに遭っても不思議はなかったはずである。少なくとも戦って勝てるとは思わなかっただろう。戦ったとすれば、勝てない限り皆殺しなのは間違いなく、ほどほどに負けるということはまずあり得なかった。それはコルテスにもわかっていただろう。

上陸したスペイン人と馬を目にした時、アステカの人たちは、自分たちの神、ケツァルコアトルが戻ってきたと思ったと言われる。今で言えば、UFOの着陸を目撃したようなものだろう。見たことのない未知の金属で作られた衣服を身に着けた謎の生き物が突然現れ、まったく意味のわからない言語を話しているのだ。乗って来た船もそれまで見たこともないようなものだ。そんな驚くべき生き物にはじめて遭遇した現地人たちがどれほどの恐怖を抱いたか、想像するのは難しくないだろう。同じような恐怖を抱いた人々は、ハリウッド映画にも繰り返し登場する。

コルテスの持っていた武器は、アステカ人には見たこともないものだった。また、彼らは、過去に一度もアステカに危険をもたらしたことのない方角からやって来ていた。コルテスたちが銃や大砲を持っていたとは言っても、数の上ではアステカ人が圧倒的だった。もし決死の覚悟で攻撃を仕掛けられれば、とても勝ち目はなかっただろう。だが、そんな攻撃がなされることはなかった。それは、コルテスたちに何か神がかったものを感じており、心理的に戦いを挑みにくかったということのようだ。未知のものに魅了されるという意味では、スペイン人もアステカ人も同じだったのだ。

コルテスたちの武器が使われた時、そこから生じた音や炎はとてつもないもので、その殺傷能力も、アステカ人にとっては、過去に比べるものがなく、一体それが何なのか判断しようにも基準がなかった。アステカの支配層にいた人たちは、理解不能な力を持っている彼らが自分たちの上に立つのは必然のように感じてしまった。理解不能の力を持てるのは神だけのはずだからだ。アステカ人は、コルテスの到来を、怒れる神の降臨だと解釈したのである。

圧倒的な出来事を前に一時、呆然としていたアステカ人だが、しばらくすると我に返り、コルテスへの抵抗を開始する。はじめの衝撃が和らぐと、彼らは自分たちが何者であるかを思い出した。多くの人民を従えてきた偉大な戦士であったことを思い出したのである。スペイン人はたったの五〇〇人だ。強力な武器を持っているとはいえ、何千人もの戦士が力を合わせれば十分に打ち勝つことができるはずだった。ところが実際にはアステカは敗北を喫することになった。それは、コルテスが実際には五〇〇人ではなく、何千という戦士を味方につけていたからだ。スペイン人でもアステカ人でもない戦士たちだ。

アステカ人は権力を掌握してまだ一世紀あまりにしかならない新興の勢力だった。彼らの統治は過酷で、人民からの搾取もひどいものだった。生け贄を捧げる習慣があったという証拠も残っている。生け贄に選ばれたのは、従属する部族の人間である。つまり、アステカの支配者たちは恐れられていると同時に、怒りも買っていたということだ。多くの人々にとって、スペイン人の到来は実は救いであった。アステカ帝国の首都、テノチティトランは、メキシコ盆地の中心にある。現在はメキシコシティがある場所だ。彼らの支配はユカタン半島にまでは及んでおらず、マヤ人はまだ征服していなかった。だが、マヤ人たちは、近い将来、アステカに征服されるのではないかと恐れていた。その恐怖心から、スペイン人に味方をしたのである。マヤ以外にも、すでにアステカの君主モクテスマに服従していたはずの部族も含め、多数の部族がスペイン人に味方をし、その数が何千人という単位になったのだ。支配下の部隊ですら本当に自分に忠実かどうかわからない状況であり、モクテスマはスペイン人との戦争を望まなかった。彼は外交交渉を試みた。スペイン人の存在に怯えていたわけではなく、自らの権力基盤が脆弱であり、味方がいつ敵に変わるかわからないと知っていたからだ。アステカにとっての紛争の火種は元々、帝国の南にあったのだが、コルテスの到来によって火がつき、結局、その紛争がアステカを滅ぼすことになった。

コルテスが勝てたのは軍事的に優勢だったからでも、人心の掌握に長けていたからでもなかった。勝利をもたらしたのは彼の外交能力である。彼はモクテスマの政権の弱点を巧みに突くことができた。支持基盤が弱いと見るや、それをうまく利用したのだ。ペルーのインカを征服する途上だったピサロが置かれていた状況もまったく同じだった。インカ帝国も、複数の部族が合同で政権を支えていたが、その部族の多くは、インカ帝国から恩恵を被っていたわけではなく、むしろ自分たちを帝国の犠牲者だと考えていた。ピサロは、帝国支配者の圧政を利用し、帝国に不満を持つ者を自らの味方につけた。

ヨーロッパ人がなぜ世界を征服できたのかを理解する上で、これは非常に重要な事実である。征服は確かに不正義ではあるが、現地に不正義はすでに存在していた。支配者のすることはヨーロッパでも、世界の他の地域でもさほど変わらない。彼らは基本的に力で、つまり恐怖で周囲の人間を抑えつけている。ヨーロッパ人は、新しい土地に行くと、まず抑えつけられている人間の側についた。そして彼らに富をもたらして味方につけ、共同で支配者の政権を倒した。政権を倒したら、ヨーロッパ人が入れ替わりで支配者となるわけだ。コルテスの連れて来た五〇〇人がアステカを征服したわけではない。その五〇〇人と、現地にはじめからいた何千人ものアステカの敵とが共同でアステカを征服したのである。スペイン人はアステカやインカの弱点を突いて滅ぼし、入れ替わりで支配者となって、やはり元と同じような圧政を敷いた。つまり、メキシコやペルーの大半の人々にとっては、ヨーロッパ人が来る前も後も何も変わらなかったということだ。

ただ話はこれで終わりではない。その他の要素もある。それは、コンキスタドールの野蛮と言ってもいいほどの強固な意志と、ほとんど正気とは思えぬ勇気である。私は以前、別のところで文明には三つの段階があると言ったことがある。第一の段階は「未開期」だ。これは、文明を構成する人々が、自分の集団の法を自然の法則と同一視している段階である。ジョージ・バーナード・ショーも同様のことを言っている。第二段階は「文明期」だ。これは、人々がまだ自分たちの正義を信じてはいるが、もしかするとそれは誤りかもしれないという疑いも抱くようになっている段階だ。第三段階は「退廃期」である。この時期になると、人々は「どこにも真実など存在しない」と考え始める。一見、真実と思えることも、虚偽と思えることも、結局は真実でない点では同じ、と考えるわけだ。

コンキスタドールの行動だけを見て、ただちに彼らを野蛮だと言うわけにはいかない。だが、彼らが野蛮な行動を取ったのは、未開期の人間だったからだ。彼らはまず自分のたちの宗教を深く信じており、少しも疑いを抱いていない。神学者たちのような洗練された信じ方ではなく、ただ素朴に信じていたのである。彼らにとって、神はただ身近で恐ろしい存在であり、それ以上の複雑なことは考えていなかった。コルテスにとって、神とは比喩や象徴ではなく、明確な存在だった。この見方は何もカトリック教徒に特有のものではない。プロテスタント、イスラム教徒、ユダヤ教徒、その他、様々な宗教の信者が、いずれかの時期に同じような見方をしていた。この信仰は、集団が何か実力以上に思えることを成し遂げる必要がある際によく利用された。未開人の純粋な、啓蒙されていない信念は、強い意志につながり、力に変わり得るのである。

ローマカトリックの教義の中心には「両剣論」があった。これは教皇ボニファティウス八世が前面に押し出した考え方である。両剣論では、文字どおり、教皇が二本の剣を持つと考える。聖界の剣と俗界の剣だ。ただ実際には、後者の剣を使うのは国王や皇帝で、教会は前者の剣を使う。ただし、後者の剣は教皇が国王や皇帝に貸し与えているだけなので、剣の使い手が違うからと言って、権力が分裂しているわけではない。二本の剣は互いに助け合う。一方の剣がある目的のために使われる時には、もう一方の剣の使い手も同じ目的のために動く。政治の権力と宗教の権力とは切り離せないということだ。この考え方は、教会の布教活動を支える力となった。教会には、聖界の剣があり、それを使うことで、異教徒をキリスト教に改宗させることができる、とされたのである。伝道者が異教徒にキリスト教の教義を説いて回る活動が正当化されたわけだ。キリスト教の伝道者は、その思想の豊かさで異教徒を魅了し、改宗を促そうと試みた。また、その活動を、よく訓練され自らの任務の正しさを確信した戦士たちが後押ししていた。このように、キリスト教には、イスラム教も同様だが、単なる宗教、信仰ではない部分があった。ただ信仰し、帰依するだけのものではなく、国家のあり方も規定していたのである。それはヨーロッパ以外の地域の人々にとって、学ぶべき価値があると思わせるものだった。

コンキスタドールが純粋な利己心だけでリスクを冒したとは考えにくい。もちろん、強い私欲はあり、それに突き動かされていた部分も大きかっただろうが、それだけでアステカやインカに挑むことはできなかっただろう。普通に考えれば、打ち負かすことはほぼ不可能だったからだ。合理的にものが考えられる人間であれば、決して賭けに出ることはなかったはずだ。そのくらい勝てる確率は低かった。だが、コンキスタドールはカトリック教徒だった。自分たちは教皇から剣を託されて動いているのだと信じていた。富を追求する行為の正当化にすぎないと言って話を終わらせてしまうのは簡単だ。だが、それではキリスト教の力について十分に理解できないし、その力を過小評価することになるだろう。聖俗入り混じり、矛盾を抱えた仕事であったが、彼らは至極真面目だったし、自分の正しさを疑ってはいなかった。本物の剣を振りかざして改宗を強要することにも皮肉を感じてはいなかったのである。イスラムとの戦争においても、同様の考え方が重要な意味を持った。成功し、生き延びる可能性は極めて低いが、それでも前に進まねばならない時、人が必要とするのは奇跡である。神と、神の持つ奇跡の力を信じていなければ、コンキスタドールたちが危険を顧みずに行動することはあり得なかっただろう。それ以上の説明はなかなかできない。

キリスト教は、ヨーロッパ人の世界征服と密接に結びついていた。征服者を行動へと駆り立てるのにも、被征服者を従わせるのにも、キリスト教は必要だった。アステカ人は、金属の服を着て馬に乗り、火を噴く管を持った人間の到来に驚いた。これも重要なことには違いない。だが、スペイン人が神の名の下に自らの主張をしていたということも、アステカ人に対して心理的に大きな打撃を与えた。その神は、彼らの信じていた神よりも偉大だというのだ。コンキスタドールが勝利を収めたため、その神が確かに存在することが証明されてしまった。被征服者にとっては、負けたことそのものより、自分たちの神を否定されたことによる自信喪失の方が重要だった。それも、彼らがヨーロッパ人に服従するようになった要因の一つだろう。もちろん、すでに述べたとおり、アステカに虐げられていた人々が立ち上がったことが最も大きな要因であることは間違いない。

スペイン人やキリスト教を非難することはたやすい。だが、彼らが滅ぼしたアステカもわずか数世代前に権力を掌握したばかりだった。以前の支配者から力ずくで権力を奪い取り、それまでの神に代わり、自分たちの神を信仰するよう人民に強いたのである。イツコアトルは、メキシコ盆地の主要都市を征服し、アステカ帝国を樹立した。イツコアトルが一四四〇年に死ぬと、モクテスマ一世が後を継いだ。彼の政権下で起きた最後の戦争では、五〇〇人もの人間が捕虜となり、生贄として神に捧げられることになった。そう考えると、スペイン人は、彼らの被害者に比べて道徳的に劣っていたとも言えない。被害者も、ほんの一世代前は加害者の側だった。だが、したことは基本的に同じだとはいえ、スペイン人の場合はアステカに比べて、はるかに規模が大きかった。そうなった理由の一つが両剣論なのだろう。両剣論は、他の文明を征服し、支配する上で大きな力となった。

スペイン人は、メキシコやペルーにおいても、その他の地域においても、現地に元から存在した政治的分裂をうまく利用した。しかし、ヨーロッパ人にも政治的分裂はあった。ポルトガル人が、南米における自らの「取り分」を主張したために、スペイン人との間に争いが起きた。結局、教皇も間に入った交渉の末、両国の間で条約が結ばれ、ラテンアメリカはスペイン圏とポルトガル圏とに分けられることになった。ブラジルで今日でもポルトガル語が話されているのは、この名残りである。その後もポルトガルとスペインの間の緊張は続き、後にはそれが両者をどちらも弱らせることになった。スペインは、新世界から莫大な富を得たことで、ヨーロッパの統一を目指せるほどの力をつけた。だが結果から見れば、彼らの力はヨーロッパを統一するには不十分だった。スペインが統一に失敗したことで、フランス、イギリス、オランダは自由を得て、それぞれに独自の戦略で帝国の建設を目指すようになった。

スペインの誤りは、新世界で得たものをあまりにも多く本国に送ってしまったことである。そのせいで、新世界にはわずかしか残らず、新たな社会を築くのに使える富はあまりに少なかった。一方、北米に小規模ながらニューイングランドを建設したイギリスは、少なくともそれを変えようとはしていた。だが、イギリスにしても、ヨーロッパを意のままにし、統一するほどの力は持ち得なかった。世界の他の地域は征服できても、自らを征服する力はない、というのが後になって、ヨーロッパの致命的な欠点の一つであることが証明される。これは、サグレスがヨーロッパにもたらした欠点でもある。

ポルトガルとスペインが世界征服に乗り出したのには多数の理由があった。一つは技術的な理由だ。彼らには、外洋を航海できるだけの大規模な帆船を建造する技術があった。その船には、何ヶ月分もの必要物資や、銃など敵を驚かせる武器を積み込むことができた。だが、最も重要な理由は、そうする必要が彼らにあったからだ。インドや中国との間の交易路は塞がれてしまった。誰であれ、それまでとは違う新たな経路を発見すれば、富と権力を手中にできる可能性があった。必要があり、必要を満たす手段もあったわけだ。そして、必要を満たしたことが、やがて世界征服へとつながった。

　エンリケ航海王子、ヴァスコ・ダ・ガマ、コロンブス、エルナン・コルテスの物語は、もちろん、ヨーロッパ人の世界征服物語のほんの一部分にすぎない。一四九二年からソビエト連邦が崩壊した一九九二年までの間には、五〇〇年もの時が流れている。一四九二年は、ヨーロッパで最初の世界的大国が誕生した年で、一九九二年はヨーロッパで最後の世界的大国が崩壊した年ということになる。ヨーロッパの世界支配は大きく三つの段階に分けることができる。はじめはイベリア人が優勢な時期。次は北西ヨーロッパ人が優勢な時期だ。この時期には、イギリス人が北米を、イベリア人が南米を支配していた。両者のアメリカ大陸支配が終わると、次の段階が始まった。主としてイギリス人がアフリカ、そしてアジアの一部を支配する段階である。この本では、ヨーロッパの世界支配そのものより、それが最終的にどのようにして崩れたのかに焦点を当てたいと思っている。だが、この章ではその前段階として、ヨーロッパ人とはどのような人たちで、なぜ世界征服などという大それた、苛烈な行動を取ることになったのか、という話をした。

　本書でするのは、ヨーロッパ人が単に物理的に世界の大部分を支配したという話ではない。より注目したいのは、世界を支配していく中でヨーロッパ人が抱いた妄想、強迫観念である。彼らには、渇望と言ってもいいほどの強い動機があった。ただラテンアメリカやインドなどに対して優位に立てればいいというわけではなかった。彼らには、細菌のように小さいものから、銀河ほどの巨大なものまで、すべてを我が物にしたいという願望があった。ヨーロッパ人のこの異常なまでに強い所有欲がどこから生じ、どこへと向かったのか。ファウストはなぜ悪魔と取引をしたのか、私の関心はそこにある。コルテスの存在が重要なのは、同じような人間が大勢いたからだ。また、エンリケ航海王子の存在も重要である。彼のような人間は数の上では多くなかったが、果たした役割は大きい。たとえば、イギリスが植民地搾取のために利用した東インド会社などは、彼のように冷静で慎重な人間がいなければできなかっただろう。そしてヨーロッパの技術者や科学者、芸術家、戦士たちには、この世のあらゆるものに対するファウスト的渇望があった。それは未知なるものに惹かれ、知らないことを知りたいという強い願望である。願望に突き動かされ、次々に謎を解明したことで、世界は退屈で面白みのない場所に変わってしまった。ヨーロッパはそれでも表面的には強そうに見えたが、実際には弱体化していったのである。

第3章　ヨーロッパの分裂

ヨーロッパ人の心には、エンリケのような部分とコルテスのような部分とが同居している。一方では非常に知的でありながら、もう一方では無法者という矛盾する要素を同時に抱えているのだ。知的な人間は自らの生き方を自分の考えで選択する。過去の因襲やすでに明らかになっている事実だけにとらわれて生き方に制限を加えることはない。彼らは、限界というものの存在を、自分の良心、理性、意志によって設定したものを除いて認めない。限界を認めない点では無法者と同じである。知的な面でヨーロッパには多数の偉人が現れた。彼らの力により、自然と人間に関する隠された真実が次々に明らかになった。この世界の背後にある大いなるものの存在に気づき始めたことは、危険であるとも言えた。最高の知性の持ち主はその危険性を理解し、真実を主張する時には常に慎重な姿勢を保った。だが、知性が最高ではない人たちは違った。彼らは、人間にとって重要な嘘、必要な嘘までも、無遠慮に打ち砕いていった。まるで、それによる代償など生じないかのように。何より危険だったのは、偉大な思想家たちの知見を、さほどの知性もない平凡な人間が利用するようになったことだ。彼らは、何を信じるかは自分で選ぶことができる、何を信じても個人の自由である、と主張し始めた。自分の意見が他人を不愉快にさせたとしても、不愉快になるのはそれが真実だからだ、などと言う。平凡な人間が天才と同じ権利を求めるのは、彼らが何に対しても敬意を持っていないからだ。天才と凡人、両方の手により、ヨーロッパは分裂してしまった。無数の破片に分かれてしまったのである。破片の中にはわずかながら素晴らしいものもあるが、大半の破片は退屈で、無価値なものだ。心や知性の面での分裂は、ヨーロッパの地理的な分裂の反映なのかもしれない。地理的に細かく分裂していたために、心も分裂してしまった。それはヨーロッパ帝国全体にとってみれば、大きな損失ということになるだろう。

一五〇〇年の時点では、ヨーロッパはキリスト教に支配されており、イベリア半島はカトリックの支配下にあった。カトリックには、非常に親しみやすい面と、どこまでも不可解で神秘的な面とがある。だが、真剣に相対する価値のある思考体系であれば、その点はどれも同じだろう。一般の民衆にとって、カトリックとは、いわば儀式の集合である。多数の慣例と迷信の集合と言ってもいい。そこには恐怖と癒やしがほどよい割合で混在している。その緻密で複雑で、矛盾もはらんだ教義は、知的な人々にとっても深く追究してみたいと思わせる魅力を備えている。カトリックは、精神的な面だけでなく、政治的な面でも、ヨーロッパにおいて権威となろうとした。教会が政治に関わることになったのだが、政治に関わるというのは、すなわち様々な面で妥協を求められるということである。政治的な現実とキリスト教の教義との間の矛盾を心で受け止めながら、人生の意味を知るという本来の目的も追求しなくてはならない。問題はまず、どうしても必要な妥協と腐敗との間の区別が難しいことだ。また、キリスト教徒であれば、人生の意味を考える際、キリストの犠牲があって自分の存在がある、ということが基本になる。だが、あまりに多様な現実を目の当たりにすると、それですべてを説明するのが困難になってしまう。カトリックの状況は、まさに中世の大聖堂と同じだった。壮大で美しく、極めて複雑。建てることも難しいが、建てた後の維持も難しく、それには大きな代償が求められる。

一四九四年のトルデシリャス条約により、教皇アレクサンデル六世は、新世界をスペイン側とポルトガル側とに二分した。しかし、少し立ち止まって考えてみれば、これは信じがたいほどに傲慢なことだとわかる。第一に、カトリックの国はこの二国だけではない。にもかかわらず、バチカンは他のカトリック国は無視したのである。そして、現地の先住民たちの主張もまったく無視した。たとえ彼らがカトリックへと改宗していても、言い分には一切、耳を傾けなかった。アウグスティヌスやトマス・アクィナスなどの繊細さは、教会の価値観に深く作用し、「素朴な信者」たちは、教会の美しく魅力的な儀式に惹かれていたのだった。だが、この時代、カトリックの特徴として最も際立っていたのは、世界人類すべての上に立っているかのような振る舞いだった。

布教においても政治においても、カトリック教会は絶頂期を迎えていた。教会はヨーロッパ大陸を支配し、異教徒を改宗させるべく動いた。イベリア半島においては、イスラム教徒に勝利した。だが、悩みもあった。カトリック国の間の対立である。トルデシリャス条約は、二つの大国の戦争を回避するにはどうしても必要だった。ヨーロッパ人は世界の広さを知った。その広い世界に住む人のほとんどは、イエスの名前すら聞いたことがなかった。キリスト教に対して根本的な疑問を突きつけられるのは当然のことだった。キリストを知らない人間がこれだけいるのに、本当にカトリック教会が全世界を従えていると言えるのだろうか。政治的、知的な面で小さな亀裂が生じつつあったが、まだあからさまではなかった。その背後では、エンリケとコルテスの融合により、ヨーロッパに知的な無法者も生まれていた。自分の思うがままにふるまい、自ら新たな秩序を作る無法者が、ヨーロッパの旧来の知的秩序を破壊し始めたのである。

はじめに三つの大きな知的な衝撃があった。それがヨーロッパ人の自己確信を揺るがせた。三つとも、すべて一四九二年から一五四三年までの五一年間に起きている。それ以前、ヨーロッパ大陸の民衆には、三つの大きな確信があった。一つは、自分たちの生きるこの世界が宇宙の中心であるという確信。もう一つは、ヨーロッパは世界の中心であるという確信。そして最後が、ヨーロッパの中心は教会であるという確信だ。しかし、五一年の間に、ヨーロッパの知的枠組みは、立て続けに大きな打撃を受けて揺らぐことになった。過激ではあるが魅力的な発想がいくつも生まれ、ヨーロッパ人の知の世界に革命が起き、一つにまとまっていた知の世界はばらばらになった。もちろん、そんなことが整然と順序立てて進んでいったわけではなく、実際には行きつ戻りつがあったのだが、世界史全体から見れば、ごく短期間で一直線に物事が進んだように思える。

衝撃とその結果

一四九二年のコロンブスの航海によって、地球は丸いということが誰の目にも明らかになった。地球が物理的に丸いことは、当時も知られていないわけではなかった。だが、コロンブスにより、その知識に実感が伴うようになったのである。また、以後、世界にはヨーロッパの他にも進んだ文明が多数存在すること、キリスト教など一切知らない人間が無数にいることも認識されるようになった。イスラム教徒のようにただキリスト教を拒否するというのではない。はじめからまったく知らないのである。地球が丸いのであれば、その表面には中心などないことになる。どの文明も、自分たちのいるところが世界の中心であるとは主張できない。ヨーロッパ人も、自分たちの文明が世界の中でも特に古いとは言えても、世界の中心にいるとは言えなくなった。しかも、自分たちのことをまったく知らないか、知っていても無関心な文明がいくつもあると認識するのは、決して快いことではない。キリストが本当に救い主であるなら、なぜ、キリストの存在が全世界の人に同じように知られていないのだろう。世界は、かつて彼らが信じていたよりはるかに大きかったし、はるかに多様だった。しかも、どこかに中心があるという考えも誤りだった。ヨーロッパ文明は、ルソーの言う「高貴な未開人」たちよりも本質的に優れている、という信念は、一四九二年以降の何世紀かの間に次第に疑わしいものになっていった。そしてついには、すべての文明、文化には等しく価値があるのではないかと考えるまでになったのである。

コロンブスの航海から二五年後の一五一七年、マルティン・ルターは、教会の扉に「九五ヶ条の論題」を掲示した。いわゆる宗教改革はその時から始まった。九五ヶ条の論題は、ローマがヨーロッパの中心であるという考えに疑義を呈するものだった。ルターの究極の主張は、ローマ司教は神と特別な関係にあるというが、それは誤りではないかということだ。人は誰でも自らの力で、司祭などの仲介なしに神に近づくことができるとルターは考えた。聖書を読むことは一人でもできる。人は、自らの良心と神の恩寵に導かれて一人で聖書を読み、そこからそれぞれが自分なりの結論を導き出すことができる、というのだ。ローマがキリスト教の中心であるという考え方に、正教会は以前から異議を申し立てていたが、ルター以後はヨーロッパ大陸の外からだけでなく、中からも疑問の声があがるようになった。ヨーロッパ人が世界における自らの心理的優位を失うのと同時に、カトリックも、ヨーロッパ内のそれまで支配してきた地域における優位を失ってしまった。

さらに二六年後の一五四三年には、コペルニクスが明晰で精緻な理論を打ちたて、地球は宇宙の中心ではなく、地球が太陽の周りを回っているのだということを示した。これは何も宇宙論が進展したというだけの話にはとどまらなかった。コペルニクスの主張は他の部分にも強い影響を与えたのである。この主張により、人々の心には大きな疑問が生じた。従来の考え方では、神は世界を創造した際、人間を自分の似姿として作ったことになっていた。それほど重要な最高傑作を、宇宙の中心ではなく片隅に配置したのはなぜか。人間は神にとって全宇宙創造の目的とも言えるほどの存在のはずだ。にもかかわらず、中心に置かないということがあるだろうか。何世紀か後には、我々のいる世界がさらに小さく宇宙全体にとって重要でないものであることがわかる。地球は銀河系の周縁部にあり、その銀河系すらも、宇宙に無数にあるありふれた銀河の一つにすぎないというのだ。コペルニクスによって、人間という存在の重要度は下がることになった。これは、多くの宗教が教えることとは矛盾する。特にキリスト教の場合は、神が自らの唯一の息子を人間に与えたと信じていたのだから、矛盾はより大きくなってしまう。

カトリック教会は、人間は教会の教えを通じて神の知に到達できると説いていた。その教会は司祭などの聖職者で成り立っており、聖職者には階級の上下がある。マルティン・ルターは、ヴォルムス帝国議会においてこう発言した。「私の良心は神の言葉にとらえられている。だから私は何も撤回できないし、するつもりもない。良心に反して行動することは安全ではないし、正しいことでもない」これは、人間には一人ひとり、個人の責任や良心があるという宣言であり、旧来の教会の権威を否定する宣言でもあった。これがキリスト教の構造を根本から変え、後にヨーロッパで起きる革命の舞台を整えたとも言える。革命はまた、予想を超えた終わりのない連鎖反応を引き起こすことになった。

カトリックにとっては、教会の教えこそが神の言葉そのものであり、教会の枠組みの外にいる人間は、誰であってもキリスト教の教義について自ら解釈を加えてはならなかった。だがルターはそこに、個人の良心、そして個人的な信仰という概念を持ち込んだ。個人が自ら神の言葉、聖書を学んでもい い、その権利があるということだ。自ら聖書を学び、自らの良心の命ずるままにそれを解釈して構わないということになるわけだ。ルターのこの主張が後の時代に与えた影響は非常に大きかった。ルター本人は何もかも個人の主観で判断してよいと言ったつもりはなく、そういう風潮が広まらないようにするために努力もしているが、主張した本人の意図を離れて影響が広がったのは確かだ。キリスト教そのものはなくならないが、次第に元のキリスト教ではなくなっていく。ローマの代わりに個々の信者が中心になるからだ。中心だったローマが格下げされたことで、ヨーロッパの精神風景はまったく変わってしまう。

こうしたことはすべて、技術革命が進む中で起きた。まず重要なのは印刷技術である。それ以前にも印刷技術そのものは存在していたが、一四四〇年にグーテンベルクが発明した活版印刷機の影響は大きい。一五〇〇年頃には、ヨーロッパに一〇〇〇ほどの印刷機が存在したとも言われる。印刷技術が生まれるまで、文章は基本的に手で書くしかなく、手書きの文書は希少だった。識字率が上がらなかったのは、読み書きを習う機会のない人が多かったからだが、そもそも読むべき文書が少なかったせいもある。ところが、印刷技術が普及すると、文書は増えた。聖書も多く印刷され、誰もが手に取れるようになった。しかも、自分の母語で読むことができるようになったのである。これ自体は些細なことのようだが、そうではない。誰よりも教会の司祭の権威を下げることになったからだ。読み書きを覚え、母語で書かれた聖書を持っていれば、日曜日を待つこともなく、家で自分で聖書を読むことができる。司祭に読んでもらい、神の言葉を解釈してもらう必要はない。個人がそれぞれに自分で聖書を読むようになると、言葉の意味の受け取り方に食い違いが生じ始める。ローマの解釈と食い違うだけではなく、一人ひとりの解釈が皆、他人と食い違うようになった。ヨーロッパの教会は、この時代に二分されたというが、実際には二分どころか、ばらばらに砕けたと言ってもいいだろう。また、この分裂が進むと同時に、国境線というものが強く意識されるようになっていく。言語を多くの人がただ話すだけでなく、読み書きもするようになったことで、言語を共有する人の間の結束を生み、また言語の違いが境界になった。言語に政治的な意味を感じていない人であっても、言語が同じであるか否かを意識し始めたのである。

印刷技術により、ルターは、ドイツ語に翻訳された聖書を多くの人に配布できるようになった。聖書が印刷され、広く配布されることで、個人が自分の良心を神の言葉に対峙させるということが可能になったのである。自分の考えを小冊子にまとめて一般に配布し、その内容について皆で議論することも始まった。それまでまったく無縁だった人も、知的活動に参加し始めたわけだ。

ヨーロッパ各地の日常言語は、次第に公式の言語として認められ始めた。ドイツ語やフランス語が単なる粗野な通俗言語ではなくなったということだ。カトリック教会ではラテン語の聖書が公式なものとされ、日常言語はその理解を助けるために便宜上使うだけのものだったのだが、それが変わった。本格的な文章を書くのにも使えるし、思想を表現するのにも使えると考えられるようになった。ドイツ語で表現された思想が、ラテン語で表現されたものより劣るとはもはやみなされない。ドイツ語、英語、どの言語でも、それを話す人々の間の結びつきを強めた。以前であれば、一つの村や町、という狭い範囲でしか見られなかった結びつきがもっと広い範囲で見られるようになった。印刷物のおかげで、自分の母語で書かれたものであれば、一度も会ったことのない人の著作物でも比較的、簡単に読める。言語が多くの人の共通項となり、国家の基盤となった。そして、これもヨーロッパが激変する原因の一つとなったのである。

ルターはドイツ人にドイツ語で話した。ドイツ人は元々、曖昧な存在で、自分たちの統一国家があるわけではなかった。複数の国に分かれて存在しており、まとまって大きな影響力を発揮するわけでもなかった彼らがやがて、自分たちの政治的権力を持つようになっていく。ドイツ人をひとまとまりの存在とみなし、その歴史を見直すという運動も起こる。ルター主義はその運動の基礎となった。ドイツ人のナショナリズムが生まれるのには、ルター主義が不可欠だったということだ。ドイツに限らず、ヨーロッパの民衆の間にナショナリズムが芽生えるのには、プロテスタントの誕生が大きく影響したと言える。また、それがヨーロッパの国境線を複雑なものにした。人民の共通の言語が国家の基礎となり、国ごとに言語が違うという状況になるが、すべての言語は神の前では平等である。どの国の思想も神の前で平等であり、いずれかの思想が他に優越するということはない。そのため、ヨーロッパは思想の面でも細かく分裂することになった。

こうした改革の震源地となったのはドイツだが、改革の動きはヨーロッパの北へと広がり、イギリス諸島やスカンジナビアへと達した。ただ、やはりドイツで始まったものなので、どの地に広がっても、ドイツの影響を免れることはなかった。コペルニクスがドイツ系ポーランド人、ルターもグーテンベルクもドイツ人だったという事実は興味深い。また、重要なのは、彼らの祖先であるゲルマン系の部族が過去にローマ人に抵抗し、独立を保っていたという事実だ。時を経て、再びドイツ人たちが、ローマカトリック教会に対して反旗を翻し、独立を主張し始めたわけだ。

宗教改革はまた別の種類の分裂も生んだ。良心や信念は元来、個人的なものである。一人ひとりが抱くものなので、一人ひとり違っている。宗教改革により、キリスト教への信仰が良心と結びつけられたことで、個人の地位がそれ以前に比べて高くなった。すると必然的に一つの新たな問いが生まれた。聖書の解釈は一人ずつ違うが、いったい誰の解釈が正しいのか、という問いだ。解釈が正しいか否かの判断基準はどこにあるのか。仮に、解釈する人の誠実さや信仰の強さを基準にするとしても、今度は誠実さや信仰の強さを判断する基準がわからない。宗教改革はルターから始まったが、彼が最も急進的な改革者というわけではなかった。改革者自身が他の改革者からの挑戦を受けることになった。改革の内容は国によっても違った。改革者は多数の派閥に分かれ、主だった派閥の間でも考え方には相違があった。派閥の分裂は絶え間なく繰り返され、各派閥が新たに自らの教会を作った。個人が自らの信念と良心に基づいて聖書を解釈して構わないのだとすれば、誰の解釈にも特別の権威はないのだから、限りなく分裂していくのは当然である。誰もがすべての人の考えを、自らの信念、良心を基に評価する。すべての人に評価をする自由があるし、良心があれば、評価をせずにはいられない。カトリック教会は、信者の信仰や行動を一つにまとめるはたらきをしたが、プロテスタント主義はその反対の作用をした。それまでは絶対に正しいとされてきたことも、実は正しいとは限らないと考えるよう人を促した。自らの権威を主張するものはすべて疑ってかかるよう警告を発したのである。一気にあらゆる物事が流動的になった。ヨーロッパ人が過去と訣別する大きな契機だったと言えるだろう。知性の面でのもう一つの重要な動きである科学革命の背景にも、こうした宗教の大変革があった。

ルターは、初期の教会の創設とともに、奇跡の時代は終わったと主張した。つまり、神が人間の世界に直接介入することはなく、神の創造した自然の秩序は不変だということだ。この世界は安定しており、何が起きるかは世界を支配する自然の法則さえ知れば、完全に予測できるという。あとは、人間がその自然の法則を知ることができるか、という問題になる。聖書も、それを知る一つの手段ではあるが、聖書には自然のことはあまり書いていない。自然のことよりは、超自然的存在である神とその意思に触れていることが多い。つまり、ルター主義の論理を敷衍《ふえん》していくと、聖書だけを読んでいては不十分だということになる。自然について知るには、聖書を読む以外のことも必要になる。それが科学だったというわけだ。

科学と啓蒙主義

科学革命には多くの思想家が関わり、各人が様々なことを考え、様々な発見をした。科学革命をプロテスタント運動の一部であると言ってしまうと間違いになるが、その根本にプロテスタント主義があることは確かだろう。自然の見方や、個人を道徳や知の世界の中心に据えるところなどには、明らかにプロテスタント主義の影響が見える。また、科学革命初期に特に大きな影響力を発揮した人物の一人は、プロテスタントである。その人物とは、エリザベス一世、ジェームズ一世時代のイギリスの哲学者で、政治家でもあったフランシス・ベーコンだ。そう考えると、科学の誕生は、宗教改革や政治と強く結びついていると言っても間違いではないかもしれない。

フランシス・ベーコンは一五六一年に生まれた。ルターの死から一五年後だ。ベーコンは自身の著作『大復興』の中で、知への新たな取り組み方を提案している。神や精神の重要性を認めながらも、彼は世界を主に物理的なものとして見ることを提案したのである。人間の感覚によって察知できることを頼りに世界の成り立ちを把握するということだ。奇跡の時が終わったということは、物理的な自然の法則が、神の最後の言葉であるということだ。中世のスコラ哲学の基本となっていた演繹的推論は、帰納的推論に地位を譲ることになった。それまでは、自らの似姿として人間を創った神の心について深く考えること、また深く考えた人の書いた文章を読むことが大切とされていたのだが、目の前の世界を自分の目で見つめ、その裏に隠されているものを見つけ出すことが大切、というふうに変わった。

ベーコンは、自然に隠された秘密をいかに明らかにすべきか、その方法を提示した。ベーコンが提案した科学の方法では、観察が重視される。自然を徹底的に観察し、その結果を基に推論をするという方法だ。仮説を立て、観察と実験に基づいてそれが正しいことを、あるいは正しくないことを証明する。人間の知識は日に日に増えているという前提に立ち、従来、正しいと信じられていたことであっても一度は疑い、冷静な観察と合理的な実験によって正しさを検証してみる。この方法の根本には、物理世界に関する意見、提案は何であれ、証拠を集めてそれを基に推論をすることで検証してみなければならないという考えがある。それが科学の哲学的基盤だ。また科学の根底には、少なくとも物理世界においては、あらゆる知識は疑ってみるべきだし、検証してみるべき、という考えもある。

さすがにキリスト教そのものには疑いの目を向けなかったベーコンだが、不思議にも著作の中に次のような言葉を残している。

人間は神を信じていない場合、感覚や哲学によりどころを見つける。自然に対する敬意や、法律、社会からの評価を頼りにするのだ。宗教の代わりに、こうしたものを道徳的美徳の基準としているのである。ただ、迷信を信じると、感覚や哲学、法律など、すべてを無視し、心の中に自分だけの絶対的な王国を作り上げてしまう。そういうわけで、無神論が国家を揺るがすことはない。無神論者たちは自分たち自身に目を向け、それ以上の遠くを見ようとはしないからだ。歴史を見るとわかるとおり、無神論者が多くなるのは、（古代ローマのアウグストゥスの時代のように）統治がうまくいっている時代だ。ところが、迷信にとらわれた人たちは、多くの国に混乱をもたらし、天空に新たな秩序を作ろうとする。政府のあらゆる人間を惑わし、その力を奪ってしまうこともある。

科学は必ずしも無神論的ではない。科学で説明のつかない精神の領域が存在することを否定する必要はない。だが、科学に関わっていると、どうしても物質を精神の上に置きたいという誘惑にかられることになる。物質は観察と実験によって正確に詳しく調べることができるが、精神はそうはいかないからだ。人間に関しても、頭の中で何を考えているかより、実際に何をしたかの方を評価するようになった。科学は心ではなく、物質世界を知るための道具だからである。ルターは個人の良心、思考の重要性を強調して、過去の権威に立ち向かった。ベーコンはルターの主張をより先へと進めたと言える。理性、つまり人間の思考を、自然を理解するための機械とみなすようになったからだ。理性を使えば、いずれ自然界を完全に理解できると考えた。科学の敵は迷信だった。迷信とは、証拠ではなく権威に基づく信念のことである。ベーコンが、迷信の無益さを根拠に無神論を擁護するのを見ると、まるで宗教的なものはすべて迷信だと考えているかのようだ。

ベーコンが当時としては途方もないことを言っているのは確かだ。ルターが奇跡の時代は終わったと言った時、彼は何も精神世界の存在を否定したわけでもないし、それが重要でないと言ったわけでもなかった。各人が自らの良心で聖書と直接、対峙せよ、とは言ったが、聖書の教えという制約から自由になってもよいとは言っていない。ルターは自然の法則を重要視しているように見えるし、自然の法則こそ人間が関心を持つべきものと主張しているようにも見える。また、人間は他から影響を受けずに自分で自由にものを考えるべき、と主張しているようでもある。いくらそう見えても、ルターにはそんな意図はない。ルターはただ、人々は教会に縛られることなく自ら聖書を読み、自分の力で神の意思を知るべき、と言っただけである。

ベーコンは重大な転換をもたらした。第一に、彼は人間の目を自然へと向けさせた。第二に、理性に基づいて自然を理解する方法を考え出した。そして第三に、神の存在を抜きにして世界を理解する新たな時代への扉を開いた。彼は世界にかけられた魔法を解き、自然界を人間の理性の制御下に置きたいと考えたのである。政治上の事情もあったのか、あくまで表面上は敬虔なキリスト教信者としてふるまっていたベーコンだが、彼が人間の理性を宇宙の中心の地位にまで押し上げたのは事実であり、本人もそのことを自覚していたはずだ。そうすることで、ベーコンは知への扉を開いたが、同時にヨーロッパ人の抱いていた確信を破壊してしまった。

トマス・ホッブズはベーコンの知人でもあった。ホッブズは一六五一年に出版された著書『リヴァイアサン』の中で次のように述べている。「人間の中に浮かぶ思考は、どれも最初は全体的にせよ部分的にせよ、感覚器官から生じたものである」これは言い換えれば、すべての思考は感覚から始まるということを意味する。神は感覚ではとらえられないので、暗に「神について知ることはできない」と言っていることにもなる。ホッブズは自然状態における人間が極めて粗野で狡猾な存在であると見た。また、誰も自然状態では長く生きられないと考えた。当時としては非常に斬新な主張である。もし、自然状態が彼の言うような危険なものなのだとしたら、人間は自然状態を乗り越えなくてはならない。ベーコンは、乗り越えるための手段となるのが科学技術であると説いた。以後、自然状態における問題を克服するために科学技術が利用されるようになるが、ホッブズの思想はそのための基盤となったと言えるだろう。科学技術を中心とした近代文化が発展するお膳立てを整えた一人がホッブズだったということだ。

科学革命には、誰にも否定のできない長所があった。ともかくそれが人間にとって有用であったということである。ベーコンは科学が人間のあり方、考え方に深い影響を及ぼすものとは思っておらず、単に、人間に利益をもたらすものとしか見ていなかった。現代の私たちには、ヨーロッパの世界征服がサグレスから始まったように見えるが、それと同様、ヨーロッパの自然征服はベーコンから始まったように見える。ベーコンの提示した科学的思考法と、それを応用した科学技術は、人間の行動を大きく変えた。通信や医療、教育などもまったく変わってしまった。ヨーロッパ人の世界探検と帝国主義が人間と人間との関係を変えたように、科学技術は人間と自然との関係を変えた。

啓蒙主義は三つの衝撃から生じ、一七世紀半ばから一八世紀末の西ヨーロッパを席巻することになる。これは人間の思考における革命だったと言える。迷信の覆いを取り払い、世界のありのままの姿を見ようという動きだ。人間や社会がどうあるべきかが大きく見直されることになった。個々の人間についても人類全体についても見方が変わった。この変化は最初は知的なものにとどまっていたが、やがて政治的な変化へとつながっていった。科学の研究が進んだことにより、自然についての知識が飛躍的に増え、それに伴って思考の複雑化、洗練も急速に進んだ。そうして増えた知識は、後世に影響を与えていった。

啓蒙主義の時代には実に様々な人物が現れ、それぞれに違った動きをしたために、多数の矛盾が生じたことは否定できない。まず、啓蒙主義というのは、推し進めていけば究極的には反宗教にならざるを得ない。だが、まさに啓蒙主義の中心人物の一人、ルネ・デカルトは敬虔なカトリック教徒であった。彼自身の発言の多くが、カトリック教徒であるという事実と矛盾しているにもかかわらず、彼は信者でい続けたのである。ジャン＝ジャック・ルソーも矛盾の存在は認めていて「確かに矛盾があることに気づいてはいるが、私がそれでくじけることはない」という言葉も残している。ルソーが言いたかったのは、現実は決して単純明快ではないということだ。現実の世界は矛盾に満ちている。互いに矛盾しているのだけれど、一つ一つはそれだけを見ると正しい、ということが無数にある。啓蒙主義が宗教と闘っていたのは確かだが、啓蒙主義どうしの闘いもあった。ヨーロッパの知の世界は分裂し、細分化していったのである。

啓蒙主義の中心には理性があった。人間が理性を駆使すれば、宇宙についても人間についても理解できるはず、と考えられた。現時点ではまだわかっていないことはあるが、基本的には、あらゆることは理性によってわかるようになると考えられたのである。理性が何もかもを切り刻むカミソリの刃だとすれば、最も優れた人間とは最も良い推論のできる人間ということになる。伝統的な社会は貴族制が基礎になっており、ヨーロッパの貴族制においては出自が重要な意味を持つ。従来からの貴族制を支持する人は、人間の持つ美徳は生まれで決まると考えていた。だから、貴族の子が必ず貴族になり、その貴族が社会を支配するのが正しいというわけである。だが、啓蒙主義者はそう考えない。啓蒙主義者は、誰が親になるかは単なる偶然であり、そんな偶然で人間の運命が決まってしまうのは大変な不正義であると考える。啓蒙主義者にとって、正しい貴族社会とは、能力の高い者が貴族になる社会だ。その能力とは主として理性の力、推論の能力を指す。理性の力も出自によって影響を受けている可能性はあるが、これなら少なくとも生まれる前に人生が決まってしまう人はいなくなる。啓蒙主義は、理性を重んじたことで、ヨーロッパの体制に革命を起こしてしまったということだ。

ヨーロッパでは、個人をその人の持つ理性で評価する考え方が生まれた。もし、評価の基準が理性だけなのだとしたら、最も優れた理性の持ち主が社会を支配するのが正しいということになる。理性による統治の第一段階は、啓蒙専制君主の統治である。高貴な生まれでなおかつ素晴らしい知性を持った君主が国を治めるわけだ。第二段階は共和制だ。何らかの資格を持つ有権者の選挙によって最良であるとされ、選ばれた人たちが国を統治する。彼らは国民の代表ということになる。共和制の政府は、その構成員ですら意のままに動かすことはできないよう作られる。たとえ選挙で選ばれた代表であっても一定の規則を守らねばならない。理性を最高のものとする、それがヨーロッパのリベラリズムの基本である。だが、同時にこれがヨーロッパにさらに過激な思想を生んだのも確かだ。

自分の考えたいことを自由に考える権利がガリレオにあるとしたら、同じ権利は他のすべての人間にあるはずだ。そして、他人に危害を加えるのでない限り、自らの思想に基づいて行動する権利はすべての人にあるはずだろう。そういう考え方が生まれた。仮に、その権利は天才にだけ認められると言ったところで、天才と凡人の境はどこにあるのか、誰がそれを決めるのか、という話になってしまう。この考え方はやがて、民主革命につながり、能力主義社会へとつながった。生まれが高貴な人間ではなく、最も理性的な人間（おそらくそうであろうと思われる人間）によって統治される社会が生まれたのである。ただし、そこへといたる道は決して平坦ではなかった。啓蒙主義では、人間を評価できる基準は理性だけであるとしたが、理性的な人間と理性的でない人間を議論の余地なく区別する方法は示されなかった。その結果、他人の優れた思想に敬意を払うことなく、好き勝手に物を考え、発言をする人間が多数現れてしまった。これで知的な面でのヨーロッパの分裂はさらに進むことになった。また、最も理性的な思想を持ったものではなく、他人の説得が最もうまい者が力を持つという弊害も生じた。

啓蒙主義は過激な個人主義につながったが、個人が必要なだけの知恵を持っているとは限らない。それを保証する方法はないからだ。人間が誰とも協調せず、たった一人で生きていくことは確かに不可能ではない。だが、そんな人生は貧しく不快で、とても素晴らしい人生とは言えないだろう。第一、長く生きることはまずできない。個人主義はあくまで抽象概念である。人は実際には共同体の中で、周囲の人間との間で妥協をしながら生きることになる。この共同体は果たしてどのようなものだろうか。おそらくその中には指導者と、指導者に従う人がいるが、指導者は自分の好きなように動けるわけではなく、他の人たちの意向を考えながら動かざるを得ないだろう。専制君主ではなく、皆の代表でしかないのだから、何かを選択する時にも独断はできず、民主的な手続きを踏むことになる。ただ、共同体のかたちがどのようなものになっても、どのような時にどのような選択をするのが公正なのか、適切なのかは誰にもわからない。啓蒙主義の思想の下では、王国や帝国といったかたちの国家は正当性を認められない。独裁者が他のすべての個人を支配するということは認められないのである。自らを統治する権利は、すべての個人が基本的な権利として持っているからだ。だが、そう考えた時に難しいのは、地理的にどこからどこまでをひとかたまりの国家とみなしていいか、である。また、ある国家の国民と国民以外をどう分けるのか。代表者を決める選挙で投票できるのは誰か、また代表者になれるのは誰か。これは、ルターの時点から生じていた問題だ。日常の言語が公式な場面でも使われるようになったことで、各言語を話す人たちは文化、歴史を共有する存在となった。これにより、国家観はそれ以前とは大きく変わった。言語を同じくする者の集まりを国家とみなす考え方が生まれたのである。国家は元来、啓蒙主義の思想とは相容れない存在、真っ向から対立するとも言える存在だ。ある人がどの国に属するかは、多くの場合、その人の生まれによって決まってしまう。その人がどういう人間かは関係ない。ドイツに生まれればドイツ人で、フランスに生まれればフランス人である。そこに生まれさえすれば、ドイツ人になるのにも、フランス人になるのにも、特に試験はいらない。優れた理性や才能がなければ国民になれないということはない。にもかかわらず、国家は人に、人間として非常に大切なもの、言語と歴史を与える。どちらもその人が生まれるはるか前から存在したものだ。啓蒙主義と国家主義は矛盾しているし、この二つが常に緊張を生んでしまう。和らげるのが非常に難しくなってしまう時もある。民族自決主義や民主主義は、二つの間の緊張を和らげるはずのものだ。しかし、民族自決主義や民主主義も、独裁制と同じくらいに節度を失い、無慈悲なものになる恐れがある。実際、二〇世紀にいたっても、あくまで体制は民主主義ながら暴走し、極めて無慈悲な行動をとる国家は存在した。

たとえ問題はあっても、人間には必ず生誕地があるし、大人になるまでの間はどこかで守られる必要がある。それは、すべての人間に共通することだ。また、一つ覚えておかねばならないのは、人間の持つ重要な特性だ。人間は、自分の持っているもの、自分にとって身近なものを愛する。はじめに愛するのは、生まれた時からそばにいた人、そばにあったものだろう。両親もそうだし、言語や宗教もそうだ。生まれた時にいた町や村を愛する人も多い。どれも、選ぶことのできないものだ。最初から決まっている。望んで得たのではなく、望まなくても自分に付随しているのである。恋愛の相手などとは違う。恋愛の相手は誰もが自らの意思で選ぶからだ。両親や言語、生誕地への愛は、人間が生まれて最初に抱く最も素朴で、最も強い愛情だろう。誰を、何を愛するかは、考えるよりも先に決まっているのだから、思考を超えた愛ということもできる。啓蒙主義の目的は、出自による束縛を解き放つことにあった。どこの誰であるかによって生じる制約から人を自由にしようとした。しかし、制約から解放され、自由に考えられるようになった人は、今度は何をどう考えるのが正しいのかわからず、惑い続けることになってしまった。迷信から自由になるというのは、原始的で不合理な宗教から自由になることだった。同じように、人間は、理不尽に決められた出自からも自由になれるはずだった。ところが、土地の文化や歴史、共同体での義務などから切り離されて生きるのも、人間にとっては難しいとわかった。すべてを一人で考え、判断しようとすると、大混乱に陥ってしまう。そうならないために、強制的な他者とのつながりを必要とするのである。

ここに大きな問題がある。科学と啓蒙主義は、人間を単なる物理的な存在に還元してしまった。身体と欲望だけの存在だ。それは真実なのかもしれないが、だとすれば、人間は他人に対してどのような義務を負うと考えるべきなのか。道徳とは何か。どうすればそれがわかるのか。この問いの答えが見つからなければ、人間は危険な存在になってしまう。野生動物とほとんど変わらない。そうならないためには、一人ひとりばらばらになった人間もやはり社会に参加する必要がある。社会に参加し、そこに所属する理由がなければならない。どういう理由が良いのか、確たる答えはないが、それでも理由が必要なのは間違いない。人間を共同体へと戻すには、共同体とその歴史が魅力的なものでなくてはならない。共同体を魅力的なものにするには、物語が必要になる。個人が自分を忘れられるような物語だ。個人を陳腐で退屈な生活から救い出してくれるような物語である。自分が何者であるかを心で感じられるような「おとぎ話」があるといい。

ドイツをはじめ、ヨーロッパの多くの国々では、恐ろしく、また衝撃的な物語を子供たちに話して聞かせる。たとえば、ヘンゼルとグレーテルの物語。これは貧しい木こりのもとに生まれた二人の子供の話だ。二人の母親が亡くなった後、木こりは再婚をする。子供たちにとっては継母となる再婚相手に言われ、木こりはヘンゼルとグレーテルを森へ連れて行って捨ててしまう。あまりにも貧しく、子供がいたのでは食べていけなかったからだ。両親の会話を耳にして、捨てられることを知っていたヘンゼルは、あらかじめ小石をポケットに入れ、道々落としながら歩いていたため道がわかり、兄妹は無事に家に戻ることができた。だが、継母はまたも夫を説得して二人を捨てようとする。次は小石を集められないよう、戸に鍵をかけて二人を家に閉じ込めた。そこでヘンゼルは、再度森へ連れて行かれると、帰り道がわかるよう、今度は道々パンくずを落としていく。ところがパンくずはすぐに鳥に食べられてしまい、結局、兄妹は道に迷う。さまよい歩いていた二人は森の中でお菓子の家を見つけて大喜びで食べるが、その家には魔女が住んでいた。魔女は二人に親切にしてくれたが、実は二人をかまどにくべて食べてしまおうとたくらんでいただけだった。ヘンゼルがもう少しでかまどにくべられてしまう、という時にグレーテルは機転を利かせ、魔女をかまどに押し込む。魔女は恐ろしい叫び声をあげながら死んだ。兄妹は魔女の家からたくさんの宝石を持ち出し、鳥に道案内をしてもらって無事に帰宅する。家に帰ってみると、継母はすでに亡くなっており、父親は喜んで二人を出迎える。その後三人は幸せに暮らした。

ドイツには、この種の、虐待と聡明さという二つの要素を含む物語がいくつもあるが、そこには政治的なメッセージが込められている。物語で描かれるのはまず不正義と、信じがたいほどの貧しさである。その貧しさゆえに、ドイツ人は、本来、何よりも愛するべき者に対してひどい仕打ちをすることになる。だが、主人公は不正義に立ち向かい、打ち勝つ。虐待をするのもドイツ人だが、同時に、最終的に不正義に勝利を収めるドイツ人の勇気と聡明さも描かれている。聡明で勇気があるのが未来を象徴する子供で、堕落しているのが過去を象徴する親であるという点も特徴だ。また、ドイツだけでなく、ヨーロッパには、奪っていった（あるいはそう信じている）者たちから、自分たちの富を取り返すという話も多くある。子供たちは皆、そういう物語を読んで大きくなったし、現在もそうだ。恐ろしい物語ではあるが、それにより、自分と家族、そしてさらに大きな共同体とのつながりを感じることができる。

ヘンゼルとグレーテルの物語もそうだが、グリム兄弟の童話は、キリスト教以前のヨーロッパの伝統に根ざすものであり、異教徒的である。原始の森で暮らしていた祖先からの言い伝えが元になっている。啓蒙思想も異教徒的なので、その点では共通していると言えるだろう。啓蒙主義者たちは、進歩の名のもとに宗教から離れようとしたのだが、その結果、ピーター・ゲイも指摘しているとおり、キリスト教以前の異教が支配した世界に近づいたと考えることもできる。グリム兄弟の描くキリスト教以前のドイツの森は危険な場所である。勝って生き残るか、負けて死ぬかしかないような場所だ。まさに神話的でロマンティックではある。そして、このロマンティックな物語が近代ヨーロッパ国家主義の礎になった。

啓蒙主義者は、神話を否定しその影響を排除しようとしたが、国家というものを神話なしで正当化することは不可能だった。ロマンティックな国家主義は、啓蒙主義の抱えていた問題への対処に役立ったし、問題をかなりの程度、解決することもできた。ただ、一方でまた新たな問題を生むことにもなった。それはまず、国家に対する義務の問題である。人民に国家に対する義務があるのはいいとして、果たしてどこまでの義務を負えばいいのか。国家の権利も問題である。他の国との関係の中で、国家にはどこまでの権利が認められるのか。そこで、自国は他国より優れているという考え方が生じるのは自然なことだし、自国はより劣った他国の犠牲になっていると信じる人が現れるのも避けがたい。

　自国が優れているという感情、他国の犠牲になっているという感情を増幅する、いわゆる「ロマンティック・ナショナリズム」も生まれた。ロマンティック・ナショナリズムでは、理性ではなく美意識に基づいて自国を賛美する。美意識なので、明確な基準も証拠も必要ない。たとえばショパンは、祖国ポーランドを論文ではなくソナタで賛美した。ソナタは魂に触れる。だが、ショパンのソナタに感動した魂がその後、どういう動きをするかは予測不可能だ。理性は無慈悲だが、芸術も理性とは別の意味で無慈悲である。理性は論理で動くので、それがいかにばかげた論理であっても、予測は可能だ。一方、芸術は愛情を呼び起こす。愛情を持てば、その対象にたとえ大きな欠陥があっても賛美し、身を捧げるということがあり得る。理性は人間を何らかの結論へと導くが、芸術は違う。芸術は結論そのものだ。表現されている美自体が芸術の目的だからだ。

　ファシズムが台頭している時には、国家が一つの芸術作品のようになり、指導者はそれを作った芸術家のようになっていると考えられる。ファシストは国家にまつわるおとぎ話を作り上げる。イデオロギーを作るところは、理性を基本とする啓蒙主義もファシズムも同じだと言える。ただ両者のイデオロギーは本質的にまったく異なるものだし、もたらす結果も大きく異なる。危険なのはどちらも同じだ。理性は極端な論理を生むことがある。芸術は美を追い求め、美を愛するがために非情になり、恐ろしい結果を招くことがある。ヒトラーやスターリンのことを考えてみればわかる。だが、それでも人間には共同体が必要だし、共同体とは結局、国家のことである。そして国家は、嫉妬深い主人だ。

コペルニクス、コロンブス、ルターが加えた三つの衝撃は、ヨーロッパのそれまでの秩序を揺るがした。そして、ヨーロッパを、ひいては人類全体を過去から解放した。世界中の人間をひとまとめで人類とみなす発想も生まれた。最大の変化は、人間を、個人を宇宙の中心に据えて物を考えるようになったことだろう。理性を重要視するようになったために、理性とそれがもたらす科学や科学技術を体現する人間の地位も同時に上げることとなった。ただ、個人を宇宙の中心に据えたことが、新たな幻想を生む原因にもなった。個人は宇宙の中心になれるが、たった一人で生きることはできない。個人尊重を突き詰めると、やがて共同体を必要とする個人の欲求と矛盾することになる。従来からの共同体は崩壊してしまい、改めて作る必要に迫られた。新たな共同体には、自由意志を持った個人を説得し、参加させるだけの存在理由がなくてはならない。ヨーロッパ人はあまりに不自然な状態に置かれ、互いに孤立し、事の善悪を判断する基準も崩壊した。芸術や神話への愛着から国家を愛することはできても、それではどうしても不全感がつきまとう。明確な道徳的基準は失われており、美的感覚では善悪の区別はできない。そこで、孤独な個人のために発明されたのが、美しくて魅力的なナショナリズムだ。ただ、善悪の区別は個人にもできないし、ナショナリズムでも説明がつかない。コロンブス、ルター、ベーコンが破壊したものは、何とかして接合しなければならなかった。その役割を果たしたのは、一つにはベーコンが奨励した科学技術であり、それがもたらした経済発展だった。もう一つは、国民国家と、それがもたらした道徳的なつながりだった。ただ、科学技術と国民国家は互いに矛盾するものであり、世界に緊張を生じさせた。

多くの問題はあったが、その発展が目覚ましいものであったのは確かである。自然に対する勝利、人間の心に対する勝利でもあった。ヨーロッパは世界のすべてを変革し、二〇世紀のはじめ頃には世界の隅々にまで進出し、ほとんどの国を、そして自然界を完全に支配下に置いているように見えた。

一九一三年の時点では、その状況に変化が起きるなどとは想像すらできなかった。だが実際には変化が起きたし、変化は必然だった。数多くの国々がナショナリズムに目覚め、美しさゆえにそれを道徳的行為だと誤解した。その後、恐怖への道が開かれた。論理的に考えれば、ヨーロッパを襲った三つの衝撃がすべての発端であることがわかる。もちろん、どれもそのような結果を生むとは誰も予想していなかった。理性を賛美するそれぞれの衝撃は、称賛に値する素晴らしい成果ももたらしたのだが、三つが組み合わさったことが悲劇につながったのである。

II

三一年間

第4章　大虐殺

一九一二年、それは良い年だった。私の父がハンガリー・ウクライナ国境近くの小さな町、ニールバートルで生まれた年である。食べるものは十分にあった。暴力はなくはなかったが、さほどひどいものではなかった。軍隊が町の中を暴れ回っていた頃からしばらく経っていた。そこはパリではなかった。だが、啓蒙主義は、ヨーロッパ大陸の中でもここより不毛なところはあるまいと思われるこの町にも影響を及ぼしていた。地元の医師がスピノザの著書を読んでいるという噂もあった。町には鉄道の駅があり、ブダペスト行きの列車が出ていた。そこでは一応、生活ができ、将来の計画を立てることもできた。妥当な範囲でなら希望を持つこともできたということだ。この土地に生まれるには悪くない時代だった。

ヨーロッパにとって一九一二年は良い年だったのだ。特に、ヨーロッパ大陸の西側にとっては良い年だった。一八一五年以降、一〇〇年近く、ヨーロッパでは平和が続いていた。完全な平和というわけではなかったが、それ以前の時代と比べて平和だったのは確かだ。共和制という考え方も広く行き渡っていた。ドイツのような皇帝を擁する国ですら例外ではなく、一定の権限を持った議会もできていたし、出版、報道の自由も認められており、優れた大学がいくつも作られていた。繁栄を謳歌していたと言っていい。ヨーロッパでは経済も驚異的な速度で成長していたし、科学技術の発達速度はさらに驚異的だった。

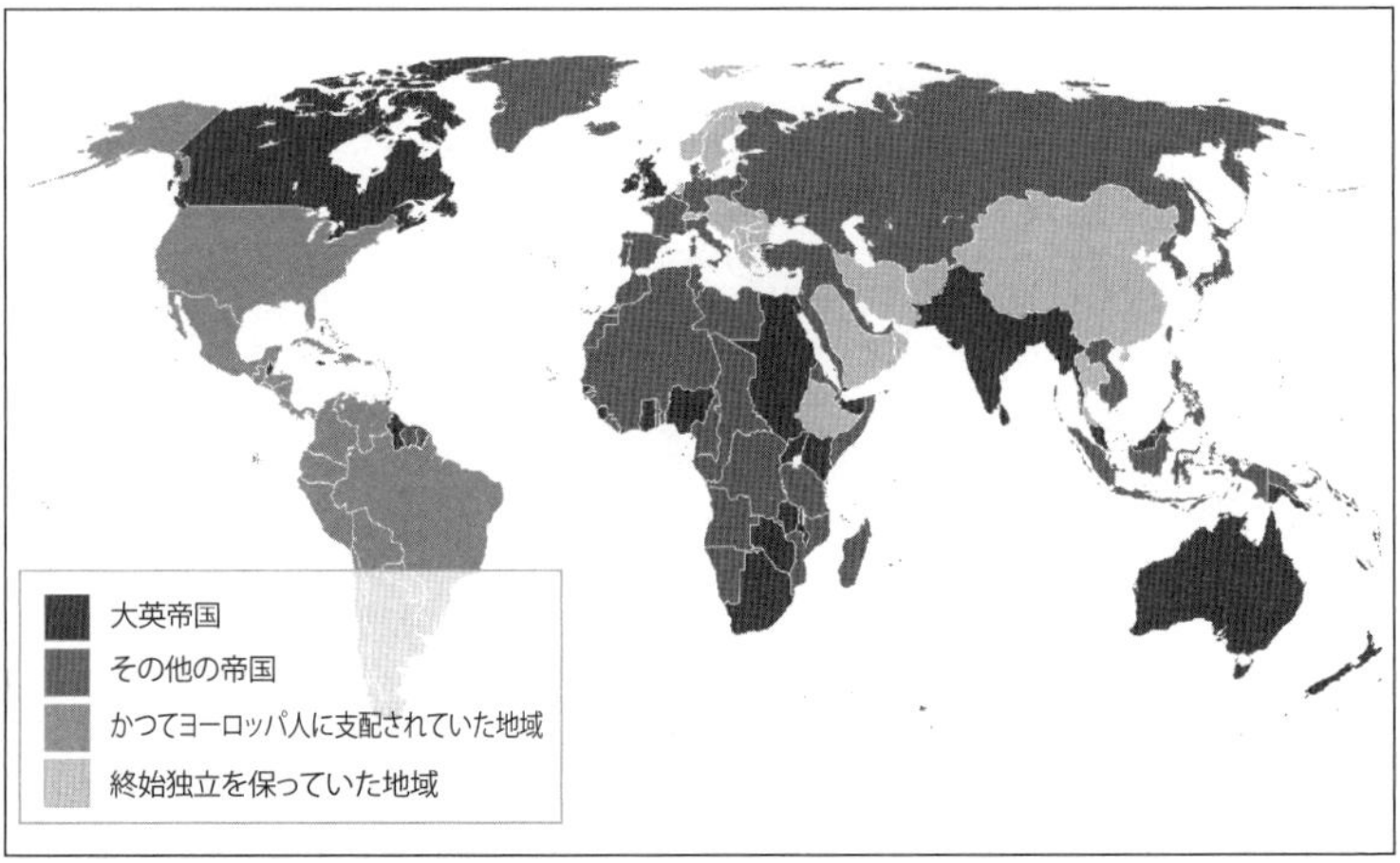

1914年時点でのヨーロッパ帝国

ヨーロッパは世界を支配していた。

ヨーロッパ諸国の植民地の面積は、合計すると四〇〇〇万平方キロメートルにも達していた。イギリスはそのうちの実に二五〇〇万平方キロメートルを持っていた。小国のベルギーですらコンゴを植民地にしていたし、オランダも、現在のインドネシアに住む何千万という人々を統治下に置いていた。フランスも、アフリカやインドシナに相当な広さの植民地を持っていた。その他、公式には植民地ではないが、実質的にはヨーロッパ人が支配している、あるいは大きな影響力を行使している地域もあった。エジプトや中国がそうである。

また、その時点では独立していても、かつてはヨーロッパの植民地だった、という地域もある。ヨーロッパはまさに世界を股にかけた巨人だった。裕福で、創造性に富み、軍事力もあった。

すぐその後に起きたのは、誰も予期していなかったことだ。一九一四年八月、ヨーロッパは突如として大量殺戮の場になった。一九四五年までの間に、一億人もの人が死に、無数の負傷者が出た。ヨーロッパ全土が戦争神経症にかかってしまったのだ。その破壊の規模と速度は、歴史上、他に例のないものだった。啓蒙主義思想の中心地であるヨーロッパは、人間の精神が最高度にまで発達した場所のはずだった。地球上でもそんな大量殺戮が最も起きにくい場所だったはずである。一九一二年の時点で、それは、その四〇〇年前に、ヨーロッパが間もなく地獄のような恐ろしい場所になると言ってもほとんど誰も信じなかっただろう。ヨーロッパはこの後、世界と人類を完全に変質させてしまうと言っても誰も信じなかっただろうというのと同じだ。二〇世紀になってヨーロッパ人は、一九一四年から三一年間続いた残虐行為によって、築き上げたものの多くを失うことになった。

一九四五年のヨーロッパ大陸は、かなりの部分が他国の占領地域となっていた。主権は停止されており、戦争による破壊もひどかった。ファシズムに協調した者も、抵抗した者も、大きな痛手を負ったことに違いはなかった。ヨーロッパ人たちは、自分たちがいつの間にか怪物になっていたことに驚いたし、いざという時に明らかになった思わぬ臆病さ、弱さにも驚いた。第一次世界大戦の直前には、あれほど繁栄し偉大に見えたヨーロッパだが、そのすぐ下には、誰も想像すらしなかったような暗いヨーロッパが隠れていた。華やかなのは表面だけで、薄い皮の下は、暗闇だったのである。それに気づいた時には、ヨーロッパ人は支配者の地位から滑り落ちていた。いや、むしろ実際には、自ら進んで降りたと言った方がいい。彼らが四〇〇年の間に作り上げ、維持すべく闘ってきた帝国は、大変な努力をし、多数の犠牲者を出したにもかかわらず、結局は無意味なものになったように見えた。闘いの末に勝ち取った支配権だったが、ヨーロッパはそれを維持する力を失ってしまった。

悲劇的だったのは、ヨーロッパの繁栄を支えた特性がそのまま、繁栄を壊す要因になったということだ。国家主義的な思想、そして、啓蒙主義から生じた民族自決の思想は、ヨーロッパ諸国の発展を後押ししたが、同時に、他者、他国に対する敵意を増幅させることになった。また過激な懐疑主義は、科学の急激な発達を促したが、一方で従来、人間の行動を制限してきた道徳にも懐疑の目が向けられるようになった。しかも、科学技術の発達は、ただ世界を変えただけでなく、過去には想像もできなかったような大量殺戮を可能にする武器も生み出してしまった。世界を征服するための動きは、ヨーロッパと他の国々の間にも、そしてヨーロッパの内部にも絶えず軋轢を生んでいた。繁栄につながる要因はどれも同時に、破滅につながる要因を含んでいたのである。

破滅が近づいていることは、まさに近づいている最中には、当事者にはまったく見えていなかった。たとえば、一九三三年にノーベル平和賞を受けた著名な作家、ノーマン・エンジェルは、よく知られている一九〇九年の著書『大いなる幻想』の中で、ヨーロッパ諸国間での戦争はもはや不可能になったと主張している。投資、貿易などの面で相互依存が進みすぎており、戦争をしたくてもできないと言ったのだ。もしヨーロッパ内で戦争をすれば、それによって生じる経済的混乱だけでヨーロッパは壊滅するだろう、だから戦争はあり得ない、とも言った。

この主張は理に適っていたし、経済的に裕福な人たちの心には響いた。それは彼らが各国間の経済関係の重要性を信じていたからでもあるし、今や自分たちの利益、思惑で歴史が動く時代だと彼らが信じていたからでもある。経済的エリートは世界の運命を決することができるし、各国間の関係を緊密にすることで、好戦的な本能から世界を守ることもできる。そう信じていた。人間にとっては結局、経済的な利益がすべてであり、誰もが利益をあげられる状況にさえなっていれば戦争は起きないという考え方である。エンジェルの考えは非常に合理的で賢明だったと言えるが、残念ながら正しくはなかった。

エンジェルは肝心なことを見落としていた。たとえば、ある二国が経済的な利益を共有していたとする。だからといって、両者の関係が良好に保たれるとは限らない。常にどちらか一方がもう一方よ

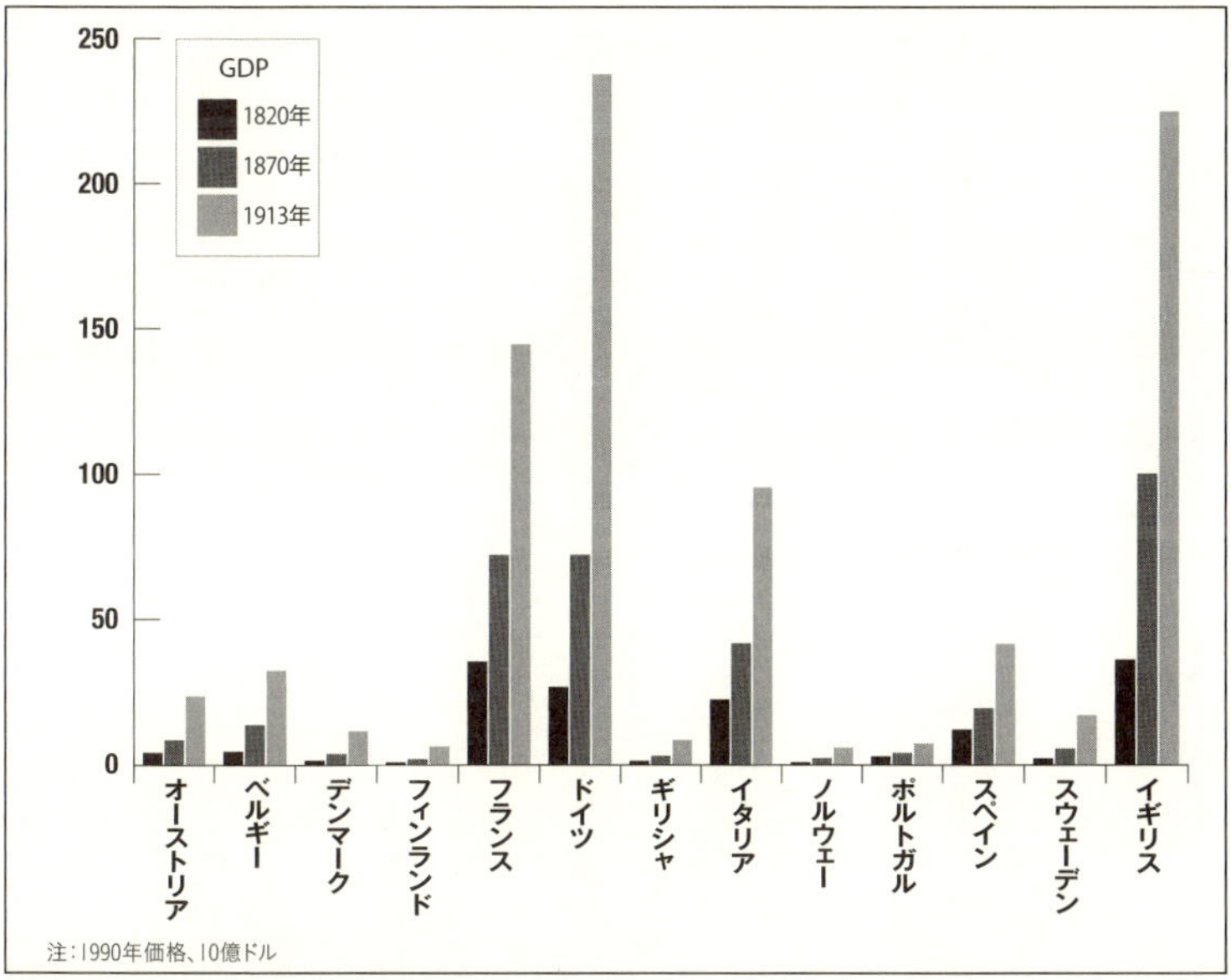

西ヨーロッパ諸国の経済成長 1820～1913年

りも大きな利益をあげる懸念があるし、どちらか一方が共有相手を突然、変える恐れもあるからだ。今まで両者間で合意できていたことに、状況が変わって合意できなくなる場合もある。二国間の相互依存が強いほど、相手の姿勢が重要になる。今までどおり関係を維持する気があるか、自分を脅迫してくるようなことがないか、常に確認していなければ不安になってしまう。不信感が募れば、どちらもが相手に言うことを聞かせる有効な手段を探すようになり、最終的には戦争に発展してしまうこともある。相互依存は安全につながることもあれば、安全を脅かすこともあり、戦争を引き起こすこともあるというわけだ。

一九〇〇年の時点で重要だったのは、ほぼすべての相互依存にドイツが関わるようになっていた、という現実である。ドイツは急速に経済力を向上させており、ヨーロッパの中でも対抗できるのはもはやイギリスのみという状況になっていた。輸出においてはイギリスとドイツが他国より頭一つ抜け出ていたが、両国には、イギリスには帝国があるがドイツにはないという違いがあった。

ドイツは経済力をつけると同時に強大な軍事力も持ったため、ヨーロッパ大陸のその他すべての国々にとって大変な脅威ともなっていた。だが、皮肉なのは、ドイツも隣国の脅威に怯えていたということだ。東のロシア、西のフランスとの間には、自然の防護壁もほとんどない。統一から四〇年ほどしか経っていない国は、両方向から同時に攻められればひとたまりもないだろう。貿易や投資での相互依存関係はあるが、それを無視して攻めて来る可能性は十分にあった。

ドイツの統一、台頭はヨーロッパの体制の安定を揺るがし、その東西の国境に紛争の火種が生じることになった。経済秩序も変わり、外交努力や政治的宣伝などではとても和らげられない戦略的脅威も生まれた。その脅威は切実なもので、ドイツとの相互依存が進み、ドイツに弱みを握られたことでより大きくなった。戦争は不可能としたエンジェルの主張は完全な誤りであった。各国間の競争が続く限り、軋轢も絶えることはなく、その軋轢がやがて戦争につながることもあるわけだ。当時のヨーロッパにおいて平和を維持しようとすれば、ドイツを弱くするか、あるいは大きく強くなったドイツに対応して新たな安全保障体制を構築するかのいずれかが必要だった。すでにヨーロッパは何世紀もの間、同種の軋轢とつき合っており、何も珍しいことではなかったはずだ。戦争が近いうちに起きるかもしれないと感じていた人はいただろう。問題は、それがどういう種類の戦争になるかを予測できた人がいなかったということだ。

とてつもない大虐殺が普通のことに

ドイツは、隣接する二国と同時に戦争することになれば、また戦闘場所もタイミングも敵に決められることになれば、結果は悲惨なものになると予測していた。フランスとロシアが同盟を結んで攻撃して来そうな兆候はまったくなかったが、ドイツの経済成長が今後も続けば状況はいつでも変わり得るということもわかっていた。ドイツが急成長すれば、競合する他国がそれを脅威と感じ、協調して戦争を選ぶ可能性は十分にある。ドイツとしては、その危険をどうしても避けなくてはならない。状況を打破するには、攻撃される前に、二国のうちのどちらかを選び、都合の良いタイミングでこちらから攻撃を仕掛けてしまうという方法が有効である。一方を速やかに打ち負かしてから、満を持してもう一方を攻める。ドイツは、他国が戦争を始めるのを恐れたために、自ら戦争を仕掛けた。矛盾しているようだが、歴史上、さほど珍しいことではない。ドイツの陸軍元帥、フォン・シュリーフェンが立て、彼の名前を冠された「シュリーフェン・プラン」はまさにそのための作戦計画であった。

シュリーフェン・プランでは、ドイツがまずフランスを攻撃することになっていた。フランスを攻撃し、短期間のうちに降伏させる。フランスへの攻撃は、中立国であるベルギーを経由して行う。フランスの右側から侵入し、英仏海峡沿岸からパリへと攻め込む。フランスを孤立させ、パリを占拠する。ここまでを、イギリスに介入の隙を与えることなく完遂しなくてはならない。ロシアが東から攻撃して来る恐れがあるので、その場合に軍を直ちに退却させる準備はしておく。たとえそれによって東プロイセンを一時的に失うことになったとしても、ロシアとは戦わずに退却する。だが、フランスに勝利できたら、ドイツの発達した鉄道網を駆使して、フランスにいた部隊を即座に東へと送り、ロシア軍と戦わせる。そういう計画だった。

ドイツは戦争を短期で終結させるつもりだった。それは戦争を仕掛ける人間が皆、考えることだが、この時のドイツ人もやはり同じだった。だが、実際に戦争が始まってみると、思惑どおりに事は運ばなかった。早い段階で終わり、犠牲者もそう多くない戦争になるはずが、事態が一向に前に進まない泥沼に陥り、ヨーロッパではモンゴル人の侵入以降、経験したことのなかったような大虐殺が行われることになってしまった。一九一四年九月六日から一四日までの間に、西部戦線だけで約五〇万人もの死傷者が出ている。

三つの変化が起きていた。まずは科学技術の進歩である。技術が進歩したことにより、従来にはなかった武器を考案、開発することが可能になった。第二の変化は工業の発達だ。開発した新型兵器の大量生産ができるようになった。第三の変化は、国家意識の浸透である。フランス、イギリス、ドイツというヨーロッパの主要な三ヶ国の国民の心に、自分は国民の一人であるという意識が深く根付いていたことが大きい。そのおかげで軍隊の統制を維持しやすくなり、戦闘への士気も高くなった。目の前で大虐殺が起きていても戦い続けられる兵士が増えたのである。そのおかげで戦場の環境は以前より過酷で危険なものになり、そこで長く生き延びるのは難しくなった。

最新の兵器の例としては機関銃があげられる。機関銃はライフル銃の問題を解決するべく発明されたものだ。ライフル銃で標的を正確に撃つのは難しく、相当の訓練をしなくてはならない。銃の精度を向上させるのは困難なので、その代わりに数多くの弾丸を短時間に連続して発射すればいいのでは、という発想である。標的のあたりに多数の弾丸を撃てば、どれかは標的に当たるはずだ。アメリカの南北戦争で使用されたガトリング砲は、機関銃の最初期の原型とも言えるものである。近代的な機関銃は一八八四年にハイラム・マキシムが発明した。その二年前、あるアメリカ人がマキシムに「大金を稼ぎたいのなら、ヨーロッパ人がこれまでより簡単に互いを殺し合えるような道具を発明すればいい」と言ったのがきっかけだった。機関銃が一台あれば、何十人という数の敵が襲ってきても、自分に近づく前に殺傷できる。だが、敵軍の侵攻を止めるには、この最新式の銃を多数、用意する必要があるだろう。

機関銃が発明されてから、その大量生産が可能になるまでには、少し時間がかかった。機関銃という発想は、大量生産ができるまではほぼ無意味だったと言ってもいい。いわゆる近代戦が可能になったのは、缶詰の食品、銃や砲弾、トラック、ショベル機械などが大量生産できるようになったからである。産業革命と科学技術の進歩が戦争を以前とはまったく違うものに変え、死傷者数は桁違いに増えた。

戦争は、戦闘員の意欲の向上によっても大きく変わった。戦場に行って死ぬ確率は以前より上がったが、国のために死ぬことを良しとする考えも広まった。たとえ兵器が進歩しても、兵士が国家を自分個人よりも上に置くような倫理観が広く行き渡っていなければ、戦争で多くの犠牲者が出ることはなかっただろう。国家は言語よりも強く人々を結びつける存在となっていた。国家に普遍的な価値を認める人が増えたということだ。そうなった要因はいくつか考えられる。啓蒙主義思想や社会契約論、母語への愛着の高まりなども大きく影響しただろう。個人という概念が国家という概念にのみ込まれた。これを何よりも的確に象徴しているのが、軍隊だろう。

過去において軍隊とは、強制されて渋々参加している兵士と傭兵の寄せ集めでしかなかった。それが、戦争への参加を道義的な責任ととらえて兵士となった市民が多くを占めるようになったのである。軍は国家の精神の具現化と見られるようになったわけだ。国民と国家を一体のものとみなすのならば、国家のために戦う義務に背くことは、国民が自らの魂を裏切ることに等しい。国家の行政組織の中でも、軍隊は合理性という点で特に完璧に近いものとされた。いわば国家の理想の組織ということだ。戦場においては国家は軍であり、軍は国家であった。国家は、すべての道徳、倫理を超えた存在となったため、国民は軍のためにいつでも命を投げ出すべきものと考えられた。その義務を果たすことが、誇りであり、名誉であるとみなされたのである。兵士たちにとって、そうした義務や名誉を裏切るくらいなら死んだほうがましだった。話す言語の異なる人たちが集まった帝国とは違い、大多数の国民が同じ言語を共有するドイツ、フランス、イギリスのような成熟した国家ではそれが当然とされるようになった。そして、オーストリア＝ハンガリー帝国のような連邦国家でも、中核をなすオーストリア人は、これに影響を受けた。ロシアでは、国家としての求心力が弱かったため、旧体制が崩壊する結果となった。

もちろん、以前から戦争に死者は付き物だったのだが、第一次世界大戦においては、その数が以前とは比べ物にならないくらいに増えた。死者の出る頻度、戦場に出て死ぬ確率が大幅に上がったのである。戦闘が強い意志をもって「効率的」に進められるようになったためだ。第一次世界大戦以降、戦争というものが人間に与える影響が格段に大きくなった。また、人間の国家や死との関わりが従来とは大きく変わった。死者の数が大幅に増えたことで、死の質が変化することになった。個々の死が以前ほど悲劇的なものに感じられなくなったのである。一日に何万人という人が亡くなるのは異常事態のはずだが、それが毎日続くと当たり前になってしまう。ヨーロッパ人の心はもはや、それには驚かされなくなった。常態化により一つのタブーが破られてしまったということだろう。

大勢が殺し、殺される状況が長く続いたことで、ヨーロッパは永久にまったく違う場所へと変わってしまった。ただ、各国が疲弊しきったことと、まったく疲れていないアメリカ人が百万人単位でやって来たことにより、戦争自体は終わりを迎えることになった。特に、ヨーロッパの東端では、戦争は早く終わった。ロシア軍の兵士はまだ近代化されておらず、啓蒙主義思想も浸透してはいなかった。彼らは、ある程度までは戦争に耐えたが、間もなく戦いを拒否するようになった。そこに恥の感情な

第一次世界大戦後のヨーロッパ

どはなかった。名誉よりも、無事に家に帰ることの方がはるかに重要だったのである。だが、西部戦線の戦闘は一九一八年まで続いてようやく終わった。勝った方も負けた方もすべてに共通していたのは、ともかく戦争が終わって安堵したということだ。そして、間もなく、裏切られたという気分を味わうことになる。

　戦争の結果は、誰にとっても意図に反したものになってしまった。ドイツは、結局、二面戦争の脅威を排除できなかった。フランスも、ドイツを分割、縮小させることはできなかった。実際に起きたのは、誰も予期しなかったことだ。四つの帝国が崩壊したのである。ドイツ帝国、オーストリア＝ハンガリー帝国、オスマン帝国、ロシア帝国だ。そして、それと入れ替わるように新たな国家が多数、生まれることになった。

　第一次世界大戦後のヨーロッパで明らかになったのは、民族自決主義の勝利である。帝国の中に埋もれていた数々の民族が表に姿を現し、そのための準備が整っていたかどうかにかかわらず、個々に自分たちの国家を打ち立て始めた。新たな国家も、国家となったからには自分たちの運命を自ら決しなくてはならない。だが、何世代にもわたって自分たちの政府を持たなかった人たちにとって、それは容易なことではなかった。仮に苛烈な専制君主であっても、いるといないとでは大違いだった。たとえば、ポーランドは消滅してから一〇〇年以上経過してからの復活である。だが、ポーランドの場合には、国はなくなっても、ポーランド人を一つに束ねる言語と宗教とがあった。また、ショパンなどロマン主義の芸術家たちが一九世紀前半に、民族の誇りを取り戻させるような作品を生み出したりもしていた。

エストニアやルーマニアの場合はまた事情が違った。彼らは国を作ったのはいいが、それが何を意味するかをわかっておらず、意味を求めて苦闘することになった。さらに問題だったのは、いくつかの条約が結ばれたことで、結果的に生じることになった国家である。誰も作ろうとして作ったわけではないので、存在意義を見出すのは難しかった。たとえば、チェコとスロバキアは合併してチェコスロバキアという一つの国になった。西バルカン半島のスラブ民族はすべてユーゴスラビアという国にまとまることになった。このユーゴスラビアが特に問題の多い存在なのは明らかだった。カトリック教徒、正教徒、イスラム教徒がそれぞれに互いを憎悪しているからだ。ヨーロッパに存在する主権国家の数は以前よりも増えたし、そのせいで、国家間の不幸な記憶や、不平不満も増えることになった。西ヨーロッパもまったく安定してはいなかった。第一次世界大戦は「諸戦争を終わらせる戦争」とも呼ばれたが、結局、それは幻想でしかなかったのである。フランスの陸軍軍人、フェルディナン・フォッシュが「たかだか二〇年の停戦だ」と言い切ったように、見識のある人たちにはそれが見えていた。

ヨーロッパ人は途方に暮れていた。ヨーロッパの自由民主主義国は、経済的に破滅的な状態にあり、国民は、自国の指導者にほとんど信頼を置かなくなった。ドイツ人は敗戦を苦々しく思っていた。惨敗を招いた指導者たちに憤慨し、自分たちは裏切られたと感じた。ロシアは大革命を経験することになった。元々は、まったく主流とは言えなかったマルクス主義運動は、大国一つを支配するまでに至ったわけだ。それによって生じた混乱は、戦争ほど暴力的ではなかったが、ある意味で戦争より危険とも言えた。全体としては疲弊し、方向性を見失ったヨーロッパは同時に、多くの人の怒りで沸騰しそうな状態でもあった。

ヨーロッパでも国として明確な目標を持っていたのは、新たに建国されたソビエト連邦だけだった。ソ連の目的とは、産業の発展によって自然を支配し、徹底的な平等を実現することだ。人間に不平等が生じるのは、富、物資が不足しているからで、それを克服すれば平等は実現可能であると考えたのである。ソ連は実際には、当初に想像された自然の征服からはほど遠い状態だったが、それはともかくとして、この目標から、マルクス主義の思想が啓蒙主義思想の延長線上にあるということがわかる。マルクス主義者は、科学、科学技術が発展すれば、人間のあり方が大きく変化し、平等実現への道が拓けると考えた。偶然に決まる出自を基に人間を人為的に区別することは徐々になくなっていくはずだった。

啓蒙主義は一つの新たなイデオロギーを生んだ。人間にとって何が正義かを合理的な分析に基づいて判断するイデオロギーである。このイデオロギーでは、世界がどのように成り立っているか、人間は何をなすべきか、ということについて、少なくとも論理の上では神の存在抜きで首尾一貫した矛盾のない説明が可能であるとする。ここで特に大事なのは、神の存在抜きで、ということだ。啓蒙主義思想は、元来が宗教とは対立する思想である。そのため、神抜きで物事を考えるイデオロギーが多く生まれることになった。神が排除されてしまえば、そのイデオロギーで何を正義とするかは自由に定義できる。また、人間の置かれている状況をどう見るかもイデオロギーによって異なってくる。各人が自らの理性に従って、自由に物を見られるからだ。

イデオロギーが首尾一貫しているというのは、この世界のあらゆる物事について、一応、はじめから終わりまで矛盾のない筋道の通った説明ができるということである。結婚制度の意義とは何か、芸術作品にとって美とは何か、鉄の精錬はどのようにするのが適切か、など、ありとあらゆる問いに矛盾なく答えることができる。いくつかの基本的な原理、法則を知れば、それを何にでも応用でき、すべての物事を説明できるし、すべての行動の定義もできる。そんな原理、法則を人間は探し始めた。説明や定義の論理は一貫しているほどよいし、応用範囲は広いほどよい。カール・マルクスは、暴力を振るったことなどない人間だったが、自分の考えに人々を従わせるために暴力を使うことを検討している。ただ、自分の言っていることの意味を十分に理解していたかどうかは定かでない。彼の生涯を調べても、それは明確にはわからない。だが、マルクスの後継者たちは違う。彼らはイデオロギーというもの全般、そして自分たちのイデオロギーがもたらすものの意味を正確に理解していた。そして、一九一四年以前には想像できなかったほど残忍な手段で、そのイデオロギーを実行に移していった。

イデオロギーは革命へとつながることがある。啓蒙主義では、思想は体系的なものであるべきとされ、当然、政治も体系的なものであるべきとされた。やがて一つの体系的な政治体制を世界中の国に適用すべきと考える人も現れた。フランス、アメリカでの革命以後、ヨーロッパには、革命というものを道義的な義務とみなすような考え方も広まった。だが、実際に起きた革命は、フランスでさえ、従来の社会のあり方をそう大きく変えるものではなかった。革命家たちは、新たな政治体制を打ち立て、完璧なものに仕上げたいと望むあまり、その目的のために万単位の人間を殺してしまった。そんな革命を、この世の終わりのように感じた人もいたが、後に何が起きるかがわかっていれば、感じ方は違っただろう。

第一次世界大戦は、革命において何が妥当かという定義を変えた。従来、限界だと思われていたことは限界でないこともわかった。ただ人間が限界だと思い込んでいただけで、元来そこに限界などなかったのだ。戦争による犠牲者の数にも限界はなく、犠牲者は想像をはるかに超えて際限なく増え続けた。過去においては、教会や家族、あるいは素朴な常識などが、虐殺を抑制する役割を果たしたが、その力も弱まってしまった。実際にはどこにも制限などないと皆が気づいてからは、人の行動を縛る力を誰も持ち得なくなった。戦場から帰ったばかりの軍人たち、そして知識人たちは何にも縛られることなく、自らの想像力だけを頼りに世界を変えていこうとした。驚くほど壮大で野心的な発想がいくつも生まれた。

共産主義とファシズムはいずれも、「集団」を基礎とした政治思想である。人間を個人ではなく、集団を単位として見る。集団にはそれぞれ違った機能、役割があり、それぞれに違った欲求、幻想、恐怖によって動かされていると考える。政党や国家の目的は、そのままでは不定形な集団に秩序をもたせ、人類の将来を決めるような存在にすることである。共産党、ナチスはいずれも、一部のエリートが自らの権力、自らの利益のために集団を道具として利用するという構造になっている。モスクワやニュルンベルクでの党大会の模様を収めた映像を見ると、集団を突き動かしている欲求、あるいは彼らを束ねている幻想がどのようなものなのかがよくわかる。また常にそばにある恐怖が力になっていることもわかる。ナチス、共産党を支持した人の多くは、第一次世界大戦に従軍した人たちである。軍服は脱いでいたが、結局は戦争中と同様の原理で行動することになった。彼らは個人の集まりではなく、あくまで一群の集団、数とみなされ、国家の意思に従い、利用され、場合によっては捨てられることになった。彼らの最大の目的は自らが生き残ることである。生き残りたいという欲求によって動く。指導者への恐怖、敵への恐怖に突き動かされ、彼らは求められている行動を取る。集団からは、より優れた人間が生み出される。だが、その前にはどこかで血が流されるのが常だ。

ロシアの共産党は、二つの階級の人たちが中心となって作られた。どちらもカール・マルクスが思い描いたのとは違う階級である。まず一つ目の階級は軍人である。革命の際に蜂起し、革命を実行した軍人たちだ。二つ目の階級は知識人だ。彼らが革命政党を支配した。ロシアの軍人たちは第一次世界大戦が終わると、ソビエト連邦となった祖国の工場や農村へと戻った。だが、軍隊での経験により、彼らは戦争前とは違う人間になっていた。戦争中には主に二つのことを学んだ。一つは、辛く困難なことを経験した時の、自制心、規律の保ち方だ。もう一つは、死は決して非日常ではなく、日々当たり前に起こる日常的な出来事だということである。突然、目の前で大勢の人が一斉に死ぬようなことはいつでも起こり得るのだと彼らは知った。革命の直後に発生した内戦にも、彼らはすぐに身を投じることができた。軍事力ですべてが決まるような社会の中で自分の役割を果たし、国家の将来のために死ぬ覚悟ができていた。それは第一次世界大戦の時に彼らがすでにしていたことだ。

ソビエト共産党の主導権は、レーニンなどの知識人たちが握っていた。レーニンは『唯物論と経験批判論』などの本を書いた。知識人にありがちな、理解するのが困難な本である。啓蒙主義は、知識人の地位を高め、道徳の宇宙の中心に据えた。それは過去には聖職者が占めていた地位だ。啓蒙主義において何よりも重要なのは理性なので、必然的に理性を駆使できる人間、それを仕事とする人間が何よりも重要ということになる。知識人たちは、かつての聖職者と同じ欲求を抱いた。知性が世界の中心なのであれば、優れた知性の持ち主が支配した方が世界はより良い場所になるのではないか、と。

それはまさに、哲人王による統治を最良のものとしたプラトンの思想だが、プラトン自身は現実に可能だとは考えていなかった。ところが啓蒙主義では、そんな過激な発想すら実現可能なものとみなされた。誰もが読めるようになった聖書の言葉ではなく、理性によって考え出したイデオロギーを基に高い知性を備えた人が世界を支配する、そういう時代が来たと考えられた。

レーニンは知識人であり、戦争によって空いた隙間に入り込み、世界を変えるべく、そのために必要な権力を求めた。知識人と言うと、どこか浮世離れをしていて心穏やかな人が多いという印象があるが、レーニンはその対極に位置する人間だった。彼は超然とした大学教授などとはまるで違う人種であり、世界の現実を非常に冷徹な目で見つめていた。その知性、理性は、あくまで目的達成のために利用された。常に理性だけで冷静に物事を考える知識人が政権の座に就くと、恐ろしいほどの残虐性を発揮することがある。レーニンは「テロの目的は恐怖を与えることだ」と言った。レーニンの政党は、恐怖を与えるために作られ、実際に人々に恐怖を与えた。彼の革命の同志だったトロツキーは、ボードレールに関しての優れた著作があるような人物だが、同時に赤軍を創設し、内戦時に指揮もしている。

それまでにはいなかった新しい種類の人間が生まれていた。行動する知識人である。彼らにとって世界はキャンバスのようなものだった。そのキャンバスに新しい絵を描くように、まったく新たな、より良い人類を生み出したいと考えた。そのためにはまず今まで描かれていた絵は消し去らねばならない。観念の上で消すだけではなく、現実にも消す必要があった。レーニンやトロツキーは無慈悲な人間であったが、そうなったのは論理に忠実に従って動いていたからだ。終始、論理に従い、感情によって行動に制限を加えることはなかった。人類に対する愛を全うするには、一部の個人に対しては無慈悲にならねばならない、という理屈だ。レーニンはそれを「卵を割らなければオムレツはできない」という言葉で表現した。

啓蒙主義の理論は強力だったが、ヨーロッパ人が人間の死に対して鈍感になったのは、第一次世界大戦以降である。大義のためには一部の人間が苦しんでも仕方がないという考え方が広まったのも大戦以後だ。この変化が後の時代に大きく影響した。ロシアの内戦では、約九〇〇万人が死亡したと推定されている。一九一四年より前であれば、その数字は想像を絶するものだっただろう。ところが、一九一四年から一八年までの間にヨーロッパ大陸で起きた大虐殺の後では、もはやそれはあり得ない数字ではなかった。この大量殺戮は理に適っているとされ、大勢が死んだからと言って、レーニンが道徳的に葛藤し考えを変えるということはなかった。第一次世界大戦での体験により、人々は、無制限の虐殺が現実に起こり得ることを学んだし、虐殺を抑止できるような理論が存在しないことも学んだ。どこにも限界はなく、人間は何人でも人間を殺すことができる。一定の論理を押し通せば、無慈悲に限りなく人を殺してしまえる。

党を作り、支配してきた知識人たちの間では、革命後、意見の対立が生じる。それは知識人にとってはごく普通のことだったが、おかげでその中の誰も権力を握れなかった。ただ、党の有力者の中に、一人だけ知識人でない人間がいた。ジョージア〔訳注　旧表記はグルジア〕出身のイオセブ・ジュガシヴィリで、彼は自らヨシフ・スターリンと名を変えていた。スターリンは、レーニンが死去すると、党内の知識人を殺し、排除していった。一九一四年から戦いに明け暮れていたロシアの兵士たちは、かつての皇帝よりもはるかに熱狂的にスターリンを支持した。兵士たちは、殺すのも死ぬのも、輝かしい未来を手に入れるためだと信じきった。

スターリンが権力を握ると、虐殺はさらに拡大した。知識人だけではなく、食糧確保の妨げになるようなら小作農も殺した。自分にとって敵になる恐れのある民族は、短期間であちらこちらに移動させた。労働者階級、軍人、あらゆる種類の国民を威嚇し、意のままにしようとした。スターリンは共産主義者ではあったが、彼がそれまでの多くの共産主義者と違ったのは、ソ連という国が生き残れなければ、共産主義は死ぬと知っていたところかもしれない。だが、彼が国家を維持するために必要としたのは、恐怖による統治だった。これを理解し受け入れることは難しい。一九三七年だけで、六八万一六九二人（ほとんどは党員）が処刑されている。イギリスの歴史学者で、後にアメリカに移り住んだロバート・コンクエストのように、その数字は実は二〇〇万人に近いと言う人もいる。いずれにしろ、これは何らかの罪（本当に罪を犯した人もいれば、そういうことにされただけの人もいた）によって逮捕され、即座に処刑された人だけの数である。一九三〇年代には、ウクライナやその他の地域で、計画的な飢餓によって死んだ人は約二〇〇〇万人にもなった。

　残酷なことには違いないが、こうした虐殺の背後には、少なくとも幾分かの合理性があったのは確かである。一九三〇年代、ソ連はもう一つの戦争に直面していた。工業化を進めなければ、その戦争には負けてしまう。穀物は国家にとって重要なものだった。工場労働者の食糧にもなり、穀物を売って得た資金で西ヨーロッパから技術を買うこともできたからだ。問題は、穀物の量が十分ではなかったということだ。この二つの重要な目的に利用すると、小作農が食べる穀物はなくなってしまう。スターリンは、小作農から穀物を取りあげ、彼らが餓死するに任せた。知識人にはできないことだ。彼らは団結していなかったし、そこまで冷酷にもなれなかった。たとえば、ボリシェビキに初期から参加していた一人であるニコライ・ブハーリンは、決して気弱な人ではなかったが、スターリンが小作農にしたことを知って大変なショックを受けている。スターリンの思考は単純明快だった。ブハーリンは、国家の前進を妨げる存在だ。彼とその一派を殺すしかない。

　ヨーロッパの他地域の左翼の知識人たちは、スターリンのこの虐殺に強く抗議はしなかった。それは一つには、虐殺が現実に起こったとは認めていなかったためだ。彼らには実際の出来事だとはとても思えなかったのである。またもう一つは、スターリンの理論そのものには同意できたからだ。実際に虐殺を目にしたり、自ら手を下すよう指示されたりしていれば、また違っただろう。理論は、その結果生じることから遠くにいるほど冷静に評価できる。どれほどひどい虐殺の背後にも立派な理論が存在することはあり得る。

この時代にこうした大虐殺が起きたのは、ソ連だけではなかった。ヨーロッパでは他にも同じようなことが起きていたのである。この時代のヨーロッパはそのくらい異常だったということだ。もしこれがソ連だけの出来事だったとしたら、話はとても簡単である。ロシア人は後進的で、その分、残忍だったと言えば済んでしまう。それで納得する人は多いだろう。驚くべきなのは、同様の虐殺がドイツで起きたということだ。ドイツはヨーロッパの中でも、知的水準が最も高く、社会、経済の発達レベルも最高だったはずだ。その国で悪夢のようなことが起きてしまった。殺戮が始まったのはドイツの方が後だが、狂気が生まれ育ち始めたのはソ連とほぼ同時だった。

すでに書いたとおり、ロシアでは、革命を支配したのは軍人ではなく知識人だった。ドイツでは、元軍人が革命を主導した。ただし、軍の内部で高い地位にあった者ではない。前線の塹壕で実際の戦闘を体験した者だ。ほとんど何も持たず、戦争によって得た物もほとんどなかった。アドルフ・ヒトラーがなぜそれほどドイツ人の心を強くとらえたか、ということについては、何度も繰り返し議論になっている。まず、わかっているのは、ヒトラーが第一次世界大戦に従軍しており、一般の兵士として（最高でも伍長より上の階級には昇進していない）、前線で戦ったということである。苦しい戦争に耐え、鉄十字勲章を受けるという栄誉にも浴している。彼は何も持たずに戦場に行き、戻ってきた時には毒ガスにより視力を一時的に失っていた。いつの時代でも戦争に行った人間はそうなりやすいが、彼もやはり「戦争のために自分を犠牲にしたが、何も得るものはなかった。自分が得るはずのものを誰かが盗んだ」と感じたようだ。自分や仲間たちが身を捧げたにもかかわらず、結局ドイツが戦争に敗れたという事実も受け入れることはできなかった。自分が何かの犠牲になった、あるいは失敗した、と考えるのは不快なことである。特に第一次世界大戦後のドイツ人にとってはそうだっただろう。終戦後の状況がドイツ人にとっては受け入れがたいほどひどかったからだ。ヴェルサイユ条約によって講和は成立したものの、その条約でドイツの経済は壊滅的な打撃を受けた。しかも戦後、政権を取ったリベラル勢力は、無為無策だった。ヒトラーを含め、生きて戦場から戻ってきた兵士の中には、戦争神経症にかかった者が多くいたが、その彼らでさえ、戦後の生活の苦しさに、軍隊の方がまだよかったと頻繁に思うほどだった。

詩人のハインリヒ・ハイネはドイツ生まれのユダヤ人だが、一九世紀はじめ、未来のドイツに起きることを予測して、次のような発言をしている。

ドイツで革命が起きるとしたら、先にカントの純粋理性批判やフィヒテの超越論的観念論があるからといって、革命が他国に比べて穏やかなもの、緩やかなものになるということはまずないだろう。こうした哲学者の著作、学説は、革命勢力を育てている。その勢力が実際の行動に出るのは時間の問題だろう。時が来れば動き出すことになる。かつてはキリスト教が、彼らの熱情を抑え、暴力的な行動に出るのを防いでいたが、情熱を消してしまうことまではできなかった。抑止するキリスト教の力が衰えれば、彼らの怒りはいよいよ爆発し、過激な行動に走る恐れが高まる。すでに忘れられた遺跡の中で石像となった古い神々が蘇り、何世紀もの間に目に積もった埃を払うだろう。雷神トールも立ち上がり、巨大なハンマーでゴシック様式の大聖堂を破壊するだろう。

カント哲学者やフィヒテ哲学者の言うことに耳を傾けるなと警告を発する者もいる。だが、そんな人を、現実が見えていないと笑い飛ばし、無視することができるだろうか。実際に知識人の間から革命が生じる可能性があると予測している人のことも、夢想家だと笑うわけにはいかない。行為の前には思考がある。雷鳴の前に稲妻があるのと同じだ。ドイツ人の雷はやはりいかにもドイツ人らしいものだ。それは決して素早く稲妻が光るようなものではない。幾分、ゆっくりとはしているが、激しい雷鳴が轟く。いずれその雷が発生すれば、世界の歴史でも他に類のないほどの轟音が鳴り響くはずだ。周囲の人間は、ついにドイツ人の雷が落ちたと皆、気づくだろう。


ドイツの「雷」は、おそらく、ヨーロッパにとって臨界点だった。ハイネも言うとおり、その雷は、哲学者が大勢おり、大聖堂も数多く存在する国から来た。起こった雷鳴は過去に誰も聞いたことがないほど激しいものだった。

戦場に出た人々は、そこで体験したことにより心と身体に傷を負うが、一方で戦場を懐かしく思うものだ。彼らの記憶の中で、軍隊とは友情の場所であり、所属、規律、秩序の場所でもある。だが、敗戦国では、戦争が終わり、復員した兵士は、周囲の人間から敗者とみなされる。そして、それまで彼らが属していなかった無秩序な世界で生きていくことになる。彼らの記憶の中にある軍隊は実際にはどこにも存在しなかったのだが、その架空の軍隊を、失われた友情を懐かしむのである。

ドイツでは、ヒトラーの世代の有能な人間は皆、一度は軍隊に入っている。その多くは、ヴェルサイユ条約もワイマール政府も軽蔑していた。ヴェルサイユ条約のおかげでドイツは、国がとても持ちこたえられないほどの経済負担を強いられることになった。ドイツが経済的に苦境に陥ったことで、復員してきた兵士たちも苦しい暮らしをすることになった。戦争で任務を果たし、帰って来ればその後は名誉を与えられ、安楽な暮らしができると期待していただけに失望は大きかった。生活が苦しくなったのは自分だけでなく、自分の親など家族も追い込まれた。元々が貧困であれば、すべてを失っても大した変化はない。だが、中流階級の人間がすべてを失えば、生活は激変することになる。ドイツが戦争に負けた時、その代償を支払ったのはごく普通の人たちだった。貴族階級でもなければ、闇市などで生計を立てている怪しげな連中でもなかった。そして、リベラルなワイマール政府は、そんな普通の人たちにとって無能にしか見えなかった。

アドルフ・ヒトラーはオーストリア生まれのドイツ人である。第一次世界大戦では志願兵として、命を賭して戦い、負傷してドイツに戻ってきた。結局、彼はこの戦いで何も得ることができず、戦後、祖国の政治は芯の部分に大きな穴が空いたようになってしまった。ドイツの貴族や実業家は戦後も引き続き存在したが、ヨーロッパの他の国と同様、ドイツでも、上流階級は戦争によって信用を失っていた。しかし、一方でリベラリズムも一九二〇年代に信頼を失ってしまった。ヴェルサイユ条約を拒否できず、上流階級の富の分配にも失敗したからだ。すべての国民に最低限の生活を保障することもできなかった。ヒトラーが生きていたのは、文化崩壊の時代である。知識人たちの間には享楽主義が広がり、軍隊に見られるような規律は社会から失われつつあった。

ヒトラーも知識人ではあった。学術の世界に身を置いていたわけではないが、物事を深く考える人であり、自ら学ぶ人でもあった。そして、世界について独自の見方、考え方をしていた。正規の学界にいるような知識人たちからは単なる変人だとして相手にされなかったが、彼の歴史観、世界観はやがてとてつもなく大きな力を持つようになる。二〇世紀の知の巨人の一人とも言えるマルティン・ハイデガーのような人が、ヒトラーに服従する姿勢を見せたほどである。ハイデガーのこの態度を単なる日和見主義だと批判した人は多かった。確かにそういう面はあっただろう。しかし、ハイデガーは生き残るためにそんなことをする必要はなかったはずだ。全面的にではなくても、ある程度までヒトラーに賛同したからこその行動だったのではないだろうか。ヒトラーの分析は学術的に見て洗練されているものとは言い難く、洞察の深さも十分ではなかったが、彼の思考の持つ強い力にハイデガーは惹きつけられたのかもしれない。

ドイツでは、旧来の政治制度が完全に否定され、それにより巨大な空洞が生じていた。左翼は、以前の政治制度を軽蔑していた。ドイツを戦争へと駆り立てた犯人だと考えたからだ。中道の人々は、戦争に疲弊しきっており、日々生き残るのに精一杯だったため、無関心だった。右翼は、君主制や貴族政治を復活させれば、時計を巻き戻して、ドイツを過去の良い状態に戻せるのではと考えた。ヒトラーはこの問題について他とはまったく違った見方をしていた。問いの立て方が違ったと言ってもいいだろう。彼は国家そのものについて物を言うことはあっても、具体的な政治制度に関して細かい発言をすることはなかった。いわゆる「国民国家」の考え方では、文化、言語、宗教の共通性を重要視した。この三つを共有する人たちが国民となり、国家を形成するということだ。国家間に優劣はないことになる。ある国が別の国より優れているということはない。戦争に負けて疲弊し、虚無的になり、自分たちに起きたことに対して怒っていたドイツ国民の心には、この思想は響かなかった。

ヒトラーは、ドイツの復興のためにはまず、ドイツ人が誇りを取り戻す必要があると考えた。彼はドイツという国を、根本から定義し直した。国の文化から、国民の血統、歴史、神話にいたるまで、すべてを見直し、ドイツとはこういう国である、と改めて定義したのだ。ヒトラーは、国家は「血筋」で決まると主張した。血筋というのは、出自に似ているが、出自よりは曖昧である。国民の血筋、民族が、その国家の中核を成す。さらにヒトラーは、民族はすべて平等というわけではないとも主張した。民族には優劣があるというのである。特にスカンジナビア人とドイツ人は生来、他に類のない優れた能力を持っており、世界を支配する資格があるとした。歴史の創作もした。ヒトラーの語るドイツの歴史は、神聖ローマ帝国やルター主義から成るものではなかった。それはたとえば、ドイツの黒い森やチュートン騎士団、そして英雄たちの歴史である。英雄の中には実在が疑われる人もいるが、同じ血筋、民族の人たちを一つに束ねる枠組みになればそれでよかった。歴史は、ヒトラーの手によって一つの芸術作品となった。つまり、人の手で作られたものということである。事実に反する部分も多いが、ドイツ人の心に響く真実がそこにあるとされた。グリム兄弟は、神話を国家の大切な構成要素と見たが、ヒトラーも同じだ。自分たちの血筋を語る神話が国家の本質を知る上で大切と考えた。

政治制度が崩壊したことで生じた空洞は、血筋と民族に対する誇りと神話によって埋められることになった。そして、ヒトラーとその支持者たちは、疲弊した中道の政治家を押しのけ、無能なワイマール共和国を崩壊させた。彼らは、市街戦で共産主義者と戦い、圧倒したが、それができたのは、兵士の戦いへの動機づけが巧みだったからである。兵士を訓練する時には、はじめにその人の自己像を完全に破壊する。その上で、国家の輝かしい過去の物語を語って聞かせ、少しずつ新たな自己像を形成していく。自分の国家と軍隊の優秀性を信じ、誇りを持つよう仕向けていくわけだ。重要なのは、ヒトラー自身がかつて兵士だったということだ。その彼が自分と同じ世代の兵士たちを立ち上がらせ、自分たちは誤った過去を正さねばならないということ、自分たちには他の民族を支配する資格があるということを話したのだ。ドイツの兵士はすでに基礎訓練を受けていた。ドイツ国民はすでに、国家と軍隊を同一視していた。そういった素地があったので、ヒトラーの訴えはドイツ人の心に響いた。そして、ヒトラーのやり方や思想が浸透していった。

ヒトラーは無慈悲さも求めた。兵士は、自責の念を持たずに人を殺さねばならない。彼が塹壕の中で学んだことだ。ヒトラーはその根拠を歴史に求めた。ニーチェも言っていたことだが、キリスト教は、人間を慈悲で満たすことでその意志を弱めてしまっていると考えた。ヒトラーの意図は、ドイツから弱みになりそうな要素を取り除くことだ。キリスト教の慈悲の代わりに、アーリア人本来の無慈悲さを取り戻したいと考えていた。他国に戦争を仕掛けることは、ヒトラーにとって単なる国家の政策の選択肢ではなく、兵士と国家の健全性の試験でもあった。ヒトラーのキリスト教に対する敵意は、啓蒙主義思想の延長線上にあるものだろう。彼はいわば自分の神を信じる異教徒であったと言える。彼の信仰で大事なのは、人種、民族は不平等であるという考え方だ。

第一次世界大戦中、ドイツ軍では、兵士にニーチェの著作を配布していた。ニーチェは著作の中でキリスト教を攻撃するとともに「超人」、「地平」といった概念を提唱した。人間は常に「地平」、つまり「ここから先は見えない、見なくていい」という境界線を必要としているというのだ。もちろん、厳密には世界にそんなものは存在せず、幻想にすぎないのだが、たとえ幻想であっても、境界線を設けなければ、世界は広すぎてとても人間には対処できないというわけだ。啓蒙主義により、世界人類という概念が生まれたが、世界人類はあまりに膨大すぎて、全体を一度に見ようとすれば、誰もが自分を見失ってしまう危険がある。人間にはもっと小さな対象が必要だ。ヒトラーは間違いなく、ニーチェの著書を読んでいただろう。ニーチェがヒトラーを知っても崇拝することはなかっただろうが、ヒトラーはニーチェを崇拝していたに違いない。著書『わが闘争』の中でヒトラーは、地平の設定をしている。その地平は有効に機能したが、他の有効な地平がそうであったのと同様、ヒトラーはそれがあくまで幻想であるということを忘れてしまった。彼の態度は最も純粋な意味での虚無主義だとも言える。ヒトラーは何も信じていなかったために、自らの意志で自由に何でも信じることができた。彼は、ドイツが他を圧倒して偉大な国家であると信じた。それは当時のドイツ人が最も信じたがっていたことかもしれない。だが、ドイツはシラーやベートーヴェンを生んだ国である。果たしてそんなことを国民が信じるのだろうか、という疑問も湧く。ところが国民は信じた。その背景には、シラーもベートーヴェンも、また啓蒙主義そのものも、ドイツを地政学の地獄から救い出せなかった、という経験がある。結局、ドイツは戦争を免れることができず、敗北という大失敗も避けられなかった。

ワイマール政府は、啓蒙主義思想がそのまま政府になったようなものだった。ヒトラーはワイマール政府を憎んでいた。彼には、政府が戦争に負けたことで弱腰になっていると思えたし、このままでは近いうちにまた敗北を喫することになるという危惧もあった。ファシズムは、啓蒙主義への反発から生じた。啓蒙主義は、人間を出自で評価することを拒否したし、不平等も拒否した。そして、個人の地位を高めた。ヒトラーはその逆だ。彼は出自を重んじたし、不平等は積極的に認めた。また、人間を個人ではなく集団としてとらえた。科学や科学技術を利用しながらも、ある意味でどちらも拒絶した。その代わりに曖昧で不明瞭な神秘主義を推奨した。ヒトラー本人は啓蒙主義や近代科学を理解していた。そもそもヒトラーに世界征服の道具を与えたのは啓蒙主義や近代科学である。だが、一方でこの二つがドイツ人の心を堕落させたとも言える。ドイツ人を唯物主義に染めることで、彼らの心から深みを奪った。国家、民族の神話を重要視するヒトラーの考えとは真っ向から対立する。

ヒトラーにとって啓蒙主義は、キリスト教と同様、ドイツ人から意志を奪った憎むべきものだった。リベラルや社会主義者は、味方の軍隊を後ろから攻撃するようなことをしていた。ただ、人種や民族が人間にとって重要なものだと言うのなら、人種、民族に優劣があると言える根拠を示さなくてはならない。そこでヒトラーが着目したのはユダヤ人である。ユダヤ人は数ある民族の中でも特異なものと言えた。他にない特徴を多く備えていたからだ。まず、彼らには母国というものがなかった。世界のあちこちの国に散らばり、それぞれが民族としてのアイデンティティを保ちながらその土地に溶け込んで暮らしていた。ヒトラーはユダヤ人を差別の対象としたが、その根拠についてはこんな説明をしている。まず、ユダヤ人はあらゆる土地にいるが、どこにいても、必ずそこに悲しみをもたらしているというのだ。住んでいる国を利用して自らを富ませるのが彼らの戦略だからだという。自らは豊かになった上で、利用した国は破滅に追いやる、それがユダヤ人だとヒトラーは決めつけた。また、ヒトラーは、ユダヤ人を啓蒙主義の受益者と見ていた。他民族に比べ、その利益ははるかに大きいと見た。ユダヤ人はかつて、社会の中でも虐げられた存在だった。しかし啓蒙主義の時代となり、すべての人間は平等であると言われだしてからは状況が変わった。ジョン・ロックなどが著作の中で寛容について説いたこともユダヤ人の立場に影響した。啓蒙主義の時代となってから多くのユダヤ人が頭角を現した。スピノザは何冊もの偉大な著書を生んだし、ロスチャイルドは大銀行を作った。マルクスは、唯物論を基礎にした自らの革命理論を打ち立てた。ヒトラーは、資本主義、共産主義の両方を良く思っておらず、どちらも悪いものになったのは主にユダヤ人の責任だとしていた。そして、すべての悪の根源は啓蒙主義だと考えた。

近代の世界を作ったのはユダヤ人であり、彼らはあくまで自分たちの利益のために今のような世界を作り上げた、とヒトラーは主張した。この主張は誤りである。ユダヤ人が近代の世界から利益を得たことは確かだが、作ったのは彼らではなく、ベーコンやコペルニクス、ルターといった人たちだ。彼らのおかげでユダヤ人にも彼らのための「場」が生まれ、その恩恵を様々なかたちで受けることにはなった。もちろん、恩恵を受けたのはユダヤ人だけではなく、他の民族も同じように受けたのである。だが、ヒトラーの芸術作品たる歴史の中ではそうではない。彼の歴史の中では、ユダヤ人たちは単に、他の多くの民族と同じように近代世界の恩恵に与《あずか》ったのではない、ということになる。彼らは、この近代世界の建設者だという。彼らの建設した世界の中で今、ドイツという国家は苦しんでいる。

ユダヤ人が支配する大銀行、ユダヤ人の主導する共産主義、リベラリズムが邪魔をするため、前進したくてもできない。一九一四年に戦争が起きたのはなぜか。ユダヤ人がそうなるよう仕組んだからだ。ドイツが戦争に負けたのはなぜか。ユダヤ人がドイツを弱体化させたからだ。なぜそんなことをしたのか。自分たちを富ませるためだ。

このように、多数の問いが立てられ、個々に答えが提示された。ヒトラーにとって最も重要だったのは、ユダヤ人がなぜこのような民族なのか、という問いだった。そして、その問いへの答えは、「ユダヤ人の血がそうさせている」だった。この答えはまったく科学的ではない。だが科学ではなくても、魅力的な芸術作品にはなり得る。答えが正しいことは論理によっては証明できないし、確かな証拠もない。だが共鳴する者にとっては正しい答えと感じられる。聞く者の心と非常に強く共鳴すれば、証拠も論理的整合性も必要なくなってしまう。ただ聞く者の心に強く残り、十分に魅力的でありさえすれば、正しいことになってしまうのだ。

大事なのは、この非論理的な答えに説得されたのがドイツ人だったということだ。極めて教育水準が高く、洗練されていたはずのドイツ人がヒトラーのこんな説明を信じてしまった。今の私たちが見ると、馬鹿げているとしか感じられないが、当時のドイツの状況には恐ろしいほど合っていたのだ。ヒトラーは国民を焚きつけ、自らを再構築するよう促した。それが際限のない恐怖への扉を開いてしまった。芸術作品には、過激なイデオロギーと同じで制約というものがない。ヒトラーは、ドイツ人は生まれながらに優れた民族であるという観念を人々に植えつけた。今は戦争の犠牲になり苦しい立場にいるが、本質的には優秀だ。反対にユダヤ人は今は良い状況にあって勝ち誇っているけれど、本質的には劣等な民族だと信じ込ませた。ヒトラーは、大訂正の作業に取り組んでいた。彼の世界観に基づいてヨーロッパを再構築しようとした。ヨーロッパ中を暴れ回ったドイツ国防軍は、単なる軍隊ではなかった。それは、ヒトラーの芸術作品たる世界観、歴史観の具現化だった。

そう言うと正気とは思えないかもしれないが、第二次世界大戦は地政学的事件であると同時に、一つの芸術作品でもあった。ソ連に侵攻したドイツ国防軍の後方には「アインザッツグルッペン」という特別行動部隊がおり、劣等民族とされたユダヤ人を集め、殺害する任務を担った。彼らはヨーロッパをヒトラーが頭に描いたスケッチのとおりの姿にすべく動いていたのだ。建築家を志したこともあるヒトラーは、ヨーロッパを思いどおりに「建て直そうと」した。ドイツ国防軍が取り組んだ戦いは、芸術家ヒトラーが作品を生み出すのに必要な戦いだったわけだ。

文明の進んだ国であったはずのドイツがなぜ、怪物のようになってしまったのか。それはヨーロッパの歴史上の謎だった。そうなった原因は、ヨーロッパを偉大な存在にした論理そのものにあると考えられる。帝国主義、啓蒙主義などの思想が長い時を経て、ついには巨大な怪物を生むことになってしまった。ヨーロッパ帝国が形成される背後では、ヨーロッパ内部の戦争が頻発していた。その一つの頂点が第一次世界大戦だったわけだ。啓蒙主義は科学と科学技術を発展させたが、第一次世界大戦が未曾有の大戦争になったのは、科学技術の発達によって生まれた新兵器があったからだ。啓蒙主義の進展によって、過去には存在した様々な限界、制約が世界から失われたことも大きい。どれもが実は幻想にすぎなかったことに皆が気づいたのである。啓蒙主義思想においては、何もかもを懐疑の目で見るため、やがては何より重要とされた理性でさえ疑うようになった。理性自体が幻想ではないかという考え方が生まれたのだ。

この時、怪物化したのはドイツだったため、ドイツ的な怪物になった。だが、ドイツが怪物と化したのは偶然であって必然ではないと私は考えている。第一次世界大戦後にどの国が怪物化したかで、その後の歴史はきっと大きく変わっただろう。ドイツでなくても、いずれかの国がそうなることは避けようがなかったはずだ。戦争で特に大きな痛手を負い、他国から無力化された国があれば、やはりドイツのように怪物化したのではないだろうか。痛めつけられ、無力化された国は、復活しようとあがくことになる。そのためには、どうしても自らに都合の良い「地平」を設定し、都合の良い歴史を捏造することになる。その国にふさわしい「芸術作品」を生み出すわけだ。都合の良い歴史を基礎とした国は必ず、冷酷非情な、飼いならされない獣のような存在となる。国家の再興のため、獣のように暴れ回るのである。私の家族はホロコーストによって苦しめられた。だが、少し歴史が違っていれば、他の国がドイツの位置にいたかもしれない。他の国はアウシュビッツの収容所は作らなかったかもしれないが、別のもので同じくらいの悲惨な結果を招いたのではないか。犠牲者もユダヤ人ではなく別の人たちだったかもしれないし、あるいは同じユダヤ人だったかもしれない。

ソ連は国の進むべき方向を先に決め、歴史をその方向に動かした。そのために一部の国民を犠牲にすることを厭わなかった。国家の前進のためには、どんな代償も高すぎるということはなかったのである。ドイツは、完璧な国家を作るため、部外者とみなした人間を排除していった。自らの国家を持たない者、家のない者、国家を弱体化させている者はすべて部外者と見た。この場合も、彼らを排除するためであれば、どんな代償も高すぎることはなかった。惨めさ以外何ももたらさなかった第一次世界大戦と比べれば、何ということはない。これは尊い使命のためなのだから。少なくともナチスやマルキストたちはそう考えた。

イデオロギーとは非情なものだ。あるイデオロギーに従って生きる人は、その基礎となる論理が求めれば、どんなことでも実行に移し、そのことを誇りにもする。すべてのイデオロギーや宗教に同じことが言える。ある宗教を信仰する人たちは、その宗教に何か大きな使命があると信じれば、その使命のためにどのような行動でも取る可能性がある。それは、ヨルダン川を越えたユダヤ人や、キリスト教の十字軍、イスラム教のジハードなどを考えてみればわかるだろう。彼らの論理に限界はない。しかし、宗教は自ら制限をも設けることができるし、実際にそうしてきた。イデオロギーも、良識で制御することは不可能ではない。それはたとえば、アメリカという国家を見ればわかることだ。ただ、中には制約や限界のないイデオロギーというのも存在する。ドイツやソ連に現れたイデオロギーがそれだ。

神々の黄昏

第二次世界大戦は、より規模が拡大し、より戦闘の激しさは増したが、基本的には第一次世界大戦の延長と言えた。両者のパターンは非常に似通っていた。フランスとソ連に挟まれ、安全に危惧を抱いたドイツが、フランスを攻撃したのである。今回はアルデンヌの森を通っての攻撃になった。第一次世界大戦と違ったのは、フランスがわずか六週間でドイツに屈服したことである。イギリスは和平を拒否したが、ドイツはすぐに英仏海峡を越えてイギリスを攻撃することはできなかったため、先にソ連への侵攻を始めた。ドイツはあと一歩でソ連に勝てるというところまで迫った。だが結局、ソ連の広大な土地がヒトラーの軍隊の力を奪うことになった。またソ連の人海戦術もドイツを退ける力となった。その後ドイツがアメリカに対しても宣戦布告をしたため、アメリカは参戦し、それから二年以上経過してから、イギリスから英仏海峡を越えてヨーロッパ大陸に侵攻することになった（ただし、それ以前に、北アフリカやイタリアへのより小規模な侵攻はしていた）。ドイツ軍の戦線拡大は明らかに行き過ぎで、そのためにアメリカやソ連に敗れ、彼らによる占領を許した。第一次世界大戦と戦争の原因も同じで、結果も似ていたが、虐殺の規模はさらに大きかった。ドイツにとっても、ヨーロッパ全体にとっても破滅的な結果となった。
最初の世界大戦は基本的にはヨーロッパ人の戦争だった。第二次世界大戦は、文字どおりの世界大戦となった。大西洋だけでなく太平洋までもが戦場となったのである。だが最も重要なことは、この戦争が第一次世界大戦よりもさらに激しかったということだ。この戦争によりヨーロッパで一体、何人が死んだのか、正確な数字は誰にもわからないが、五一〇〇万人には達するのではないかと言われる。これは兵士、民間人を含めた数字だ。従来型の戦闘で死亡した人以外に、民族虐殺や空爆で死亡した人も含まれている。一九三九年時点でのヨーロッパの人口は中立国も含めて五億五〇〇〇万人ほどだったので、なんと一九三九年から四五年までのたった六年の間に、ヨーロッパ人の一〇分の一が戦争で死んだ計算になる。

これだけでは、大戦の恐ろしさを十分には伝えきれていない。ポーランドは実に人口の一六パーセント以上を失っている。ドイツは約一〇パーセント、ソ連は約一四パーセントの国民を失った。最も犠牲者が多かったのは、いわゆるヨーロッパとソ連の間に位置する地域だ。戦闘のかなりの部分がそこで行われたからだ。具体的には、バルト海沿岸諸国、ルーマニア、ハンガリー、チェコスロバキアなどを指す。もちろん、その西側にある国の被害も大きかった。フランスの死者は五〇万人に達し、イタリア、イギリスでも五〇万人近かった。

戦争はある意味でこの時、行き着くところまで行ってしまったということだろう。武器も危険だが、もっと危険だったのは、その武器を大量に製造する工場だ。つまり、工場の労働者の方が訓練を受けた兵士よりも殺傷能力が高いということである。戦争において工業が重要になれば、工場を破壊する作戦が多く展開され、そのための手段も多く考案されることになる。従来、ヨーロッパの戦争では兵士と民間人とを区別して扱ってきたが、有人爆撃機が戦争に導入された時点から、そんな区別はなされなくなった。戦場には出ていない民間人も、工場で働けば戦争に参加していることになるからだ。また、爆撃機の精度が非常に低かったことも理由の一つだ。イギリス軍が最初にドイツを爆撃した頃、攻撃されるドイツ人からは、イギリス軍が何を標的としているのかわからなかったという。爆弾が何もない平原に落ちたからだ。爆弾は正確に標的には落とせないが、工場は破壊したい。そうなると多数の爆撃機を飛ばして多数の爆弾を広範囲に落とすしかない。必然的に、工場に何の関係もない民間人も大勢殺される。おかげで終戦近くになると、ドイツの都市はまともな建物がほとんど残っておらず、まるではじめから都市破壊が目的で爆撃が行われたようになっていた。

だが最も憎むべきは、ドイツ人が本来不必要なはずの犠牲者を多数出したことである。プラトンも言っているとおり、国家というものが存在すれば、時に戦争を起こしてしまうのは自然なこととも言える。だが、同じ戦争をするにも仕方というものがあり、それは選ぶことができる。戦争中、いくつかの時点で選択はできたはずだが、ドイツ人はどの時点でも最も無慈悲になる道を選んだ。そうなったのは彼らが自らを支配者民族とみなしたからだ。自らが支配者民族だとすれば、劣等民族に対して何をしようと道徳的に問題にはならないと考えた。たとえば、戦いに勝った後の敗者ポーランド人への扱いは残忍極まりないものだった。ソ連に侵攻した時の攻撃も驚くほど激しいものだったが、さらに驚くのはその攻撃の必要性のなさである。ウクライナ人は、ロシア人とソビエトのイデオロギーに対し、怒っていた。彼らはスターリン政権下で大変な苦しみを味わった。スターリンが資金調達のために彼らから穀物を取りあげて輸出に回したために飢餓に陥ったのだ。ウクライナ人はドイツ人の味方になる可能性が十分にあった。しかし、ヒトラーはソ連には間もなく勝てると信じて疑わなかった上、スラブ人を劣等民族とみなしており、その劣等民族に協力を得ることはよしとしなかった。そして協力を得るどころかウクライナ人を残忍に虐殺したのである。ヒトラーは、フランス人やスカンジナビア人は、ウクライナ人よりは丁重に扱った。一貫性がないようにも思えるが、彼のイデオロギーからすれば当然のことだったのだ。

ホロコーストに関しては何よりも書くのが辛い。ひどいのはその行為には軍事的に何の意味もなかったことである。ヒトラーのした他のすべてのことは、どれほどひどくても無理をすれば軍事的な意味を説明できなくはない。だが、六〇〇万人ものユダヤ人、その他にも何百万人もの人々を組織的に虐殺した行為には、どう考えても何の意味も見つけ出すことはできない。アウシュビッツのような場所は、戦争遂行に何の役にも立たないばかりか、大量の資源を必要とし、ドイツにとって負担になったはずである。仮に被収容者のための食糧は必要がなかったとしても、収容所には運営のための人員がいるし、移送のための鉄道などにもコストがかかる。

ところがヒトラーの頭の中では、この行為を正当化する奇妙な論理が成り立っていた。ヨーロッパ各地でその土地に溶け込むようにして暮らしているユダヤ人たちは、生来の性質により、自分を迎え入れてくれた国を必ず食い物にするとヒトラーは考えていた。食い物にし、やがては破滅に追いやるのだ。放置すれば、いずれヨーロッパは彼らに何もかも奪われてしまう。第一次世界大戦を引き起こしたのもユダヤ人だし、第二次世界大戦も彼らによって引き起こされたとヒトラーは信じていた。第一次世界大戦でやり残したことがあり、それを完遂するために戦争を起こしたのだという。イギリスとフランスをポーランドをめぐる戦争へと向かわせ、イギリスとドイツとの和平を妨害して戦争を拡大したのもユダヤ人だというのである。

ヒトラーが自ら作った歴史に効力があったのは、それが真実だったからではなく、人を動かすことができたからだ。そのせいで彼は自ら仕掛けた罠にかかったようになってしまった。ヒトラーは自分の言っていることが真実だと心から信じていた。大戦前には、ユダヤ人が再び戦争を起こしたら、ヨーロッパは破滅に陥ると本気で警告していた。大戦開始後は、ユダヤ人が戦争を始めたと信じ、彼らを排除して悪行を終わらせなくてはならないと信じた。

啓蒙主義が生んだ科学技術と、異教的な神話が結びつくと、正気とは思えない行為にも一定の正当性が与えられてしまう。神話がドイツ人に殺す動機を与え、科学技術が彼らに何百万人もの人を殺す能力を与えた。神話を信じてしまえば、ユダヤ人はすべて生まれながらに同じ欠陥を抱えていることになる。ユダヤ人であるというだけで、大人だけでなく生まれたばかりの子供でさえ、ドイツ人、そしてヨーロッパ人にとって危険ということになる。だからヒトラーは大量の人間を動員して、ユダヤ人の子供を探させて、大量殺戮の可能な施設へと送り込み、実際に殺した。

第二次世界大戦は最後に悲惨な山場を迎えることになる。広島、長崎に原子爆弾が投下されたのである。それにより瞬時に一〇万人を超える人が死亡した。東京でも、従来型の爆撃ながら約一〇万人が死亡した東京大空襲などが行われた。原子爆弾により、戦争は一つの極限に達したということになるだろう。戦争は完全に工業を基盤としたものになった。工場は労働者のいる都市に存在する。そうなれば、敵国の都市を破壊するのは理に適ったことになる。そして効率的に都市を破壊できる原子爆弾の発明も理に適っているし、必要ということだ。広島で起きたことをホロコーストと比較する人はいるが、両者には根本的な違いがある。原子爆弾の投下には一応、軍事上の論理が存在したからだ。その論理に賛成する人も反対する人もいるだろうが、論理が存在したことは事実だ。当時は連合軍が日本本土に侵攻しなければ戦争が終わらないと信じられていた。そうなれば、双方に数えきれないほどの死者が出てしまう。だが原子爆弾の投下により、本土侵攻は避けられたというわけだ。私自身はこの説明に納得しているが、一方で納得しない人もおり、その人たちにも納得しないだけのもっともな理由がある。ここで重要なのは、万人が納得しないにせよ、広島での行動には軍事上の理由があったということだ。

ホロコーストが特異なのは、その行為の背後にはもっともらしい軍事上の理由がまったく存在しないということである。正当化のための説明は一応あったが、あまりに不合理で、今の私たちから見ると信じる人がどこかにいるとはとても思えない。当時のドイツにさえ、ヒトラーの唱えた血筋と民族の神話を馬鹿げたものとして拒絶する人はいたが、大半の人間は彼の話を受け入れてしまっていた。現在のドイツの若者たちは、自分たちの祖父母が何を信じていたのかを知って愕然としている。しかし、彼らが信じていたことは、紛れもない事実なのだ。ドイツ以外の国でも、ある民族や政治団体、特定の宗教の信者が危険とみなされ、迫害を受けたことは確かにあった。たとえば、スペイン異端審問所では、異端者を何百、何千人と処刑しているが、彼らには短期間に数百万人を殺すような科学技術はなかった。結局のところ、ホロコーストを可能にしたのは神話ではなく科学技術だということになる。殺人のための技術が存在したからだ。

一九一三年にはとてつもなく恐ろしいと思われたことが、二度の大戦を経た後ではもはやそうではなくなっていた。仮に第二次世界大戦による死者を五五〇〇万人、第一次世界大戦による死者を一六〇〇万人だとすると、一九一四年から一九四五年までの三一年間に約七一〇〇万人のヨーロッパ人が戦争によって死亡していることになる。これに、スターリン政権下で殺害されたり餓死させられた人、約二〇〇〇万人を加えると、その数字は九一〇〇万人に跳ね上がる。それに比べれば、ロシアやスペインでの内戦や、その他、トルコとギリシャ、アルメニアの戦争などの細々とした紛争などは、話題にするに値しないほどだ。死者一億人ですらあり得ない数字ではなくなった時代にあっては、死者一〇〇万人ほどの紛争に注目する人は少なくなる。

二度の大戦争はヨーロッパの黄昏を告げるものだった。結局、ヨーロッパはこの大量殺戮から完全に立ち直ることはなかった。第二次世界大戦の後には、アメリカ、ソ連がヨーロッパ大陸に大軍を送り込み、各地に駐留させるようになった。アメリカ軍はイギリスにも駐留し、またイギリス軍は大陸ヨーロッパに駐留し始めた。破壊され、疲弊しきったヨーロッパは半ば占領されたような状態になり、もう以前のように自らの運命を自分たちで決めることはできなくなってしまった。ヨーロッパの運命は、主に米ソの軍隊がどういう行動を取るかで決まるようになってしまった。ヨーロッパ人の築き上げた帝国はまだ一応、存在はしていたが、戦争後、長くは続かなかった。

三一年の間に、世界の揺るぎない中心のように見えたヨーロッパは、まったく変わってしまった。貧困が珍しいものではなくなり、ヨーロッパ人からは自信というものがほとんど失われた。何年もすさまじい暴力の中で我を忘れていて、一九四五年に目を覚ました時には、自分たちのしてしまったことに驚いた。コロンブス以来、再び世界の地図は大きく描き換えられた。その地図の中心は当然、ヨーロッパではない。

第5章　疲　弊

一九四五年四月三〇日、アドルフ・ヒトラーは自殺した。これによってヨーロッパにおける三一年に及ぶ戦争は終結した。同時に、それまでの四五〇年に及ぶ歴史も終了することになった。ヨーロッパ大陸はアメリカ、ソ連によって占領され、諸国の主権は損なわれた。それからの数十年で、帝国は崩壊し、世界に対する影響力は失われてしまった。あえて言えば、ソ連だけがヨーロッパの中で世界の超大国として残ったということになるが、それもやがて崩壊する。ヨーロッパにかつて数多くの紛争の火種があり、そこから出た炎はしばらく燃え盛ったが、突然にすべて消えた。後に残された火種は一つだけになった。それはドイツの中に引かれた国境線である。

一九一三年までは誰も想像していなかったことが、その後に起きた。三一年にわたり、ヨーロッパは常に引き裂かれた状態、分断された状態になっていた。実際に戦争をしていない時でも、平和は見せかけのものでしかなく、いつ戦争になっても不思議ではなかった。ロシアでは革命が起きて、その後に内戦になった。政府による計画的飢餓という恐ろしいことも行われた。そしてようやく、大きな戦争が終わったら、ヨーロッパの国々は国民を満足に食べさせることも、国民の家を暖めることもできなくなっていた。家に住めない人すら多くいた。世界経済を主導していたヨーロッパがもはや世界の中でも貧しい方になった。皮肉にも、かつての権力の中枢の力が失われたというわけだ。

大英帝国の詩人、ラドヤード・キップリングはそうした時代が間もなく到来することを感じ取り、自らの「退場の歌」という詩の中で次のように警告している。

はるかかなたに遠征した我らが海軍は消え去った
砂丘や岬の戦火はやんだ
見よ、昨日までの我らの輝きはすべて
ニネヴェとツロとともにある！
諸国の裁き主よ、許したまえ
忘れてはいけない——忘れてはいけない！
自らの権力に酔っていると
神を恐れぬ野性の舌を解き放つ
驕り高ぶる異教徒のように
まるで法を持たない劣等民族のように——
万軍の主よ、我らとともにとどまりたまえ
忘れてはいけない——忘れてはいけない！

ヨーロッパは間違いなく野性の舌を解き放ってしまった。たとえ戦勝国であり、野性の舌を解き放っていない国であっても（たとえば、チャーチルの初期の演説には野性味が感じられるかもしれないが）、本当の意味では戦争に勝っていなかった。一九一三年から一九四五年までの間のヨーロッパの力の低下はあまりにも急激で、それ以上に急激な転落があり得るとはとても思えないほどだ。
第二次世界大戦の異常さは、その唐突な終わり方にある。ヨーロッパでは、ヒトラーの死後間もなくすべてが終わってしまった。ヒトラーが生きている間、ドイツ人は死に物狂いで戦っていたにもかかわらず、である。ヒトラーが死ぬと、抵抗は数時間のうちにやんだ。長く続いた者でもせいぜい数日だ。ヒトラーは神秘的な歴史を書いた。遠い過去までたどり、ドイツの復興を目指した。彼の語る物語の中では、彼の意思こそがドイツであり、ドイツは彼の意思であった。つまり、彼が死んでしまえば、後に残るのはドイツではなく、単にドイツ語を話す人々が住む地域である。ドイツとその英雄的過去とをつなぐ糸は切れた。途端に、魔法が解けるようにしてドイツ人は消滅した。芸術作品、あるいは幻想としてのドイツ国家が死んだ瞬間だった。

大英帝国という物語も終わりを迎えた。大英帝国とは世界を舞台にし、世界中の劣等民族を文明化していく壮大な物語だった。ドイツほど唐突ではなかったが、完全に終わってしまったのは同じである。一つは経済的な理由からだ。戦争は帝国の経済を破壊した。だがそれがすべてではない。大きいのは、戦勝国になったはずのイギリスが実質的には戦争に負けていたということだ。一九一四年以降の出来事はイギリスを経済的にだけでなく、精神的にも疲弊させていた。白人には他の人種にない責務があり、中でもイギリス人には特に重い責務があるとしていた自負心は、一九四五年にはほとんど残っていなかった。また政府もすっかり国民の信頼を失っていた。チャーチルの奮闘もむなしく、戦争が終わると与党だった保守党は選挙で敗れ、下野することになった。チャーチルも首相の座を追われた。

アメリカはヨーロッパの戦争に二度介入した。イギリスはその度に大きく衰退した。一度目にはアメリカ軍がイギリスの国土に入るということはなかったが、第二次世界大戦中は、アメリカ軍が三年間、イギリス国内にいた。イギリス人はアメリカ軍兵士のことを「高い給料をもらって、やたらにセックスをして、そしてただそこにいる（They were overpaid, oversexed, and over here.）」などと表現した。これはジョークだが、本音でもあった。アメリカ人が力をつけていたのは事実だが、問題はその一方でイギリス人が力を失っていったことだ。アメリカ人は自信に満ちた態度でイギリスを闊歩していた。困ったことに彼らは自分たちの態度が大きいことに気づいていなかった。アメリカ人は、孤立したイギリス人を救うためにやって来た。当然、イギリス人からは感謝されるものと思っていた。確かにイギリス人は感謝していた。アメリカ人に感謝せざるを得ないくらいにひどい状況だったということだ。

フランスは第一次世界大戦では四年間にわたり苦戦を強いられた。だが、戦勝国にはなれた。勝利にはフランス人が思うよりもアメリカ人の貢献が大きく、彼らが参戦を決意しなければ勝てたかどうかはわからないが、ともかく戦勝国になったことは間違いない。一九四〇年には、フランスは六週間でドイツに敗れている。その後もフランス人はレジスタンスを展開し、連合国に協力はしたと言われているが、どこまでが事実で、どこからが伝説なのかはわからない。はっきりしているのは、フランス軍は六週間で負けたということ、アメリカ人、イギリス人、ポーランド人などが協力して彼らをドイツから解放したということだ。フランス人も非公式ながら軍事行動をしていたし、レジスタンス運動もあったが、フランスに主権を取り戻させたのが、主としてアメリカの力であったことは疑いようがない。アメリカの豊富な物資、強大な軍事力のおかげである。イギリスなどのヨーロッパ諸国は、もちろんフランスも含めて相対的に地位を低下させることになった。フランス人には、トゥールでイスラム教徒を打ち破ったカール・マルテルや、一時はヨーロッパを席巻し、最後は敗れたものの華々しく散ったナポレオンを祖先に持っているという自負があったが、もはやそれも崩れてしまった。フランス人は第一次世界大戦ではほとんど勝利に貢献できず、第二次世界大戦では何も貢献できなかったに等しい。それが十分にわかっていただけに、心の底には深い怒りを抱えることになった。シャルル・ド・ゴールは、彼のために書かれ、いわゆるDディにフランスで放送されるはずだった声明の原稿を読むことを拒否した。その態度は傲慢に見えたし、感謝の気持ちも足りないように思われた。だが、ド・ゴールも絶望的な気持ちに耐えながら必死の闘いをしていたのだ。敗北、占領、そして他国の力による解放という屈辱から立ち直り、フランスを復活させるために懸命だった。感謝すべきなのは知っていても、それはあまりに苦い薬で飲むのは辛かったのだろう。

他のヨーロッパ諸国もやはり傷つき、苦境に陥っていた。中立国スペインですら、内戦によって疲弊し、フランコ政権の下で復活しようとあがいていた。ヒトラーのドイツほど過酷ではなかったが、ムッソリーニの下でファシズム体制にあったイタリアや、数々の悲劇を経験し、主権もソ連との国境も失ったポーランドにとっても復興への道は険しかった。かつて偉大だった人たちは、その偉大さを失った。偉大な存在になりたいと望んだ人たちは、望みを絶たれた。ささやかな平和と安全を求めただけの人たちも、その願いを斥けられた。三一年の間に、ヨーロッパでは、大それた夢も、ごく当たり前の小さな夢も、すべての夢は打ち砕かれてしまった。

戦争の終わりは、新たな希望の始まりでもある。少なくとも一部の人にとっては。ヨーロッパにも終戦に希望を抱いた人は少なからずいたはずだ。だが、多くの人はそうではなく、終戦後、自分たちが失ったものを直視するという辛い経験をした人がほとんどだった。生活も、多数の人が貧困状態にあり、中には生命の危険さえある貧困に落ちていた。もはや帝国どころではないし、主権の回復を求める声やナショナリズムなども高まりようがない。一人ひとりが生きていくのがやっとで、日々、何人の死者が出ているのかさえ誰も正しく把握していなかった。全員が無事に終戦を迎えられた家族はほとんどなかった。家族が丸ごと滅ぼされた例もあったし、歴史からその名前が完全に消された場合もあった。もちろん、特に悲惨な体験をしたのはユダヤ人だが、加害者のように見えるドイツ人も都市の爆撃等で多数が死んでいた。ソ連でも、パルチザンを探し回ったナチス親衛隊によって殺されたロシア人は何人いるかわからない。一人の血縁者もいなくなり、孤児となった子供の数もどのくらいなのかまったく誰も知らない。

ヨーロッパは一種のショック状態にあり、ある世代は結局、死ぬまでそのショックから逃れることはできなかった。私は、若い時、ポーランドの森の中に隠れていたユダヤ人を知っている。キリスト教徒のポーランド人家族に匿われていたのだ。彼は元はポーランドのウッチという街にいたが、そこで家族全員が死んでしまった。戦後、彼はアメリカへと渡ったが、消耗しきっており、二度とそこから立ち直ることはできなかった。度々、恐怖と罪の意識に駆られ、「もう自分には何の希望もない」などと言い出す。狂気と悲しみが、彼がいつも締めているネクタイのようにまとわりついていた。

幼い頃にハンブルクに住んでいた女性も知っている。イギリスは戦略上、ドイツの都市への焼夷弾爆撃を夜に行っていた。大きな港町であるハンブルクも標的となった都市の一つだ。彼女の父親は戦争に行き、親衛隊員となっており、二度と帰宅することはなかった。私の姉と同じように、彼女も敵に殺されそうになった時、地下室に潜んでいたのだという。はじめて会った時に印象的だったのは、彼女が異様なほど現状に満足しているということだった。あれが欲しい、こうなりたいという欲、希望はほとんど持っていなかった。ただ心から愛せる人に出会い、彼にすべてを捧げていた。彼が死ぬまでそばを離れることはなかった。戦争によって負った傷によって彼女は自分を過小評価するようになっていたと思う。だから自分が他人に与えるものになど大した価値はないと思い、過剰なほど与えるところがあった。彼女に取りついた孤独感は一生離れることはなかった。

私がここで紹介したのは一方はユダヤ人で、もう一方はナチス親衛隊員の娘だ。どちらにも罪はない。どちらもが、三一年の間にヨーロッパで起きたことの犠牲者である。ドイツ人のしたことを考えれば、彼女の国には間違いなく罪はあるだろう。しかし、親衛隊員の娘だからといって彼女は何もしていないのだから、彼女個人には罪はないのだ。それが国家というもののパラドックスである。

五歳の女の子に罪がないのは当たり前だが、それでも彼女の国家に罪がないとは言えない。国家には歴史があり、現在生きている国民だけのものではないからだ。ここで紹介した私の二人の知人は、私の目にはいずれも非常に苦しんでいるように見えた。その意味で二人は同じとも言える。知り合ってから何年も経つので、私は二人をよく知っているつもりだが、二人が泣いているのを見たことはない。

私も含めアメリカ人には、人間の状況を表現するのに医学用語を使いたがる傾向がある。大変な恐怖を味わった後に、そこから逃れることができずにいる人がいると、最近では、心的外傷後ストレス障害（PTSD）という言葉で表現することが多い。二人に関しては、PTSDと呼んで間違いはないと思う。それも治療不可能なPTSDだ。仮に同様の人が一〇〇万人いるとすると、一〇〇万の恐怖の記憶が一〇〇万の可能性を消しているのかもしれない。そう考えるだけで、大戦争がヨーロッパに与えた悪影響がどれほどのものかは計り知れないとわかる。狂気に陥って死んだ男性が一人、ほとんど誰も信用できなくなった女性が一人いたというだけでも、三一年間の代償はとてつもないものになってしまう。帝国の崩壊自体も大変なことだが、戦争によるその他の影響も非常に大きいのは事実だ。一九一三年には絶頂にいたのに、そのすぐ後の一九四五年にはもう絶望のどん底にまで叩き落とされていた。

戦争が終わっても、生き残った人々の人生は続いていく。戦後にどのような人生を送ったかは、その人がどこに住んでいたかによっても大きく違った。その土地を誰が支配したかによっても、またその人が元々どういう人だったかによっても人生は違ったものになった。ヨーロッパの中にもわずかな

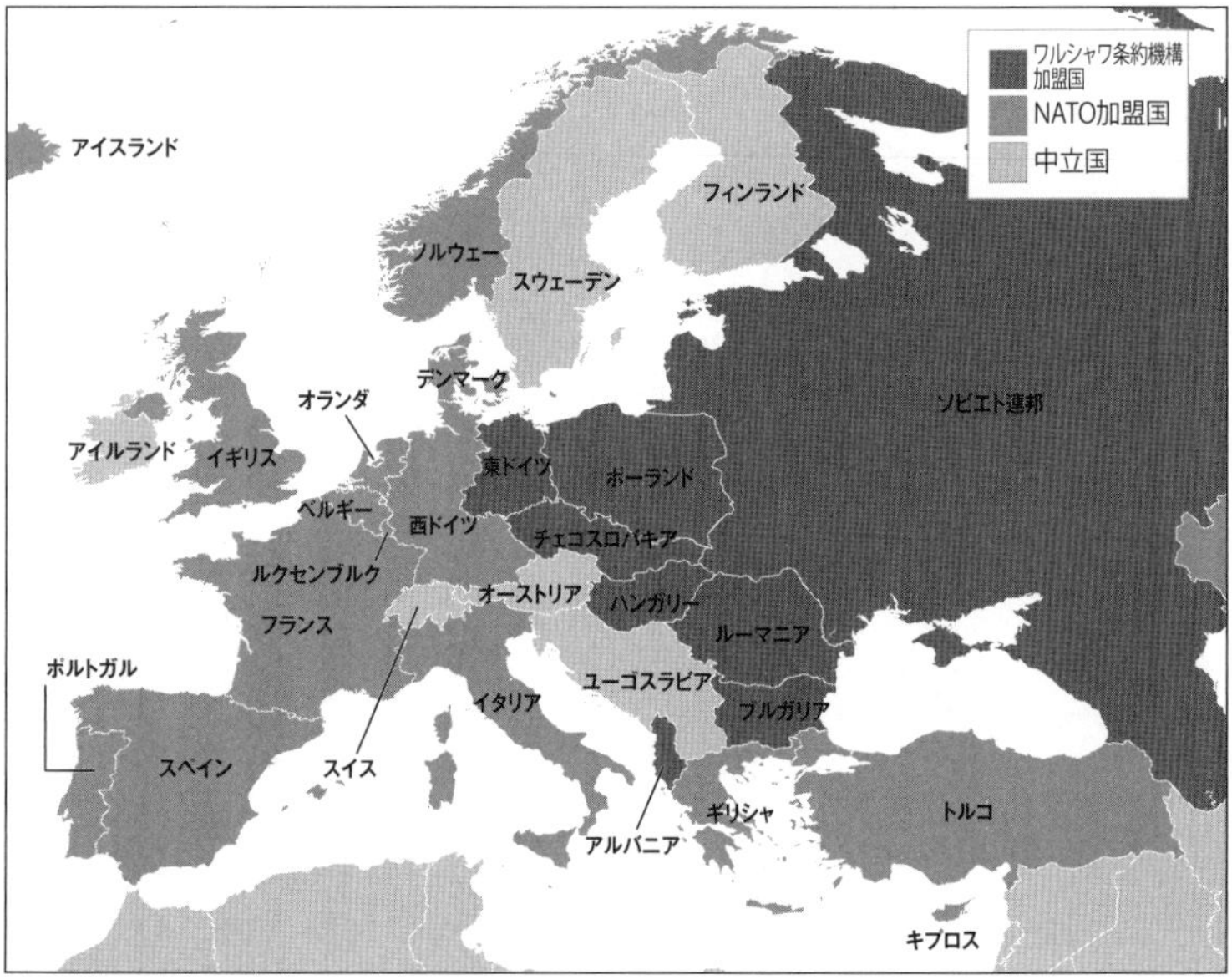

冷戦期のヨーロッパ

から、三一年間の動乱の影響を免れた国はあった。スウェーデン、ポルトガル、アイルランドなどがそうだ。影響が比較的少なかった国もあった。かと思えば、まさに大量殺戮の現場となった国もあった。ただ、ヨーロッパ全体が貧しくなったのは確かだし、多くの人民の運命が、誰が新たな支配者になったかに左右されたのも確かだ。支配者とは基本的にはアメリカかソ連である。この二国が三一年間に経験したことは互いに大きく異なっていた。アメリカはどちらの大戦でも戦争への参加が遅かった上、本土はまったく被害を受けなかった。ソ連は第一次世界大戦を体験した上に、国内では内戦や粛清、飢饉などがあり、第二次世界大戦でも、自国が戦場となった。アメリカは戦争によってさらに強い国になったが、ソ連は特に戦争の被害のひどかった国である。どちらに支配されるかが重要な意味を持つことは明らかだろう。

アメリカはヨーロッパの中でも裕福な部類に属する国々の支配者となった。ただ、その分、責任は重く、様々な苦難に直面することになった。

当初、アメリカは、第一次世界大戦後と同じ行動を取ろうとした。戦争が終われば即、軍隊を帰国させようとしたのだ。ソ連が支配したのは、ヨーロッパの中でも貧しい国々だが、それでも意味はあった。彼らは自分たちが何を勝ち得たか十分に知っていたはずだ。大変な代償を支払ってようやく戦争に勝ち、歴史上最も西へと進出することができたのである。

ソ連は時折、極めて残忍な支配者になった。一九四五年の悲惨な状況で、ソ連は支配地域の工場を取り壊し、そこで作られた工業製品を本国に送り始めた。ソ連兵たちは工場から時計を盗み、故郷へと送った。彼らは時計に魅せられたのである。時間の概念もよくわかっていなかったが、多くが元来、小作農だった彼らにとって、時計は富と文明の象徴だったのだ。ソ連兵たちは、自分たちが支配した地域の富に魅せられた。本国では水道設備のある住宅すら見たことがなかった彼らには、ごく普通の家でも富豪の家に見え、見るものすべてが羨望の対象となった。つまり、支配者でありながら被支配者を羨んでいたことになる。被支配者は支配されながらも優越感を持った。この羨望は本物であり、その惨めさは長らく深い傷を残した。

アメリカに支配された地域では状況は大きく違った。彼らはドイツ人の科学者をアメリカに連れて行き、多くの武器もアメリカに送った。だが、それ以外の工業製品は特に欲しくはなかった。アメリカ兵も他国の兵士同様、略奪はしたが、持ち帰ったのはいわば「お土産」であり、後の日々の糧になるようなものではなかった。アメリカ人は支配者だったが、その土地から盗んだものより、与えたもののが多かったと言って間違いないだろう。アメリカ人には与えられるものが多かったのに対し、ヨーロッパ人はアメリカ人の欲しがるものをほとんど持っていなかったからだ。

ソ連兵は、富が極端に少なくなっている時だったにもかかわらず、ヨーロッパ人の富に畏敬の念を抱いた。一方、アメリカ兵はヨーロッパの文化に畏敬の念を抱いた。当のヨーロッパ人たちはかつてないほど自信を失っていた時だったのだが。第一次世界大戦後、ある世代のアメリカの知識人たちは、パリへと引き寄せられた。その時のことは、ヘミングウェイの著作『移動祝祭日』にも記録されている。本を読むか、父親の話を聞くかしてヨーロッパの文化について知っていた兵士たちは、是非、それを追体験したいと思った。パリやローマ、フィレンツェなどで実際にそうした兵士もいた。

帰る前にヨーロッパの美しい風景を見たいと思っていたアメリカ兵も多かった。何より大事なのは、アメリカ兵たちがヨーロッパ人に同情していたということである。子供たちにチューインガムやチョコレートなど食べ物を気前よく与えていたのはその気持ちの表れだ。現地の人間と親しくつき合ったのもそのせいだ。何も女性だけと親しくしたわけではない。アメリカ兵には物資も豊富にあったし、またアメリカ人はヨーロッパ人に対し、ヨーロッパ人どうしがお互いに持つようなわだかまりをあまり持っていなかった。アメリカ兵が食べ飽きているようなスパム缶一個が、ヨーロッパ人にとっては命を救う食糧になることもある。そんな時、アメリカ人は躊躇せずにスパム缶を差し出したが、同時に熱烈な感謝の言葉を欲しがっている気持ちを隠そうとはしなかった。確かに感謝に値する行為ではある。だが、その態度を見て、苦々しい思いをするヨーロッパ人は少なくなかった。裕福なアメリカ兵たちを見て、ヨーロッパ人たちは、いかにアメリカ人が戦争から受けた被害が少なかったかを思い知ることになった。

ソ連兵は支配者でありながら、被支配者と同じくらいに飢えていた。ポーランドでも、ハンガリーでも、ソ連兵と結婚した女性はほとんどいなかった。下士官はもちろん、将校とすらほとんど結婚していない。それが禁じられていたというのが大きな理由ではあるが、結婚しても境遇が楽になるわけではなかったという理由もある。ドイツでは、赤軍が報復として集団強姦を行ったため、その記憶により心理的な壁ができていたというのもある。アメリカ兵と結婚した女性は、ドイツ、イタリア、イギリスをはじめヨーロッパ各地にいた。ヨーロッパ全体では、約三〇万人の女性が戦争花嫁になったと言う人もいる。女性からすれば、それが辛い境遇からの逃避手段になったのだ。アメリカ兵にもヨーロッパの女性との結婚を魅力に感じる者が多かった。ヨーロッパの男性は、女性に裏切られたように感じたし、アメリカ人が厚かましいとも思った。事情は、戦勝国であっても、かつての敵国であっても、アメリカに支配された国では同じだった。

ヨーロッパ人には、アメリカ人は軽薄で底が浅いように見えた。その一方で、アメリカという国は経済力も軍事力もあったし、科学技術も発達していた。ヨーロッパの空にも街にも大量に押し寄せたアメリカ兵を一目でも見た者なら、決して侮れない存在だと思い知ったはずだ。ただ、将校でさえ、その地位の割には洗練されていないように見える。ヨーロッパは長らく階級社会だったためにその意識が抜けていなかったせいもある。上流階級に属する人々には、それにふさわしい態度があるとされた。何を大事にすべきかということから、どういう本を読むべきか、ということまで暗黙のうちに決められていた。ヨーロッパ人は、そういう基準でその人の階級を判断する。つい世界のどの国の人間にも同じことをしてしまうのだ。

アメリカの白人は、ヨーロッパからの亡命者の子孫である。ヨーロッパに居場所をなくしてアメリカへ渡ったわけだ。自由の女神の台座に刻まれているエマ・ラザラスの詩にもあるとおり、「惨めに拒否される人々」の末裔がアメリカ白人だ。その中にはイギリスの冒険家や反逆者もいたし、スコットランドの農夫も、飢饉から逃れてきたアイルランド人も、失業したイタリア人もいた。ドワイト・

D・アイゼンハワーは、カンザス州の貧しい家庭に育った。同じく著名な軍人のオマール・ブラッドレーはミズーリ州のさらに貧しい家庭の出身だ。裕福な家庭に生まれ、詩を書くなどしていたジョージ・パットンでさえ、ヨーロッパの基準からすれば洗練されておらず、無教養ということになってしまう。極端なことを言えば、ヨーロッパ人にはアメリカ人が全員カウボーイに見えた。ヨーロッパ人はアメリカ映画からカウボーイについて学んだ。ただし、映画を作ったのは、カウボーイもインディアンも実際には見たことがないヨーロッパからの移住者であることも多かった。ドイツの人気作家、カール・マイの小説を読んでいる人も多かった。マイはアメリカ西部について書いてはいるが、アメリカには六週間しか滞在したことがなく、西部には一度も行っていない。

ヨーロッパ人はアメリカ人についての神話を自分たちで勝手に創作し、それを信じていた。カウボーイは荒くれ者で、怒りっぽく、無学であると思い込んだ。世界観もごく単純で、物事をすぐに白と黒に分けたがる。その間にある微妙で複雑なことは理解できず、何かというとすぐ暴力に頼る。アメリカ人は荒くれ者で、ヨーロッパ人は洗練されている。その見方はいかにも偏見に満ちているが、皮肉なのは、歴史を振り返るとまさにそのとおりに見えるということだ。ヨーロッパ人は傷つき、打ちのめされていたが、他人に服従するのは辛いことだった。だが、偏見が心を守る盾になった。アメリカが強いのは認めざるを得ないし、アメリカ人の寛大さ、気前の良さには本当に感謝していた。だが、同時に洗練されていないアメリカ人を軽蔑できれば、心が救われたのである。時にそれがただの偏見ではないと証明される時もあったために余計に救いになった。アメリカ人がヨーロッパ的な意味で洗練されていないのは事実だが、本人たちがその意味の洗練を望んでいないのもまた事実だ。

アメリカ人を洗練されていないヨーロッパ人のようにとらえがちだったが、彼らはすでにヨーロッパ人ではなかった。彼らはむしろ洗練されたアメリカ人だったのだ。ヨーロッパとアメリカの文化、価値観は、長年の間に根本的に違ったものになった。教育からテーブルマナーにいたるまで両者は今ではまったく違っている。アメリカの文化では、科学技術や工業が重視される。アメリカの少年が車いじりに夢中になっている時に、ヨーロッパの良家に生まれた少年は古典文学について学んでいた。そのため、ヨーロッパ人の目には、裕福なアメリカ人でさえ職人や商人にしか見えない。反対に、アメリカ人の目には、ヨーロッパの上流階級の人間は実社会に役立たない存在に見えてしまう。アメリカが戦争に勝利できたのは、科学技術と大量生産のおかげだった。その意味で、アメリカにおいては古典への造詣が深い教養豊かな少年よりも、車いじりをする少年の方がはるかに重要だったのである。ヨーロッパ人の側は、アメリカ人に対して、感謝、羨望、恨み、軽蔑などが混じった複雑な感情を抱いていたが、アメリカ人の側は多少、見下す気持ちがあるくらいで、あとは概ね無関心だった。

ロシア人は強靭で、危険で、そして飢えていた。ヨーロッパの左翼の人間は、その多くがスターリンやソ連を美化して理解していた。スターリンが大量殺戮をしたことを知らないか、知っていても許していた。しかし、ソ連の支配下に置かれた人々は、幻想など抱きようがない。何しろ目の前にいてよく見えるからだ。よく見ていれば、ドイツ人とロシア人の間に違いはあっても、それは程度の問題にすぎないことがわかる。東ヨーロッパでは西に比べてともかく生活が厳しかった。だが、支配者と被支配者との間にそう複雑な感情が生まれたわけではない。被支配者はソ連を恐れながらも見下していた。一方のソ連の側は、被支配者とは常に一定の距離を保ち、特別に何か感情を抱くことはなかった。アメリカ人とヨーロッパ人の関係が複雑で相反する感情を同時に含むものだったのに対し、ロシア人とヨーロッパ人の間の関係は非常に単純なものだった。

戦略と支配

ドイツとは違い、ソ連もアメリカも、他国を直接的に征服しようとはしなかった。彼らは、公式には個々の国に主権を保つことを許した上で支配したのである。ソ連の場合、被支配国に主権を持たせているというのは多分に見せかけであり、外から見ても見せかけであることはほとんどの人にすぐにわかった。選挙は行われるが、予想外の結果が出ることはまずない。もし出るようであれば、ハンガリーなどで実際にあったように、脅迫により再度選挙をすることが強要されるのである。望ましい結果が出るまで許されることはない。ソ連からすれば、被支配国はソ連の戦略にとって利益にならなくては困る。だから、このような介入は至極当然のことである。

アメリカにとって、ヨーロッパを支配することで直接得られる利益というのはなかった。だが、支配しないことによって被る不利益が大きいために放置できなかったのだ。彼らは、ヨーロッパに覇権国が一つだけ存在する状況を恐れた。アメリカは、一つだけ覇権国が存在するとヨーロッパの均衡が崩れることをすでに学んでいたのである。一九一四年以降、二度バランスが崩れたのはいずれもドイツ一国が急激に強くなったためだった。ドイツに取って代わったのがソ連だ。アメリカがいなくなれば、彼らは必ず東ヨーロッパだけでなく西ヨーロッパも軍事的に占領しようとする。おそらく西ヨーロッパ諸国は自らの軍隊でそれを止めることはできないだろう。またソ連は軍事力を使わず、共産党の強大な権力を背景にした政治的影響力により、西ヨーロッパを弱体化させることもできるはずだ。ドイツとの長年にわたる政治戦によって鍛えられ、長期間の駆け引きにも耐える強さを身につけているからだ。

アメリカとしては、ソ連一国によるヨーロッパ支配を絶対に許すわけにはいかないので、第一次世界大戦後のような即時撤退は不可能になってしまった。時に幻想を抱くアメリカも、この時はソ連を東ヨーロッパから即時撤退させることは不可能と知っていた。だとすれば、アメリカは西側の諸国を支えるしかない。幸い、アメリカの支配下に入った西側の諸国は、東側に比べて、概ねアメリカとの相性が良かった。個々の国の意向が比較的アメリカに近かったからだ。西側の国々はソ連による支配を望んでいなかったし、強制的に共産主義政府を持たされることも望んでいなかった。だが、ともかくソ連が以前よりはるかに西へと進出してきたことは受け入れざるを得なかった。

もし、ソ連がヨーロッパ全土を制圧するようなことがあれば、もはやアメリカを含め世界中のどの国も、再びヨーロッパに侵攻することはあり得なかった。それには莫大な資源を要するし、そこまでのことをする理由がないからだ。アメリカは西ヨーロッパを政治的に支配しようとしたわけではなく、経済的な復興の支援を主な目的としてそこにとどまった。もちろん、それによって自らの戦略的な立場を強めるという目的はあった。西側では、東側に比べて、支配者が被支配者に対してはるかに協力的だったということだ。こうして、ヨーロッパにおいては、アメリカとソ連の力の境界線が新たな紛争の火種となった。核戦争を引き起こす恐れがある火種である。

冷戦は相互の脅威を基礎とした戦争だ。アメリカは、多数の国と同盟関係を結ぶことでその脅威に対応した。主にアメリカの力を背景にソ連の拡大を阻止するための同盟だ。一方、ソ連は他国には頼らずほぼ自分の力だけで脅威に対応しようとした。一九一四年、一九三九年と同様、ドイツを標的とした巨大な陸軍部隊を組織したのである。アメリカにとって恐ろしいのは、ソ連軍がドイツを越えて進み、英仏海峡にまで到達することだった。そうなれば、実質的にヨーロッパ大陸を制圧し、一つのブロックに統合してしまうことになる。この悪夢のシナリオでは、ソ連は歴史上、一度も例のないことを成し遂げる。ユーラシア大陸の東端から西端までの統一支配だ。ソ連がそんな行動に出れば、ヨーロッパで再び大戦争が起きる恐れもある。今度こそ完全に制御不能の大戦争だ。

大恐慌を経て第二次世界大戦を戦ったアメリカ人は、終戦の直後は、もう他国にはかかわらず自国だけでうまくやっていきたいと考えていた。ヨーロッパは危機的な状況にあったため、人道的な必要からしばらくは軍を駐留させなくてはならなかったが、ヨーロッパを再建させる責任まで負わねばならないとは考えなかった。アメリカは、ソ連の地政学的戦略によってヨーロッパに捕らわれてしまったようなものだ。西側の知識人がどう思っていようと、ソ連を動かすのはヨシフ・スターリンの意思であり、スターリンが国家を動かすのであれば、その行動に制約などない。ただ、実のところソ連の行動に選択肢はあまりなかった。彼らは支配域をドイツの中央部まで拡大した。戦略に縦深性を求め、ドイツを支配下に置いて分断しようとしたのである。結果的に三一年の間に二度もソ連に侵攻してきた国に対してそうすることにも意味があった。しかし、西へ行くほど、軍は脆弱になってしまう。補給線が長くなるからだ。ポーランドなど、支配下に置いているとはいえ他国の領土を補給線が通ることになるのは危険である。

アメリカ、ソ連とも、お互いの動きにどのような可能性があるか、またどのような意図を持っているかを想像し、それを基礎に戦略を立てていた。ソ連が選択したのは、ドイツに巨大な部隊を駐留させるという戦略だ。これには、ドイツ内部での反乱を抑える意味と、アメリカからの攻撃に備え最前線を固めるという意味があった。ソ連は、アメリカの核兵器にも対抗しなくてはならなかったが、まだ自前の核兵器も、それをアメリカに落とすための爆撃機も持っていなかった。また戦争があるとすれば、それはヨーロッパを舞台としたものになるはずだ。ソ連にとっての最大の防御は攻撃だった。素早い攻撃で西ドイツ、フランス、オランダ、ベルギーを奪い取ってしまうのである。そうして既成事実を作り、アメリカの核兵器の力をもってしても元へ戻せなくする。少なくとも理論上ではそう考えていた。

ソ連は戦争を望んではいなかった。終わったばかりの戦争で疲弊しきっていたからだ。しかし、アメリカ側が何を考えているのか、明確にはわからなかったので、攻撃をするつもりだとしても、最前線の大部隊で抑止できればと思ったのである。彼らには、それしか選択肢がなかった。だが、ソ連が何を意図していたにせよ、アメリカには極めて危険に映った。かつてドイツがしたような電撃戦を展開すれば、西ヨーロッパを制圧できる態勢を整えてきたように見えたからだ。ユーラシア大陸の端から端までがソ連の占領下になるかもしれないとしたら、アメリカは、ソ連の脅威に無関心ではいられなかった。世界の力のバランスは大きく変わることになるからだ。長年に及ぶアメリカの海の支配が脅かされ、同時にアメリカという国の安全保障も脅かされる。一九四五年から一九四七年の間に、アメリカの戦略は、ユーラシア大陸からの早期撤退から、軍の長期駐留へと転換された。すでに周辺国に進出していたソ連がそれ以上先に進出しないようにするためだ。ソ連軍と対峙して、そこで力を均衡させる必要があった。

この戦略により、アメリカには二つ大きな問題が生じた。一つは、ソ連の侵攻からヨーロッパを守るには、ドイツを防衛しなくてはならないということだ。そのためには、オランダ、ベルギー、フランスの港を管理下に置く必要があるし、イギリスに空軍基地を置く必要もある。敵が攻めて来る際に、事前に警告を受け取るためには、空軍基地はドイツから十分に遠い必要があったし、かといって想定される戦場からあまりに遠くては困るからだ。もう一つの問題は、ソ連が地中海に海軍を派遣する恐れがあるので、それを絶対に防がねばならないということである。これは、ボスポラス海峡の守りを固めねばならないということを意味する。つまり、ギリシャとトルコが盤石でなければならない。アメリカが地中海で海軍を使うには、イタリアを同盟に引き入れる必要がある。さもないとシチリアが、東地中海への到達を妨害する恐れがある。もしスペインがジブラルタル海峡を占領してしまえば、全地中海を封鎖することも可能だが、同様のことが起きかねないということだ。

冷戦は一九四六年には形を成し始めた。ギリシャとトルコで共産主義者の反乱が起きた際には、ソ連軍が国境近くにまで進んで来たこともあり、アメリカは、両国に必要物資を提供し、秘密裏に政府を支援することを余儀なくされた。地理的な障害があるため、ソ連が地中海に一定以上の規模の海軍を送るのは簡単ではない。つまり、南ヨーロッパ、特にイタリア（イタリアでは当時、共産党が勢力を伸ばしていた）は比較的安全であり、スエズ運河が封鎖されるようなことも考えにくい。だが、トルコとギリシャが共産主義国に転換すれば、ソ連は地中海に出て行きやすくなる。アメリカにとってそれは困った事態だ。非常に対応が難しくなってしまう。一九四七年に「トルーマン・ドクトリン」が発表されたのは、そういう事情があったからだ。ギリシャとトルコの共産主義化を防ぐという意味があった。アメリカは、ソ連がヨーロッパ大陸に対する脅威であると判断し、ソ連の動きを止めることに力を注ぐようになった。

冷戦時代には、それ以前の三一年間とは違い、鍵となる二つの大国が直接、戦うことは一度もなかった。爆発は一度も起きなかったのだ。紛争の火種はあったが、火はつかなかった。そこには、地政学的にも、イデオロギー的にも非常に難しい問題があった。歴史上最も難しいとも思える問題だ。どちらの国も戦争には慣れていたし、軍備も充実していた。実際に戦うということは常に念頭にあったはずである。両国がいずれ戦うことは避けようがないと思われた。ところが結局、そんなことは起こらなかった。アメリカもソ連も、かつてのヨーロッパ諸国のように、実際に戦争をするまで追い詰められはしなかったのである。まだ他の手段に頼る余裕があった。

両国が戦争をしなかったのは、一九一四年、一九三九年のヨーロッパ諸国に比べ、政治家がはるかに慎重だったからでもある。あまりそういうことを言う人はいないが事実だ。すでに二度の大戦を経ている上に、核兵器まで持つようになっていた。慎重になるのも当然だろう。どちらも細心の注意を払い、常に行き過ぎないようにしていた。少しでも行き過ぎたと思えばすぐに後退した。一九四五年以降、世界は以前とは明確に変わったが、そう言えるのは、新たな戦争の可能性に各国が敏感になったということだ。戦争が起きそうだと思えば慎重に行動する。以前のヨーロッパ人があまりに向こう見ずだったのに比べると、まったく違っていることがわかる。

帝国の運命

第二次世界大戦はいわゆる「総力戦」だった。つまり、国のすべて、軍隊だけでなく、一般の国民も産業も、国のあらゆる部分が戦争のために使われたわけだ。ヨーロッパ人が世界を征服する途上にあった時代には、総力戦など必要はなかったし、不可能だった。ナポレオンの時代にも、国のすべてが戦争に動員されたわけではない。戦争になっても、国全体が危険にさらされることはなかったのである。第二次世界大戦は違う。ヨーロッパが力を失ったのは、一つには国のすべてを戦争に注ぎ込んだからだ。そのせいで、経済的にも精神的にも、ヨーロッパは壊れてしまった。

第二次世界大戦後、まだ帝国を抱えていたヨーロッパは、自分たちよりもさらに強力な大国の存在する世界で生きていくことになった。戦争の前にはなかった同盟組織も生まれた。アメリカとソ連はいずれも組織化の進んだ国で、かつてのヨーロッパ諸国が直面したよりもはるかに複雑な問題にもうまく対処できた。第三次世界大戦があるとすれば、やはり総力戦になり、第二次世界大戦よりも規模は大きくなると予想された。そうなれば、いよいよキップリングの恐れたことが現実になってしまう。

第二次世界大戦では、イギリスとアメリカの戦略がかなりの部分で一致し、一体となって動くことができた。ところが両者にはある時点から大きな違いが生じた。イギリスが戦争をしたのはもちろん自国を守るためであるし、ドイツを打倒するためでもあった。そして、大英帝国の維持も目的の一つとなっていた。イギリスを守り、ドイツを打倒したいという点ではアメリカも同じだったが、大英帝国の維持にはまったく関心がなかった。この違いは、戦略の違いとなって表れる。たとえば、アメリカはフランスへの侵攻に積極的だったがイギリスはためらっていた。第一次世界大戦の時のような流血が繰り返されるのを恐れたからでもあるし、まだ残っていた陸軍の力がその戦闘でいよいよすべてなくなってしまうのを恐れたということもある。もう一つ大きな理由は、イギリスの目がフランスよりも地中海に向いていたからだ。イギリスにとっては、ジブラルタル海峡やスエズ運河は、インドへと向かうための重要な交通路だった。その交通路を守ることは彼らの優先事項だったわけだ。だからイギリス軍は北アフリカに行き、イタリア、シチリアを攻めた。アメリカはドイツと正面から戦いたかった。イギリスはイタリアやユーゴスラビアを介した間接的な攻撃を望んだ。そうして戦力を維持し、地中海の支配権も守ろうとした。

アメリカは、参戦の前に、大英帝国に関する自らの意思をイギリス側に伝えてはいた。その時のアメリカの武器貸与プログラムは二つの部分から成っていた。一つは、イギリスに対する駆逐艦の貸し出しだ。これは、北大西洋の海上交通路をドイツのUボートから守るためのものだった。もう一つは、イギリスからアメリカへの、ハリファクス基地（カナダ、ノバスコシア州）を除く西半球の全海軍基地の貸し出しである。これにより、事実上、イギリスはカリブ海の帝国をアメリカに渡すことになる。公式の支配権はまだイギリスにあったが、カリブ海の島々がアメリカの支配下に入った。アメリカは確かにイギリスを支援してはいたが、同時にその支援を利用して、帝国の一部を削り取って自分のものにしたわけだ。

一九四五年以降、ヨーロッパの支配下にあった地域では次々に動乱が起きる。インドでは長年続いていた独立運動がさらに激しさを増した。一時、日本の占領下にあったインドシナでは、フランスへの支配権の返還に抵抗する動きが起きた。オランダ領東インドでも、オランダからの独立運動が起きている。特にアジアでは、東南アジア諸国の支配権を日本がヨーロッパから一時奪い取っていたため、ヨーロッパへの返還に抵抗する動きが盛んになった。ベトナム人やマレーシア人が、ヨーロッパの支配下に戻るのを嫌い、抵抗したのだ。インド人や中国人も、ヨーロッパ人の排除を望んだ。混乱はアジアだけにとどまらなかった。アラブ世界でもサハラ以南のアフリカでも同様だ。

ヨーロッパは冷戦により凍結されたように動かなくなったが、「第三世界」と呼ばれるようになった地域は数々の紛争によって激しく動くようになった。いずれも先進工業国ではなく、ソ連の支配地域の国でもない。多くは、ヨーロッパの支配から解放されたばかりのかつての植民地だが、一世紀以上前にヨーロッパから独立していたラテンアメリカの国もあった。一九五〇年代から一九八〇年代までの間、第三世界では絶えずアメリカとソ連の間の争いが繰り広げられた。これは、誰がヨーロッパ帝国を相続するかの争いだったと言ってもいい。朝鮮半島、ベトナム、アフガニスタンなどで、二つの超大国が関わる紛争の新たな火種が生まれた。

皮肉なのは、アメリカもソ連も、元々は反帝国主義の国のはずだったということである。帝国主義的な世界支配を打ち砕くべく動いてきた歴史もある。ところがいつの間にか二国は自らが帝国を築くような行動を始めていた。口では帝国主義に反対するようなことを言いながら、実際にしていることは違ったわけだ。アメリカは、ソ連の支配、抑圧から国を救うと言った。ソ連は、アメリカ帝国主義から国を守るのだと言った。それを聞けば両国ともに道徳的な使命のために動いているように思えるが、真の目的はまったく違っていた。ヨーロッパでは動けず、トルコからイランまでにいたる前線でも動きが取れないため、少しでも何か利益を得ようとすれば、不安定な第三世界に介入するしかなかったということだ。

一九七〇年には、ヨーロッパ帝国はほぼ消滅していた。実を言えば、一九六〇年にはほとんどなくなっていたに等しい。ヨーロッパは世界的な影響力を失ったのである。世界的大国と誰もが考える国はヨーロッパには一つもなくなった。ソ連をヨーロッパに含めれば、ソ連がヨーロッパに残った唯一の超大国ということになる。ただ、一九七〇年までの間に、ヨーロッパの経済は回復した。特に、アメリカに支配された地域の回復は目覚ましかった。ヨーロッパ人は、帝国なしでもうまくやっていく、うまく生きていく方法を学んだ。彼らは、人間存在の新たな次元を開拓したとも言える。リスクを冒すことなく、戦争をすることなく繁栄できるようになったということだ。

冷戦は結局、一九九一年にソ連が崩壊したことにより終結した。ヨーロッパ人は誇りを取り戻した。それは、三一年間に及ぶ破壊から得た教訓を踏まえた上での誇りである。力によって得た利益は、その代償に値しないことを彼らは学んだ。また、もう一つ学んだのは、ヨーロッパに現在いかに多くの国が存在しようとも、今なら過去には絶対に不可能だったことができる、ということだ。それはヨーロッパを統合して一つの共同体にするということである。実現すれば、ヨーロッパからは永遠に戦争がなくなる。

EUは、かつてローマ人、カール大帝、ナポレオン、ヒトラーが目指し、結局できなかったことの実現を意図して作られた。それはヨーロッパを統一するということだ。しかも、単に統一するだけではなく、一切の流血なしで統一するのだ。ヨーロッパは、戦争という過激な手段による統一はあきらめたが、ある意味でもっと過激な手段による統一に挑むようになった。一切戦争をせずにヨーロッパを統一するというのは、この上なく過激な考えかもしれない。

第6章　アメリカが始めたヨーロッパの統合

一九四五年から四六年にかけてのヨーロッパの冬は記録的な寒さとなった。石炭は不足しており、冬の衣服も食糧も同じく不足していた。家を失った難民たちはヨーロッパをさまよっており、自暴自棄になった彼らは危険な存在ともなった。ドイツのように、冬を越せない人が大勢出るだろうと思われた国もいくつかあった。フランスやイギリスのように少し状況の良い国もあったが、悲惨な貧困に直面しているという点ではどこも同じだった。

ヨーロッパには、貧困から人を救うための公共機関がいくつかあることはあったが、いずれもが戦前の古い国家を基盤としたものである。各国の政府は戦後に作り直されたものだった。戦争中に追放されていた人が戻るなどして新たな政府が作られたのだ。公共機関も新政府も、周囲の悲惨な状況に対してほとんど何もできなかった。自らの行動が元でもたらされた、いわば人災のような貧困に立ち向かうすべはほぼなかった。東ヨーロッパの諸国はソ連の支配下にあり、支配の下で一つに結びつけられていた。西側ではヨーロッパは細かく分割されていたし、誰も統一など考えもしなかった。彼らの頭にあったのは今日を生き延びることと、ともかく元のような国家を再建することだけだった。

アメリカ人は当初、ヨーロッパの戦後にはあまり関心がなく、支配下に置こうなどとは考えていなかった。アメリカは第二次世界大戦が終わった直後からソ連との冷戦を計画していたという神話があるがおそらくそうではない。もしそれが本当なら、ヨーロッパにいたアメリカ兵の復員が行われることなどなかっただろう。フランクリン・ルーズベルトは本気で国際連合を信じていた。後にはいかにも怪しげなものになってしまったが、それでも他に代わりになるものがあるとは思えなかったのだ。アメリカは現実に起きた出来事に反応することもあり、時に過剰反応することもある。ただ、対応計画を練ることはまれだった。アメリカの戦略にはドグマとでも呼ぶべき固定された部分があり、それが変わるまでには長い時間がかかった。ルーズベルトはすでに死んでいたが、死後も彼の統治はしばらく続いていたのだろう。

アメリカはヨーロッパから引きあげてはいなかった。混乱の中にアメリカ軍の部隊が駐留してはいたが、戦略的な意味があったというよりも、ヨーロッパ人が困っているのを見て支援する義務を感じ、反射的にそうしたという方が正しい。連邦議会などの記録を調べれば、当時のアメリカに、ヨーロッパを助けるために何かしなくては、と心から考える人が少なからずいたことがわかる。支援のための主たる経路となり得たのは連合国救済復興機関（UNRRA）である。UNRRAによる最初の援助は、ドイツを除外して行われた。これは残酷とも言える措置だが、アメリカは他にも同じような非人道的なことをしている。投降した敵兵は通常、「戦争捕虜（POW）」とし、食糧などに関して自国の兵士と同じ扱いをすることになっているが、終戦間近の時期、アメリカは「武装解除された敵国軍人（DEF）」という新たな区分を設けた。ドイツ兵に限り、投降してきてもPOWではなく、DEFとし、POWには与えられるはずのものを何も与えなかった。だが一九四六年の冬には、そのアメリカもドイツの状況がヨーロッパの他の地域と同様、あまりに悲惨であることに気づき、支援をするようになる。

アメリカは、ヨーロッパから早く立ち去りたい気持ちと、支援への義務感との間で板挟みになった。戦略的にはまだ、ヨーロッパにとどまる必要性を明確には認めてはいなかったからである。後の時代を知っていると、アメリカが残ったのは人道的な理由などではなく、あくまで冷戦に対応するための戦略の一環だったのだと考えてしまいそうになるが、実際にはそうではなかった。ただ、実のところそれは、当時の特殊な状況だからしたことにすぎない。この行為がアメリカ人に対するヨーロッパ人の見方を大きく変えたのは確かだろう。かかる費用は許容できる程度だった上、アメリカ国内でも困窮する人々を救うために何かすべきだ、という意見が優勢だった時期なので当然のこととも言える。だが得てしてそれは長続きしない。時にアメリカは、完全に利他的な動機に基づいて行動することがある。

私たち家族はかつて亡命者としてウィーンにいたが、成長してからその頃の話を聞かされたことがある。アメリカ人は余ったチーズをくれたという。一九四九年でもまだそういうことがあったということだ。くれたのはあまり良いチーズではなかった。両親によれば、とても黄色いチーズだったらしい。母は私にはそれを食べさせなかったが、他の家族は食べた。それは間違いなくウィスコンシン産のチェダーチーズだ。酪農家支援のためにアメリカ政府が買い上げ、ヨーロッパに送っていたチーズである。だが、くれたのがたとえそんなチーズであっても、他の誰もが物がなくて困っている時にアメリカ人は救いの手を差し伸べてくれた。チーズのことは、その後も何度も家族の間で話題にのぼった。

利他的な行動は、何年か経つ間に戦略的な行動へと変化した。一九四七年頃には、アメリカとソ連の双方が東ヨーロッパ諸国に自らのイデオロギーを強要しようとしていることが明らかになった。そして、両者ともギリシャやトルコにまで影響力の範囲を拡大しようとしていた。アメリカは、ソ連の戦略（と思われるもの）に対抗するための計画を立て始めた。西ヨーロッパの経済状況はアメリカにとって慈善行為の対象だったが、それが安全保障のための考慮事項へと変わったのである。ヨーロッパは経済的に脆弱になっていたために、社会不安が起きやすかったし、何かの拍子に共産主義に簡単になびきかねない状態だった。アメリカとしては、彼らに資本主義の方が共産主義より生産性が高く、より質の高い生活を市民に提供できると示さなくてはならなかった。また重要なのは、アメリカが自らの手で直接、ソ連の動きを止めたいとは思っていなかったということだ。そうではなく、ヨーロッパ諸国に軍備を再整備させ、経済も強くさせることでソ連を止めようと考えた。アメリカはそのための計画立案に着手した。

一九四七年、アメリカの経済担当国務次官だったウィリアム・クレイトンは、国務長官ジョージ・C・マーシャルに次のような覚書を提出している。

合衆国による迅速かつ十分な援助がなければ、経済、社会、政治の崩壊を招き、欧州はそれに圧倒されてしまうでしょう。それは、将来の世界の平和と安全に暗い影を落とすだけでなく、我が国の経済にもすぐに甚大な影響を及ぼすことは間違いありません。余剰生産物を販売する市場が失われれば、失業者が増え、恐慌になります。極端な赤字予算を組むことも余儀なくされるでしょう。ただでさえ戦債が莫大な額になっている時ですからなおさらです。そのような事態は断固阻止せねばなりません。

クレイトンはさらに続ける。

この計画はベネルクス関税同盟と同じような欧州経済連合を基礎としたものにすべきでしょう。現在のように経済が細かく分割され、互いの行き来も不自由なままでは、欧州が戦争から立ち直り、自らの足で立てるようになる日は決して来ないでしょう。

クレイトンは欧州復興計画、いわゆるマーシャル・プランの主要な立案者の一人である。ヨーロッパに対しアメリカが資金援助をし、貿易を促進することで経済を復興させるという計画だ。それまでもアメリカはソ連に対抗して場当たり的に様々な行動を取っていたが、範囲が無秩序に広がりすぎていた。マーシャル・プランの策定により、アメリカの行動は体系化されることになる。これが、今日へと続くヨーロッパ統合の始まりとなった。

最終的に法律となったマーシャル・プランには、次のような文言が含まれていた。

合衆国には巨大な国内市場があり、そこには貿易障壁などは一切ない。それがいかに利益になっているかをよく考えなくてはならない。欧州諸国に同様の利益をもたらすことは可能だと信じる。この法律により支援を受ける国々が一致協力して努力するよう、共同の組織を通じて促すことは、合衆国国民の方針である……これで欧州諸国の経済面での協力体制は早期に確立されるだろう。永続的な平和と復興にはそれが不可欠となる。

マーシャル・プランは、将来、「欧州合衆国」を作ろうと意図したものではない。また、ヨーロッパ全体を統治する本格的な行政機関の設立を目指すものでもなかった。単に、ヨーロッパを自由貿易圏とし、発展するヨーロッパ経済の調整をする共同機関の設立を目指すだけのものだった。自由貿易をし、政策面で連携するだけであれば、各国に共通の利害があればいい。一つの名の下に集まることまでは必要ないだろう。しかし、これが欧州連合が生まれるきっかけになったのである。

ヨーロッパ人はアメリカの援助を歓迎したものの、ヨーロッパを経済的に統合させるというアメリカの計画を快くは思わなかった。特に懐疑的だったのはイギリスだ。イギリスは自らの帝国内に自由貿易圏をすでに作っていた。ポンドを統一通貨とする貿易圏である。一九四七年、四八年という時点では、イギリスはまだ大英帝国がすでに終焉を迎えたことを認めていなかった。彼らにとっては、まだ大英帝国が経済体制の基本であり続けていた。帝国内であれば、イギリスは通貨の価値を自分にとって有利になるよう自在に設定できた。帝国がまだ続くと信じているイギリス人には、帝国を維持し、他のヨーロッパ人を排除して貿易をするのが最良の選択に思えた。

何世紀にもわたり、イギリスは英仏海峡に守られ、大陸ヨーロッパの力の均衡を巧みに調整しながら生き抜いてきた。大陸ヨーロッパ諸国、特にフランスと、ドイツの大半部分を含む諸国が統合され、一つになれば、イギリスにとっては大きな脅威になり得る。フランス、ドイツの両国は、イギリスが長年、一定の距離を保ち、駆け引きを繰り返しながらつき合ってきた相手だからだ。統合など恐ろしいことにしか感じられない。復活したドイツ、フランスと同じ経済体制の中に組み込まれる、そう考えただけで反射的に尻込みをしてしまう。

イギリスは第二次世界大戦の戦勝国の一つだった。戦勝国なのだから、変わることなくそのままでいていい、と考えるのも自然なことだ。大英帝国がなくなったとはまだ認めていなかったし、自分たちの戦略がもはや時代遅れということにも気づいていなかった。ヨーロッパの統合を求めるアメリカの主張は、イギリスには非現実的で、危険なものに思えた。アメリカとはそれまで緊密な同盟関係にあったこともあり、イギリスは、マーシャル・プランに参加するにしても、他国と同列の扱いではないだろうと期待した。戦争中の武器貸与プログラムと同じような二国間の取り決めになり、同じように他国より優先されると信じていた。戦勝国とはいえ実際の戦闘では負けたフランスや、敗戦国のドイツと同列にされることは受け入れがたかった。

フランスもやはり、諸国の協調には懐疑的だった。特にドイツが入っていることには反発した。過去三度の戦争を経ているだけに、フランスはドイツの復興を望まなかった。また、ド・ゴール主義者にとっては、経済復興に加えて、フランスの主権回復が非常に重要な関心事項だった。しかし、フランスは戦争で大きな痛手を負っており、気に入らないところはあってもマーシャル・プランが是非とも必要だった。自分の帝国にしがみつきたいという本音はあったが、独力では経済を復興できないのもよくわかっていた。

フランスがいかにドイツの復活を恐れようと、アメリカにはソ連からヨーロッパを守るという大きな目的があった。地図を見れば、西ドイツを防護壁とすべきなのは明らかだ。防護壁を固めるには、ドイツの人的資源とドイツの軍事力が必要だったが、それはつまり、ドイツの経済を強くしなくてはならないということだ。一九四七年になると、ヨーロッパでもアメリカでも、多くの人が「次の戦争は近い」と思うようになった。戦争を避ける唯一の方法は、ドイツに防護壁を築くことだと信じる人も増えた。

フランス人はこの論理を頭では理解したが、ドイツが再軍備をし、再興を遂げると考えただけで恐怖に駆られた。無理もないことだ。フランスとドイツの間に長い間存在した紛争の火種が復活するかもしれない。アメリカは、フランス人とドイツ人の互いへの敵意は解決すべき問題だと見てはいたが、尊重すべきことだとは考えなかった。両者の敵意が解消されず、ドイツが破壊されたまま弱いままでいれば、ヨーロッパの経済復興など到底不可能になってしまう。ヨーロッパは、ドイツの経済復興を必要としていたし、ドイツと他のヨーロッパ諸国、特にフランスとの統合も必要だった。一見これは、ノーマン・エンジェルの理論のように素朴な主張に思えるかもしれない。だが、アメリカは、ただ相互に依存し合うよりも、一つの公式の体制に組み込まれた方が、ドイツとフランスの結びつきは強くなるのではないかと考えた。

フランスはマーシャル・プランを気に入ってはいなかったが、自分たちが直面している現実を理解してはいた。また、本当に経済復興を成し遂げ、しかも戦争を回避しようと思えば、ヨーロッパの構造を根本から変えなくてはならないとわかってもいた。フランス人がいかにドイツ人を憎んでいようとも、フランスと西ドイツの利害は一致していた。国内政治の問題もあった。フランス政府が戦後の貧困を緩和できなければ、すでにフランスで力をつけていた共産主義者たちが政権を奪取しかねない。そうなれば、フランスがソ連から身を守ることはまったく不可能になってしまう。

フランスには他に二つの思惑があった。一つは、イギリスは統合に加わらないことを選ぶかもしれないということだ。そうなれば、フランスはヨーロッパを主導する国になれる。渋々ついていくよりは、まだ全体を主導する方が良いだろう。もう一つは、自分たちは単独では主権を回復できないだろうということだ。フランスが他国から離れて孤立し、弱いままでいれば、圧倒的な力を持つアメリカの言いなりに行動せざるを得ない。時にはフランスの利益にならない行動を強要されることもあるだろう。アメリカの力に対抗するには、他のヨーロッパ諸国と連合を組むしかない。フランス人は時間をかけ、自分たちには孤立することも、他国に追随することも得策ではないと理解した。自分たちが先頭に立ち、ヨーロッパの統合を進めていくのが最も良い選択肢だと悟ったのである。

ソ連がもし西側に侵攻して来て戦争になった場合、アメリカの戦略では、戦闘のほとんどをヨーロッパの同盟国に任せることになっていた。アメリカはヨーロッパに部隊を配置するが、任務は主にヨーロッパの軍を援護することと後方支援である。あとは空軍力を提供する。そして、いよいよとなれば核兵器を使用する可能性もある。ソ連軍が西へ侵攻する際には、必ず西ドイツを通過するはずだった。したがって、西ドイツは同盟体制から絶対に外すわけにはいかない。その領土は最も重要な戦場となるだろう。この戦略を実行するためには、二つの組織が必要になる。一つは軍事的な同盟だ。西ヨーロッパ諸国の軍隊を強化し、それを一つの同盟にまとめる。この同盟はアメリカが主導する統一の指揮系統によって動く。もう一つは、ヨーロッパの統合経済体制である。ドイツはいずれその両方に組み入れることになる。

一九四七年七月には、ヨーロッパ各国が会合を開き、「欧州経済協力委員会（CEEC）」を発足させた。CEECの計画には、アメリカの希望していた事項は含まれておらず、ヨーロッパの統合や、ヨーロッパ再建を管理する多国籍組織の設立などについては話し合われなかった。この委員会には何かを強制する権限はなく、独立国家が集まって共同で何ができるかを話し合う公開討論の場という位置づけだった。だが、これがすべての始まりとなったのである。同じ年には、フランスが態度を変え、アメリカの提案を受け入れる。ドイツとの統合にも、マーシャル・プランの下での統合にも賛同する意思を示した。イギリスはまだ帝国の夢を捨てていなかったし、ドイツは他国の判断を待っている状態だった。その他の国も懐疑を基本とした戦前と同様の姿勢を変えていなかった。フランスだけが他に先駆けて賛同したわけだ。

欧州統合の話をする時、必ず名前があがるのが、ロベール・シューマンである。シューマンは、一九四七年当時のフランスの首相であり、ヨーロッパの統合に大きな貢献をした。ただ、シューマンの背後には、ド・ゴールがいた。ド・ゴールは三つのことを理解していた。一つは、ヨーロッパはアメリカの助けを借り、何らかのかたちで共同の防衛体制を作らない限り、ソ連に抵抗できないということだ。二つ目は、ドイツはNATOが機能すればいずれ必ず復活するということ。したがって、フランスにとっては、むしろドイツの復活に協力し、緊密な関係を築いておいた方が得策となる。そして三つ目は、ヨーロッパの統合を主導し、ドイツの復活にも協力しておけば、いずれフランスはヨーロッパを実質的に支配することができるということである。そうなれば、フランスの努力次第で、ヨーロッパをソ連だけでなく、アメリカにも対抗できる勢力とすることができるだろう。道のりは厳しく、ド・ゴールが権力を握っている間には目的を達せられないに違いないが、彼はわかっていた。

ド・ゴール自身も、ド・ゴール主義も当時のフランスに大きな影響力を持っていた。シューマンが頭に思い描いたのは、欧州合衆国である。ド・ゴールはそれには興味がなかったが、ヨーロッパを利用することがフランスの利益になるとは考えていた。つまり、フランスが真っ先にアメリカの提案を受け入れたのは不思議でも何でもなかったわけだ。フランスには、独自に描いたヨーロッパの未来像があった。一つに統合されたヨーロッパ。その中では、主導する国が自らの目的のためにヨーロッパ全体を利用できる。ヨーロッパの歴史は新たな段階に入ることになる。新たな枠組みの中でも、従来からある国家の利害はなくならない。国家主義とヨーロッパ主義のバランスを取らなくてはならない。各国は以前と変わらずに利己心を保っているが、統合はしているという状態を目指す。統合を達成するには、そこへと向かう力をすべて結集する必要があるだろう。これは少なくとも、実現の可能性がある限りは目指すべき価値のある未来と言えた。

ＣＥＥＣの発足もフランスが先頭に立って進めた。だが、ＣＥＥＣにはほとんど力がなかった。アメリカの圧力に動かされ、ソ連への恐怖に駆られて渋々手を結んだにすぎなかったからだ。参加国の中には、今後ヨーロッパはこうなるべき、というビジョンを持っている国もあったが、それが他国にまで広がることはなかった。多くの人を動かす力強いビジョンとも言えなかった。ほとんどの国は狭い意味での国益のみを考えており、その他に委員会にあったものといえば、日和見主義とアメリカの圧力には勝てないという諦観くらいなものだった。敗戦国、崩壊寸前の帝国、自らの力の強化のために統合を模索する国、それぞれに事情が異なり、考えも違う国がともかく一堂に会したというだけだ。結局、ヨーロッパを軍事的、経済的に統合させたのはアメリカである。ヨーロッパ人はNATOがなければ軍事的統合を成し遂げられなかっただろう。経済統合に関しては、半世紀以上の時間をかけてアメリカの決めた枠組みを超えるところまでは進むことができた。とはいえ、経済統合も元々はヨーロッパの政治家のビジョンから始まったわけではない。アメリカのビジョン、戦略を引き継いでここまで来たというのが本当のところだ。すでに長い時が経っており、無数の神話の陰にも隠れて、ヨーロッパの統合を支持、支援したアメリカの役割、当初のヨーロッパ諸国の抵抗などは忘れられがちだ。だがそれでも事実は変わらない。

ナショナリズムとヨーロッパの統合

ヨーロッパ人にとって耐え難いのは、自国が主権を失うこと、そして廃止のできない包括的な連邦ができ、自国がその単なる一部になるということだった。もちろん、真の連邦の建設を考えた人もいたし、その中には大きな影響力を持った人もいた。ただ、それを実現するだけの政治力のある人は誰もいなかったのである。主権が重要と考えるのはどの国も同じだったが、特にイギリスはそれが顕著だった。イギリスは戦勝国で、勝利に大きく貢献したという自負があったため、自国を他のヨーロッパ諸国と同列に考えることはとてもできなかった。大英帝国がもはや維持できないことを悟ってからでさえ、ヨーロッパとの関わりには消極的だった。イギリスの外交政策は、かつてはヨーロッパ内の大国間の力の均衡が安全保障上重要、という考え方を基本としていた。だが、第二次世界大戦後は、二つの超大国の力の均衡を重視するようになった。

一方、フランスは国の主権に執着する点ではイギリスと同じだったが、ヨーロッパ全体への関心はイギリスよりも高かった。ド・ゴールは戦後、トップの座からは離れていたが、ヨーロッパが安定を取り戻し、目に見えて復興し始めていた一九五八年、再び指導者となる。フランスが本当に力を持つためには、ヨーロッパの統合を自ら積極的に進めていかねばならないとド・ゴールはわかっていた。本当の力とは、アメリカに頼ることなく、自力でソ連に対処する力のことである。アメリカの経済援助が必要な時期はすでに過ぎたとド・ゴールは見ていた。元来、人民の教育程度も能力も高いヨーロッパは、アメリカからの援助資金を有効に活用し、経済は見事な復活を遂げていた。危険なのは、アメリカとソ連がヨーロッパで対峙していることだった。戦争か平和かを選ぶ権限はもはやヨーロッパのどの国にもなく、モスクワかワシントンの意思で決まってしまう。再度フランスの指導者となったド・ゴールは、ヨーロッパの完全な主権を取り戻したかった。フランスの主導の下、自らの意思で動けるヨーロッパを作りたかった。

ヨーロッパにおける二極対立の構図は変えなくてはならないとド・ゴールは考えた。ソ連の拡大に関して中立になるというのではない。しかし、これまでのようにただアメリカに従属するのでもなく、防衛に関してアメリカに完全に依存するのでもない。アメリカに実質的に支配されている状況から抜け出すべきだ。一九五八年、そのために彼はまず、NATO軍をフランスの領土からすべて撤退させた。NATOから完全に離脱するつもりはなかったが、六六年にはフランスをNATOの軍事機構からは脱退させている。NATOの政治機構への加盟は継続させ、戦争が起きた場合には参加する計画となっていた。だが、戦争をする、しないの決定も、ワシントンやモスクワではなく、ヨーロッパが、特にフランスが自ら下すようにしたかった。

ド・ゴールはそのために二つのことが必要だと考えた。一つは、ヨーロッパの自前の核兵器である。

ヨーロッパ統合計画では、自ら核兵器を作る予定はまったくなかったが、ド・ゴールはすでに存在したフランスの小規模な核開発計画を拡大すべきと主張した。それまでソ連の攻撃を抑止していたのは、究極的にはアメリカの核兵器の存在だった。ヨーロッパには他に頼るものがなかった。核兵器を使えば、アメリカもソ連から核攻撃を受けることになる。アメリカがたとえばシカゴを犠牲にしてもヨーロッパを守るということがあるだろうか。ド・ゴールは懐疑的だったし、ソ連もアメリカがそんなことをするとは思っていなかった。つまり、アメリカの核による安全保障はあてにならないということである。フランスが核兵器を持てば、事情は変わる。ソ連がヨーロッパを攻撃すれば、フランスは他のヨーロッパ諸国とともに破滅の危機に直面する。当事者になるということだ。当事者の持つ核兵器は違うだろう。アメリカの核兵器と違い、実際に使用される可能性が高いことはソ連側にもわかり、彼らもより慎重になると思われる。フランスはソ連を全滅させる能力を持つ必要はない。ただ、腕を一本もぎ取ることができさえすればよい。だから、独自に核兵器を開発すべきだ、というのがド・ゴールの意見だった。

もう一つド・ゴールが必要と考えたのは、ヨーロッパの経済統合だ。特に重要なのは、フランスとドイツの緊密な連携である。戦争になればドイツは常に戦略の鍵となる。まず防衛しなくてはならないのが、ドイツの領土だからだ。ド・ゴールは、フランスとドイツが協力してヨーロッパを防衛するビジョンを持っていた。二国は他に比べて突出して大きく、力もあるため、当然である。イギリスは、大陸ヨーロッパの政治から一定の距離を置いていて構わないとド・ゴールは思っていた。イギリスが関わらない方が、フランスは自由に動きやすい。大国であるフランスとドイツが結びつけば、他の西ヨーロッパ諸国は二国と協調せざるを得ないだろう。

フランス経済の競争力は決して高くなく、ドイツ経済が力をつけつつあることもド・ゴールはわかっていた。彼は、奇跡的な復興、発展を遂げたドイツの力を借り、フランス経済を生まれ変わらせたいと思っていたし、それを公言もしていた。経済統合は、ヨーロッパの経済力を高め、アメリカへの依存度を下げるだろう。必ずしも公式な連合体を作らなくても、一体となって協力し合うことはできる。そして、自分の手でヨーロッパを防衛するようにもなれるはずである。

重要なのは、これでフランスがヨーロッパの覇権を握れるというだけでなく、ヨーロッパが一体となれば世界の超大国の仲間入りができるということだ。ドイツの過去も、「集団責任はない」と考えれば許すことができる。ナチスには確かに犯罪行為があったが、罪は犯罪行為をした個人にあり、ドイツ人全体にはないと考える。ただ、それでもドイツ人は自分たち自身のしたことにあきれ、恥じてもいるので、遠慮をして覇権を握ろうとまではしないに違いない。フランスが政治的に主導的な役割に就くのはごく自然なことだ。ドイツにはそんな意思はない。フランスとドイツが結びつけば、ヨーロッパのどの国も抵抗しないはずだ。それで非常に強い経済力を手に入れ、ヨーロッパの自前の防衛体制を築くことができる。イギリスの抱える事情は複雑でそこまで思い切ったことはできない。アメリカとの関わりも深すぎる。また、自国の利益への関心があまりに強いので、わざわざフランスとドイツの連携を壊そうとまではしないだろう。第二次世界大戦では軍事的に敗北を喫し、占領もされたフランスが、今後は勝者として台頭する。経済的に繁栄し、軍事力も持ち、世界の脅威から自らの身も守れるようになったヨーロッパのリーダーとなるのである。

だが、物事はド・ゴールの思い描いたようには進まなかった。ドイツは、東側の紛争の火種にあまりに近すぎたし、アメリカの影響を強く受けすぎていた。そのため、フランスとは、経済的に協調する以上の関係にはなれなかった。周囲の小国も、フランス、ドイツ同盟の衛星国にはなりたがらず、両国の同盟よりもアメリカの保護下にいた方が安全と考えた。そもそも経済的にそう安泰ではないフランスと、絶好調のドイツとの間には常に一定の緊張があった。結局、ド・ゴールの「強く独立したヨーロッパ」のビジョンが実現に近づくことはなかった。

ただし、重要なのは、ヨーロッパを真に統合しようという極めて野心的な発想は、このド・ゴールのビジョンがなければ生まれなかっただろうということだ。ド・ゴールは、ヨーロッパ諸国は単なるアメリカの衛星国になってはならない、と考えた。ヨーロッパが偉大な存在となるためには、ドイツとフランスが分割不可能なほど一体化しなくてはならないし、一八七一年以降、絶えずヨーロッパを混乱させてきたナショナリズムは抑えなくてはならない。それは本当のことだ。ヨーロッパ全体を統合させようとすれば、やはりフランス、ドイツという二つの大国の連携が軸になる必要がある。ド・ゴールから見れば、軍事面での連携なしに経済面だけ統合するなどというのは当然あり得ないことだった。彼はNATOを再定義したかった。アメリカの存在感を低下させ、ヨーロッパ連合軍のようにしたいと思っていた。だが、実際にはそうなっていない。そうなるほどヨーロッパは強くなかったということだろう。

欧州連合

ヨーロッパの統合は、公式には一九五七年のローマ条約調印から開始されたと言える。それ以前には一九五一年にパリ条約調印があり、欧州石炭鉄鋼共同体が発足されてはいたが、ローマ条約はより広範で踏み込んだ内容となっていた。後の欧州連合設立へとつながる意思も込められていた。

この条約によって、フランス、ドイツ、オランダ、ベルギー、ルクセンブルク、イタリアの六ヶ国が結びつくことになった。そして、何より重要なのは、ドイツとフランスが結びついたということだ。

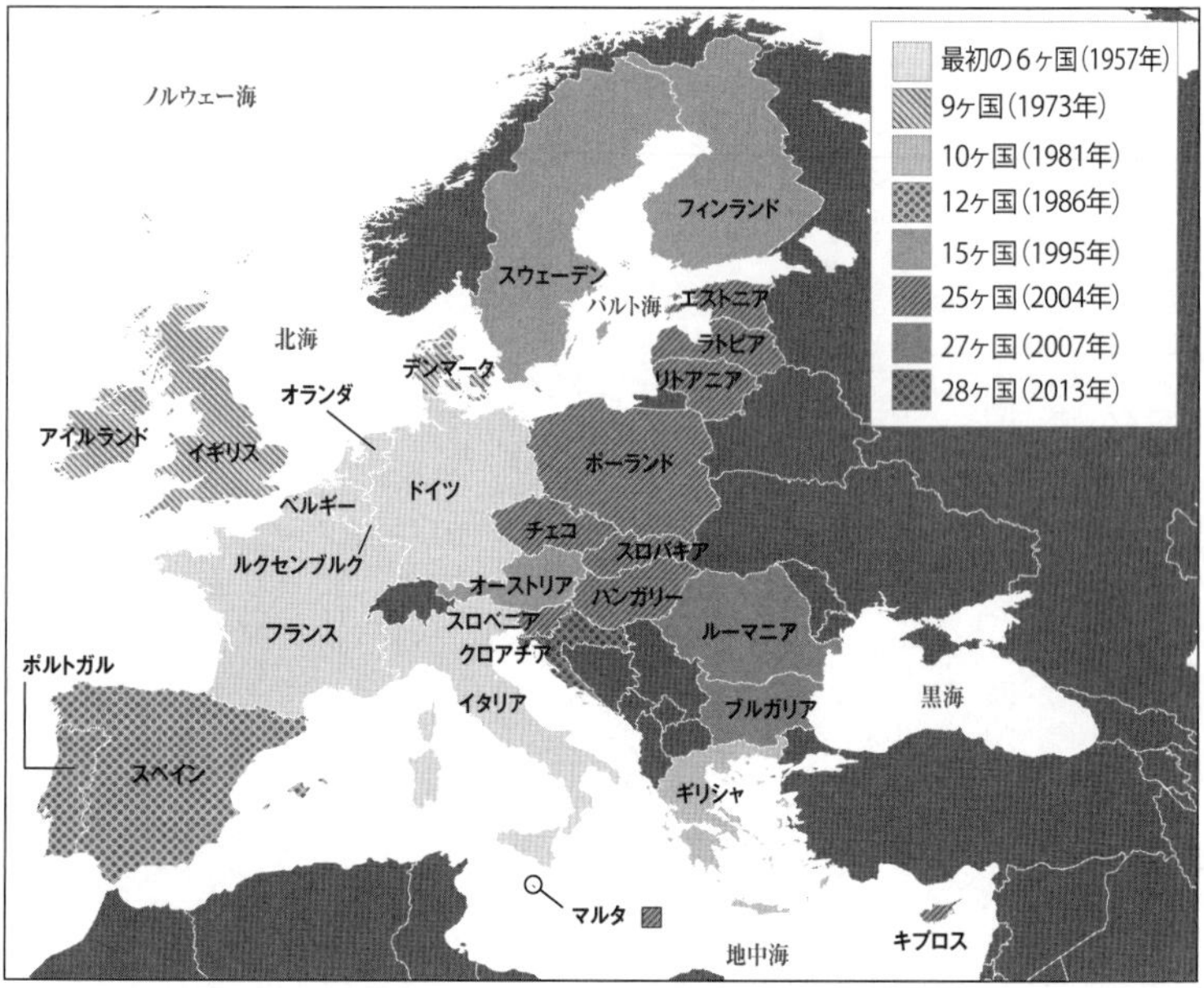

ヨーロッパ統合の歴史

両国の間に挟まれた小国ベルギー、オランダ、ルクセンブルクも同時に条約に参加していた。

一八七一年以降、より正確に言えばナポレオン戦争以降、国境を挟んで絶えず敵対してきた両国が手を結んだというのは、ヨーロッパ人にとって大きな出来事だった。ローマ条約調印により欧州経済共同体（ＥＥＣ）が設立され、ＥＵに一歩近づいたのだが、この条約の中ではヨーロッパの平和と繁栄ということが謳われていた。アメリカへ渡る時に私の父が望んだのとほぼ同じことを、ヨーロッパ人が求めるようになったということになる。父がその時、望んだのは身の安全と、生計が立てられるだけの経済力だった。条約には「ヨーロッパ人民のさらに緊密な統合」という、より野心的な文言も含まれていた。

EECの後にできた欧州共同体（EC）、そしてEUにいたるまで、問題の核心はほとんど変わっていない。目指すのは平和と繁栄で、平和と繁栄を同時に達成するには、ヨーロッパの人々が歴史上、例のないほど強く結びつかなくてはならない。どこまでも際限なく結びつきを強めるのだとすれば、それはどこかで、各国の独自の主義主張、方針などとぶつかってしまうことになる。だが、強く結びつかなければ、長く争った歴史を持つフランスとドイツが共に平和に繁栄することなどあり得ない。統合を開始した時から、この矛盾がヨーロッパにとって解決の難しい大問題だった。

ECは冷戦の道具ともなった。ECによりいずれもNATOに属するフランスとドイツの結びつきが強まったのはアメリカにとっては便利だった。ドイツは北ヨーロッパ平野を防衛する前線であり、フランスはその後方に位置する。アメリカの援護部隊はまずフランスに上陸して前進することになる。EC六ヶ国にイタリアが含まれていたことはアメリカにとってさらに好都合だった。イタリアは条約の起草に他国ほどは関わっていなかったのだが、NATOの加盟国なので、これで一応、NATOはヨーロッパの北から南までを結びつきの強いEC加盟国で固められる。公式には中立のスイス、オーストリアを除けば穴はないことになる。

イギリスはまだ統合には加わっていなかった。彼らは自由貿易圏を必要としてはいたが、一方でヨーロッパの貿易の主導権も握りたかった。大陸ヨーロッパ全体が一つの自由貿易圏になると、イギリスの輸出が減るのではないかという危惧もあった。イギリスはECに加盟する代わりに、一九六〇年に欧州自由貿易連合（EFTA）を設立した。公式の発足は一九六〇年だが、実質上は五〇年代半ばには成立していた連合体で、当初の加盟国はイギリス、オーストリア、デンマーク、スウェーデン、ノルウェー、ポルトガル、スイスの七ヶ国である。両者の違いは明確だった。まずEFTAには、大国と呼べる国はイギリス一国しか加盟していなかった。第二にEFTAは、ほとんどヨーロッパ周縁部の国ばかりで構成されていた。通常、大陸ヨーロッパとされる地域からは外れている国が多かった。これで、イギリスがいかに大陸ヨーロッパに取り込まれるのを恐れていたかがわかる。歴史的経緯からすればこれは理解できる。また、加盟国の上に立って貿易圏を思いどおりに支配したいと考えていたこともよくわかる。

結論から言えばEFTAは失敗に終わった。理由はいくつもあるがその一つはアメリカの支持が得られなかったことである。アメリカはECの方を支持した。アメリカはヨーロッパの分裂を望んでいなかった。フランス、ドイツという二つの大国が含まれたECの構造は、イギリス一極のEFTAより好ましかったし、通商政策もECの方がアメリカには支持できるものだった。そして大切だったのは加盟国の地理的な位置である。ECには、アメリカの戦略にとって重要な位置にある国が含まれていた。EFTAは、ヨーロッパですでに進んでいた動きの代替案ではあったが、長くは続かなかった。

EFTAはヨーロッパのリーダーを目指したイギリスの最後の試みだったと言ってもいい。しかし帝国を失ったイギリスは、経済面でも政治面でも、リーダーとなるには強さが足りなかった。あまりに衰退していて、EFTAに加盟させ、自らの自由貿易圏に参加させることができた国の人口を合計してもわずか五二〇〇万人という有り様だった。イギリスの人口が九四〇〇万人だった時代にである。イギリス自身を含め加盟国の多くは後にEFTAを離れ、ECやEUに加わることになる（ただし、EFTAは今も消滅してはいない。ノルウェー、アイスランド、スイス、リヒテンシュタインの四国により存続している）。ECなど大陸ヨーロッパでの統合の動きには深く関わりたくない、というイギリスの態度はEFTAによって明らかになったが、歴史はイギリスに味方しなかった。ECはやがて拡大して、ついにはEUとなる。

ECに加盟した国々は、その後、より深く複雑な関係を築いていくが、ECの組織はしばらく拡大しなかった。拡大したのは、デンマーク、アイルランドとともについにイギリスが加盟した一九七三年だ。その後は、ゆっくりと数を増やし、一九九一年の時点ではスペイン、ポルトガル、ギリシャの三ヶ国を加えた合計一二ヶ国で構成されていた。ECの拡大が遅かったのは、各国に存続能力があり、加盟にふさわしいかを慎重に検討していたためだ。加盟しても多額の資金の提供を求められるわけではなかったが、与えられるものも安定した貿易圏くらいで他にはほとんど何もなかった。だが、それは平和と繁栄にとっては大事なものである。加盟国を簡単に増やせない背景には、長くヨーロッパを分断してきた種々の複雑な事情もあった。政治的、歴史的、地理的な事情だ。ただ時が経つにつれ、次第に大きな連合になっていった。

一九九一年には、冷戦の終結と同時にそんな意思がかたちになった。冷戦が終わったことで、ヨーロッパ統合のきっかけを作り、その後も支援をしてきたアメリカの力はさほど重要ではなくなった。この年、マーストリヒト条約が起草され、ついに欧州連合の創設が決定された。

マーストリヒトは、オランダの南端に位置する街で、ベルギーとの国境に近く、アルデンヌの森の端にある。この森は、第一次世界大戦が始まり、第二次世界大戦が（少なくとも西部戦線では）終結した場所でもある。マーストリヒトは、カール大帝の権力の座であったアーヘンにも近く、ローマ皇帝コンスタンティヌスの時代に栄えた都市トリーアからも車で一時間くらいの距離だ。ヨーロッパの中心と言ってもいい場所だろう。ヨーロッパという概念自体、おそらくこのあたりの土地で生まれたものだと思われる。

フランスとドイツに挟まれた地帯の中心部でもあり、欧州連合の主要機関の大半がこの付近に置かれることにもなった（たとえば、欧州議会の議事堂はフランスのストラスブールに置かれている。ライン川の近く、アルザス地方の土地だ。また、欧州理事会はブリュッセルにある）。現在は平和に見えるが、一世紀以上にわたり、煮立った大釜のような状態だったこともある。平和と繁栄をヨーロッパにもたらすという目的を考えれば、ここはまさに始まりの場所にふさわしいだろう。ここがヨーロッパの中心で、EUの中枢となるべきところだと誰もが信じて疑わなかった。マーストリヒトは、EU設立の象徴だが、この街が地理的にヨーロッパの中央部にあったのは決して偶然ではない。

マーストリヒト条約は正式には「欧州連合条約」と言う。これは論理的には、すでに触れた「人民のさらに緊密な統合」という概念の延長線上にある条約だ。その意思は経済だけの連合を超え、社会的、政治的な統合までをも含んだものになっている。当初と比べれば非常に過激な延長と言えるだろう。重要なのは、人民の心にまで踏み込んでいるところだ。条約は、ヨーロッパ人の連合体を作るためのものだ。それは、単なる国家の連合体ではなく、人民の連合体である。人民が、「自分はドイツ人だ」、「自分はフランス人だ」などと思うのと少なくとも同じくらいに、「自分はヨーロッパ人だ」と思うようになる、そんな状態を目指す。ヨーロッパを単なる地理上の概念ではなく、そこに住む人民の統一の文化を表す言葉にする。どこかの国民であると同時にヨーロッパ人、ヨーロッパ市民であると皆が自然に思うようになるのが理想だ。従来の国家をなくすわけではないが、それを保ちつつも乗り越える。

試みは成功に近づいている。最近では、たとえば政治の話題で、ヨーロッパを主権国の集合ではなく、全体で一つの国のように表現する人が増えた。どこかの国民でありながら、他のヨーロッパ諸国の人民と運命を共有しているという意識を持つ人が少しずつ現れていることが重要だ。国民意識、民族意識は持っているが、同時に大きなヨーロッパ文化の中にいるという意識も持つ人が現れている。これは大きな前進である。

興味深いのは、同様のことが南北戦争の際にアメリカでも起きたということだ。南北戦争の前は、自分をどこかの州の人間だと考える人が多かったが、戦争を境にアメリカ全体が一つの国だという意識が人々の心に根づき始めた。だが、ヨーロッパがそうなるのはアメリカほど簡単ではない。ヨーロッパの平和と繁栄を掲げて連合体を作っても、それだけでは人々の心に何も生まれはしなかった。アメリカは州ごとに違っていると言っても、言語や文化など、変えるのが困難な部分はそう大きく違ってはいない。内戦になったのは、奴隷制や経済の構造などの大きな問題に関して意見が食い違ったからだ。

ヨーロッパをまとめて一つの国のようにとらえる考え方に抵抗した人も多くいた。たとえば、イギリスの首相、ジョン・メージャーは、条約にあった「連合の目標」という文言に難色を示した。そこで会議の議長が文言を「連合の使命」に変えたところ、メージャーは激怒した。イギリスは、全体で何か一つの目標に向かって進むような組織や連合体に加入する意思は持っていなかったのである。彼としては、イギリスの利益になる条約機構には加入する用意があったが、イギリスを「欧州合衆国」の一つの州にし、イギリスの議会を欧州議会の下に置くようなことは一切する気がなかった。元々が国民国家の寄せ集めの欧州連合を一つの国家のように思わせる、というのは、当時のヨーロッパの能力を超えていたのである。

でも、やり方がないわけではない。構造を複雑にすればいいのである。統治体制を複雑にすれば、運用は難しくなるものの、理解することも困難になる。そうなると、反発するのも難しくなる。そういうわけで、妥協の末に生まれたのは、極めて複雑な統治体制だった。まず、議長国は輪番制で六ヶ月という短期間で入れ替わる。欧州議会の権限は明確ではなく曖昧なものになっている。欧州司法裁判所も、合衆国最高裁判所と同様、その権限は時間をかけて徐々に決められていった。最も問題なのは、意思決定の仕組みだろう。ＥＵの意思決定は全会一致が必要な場合もあれば、多数決でいい時もある。どういう時に全会一致で、どういう時に多数決か決められているわけではない。あえて固定せず、状況に合わせて進化できるようにしてある。さらに、官僚制度もわかりにくい。ヨーロッパ全体に影響する施策を議会での投票なども経ずに内密に決めてしまうことがあるからだ。各国の主権を保ったまま、連合も維持するという難題に対応するには、どうしてもこういう複雑でわかりにくい体制が必要になる。あまりに複雑なために直接の当事者以外は完全にわからないということが功を奏する場合もある。

マーストリヒト条約は、統一通貨ユーロを生んだ。統一通貨など作れば、疑いなく、各国の主権に対する挑戦と受け取る人が出る。ユーロは「顔のない通貨」である。通常、通貨には、その国を象徴する人物の顔がある。政治、文化などで功績のあった歴史的人物の顔が載るのだ。ところがユーロ紙幣には顔がない。誰の顔を載せるのか、話し合っても結論が出ないからである。硬貨は国ごとにデザインが違うこともあり、顔がないということはないが、紙幣には一切ない。アメリカの通貨であれば、ワシントン、リンカーン、ジャクソン、フランクリンなどの有名な人物の顔を使うことに、多くの人は反対しないだろう。アメリカには、全土共通の歴史があるからだ。ヨーロッパにはそれがない。ある国で英雄だとみなされる人物が他の国でもそうだとは限らない。ナポレオンはフランスでは英雄だろうが、スペインでも同じかどうかは疑わしい。

ユーロが国家の主権を侵害していることは間違いない。国家は、自らの通貨の価値をある程度、制御できるのが普通である。連合共通の通貨を使うというのは、経済に関する重要な意思決定を自国の政府以外の政体に委ねてしまうことを意味する。ユーロの場合は、欧州中央銀行という一つの組織が価値を管理している。その動きは目に見えることも見えないこともあるが、欧州中央銀行が常に制御していることは確かだ。各国の政府は、税制や国家予算など、自国の財政に関することを決定する。

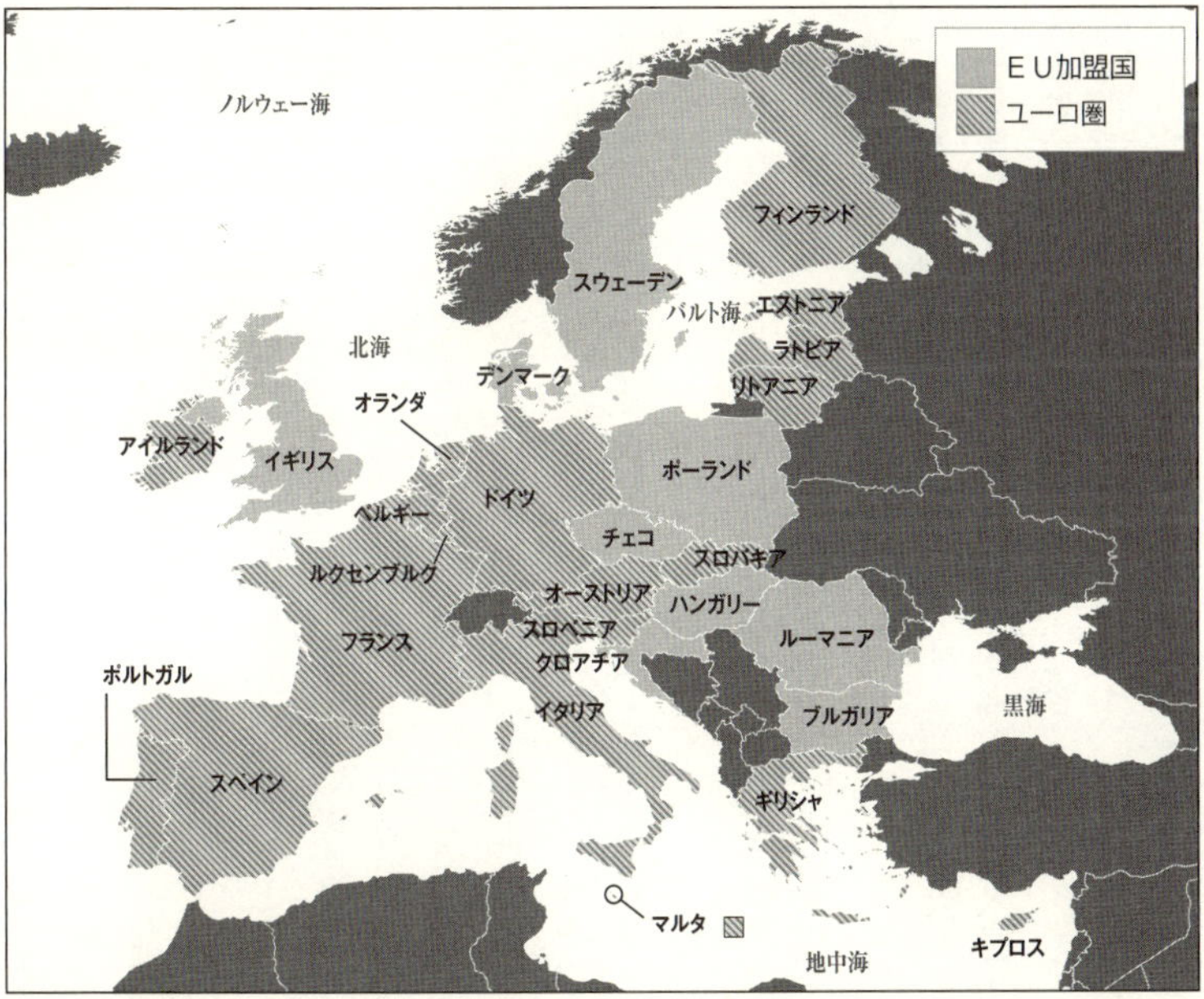

ユーロ使用国

現在、ＥＵでは一九ヶ国がユーロを使用している。

ユーロを使用する国は、ヨーロッパの西側に集中している。東ヨーロッパには少ない。ただし、ユーロを使用している国の間にもかなり大きな経済レベルや社会状況の違いはある。たとえば、債権国となっているような成熟した国家は、債権の価値を守るために、通貨に安定を求める。貧しい発展途上国にとっては通貨は弱い方が都合がいい。輸出品の相手国での価格が下がるからだ。また、返すべき債務の価値が下がるため、インフレを求める。通貨は、国家にとって経済を管理するための重要な道具である。その場に応じて通貨をうまく使えば、状況を自分にとって有利なものに変えることができる。大きな経済危機の際には、通貨の価値を切り下げて輸出を促進するということも行われる。それによって、経済を安定させようとするわけだ。

ユーロを使う国がなぜ、ヨーロッパの南や東に広がったのか、なぜ、その地域の国々がユーロを受け入れたのか、理由は実はよくわからない。ただそれはおそらく、向こう見ず、楽観主義という言葉で説明ができる。あるいはともかくユーロ圏に入りたかったということかもしれない。何らかの理由でヨーロッパには今後一切、経済危機は起きないと信じていたのか、仮に経済危機に陥り、緊縮財政を強いられる国が出たとしても、その責任を誰が負うのか揉めるようなことは決してないと信じたのか。EUに入り、ユーロ圏に入れば、ヨーロッパ人になれるという意識はあっただろう。ここで言うヨーロッパとは厳密には西ヨーロッパのことである。西ヨーロッパ諸国の持つ富、文化、影響力などを、今までの文化や生活様式を保ったままで自分のものにできる。そう信じたのである。楽観主義は、ユーロ圏に入ることによる潜在的な危険から目をそらすことにもつながった。経済危機が起きれば生き残りが難しいはずの国々が強硬にユーロ圏入りを求め、結局認められるということも起きている。

事情のそれぞれ異なる国が同時に一つの通貨を使っているために、実際に大きな問題も起きている。たとえば、ドイツとギリシャでは、適切な金融政策はまったく異なるはずである。経済発展の程度も違えば、抱えている経済問題も、税制も違う。ドイツは、欧州中央銀行に対し、ギリシャよりはるかに大きな影響力を持っている。欧州中央銀行は元々、ドイツ連邦銀行をモデルに組織されている。いずれも主たる役割はインフレを防ぐことだ。ドイツの経済はヨーロッパでも最も規模が大きいため、その健全性はヨーロッパ全体にとって極めて重要である。それに比べれば、ギリシャ経済の健全性の重要度は低い。必然的に欧州中央銀行は、ギリシャよりもドイツに有利な金融政策を選択することになる。これにヨーロッパで絶えず生じる様々な変動が加われば大きな問題が生じても不思議はないだろう。

第二次世界大戦後のヨーロッパが追い求めてきたものは、突き詰めれば、安全と富の二つだ。啓蒙主義思想のうちでも、世俗的な幸福の追求ばかりが重要視されるようになり、理性により神に近づく道のほうはあまり顧みられなくなった。背景には、人間は生き延びたいという欲求、快楽を得たいという欲望に支配されるという考えがある。ヨーロッパ人は超越論的な物の考えに飽き飽きしていた。いわば、彼らは啓蒙主義の腕を切り落として脚だけを残すようなことをしたのである。だが、他にどうすればよかったのだろう。

ベートーヴェン交響曲第九番の「歓喜の歌」は、ヨーロッパの賛歌である。この歌の詞は、元はドイツの詩人シラーの書いた詩だ。

歓び、美しき神の輝き、楽園の娘よ
我らは火に酔い
ともにあなたの聖域へと入ろう
あなたの魔力は
世の習わしによって厳しくも引き離されたものを
再び結びつける
あなたの優しい翼があるところでは
すべての人々は兄弟となる

人間が習慣の違いを乗り越えて一つにまとまることの喜びを歌っている。確かにそれは喜びには違いない。
一つにまとまるというのは、運命を共有するということでもある。もし、人々を結びつけるものが平和と繁栄なのだとしたら、平和と繁栄が常にすべての人のそばになくてはならない。一方に貧困に苦しむ人がいるのに、一方に裕福な人がいるのなら、一方に戦争に行く人がいるのに、一方には行かない人がいるのなら、運命を共有していることにはならないだろう。ヨーロッパ統合においても、各国が運命を共有することが大切だ。運命の違いが生じれば、国と国とが引き裂かれる。平和と繁栄が絶えず各国のそばにあれば、それぞれが自己主張をしてまとまらないということは起きないはずである。

EUは人民に平和と繁栄という良いことだけを約束している。アメリカは違う。アメリカでは、平和はそれだけでは目的になり得ないし、連邦はすべての人の繁栄を約束できないと考えられている。彼らは、「より完全な連邦」、「譲渡不可能な権利」といった概念によって結びついている。アメリカは多様な人々が寄り集まってできた国だが、彼らをまとめているのは、すべての人間の上に立つ原則ということになる。アメリカ合衆国が約束するのは平和でも繁栄でもなく、「可能性」のみである。

EUの問題は、提供できるものが平和と繁栄、そして「歓喜の歌」のような喜びだけであるということだ。では、平和と繁栄の提供に失敗した場合には、喜びも与えられなかった場合には、果たしてどうなってしまうのか。その時に人々を、ヨーロッパ人を一つにまとめるのは一体何なのだろうか。

第7章　危機と分裂

ソ連は、マーストリヒト条約の草稿が完成したまさにその月に崩壊した。ソビエト連邦を構成した共和国はすべて独立した。いわゆるヨーロッパ大陸は、何世紀ぶりかで完全にロシアから自由になったことになる。そして、ほぼどの言語にも対応する国家があるという状態になった。重要なのは、ほぼ五〇〇年ぶりに、ヨーロッパに世界的な大国がまったく存在しなくなったということだ。ヨーロッパは、単に狭い場所に小さな主権国家がひしめき合っているだけの場所になった。

マーストリヒト条約の調印後、ヨーロッパは統合に向けて順調に進んだ。ヨーロッパ全体を統治する政治体制も作られ、強力な官僚機構や統一の通貨も作られた。ヨーロッパ経済の統合はさらに進み、「欧州合衆国」という言葉が使われることも増えた。二〇〇〇年代には、それは十分に実現可能なものに思えた。

ヨーロッパは全体が楽観主義に覆われていた。ソ連は崩壊し、ソ連から自由になった東ヨーロッパ諸国もEUへの参加を熱望していた。ヨーロッパは一つの繁栄の時代を迎えていた。ヨーロッパ全土が同じように繁栄していたわけではないが、ヨーロッパを全体として見れば繁栄していたと言える。ヨーロッパの各国は引き続き主権国家だった。自分たちの運命を決める最も重要な力を手放したわけではなかった。ヨーロッパ統合の防衛政策も、外交政策もなく、真に統合されているのは経済だけだった。だが、それは大きな問題ではないように見えた。防衛はすでに過去の問題のようだったからだ。

そうだとすれば、外交政策と通商政策はほぼ同じものになる。二つの違いを気にするのはもはや学者だけのようにも思えた。重要なのは経済のみ、そう考えれば、ヨーロッパはEUの約束どおり、平和で繁栄していることになる。

設立から二〇〇八年までの間、EUは好調だったし、これでいいという自信に満ちていた。ところがその自信がわずか六週間で崩れることになった。繁栄どころではない。EUはこのままでは存続の危機を迎えるかもしれないとも思われた。EUへの参加を喜びととらえる国もあった。しかし、参加に痛みと犠牲が伴うのだとしたら、どうやって各国をEUにつなぎ止めればいいのだろうか。

最初の問題は、二〇〇八年八月七日に、ロシアとジョージアの戦争が始まったことだった。そしてもう一つは、同年九月一五日に、リーマン・ブラザーズが破綻したことだ。二つの間には一見、何の関係もなさそうだったし、それを一つの時代の終わりと見る人間もいなかった。だが実は二つはいずれもとてつもなく重要な出来事であり、間違いなく一つの時代を終わらせた。まず前者は、ヨーロッパとロシアの関係を変えた。長らくロシアは懸念の対象となる国ではなかったのだが、それが変わったのだ。また、ヨーロッパでは国家と国家の間の戦争などもうあり得ないという幻想も終わった。後者の出来事は、EUが対処を迫られた最初の金融恐慌へと発展し、最終的にヨーロッパの経済システムを弱体化させることになった。連合と国家主権の間の絶妙なバランスも崩れた。二つの問題は一体となって作用し、ヨーロッパの平和と繁栄を脅かした。抜け出すことの不可能な危機に陥ったようにも見えた。今も、二つの出来事がもたらした影は去っていない。二〇一四年のウクライナでの紛争も、ヨーロッパの成長の停滞も、二つの出来事に強く結びついている。まだ、その影響から逃れていないと言えるだろう。

問題の背後には一つの矛盾がある。現在のヨーロッパはナショナリズムを恐れている。だが、ソ連の崩壊により、新たな国家が生まれ、支配下にあった国は自由になった。ＥＵはそれを歓迎していた。ナショナリズムを恐れながら、新たな国の誕生を喜ぶのは矛盾である。しかも、新たな国家はそれぞれに複雑で、しかもまだ明確には定まっていない利害を抱えている。ＮＡＴＯにもＥＵにも属さない国は、大半は東ヨーロッパの国、または旧ソ連の一部だったのだが、ＮＡＴＯ、ＥＵの両方に参加したがっていた。そうすれば、安全と繁栄が保障され、ヨーロッパ的価値観を基礎にしたリベラルな政策を採れるようにもなると信じていたからだ。当然、新たに得たばかりの主権はそのまま維持したいと考えた。大きな矛盾がありながらも、彼らもやはりヨーロッパ人でありたいと願っていたのだ。

既存の参加国も、東へとＥＵを拡大すれば、ヨーロッパの安全の確保にはつながると考えた。ロシアを孤立させられる。東側の国々は強力な防護壁にもなるだろう。それでロシアの再台頭を抑止できる。東ヨーロッパにも繁栄をもたらし、リベラリズムを広めることもできる。中には、いずれはロシアもＥＵに参加することになれば、と考える人さえいた。ＥＵの拡大を望むのも、ＥＵへの参加を望むのも、基本的には同じ理由からである。ＥＵは繁栄をもたらし、繁栄は平和をもたらすと信じるからだ。各国の主権をどう定義するのかという問題は残るが、それを急いで明確にすべきとはされなかった。

ＥＵでは、ヨーロッパ全体の防衛政策を定めてはいなかった。冷戦が終結した後もＮＡＴＯは存続していたが、想定されていた敵が消滅したことで本来の創設目的は失われていた。その意味では、宙に浮いた組織とも言えた。ＮＡＴＯには引き続きアメリカも参加していた。ヨーロッパは軍事的に弱かったため、強いアメリカを必要としたのである。ＮＡＴＯは、アフガニスタンやイラクでの戦争にも関わることになった。ただ、アメリカの存在は分断要因にもなっていた。加盟国の中にはどうしても、アメリカに協力的な国とそうでない国とが出るからだ。ある戦争には参加するが、別の戦争には参加しないという国もある。NATOという組織にできることには限界があるが、ヨーロッパだけの組織ではないにしても、ヨーロッパの多くの国を結びつけていることは確かだ。

二〇〇八年まで、NATOとEUは東へと大きく拡大していった。どちらにも共通の目的があった。ソ連から解放された東ヨーロッパの国々、そして、できればかつてソ連の一部だった国々も西側へと統合するということだ。単なる軍事的、経済的な統合ではない。精神面、文化面での統合も含んでいた。NATOやEUに参加するということは、西側の既存の国々にとっては、宗教から自由で、多数の国が共存する平和なヨーロッパの一員となるということである。一方、新たな参加国にとっては、西側の経済的繁栄の恩恵を受けると同時に、ヨーロッパの平和と文化を享受するということである。

NATOの参加国の顔ぶれは、アメリカの存在を除けばEUと驚くほど似通っていた。違いと言えば、トルコがNATOには入っていて、EUには入っていないということ。そして、スカンジナビア半島の国々にも違いがある。EUとNATOは東へと拡大したが、ロシア、そしてベラルーシ、ウクライナなどロシアと国境を接する国々は除外していた。その除外していたロシアが思いがけず、歴史の表舞台へと戻って来ることになったのだ。

ジョージア危機

一九九〇年代は、ロシアにとって経済的にも地政学的にも悲惨な時期だった。共産主義政権の崩壊により経済は壊れ、ロシアの世界への影響力は消滅した。ウラジーミル・プーチンが政権の座に就けたのは、彼が、ソ連崩壊後のロシアでは珍しく正常に機能していた機関の一つである秘密警察を代表していたからだ。秘密警察は、ツァーリズム、共産主義体制双方の基盤であり、国を一つにまとめる役割を果たしていた。一九九〇年代、ロシアの経済が混乱状態にあり、略奪が横行していた時期には、秘密警察の工作員も多くが略奪に加わっていたが、やがては、自分たちやその協力者たちが盗んだものを守る必要に迫られるようになった。そして、プーチンとロシア連邦保安庁（FSB）の組織が権力を掌握した。彼の打ち立てた体制は今もロシアを動かし、関わるものすべてに影響を与えている。

プーチンとFSBはロシアの国益を守ることに力を注いでいる。ロシアはソ連時代よりも国が縮小したが、彼らにとって怖いのは、さらに国の解体が進むことである。プーチンは経済、社会の安定に取り組んだが、それだけでなく、ロシアの力の回復にも努めた。自国の地政学的利益を守れるだけの力をロシアに持たせようとしたのである。ロシアの国境を守り、今やバルト三国までも取り込んだNATOやEUの拡大を止めなくてはならない。

二〇〇〇年代の前半には、NATOとEUの東への拡大は続いていた。アメリカと一部のヨーロッパ諸国は、ウクライナに西側寄りの政権を打ち立てることとさえ画策していた。ウクライナがNATOに加盟し、NATOによってウクライナの軍事力が回復すれば、ロシアへの侵攻がいつ起きても不思議ではなくなる。ロシアとしては、その危険性を無視することはできなかった。アメリカは、自分たちやヨーロッパから見て「民主的」と思えるウクライナの政治団体を支援し始めた。これはロシアには、キエフに反ロシア的な政府を作ろうとする動きに見えた。ロシア連邦の分裂にもつながりかねない。そして二〇〇四年には、オレンジ革命により、実際にウクライナに西側寄りの政権が生まれることになった。

オレンジ革命は、アメリカやヨーロッパに対するロシアの見方を変えることになった。革命が起きたのは、アメリカがイラクやアフガニスタンで泥沼にはまっている頃だった。ヨーロッパも軍事的に弱かった。ロシアとしては、アメリカに対してというよりも、ウクライナをはじめかつてソ連の一部だった国々に対してメッセージを送る必要があった。彼らがまず送り先として選んだのがジョージアだった。ジョージアは、コーカサスにおけるアメリカの同盟国となっていた。戦争の背景事情は複雑で、ロシアの戦いぶりは鮮やかではなかったが、その必要はなかった。彼らは十分に戦った。ジョージアを打ち負かし、メッセージを伝えたのだから、それでよかったのである。

ウクライナと、その他のかつての衛星国はメッセージを受け取った。ジョージアはNATOの支援を期待したが、誰も助けには来なかった。NATOは結局、紙の上だけでの組織だったわけだ。その弱さが露呈しなかったのは、誰も実際に確かめたことがなかったからだ。だが、ついにロシアが確かめた。ジョージアを誰も助けなかったことで、事実が明らかになった。EUが経済面を、NATOが安全保障を担当するという、ヨーロッパ統合の基本前提が崩れた。ジョージアはNATOの加盟国ではないが、アメリカや、イギリスなどのNATOの主要加盟国は、ウクライナをめぐってロシアと争っていたし、ジョージアの支援もしていた。にもかかわらず、ロシアと戦うジョージアを助けないのは、弱くて助けられないからとしか見えない。これが、二〇一四年のウクライナ危機へとつながる。

NATOに新たに加わった国々にとって、ジョージアでの出来事は衝撃だった。ロシアがNATO、特にNATOの主要国の利害に反することをするはずがないと思っていたからだ。フランスの調停で和平合意がなされたにもかかわらず、ロシアが合意事項を守らなかったため、さらに衝撃は大きくなった。ロシアが合意事項を守らなかったのは、明らかにそれが可能だと証明するためだったからである。ヨーロッパもアメリカもすぐには何の対応もできなかった。ソ連崩壊後のロシアは弱っていて、あえて危険を冒すようなことをするわけがない、長らくそう思われていた。また、NATOは何かあれば有効に機能するはずと思われていた。この二つの想定が二〇〇八年の八月にいずれも間違いだとわかったのである。これは衝撃だったが、より大きな衝撃が間もなくやって来る。

ロシアとジョージアの戦争は、NATOの無力を明らかにし、その後のロシアの戦略を変えることになった。力のバランスに対する見方が変わったからである。西側にとっては、新たに長期的な問題が生じたことになる。しかし、次に起きたことは、ヨーロッパにもっと直接的な影響をもたらした。ヨーロッパ人の生き方、ヨーロッパ統合の意味にすぐに大きな影響を与えた。二つの衝撃は両方が組み合わさって「ポスト冷戦時代」を終わらせることになり、新たな、まだ名前のない時代へと突入することになった。同年九月一五日、リーマン・ブラザーズは破綻し、債務不履行に陥る。世界の金融システムは大混乱をきたした。

金融危機

それまでまったく安全だったはずの投資が、突然、非常にリスクの大きいものになった。まさに金融危機である。第二次世界大戦以降、住宅価格は絶えず上昇をしていた。アメリカ人はそれが永遠に続くと信じ、住宅の購入を資産形成の一つの方法だとみなしていた。住宅購入者への融資は、リスクのない投資だと考えられた。

ところが、やがて住宅ローンに劇的な変化が生じる。資金とは従来、銀行が貸し出すものだった。銀行が貸し、借りた方はまた銀行に返す、それが普通だった。借り手に返済能力があるか確かめるのは銀行の仕事である。ローンが回収できなければ、住宅を差し押さえ、始末しなくてはならない。ただ、ある時点から、システムが進化を遂げた。銀行は従来、資金を貸し出し、そこから利益を得ていたが、やがて、貸し出しの利子よりも、債権の取引から利益をあげるようになったのだ。銀行は資金を貸し出すと、その債権を他に転売する。最初の貸し手も、その後に債権を買い取った住宅ローンブローカーも、皆、その債権を誰かに転売した時点で、代金を得る。債権との関わりはそこで終了だ。住宅ローンそのものが返済されるかどうかは気にする必要がない。このシステムでは、住宅ローンの貸し出し件数が多いほど、利益をあげられる。返済についての心配がなければ、住宅ローンをできるだけ多くの人に貸したい。借り手の信用力や、一人ひとりへの貸し出しの条件などには、ほぼ誰も関心を示さない。ローンの貸し手も、ブローカーも、ついには借り手を選ばずに住宅ローンを貸すような状態になった。価値の低い住宅の買い手に多額の住宅ローンを貸し出し、頭金なしで最初の五年はほとんど利子を取らない、などということもあった。多くの買い手が住宅市場に流れ込んだことで、住宅価格は急上昇した。

住宅ローンは、数多くが一つにまとめられ、大規模で保守的な投資家に売却されることが多かった。そこに含まれている一つ一つのローンの内容を細かく調べる人間は誰もいない。リスクはないと信じられていたからだ。金融機関は債権の売買で利益を得るのだから、債権の内容がどうであろうと、大した問題ではなかった。彼らは住宅ローンから利益を得る新たな方法を発明した。その方法はあまりに複雑で理解できる人はほとんどいなかった。それでも、住宅価格はいつまでも上がり続けると皆が信じていたので、リスクはなかった。リスクがないことに惹かれ、投資銀行も年金基金も、積極的に住宅ローンの売買に参加した。その結果、本来、家を買えるだけの財力などないはずの人たちが多く住宅ローンを組むことになったが、投資家たちは、彼らが返済不能に陥るリスクが待っているなどとは考えもしなかった。

二〇〇八年九月一五日までの時点で、すでに三つの避けがたいことが起きていた。まず、住宅価格が下落していた。第二に、返済能力の低い買い手の多くが、住宅ローンを返済できない状態に陥っていた。第三に、多くをまとめて扱っていた債権一つ一つの価値がわからないことに、皆が突然気づいた。大手投資銀行のリーマン・ブラザーズは、返済能力の低い買い手向けの住宅ローン（サブプライムローン）を組み込んだ金融商品を扱っていたことから経営危機となり、短期取引のための借り入れができなくなった。政府が救済を拒否したため、リーマン・ブラザーズは破綻し、残っていた負債は一切、返済されなかった。影響は津波のように広がった。貸し出しを停止した金融機関が多かったことから、債務不履行が数多く発生した。

同様のことは過去に何度も繰り返されている。古いところでは、一六三七年にオランダで発生したチューリップ・バブルなどがあげられる。この時はチューリップの球根が人気を集めたために急激に価格が上昇し、ついには市場で天文学的な価格で売買されるようになった。多くの人が夢中になって球根を買おうとし、価格が上がるにつれて、突然、裕福になる人も続出した。その時は誰もが球根の価格がどこまでも上がり続けると思い込んでいた。確かに価格の上昇で財を成した人もいたが、価格が急落したために破滅した人もいた。サブプライムローン市場で起きたのも基本的には同じである。

アメリカでも同様のことは昔から何度もあった。第二次世界大戦後だけで合計四回も起きている。一九七〇年代には、四度とも「損をするわけがない」という思い込みが原因で金融危機になっている。一九七〇年代には、都市や州が販売した公債が不履行の危機に陥った。不景気によって税収が減少したためだ。公共の機関が債務不履行を起こすはずがないという思い込みが招いた危機である。一九八〇年代には、第三世界の債務危機が発生した。エネルギー、鉱物の価格が急上昇し、第三世界の国々に多くの投資が流れ込み、政府、企業に資源開発のための資金が提供されることになった。なぜ、投資が殺到したかと言えば、皆が「損をするわけがない」と思い込んだからだ。資源の価格は上がり続けるはず、と思ったわけだ。ところが実際には、資源価格は下落し、その結果、債務の不履行が起きた。同じく一九八〇年代には、貯蓄貸付危機も起きた。発端は、貯蓄貸付組合の商業不動産への投資が許可されたことである。安全な投資だと考えられていたのが、実際にはそうではなく、大失敗に終わり、関わった多数の銀行も巻き添えを食った。

こうした危機に連邦政府は毎回、同じ対応をした。紙幣を刷って、資金を補充したのである。これはいわば反則なので政府としてはできればしたくないし、効率も良くない対策だ。しかし、これまでのところは功を奏している。二〇〇八年の金融危機の際も、政府には過去に対策のお手本があったことになる。政府と連邦準備制度理事会（FRB）は協調して危機への対応にあたった。当然、危機はどれもまったく同じというわけではなく、個々の違いも大きく、毎回世界の終末のようにも感じられるのだが、過去の経験から得た教訓もあり、政治レベル、実務レベルでどう対応するかの一応の指針はある。二〇〇八年の危機でも、やはりその指針に従って対策が講じられた。リーマン・ブラザーズの破綻が明らかになった後、政府とFRBは大手銀行のCEOとも協力し合い、今後の具体的な行動を決定した。幸いなのは、FRBの金融面での対応と、政府の政治面での対応の足並みを揃えられるということだ。混乱の中ではあっても、皆が同じ方向に進めるというのは大きい。

ヨーロッパもこの時、金融危機に巻き込まれることになった。アメリカの住宅ローンを組み入れた金融商品はヨーロッパにも多く出回っていたからだ。だが、アメリカとの違いは、ヨーロッパにはこういう時に全体としてどう動くのかという一定の指針がなかったということである。EUはまだ、これほどの金融危機を一度も経験していなかった。欧州中央銀行はまだ設立後一〇年ほどしか経過しておらず、足並みを揃えるべき政府は多数存在した。複雑な手続きが必要な分、どうしても意思決定は遅くなってしまう。各国政府には個々に異なる利害があるので、意見はそう簡単に一致しないのが現実だ。

EUにはヨーロッパのすべての国が参加しているわけではない。統一通貨ユーロもすべてのEU加盟国が使用しているわけではない。同じユーロを使用している国であっても、ギリシャとドイツではまるで事情が違う。EU自身がヨーロッパ全土を統治しているのでなければ、とても統一的な対応など無理だった。EUの抱える矛盾がここで一つ露呈したことになる。各国家は主権を保っており、自分の運命を自ら決定する権限を失ってはいない。EUは中央銀行を持ち、いくつかの国家はそれに対し強い影響力を持っている。だが、それだけだ。EU加盟国が主権をEUに渡さないということは、ヨーロッパ全体に物を言える権力はどこにも存在しないということだ。EUは真の権力と呼べるものをほとんど持たないことになる。

EUの中心を成し、「碇《いかり》」のような役目をするのは、フランスとドイツの関係である。だが、両国の関係はもはや対等ではなくなっていた。ドイツはヨーロッパの中でも突出して強い経済力を持っていたからだ。EUは主として経済面での連合なので、経済力が最も強いということは、EU内では最強の国だということになる。一方のフランスは、経済でドイツに後れをとっているだけでなく、国内が一様でないために、国としての統一した意見が言いにくくなっていた。ドイツがヨーロッパで最も声の大きな国だとしても、ドイツの首相がヨーロッパ全体のことを考えて発言することはまずない。ドイツの国益と、ヨーロッパの残りの国の利害とは一致しないので、どうしてもドイツの国益のために動くことになる。

現在のドイツは、輸出がGDPの三五パーセントから四〇パーセントを占めている。とてつもなく大きな数字だ。これに対し、アメリカのGDPに占める輸出の割合は一〇パーセント未満である。中国は、GDPの三〇パーセントが輸出によるものになっている。小国の中には、ドイツよりもGDPに占める輸出の割合が大きい国もあるが、大国の中にドイツのような国はない。ドイツは極めて効率の高い生産者であり、その製品の買い手がいる限りにおいて自らは繁栄できる。ドイツの生産能力は、その消費力を大きく上回っている。製品を作っても、これまでの顧客が買えなくなれば、あるいは買わなくなれば、ドイツは輸出ができず、経済危機に直面することになる。そのことさえ理解していれば、ヨーロッパに起きる他のほとんどすべてのことを理解できるだろう。

ドイツから輸出されるものの約半分は、EUの自由貿易圏で購入されている。ドイツにとって、自由貿易圏は繁栄を可能にする存在である。どれほど効率良く生産しようと、関税によって保護されない市場がなければ、ドイツは国内経済を維持できない。失業率も上がるだろう。したがって、ドイツは、他の輸出依存度の低い加盟国に比べて、EUを強く必要としていることになる。ヨーロッパで最大の経済規模を持ち、いわゆる「最後の貸し手」でもあるドイツは、EUの政策に対して他を圧して強い影響力を有している。自らの必要に合うよう欧州中央銀行に金融政策を変えさせることもできるし、EU内での種々の規制を自らの都合の良いものにすることも可能だ。

金融危機の際、ドイツが望んだのは、金融機関の損失の肩代わりはあまりせずに済ませたいということだ。自分たちはさほど困っていなかったからだ。問題を抱えていたのは、他の国々である。他国の人々は、ドイツの首相を選挙で選べるわけではない。首相はドイツ人の希望に応えるだけだ。ドイツの経済的繁栄、雇用などは、ヨーロッパ内の他の国々の購買力に大きく依存しているのだが、ドイツ国民がそれを認識しているとは限らない。ドイツ人には、ヨーロッパの他の国々がドイツほど豊かでないのは、怠惰と身勝手さの結果であるようにも見える。しかし、他の国々から見ると、ドイツが自分の都合の良いように制度を利用しているから問題が起きているようにも見える。このように、ドイツと他の加盟国の間に溝ができ、それが徐々に広がっているのがEUの現状だ。

住宅ローンの問題の後には、国が公的債務不履行の危機に陥るという事態も起きた。銀行の安定のために採られた緊縮財政措置により、ヨーロッパ経済は減速することになった。財政を緊縮するには、政府機関の人員を削減し、政府の支出を減らさねばならない。それで、経済は余計に減速するのである。すると、税収が減り、ヨーロッパの中には、債務の返済が困難になる国が出てきた。ヨーロッパの銀行はヨーロッパの公債を多く購入しているため、これが新たな銀行危機へとつながってしまう。「損をするわけがない」投資だったはずの公債購入が思わぬ問題を生んだわけだ。ギリシャ、スペインなどの国がもし債務不履行という事態になれば、ヨーロッパの金融システム全体が崩壊してしまうだろう。

取り得る戦略は三つだ。一つは、ヨーロッパの中でも裕福な国、特にドイツが、ギリシャや、他の南欧債務国の債務を肩代わりすること。もう一つは、ギリシャが他に頼らず、自らの劇的な財政支出の削減によって債務を履行すること。三つ目は、銀行がギリシャなどの国に対する債権を放棄すること。三つ目は本来、問題外と言うべき策だろう。そんなことをすれば、ヨーロッパの銀行は大きな痛手を被ることになる。下手をすれば潰れる銀行も出てくるだろう。ドイツが望んだのは二つ目の選択肢で、ギリシャが望んだのは一つ目の選択肢だった。こういう場合の常として、三つの間での妥協が図られた。まず、銀行はギリシャへの債権の一部を放棄する。ただ、それによる損失の多くは、ＥＵ、欧州中央銀行、国際通貨基金（ＩＭＦ）からの資金によって穴埋めされる。ギリシャは歳出削減に努め、より緊縮型の予算を組むようにする。

一見、これは妥当な解決策のように思える。しかし、ギリシャの歳出削減による影響は予想されたよりもはるかに大きかった。ヨーロッパの他の国々と同様、ギリシャにも多くの国営事業がある。たとえば、医療サービスなどはその例で、他にも種々の行政サービスを提供している。この場合は、医師などの医療従事者をはじめ、多くの人材をサービスのために雇用することになる。緊縮財政を敷くためには、彼らへの給与を減額したり、被雇用者を減らしたりする必要がある。これが、専門職の人々や中流階級に深刻な影響を及ぼした。

数年の間に、ギリシャの失業率は二五パーセントを超えるほどになった。これは、大恐慌の時のアメリカを超える高さだ。ギリシャでは闇経済が穴埋めをするから、実際の状況は数字ほど悪くはないのだという人もいる。それはある程度は本当だろう。だが、闇経済が補える部分は言われているほど多くはないだろう。闇経済は通常の経済があってこそ存在できるものなので、通常の経済が極端な不調にあるのに、闇経済が好調でいられることはあり得ない。現実は数字よりも悪いと見た方がよいようだ。政府の雇用する労働者の多くは解雇を逃れてはいるが、給与を大幅に減額されている。三分の二の減額という例も珍しくない。

ギリシャと同様のことはスペインでも起きている。またギリシャやスペインほどは深刻ではないが、ポルトガルや南フランス、南イタリアにも同じような問題はある。地中海沿岸のヨーロッパ諸国は、EUに加入することで、北ヨーロッパ並みに生活水準をあげられるのでは、という期待を抱いていた。ところが、債務危機によって南ヨーロッパ諸国のその期待は打ち砕かれる。自分たちの国は、自由貿易圏では経済をうまく成長させられないとわかった。通常、自由貿易圏は経済発展につながるとされるが、彼らの国には当てはまらなかったのだ。

債務危機はヨーロッパを大きく分断してしまった。マーストリヒト条約締結以後、ヨーロッパの統合は間違いなくこのまま進むと思われたのに、状況は変わった。金融危機がヨーロッパの団結を壊したのである。

ドイツ人の利益はスペイン人の利益ではないし、その逆も真だ。EUは概ねドイツの都合で動くようになった。ドイツはヨーロッパで経済的に最も強く、輸出も最も多いからだ。そのドイツが窮地に陥った国を救済しないため、緊縮財政だけが対策になり、それがまた新たな問題を生んだ。もちろん、

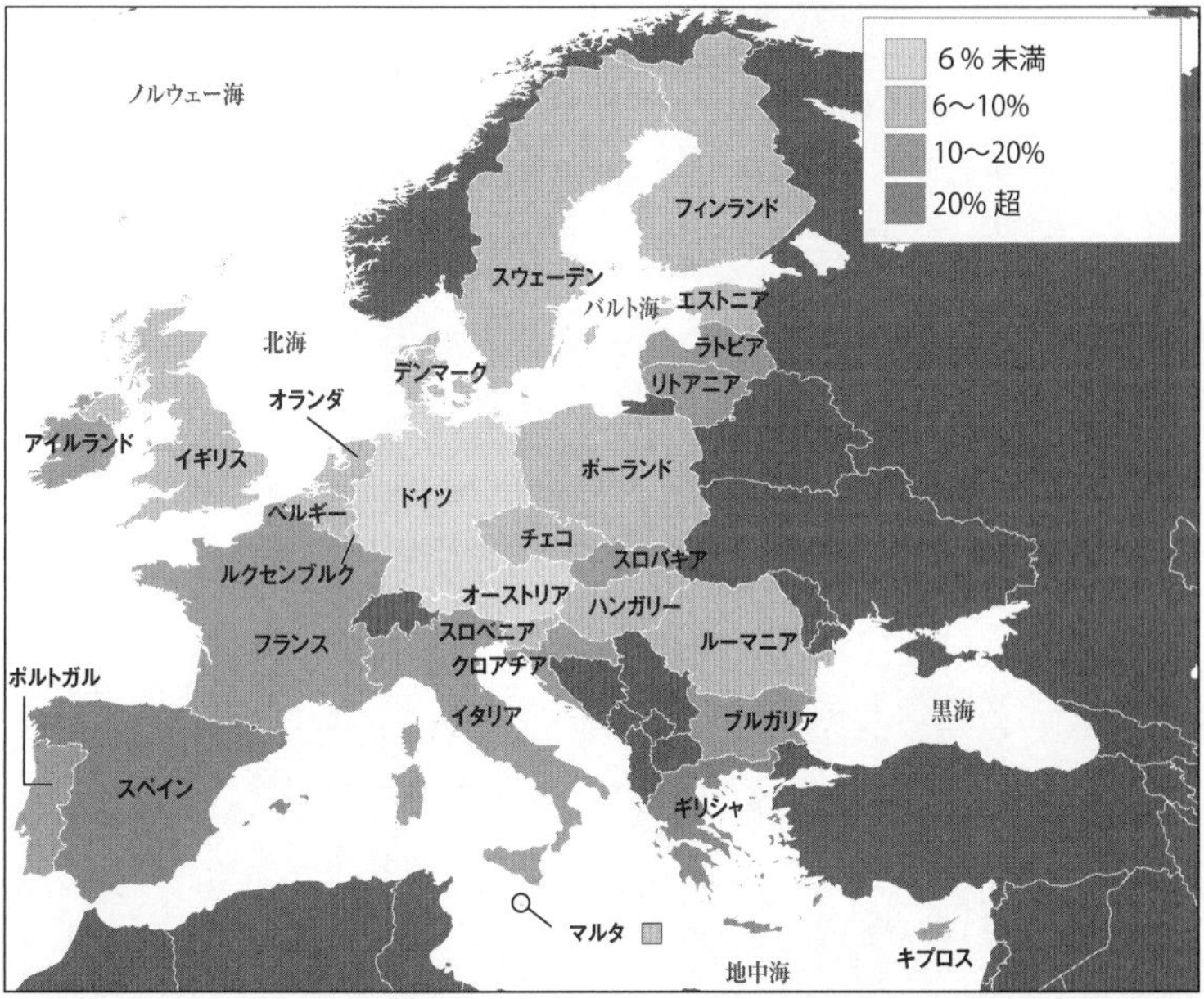

2013年のヨーロッパ諸国の失業率

緊縮の負担を負うのはドイツではない。程度の違いはあれ、やはり地中海沿岸諸国が負うのである。

これは実は、金融危機そのものよりも根の深い問題である。EUの基本的な社会契約が守られていないということを意味するからだ。EUは、まず繁栄を約束している。そのため、経済的な繁栄を期待してEUに入る国もあったが、期待は裏切られた。そして、ヨーロッパ人すべてが運命を共有するという約束も破られた。たとえば、ギリシャで起きていることと、オーストリアで起きていることはまったく違い、とても運命を共有しているとは思えない。EUの明示的、暗黙的な約束の両方が、大きな約束から小さい約束にいたるまですべて失われつつあった。

たとえば、四〇代の男性を稼ぎ手とする家族があるとしよう。稼ぎ手の男性は専門職に就いている。持ち家と自家用車があり、小さいが別荘も持っている。時々は休暇を取って旅行をし、別荘で過ごすなどする。いわゆる「アッパーミドルクラス」の生活をしているわけだ。ところが、突然、稼ぎ手の男性が失業してしまう。家のローン、車のローンは払えなくなり、仕方なく小さなアパートへと一家で移り住み、貯蓄を取り崩して生活するようになるが、当然、貯蓄は徐々に残り少なくなっていく。彼は、子供には良い教育を受けさせたいと思っていたがそれも不可能になった。彼の未来はなくなったも同然だ。この困難な状況は簡単には変わらない。彼も薄々それを感じ取るが、明確にわかるわけではない。一九二〇年代終わりから三〇年代にかけての世界恐慌はファシズムと戦争によって終わった。終わるまでには、一〇年から一五年という長い時間を要している。男性がもし四五歳だとすれば、生きている間には問題が解決せず、貧困が一生続く恐れがあるということだが、そこまで明確に理解はできないだろう。

はじめから貧しい人たちがさらに貧しくなるということはあまりなく、仮にあったとしても、そう大きな変化は起きようがない。本人の予想と実際の人生が大きく食い違うわけではないだろう。だが、四〇代、五〇代で専門職に就いている人が予想もできない経済危機に直面した場合は、まったく事情が異なる。経済危機はもちろん彼自身が引き起こしたわけではないが、もはや元の生活に戻ることはできない。彼の自己像はまったく違うものに変わってしまうだろう。ただ仕事によって得ていた収入を失うだけではなく、それまで心に抱いていた自分の姿も失うことになる。弁護士、医師、商店主といった肩書がなくなった時、彼らは自分を何者だと思えばいいのか。中流階級の人がいきなり無職の貧困層にまで落ちる。そうなった理由がよくわからず、さらに悪いことには、元に戻る方法もないように思える。一度に大勢の人が同じような状況に陥れば、その国では政治不安、社会不安が生じるだろう。

一体、何が自分に起きたのか彼は説明が欲しいと思う。誰からも十分な説明がなければ、彼は無理にでも自分で説明を考え出す。あるいは、説明ができると声高に主張する人、自分なら問題を解決し状況を変えられると主張する人の言うことに耳を傾けやすくなる。一九二〇年代終わりから三〇年代にかけての世界恐慌の際、ルーズベルトは「何も恐れることはない。恐れるべきは恐怖それ自身だけだ」と言った。これは単なる言葉遊びではない。ルーズベルトはよくわかっていたのである。世界が危機的状況に陥り、その理由が明確に十分に説明されないと、また状況に終わりが見えないと、人間の恐怖心が勝手な説明を捏造し始めるということを。欧州中央銀行の説明は十分に理解できるものでも、納得できるものでもなかった。世界恐慌の時の説明は「資本家たちが強欲によってこの状況を招いた」というものだった。あるいは「ユダヤ人の仕業だ」。いかにもユダヤ人のしそうなことだ」という説明もなされた。結局、明確な説明は、たとえ誤ったものでさえ、まったくなかった。そうなると、人は普通ならいかにも馬鹿げていると思うような話を、わかりやすいというだけで信じるようになってしまう。

ギリシャやスペインでは、二五歳以下の失業率が五〇パーセントから六〇パーセントという水準にまで跳ね上がった。若者の半数以上に職がなく、これからも得られる見込みがほとんどないというわけだ。フランスの数字はこれよりはかなり良く、二五歳以下の失業率は二五パーセントだ。若者に失業者が多いのは危険である。窃盗などの犯罪が増え、過激派組織に加わる者も多くなるからだ。ただ、若者たちだけでは、政治家にとっては大きな脅威にはなりにくい。怖いのは、より高齢の中流階級の失業者たちが彼らと結びついた時だ。これは、現体制を脅かす影響力とエネルギーを持ち得る。

現在のヨーロッパがまだそこまでいたっていないのには、主に二つの理由がある。一つは、この苦境はあくまで一時的なものだとまだ多くの人が信じているということ。システムに決定的な欠陥があるわけではなく、ちょっとした技術的なミスによってこうなっているだけで、忍耐強く待っていればいずれ悪夢は去る、と信じている人が多い。また、エリート層への深い信頼もある。権力者たちは現状を正しく把握し、自分たちが何をしているかもよくわかっている。ヨーロッパでは伝統的にそう信じられている。時には不信感を抱くことがあっても、全体としては信頼をしていて、人々は状況が良くなるのを待つことができる。

もう一つの理由は、EUを動かしているテクノクラート（技術官僚）の感覚である。彼らの間には、どうやら自分たちは間もなくこの状況を制御下に置けるようだ、という感覚が広がっている。二〇一〇年頃にはすでに制御下に置いていたのではないか、と考える官僚もいる。またテクノクラートの視点では問題はもう解決している。銀行は十分な支払い能力を保っており、安定している。金融システムは全体として正常に機能しているのだ。彼らは、かつて政治を担っていたヨーロッパの貴族たちと同じようには、現実を把握していない。彼らは、失業者が多くても、それをさほど重大なこととは考えない。金融システムさえ健全であれば、問題は解決したと見る。そして、彼らのこの見方は、政治家に落ち着きを与えた。政治家たちは慌てることなく事態に対処できている。エリート層は自信に満ちていて、事態にしっかり対処できているつもりになっていた。

緊縮財政により、経済の回復は不可能になっていた。経済を機能させるには、そのための基盤が必要になる。雇用を改善するには、何か新たな事業も必要になるだろう。たとえば、政府が新たな橋をかけるプロジェクトを立ち上げ、そのプロジェクトに出資をするとする。橋をかけるには、そのための技術も、人員も必要になる。また、公営もしくは民間の建設会社も必要だ。経済危機に陥った国では、緊縮財政や破産などにより、多くの建設会社が姿を消していた。通常、経済が不況に陥ると、何か新たな公共事業を立ち上げ、そこに資金を注ぎ込むか、規制を緩和するか、減税をするかして、経済を刺激するという対策を講じる。ただし、経済があまりにひどく傷つくと、生産システムそのものが存在しない状態になることがある。特にいくつかの重要な分野で生産システムが失われてしまうと、いかに刺激しようと経済は活性化しない。

金融危機、債務危機により、ドイツはヨーロッパにおいて再び傑出した存在になった。いわゆる「最後の貸し手」となり、危機への対応の調停者ともなった。ドイツは、公共事業による経済刺激には反対だった。たとえ効果がありそうに見えても反対した。それは、自国で失業の問題が発生した時のために、対応に必要な資源を残しておきたいと考えたからだ。統一ドイツはオーストリアとともに、ヨーロッパで最も失業率の低い国だったので、その状態を保ちたいと考えるのはごく自然なことだった。

フランスとドイツの関係には綻びが生じていた。ドイツよりずっと失業率の高いフランスは、経済刺激策を求めたが、ドイツは反対した。一九四七年に書かれたシナリオで言えば、まさに想定された最悪のケースになってしまったわけだ。ドイツは復活を遂げて、再びヨーロッパの大国となり、フランスとドイツの絆は切れそうになっていた。もちろん、だからといって戦争になるわけではない。ドイツは戦争を望んではいないし、ヨーロッパを支配したいと思っているわけでもない。しかし、そう望んではいなくても、ドイツは実質的にヨーロッパを支配するようになっていたし、他国との軋轢も強かった。ヨーロッパは四つの地域に分けることができる。ドイツ・オーストリア、北ヨーロッパ、南ヨーロッパ、そして東ヨーロッパだ。四つにはそれぞれに他とは違う利害があり、また地域内の国と国の間にも軋轢はあった。

ＥＵは今も存在しているが、誰もＥＵを代表して意見を言うことはない。各国が自らの利益を追求し、そのために有効であればＥＵとは無関係に他国と連携することもある。ＥＵの中枢の官僚機構が重要な決定を下すことはもはやなくなった。各国の指導者が、自国の利益を考えてそれぞれに決断を下すだけだ。ヨーロッパは、国民国家の寄せ集めに戻ってしまった。一九九二年以降は、新たな国民国家が生まれ、それぞれ強いナショナリズムを持つようになっていた。危機に直面したことで、不信感と恐怖が蘇った。一部の国では他よりもその不信感と恐怖が強い。何かが決定的に間違っているのだということは皆、わかっている。時が経つにつれ、たとえEUが今後どのようなものになろうと、問題を解決することはできないのではないか、という疑念が徐々に大きくなってきている。

いくつかの問いについて考えてみる必要があるだろう。ヨーロッパが以前のような状態に戻る可能性はあるのだろうか。もし、EUがなくなったらどういうことになるだろうか。あるいは、国連のように、対立が大きすぎて麻痺した組織になったとしたら。東の国々が一切NATOを信頼しなくなり、力を取り戻したロシアと組んで安全を確保した方がよいと考え始めたとしたらどうか。二〇〇八年以前には、いずれも非現実的と思われたような問いである。

ヨーロッパは一九四五年に、ナショナリズムは国家を破壊すると悟ったのだから、再び同じようなことが起きるはずはないという人もいる。また、大きな紛争を起こすにはヨーロッパは疲弊しすぎているし、何かを強く信じる力が足りないという人もいる。確かにそうかもしれない。しかし、ドイツが復活を遂げ、ヨーロッパを主導し、ヨーロッパに大きな影響を与える大国になったこと、ロシアが隣国に影響を与える力を取り戻したことなどを考えれば、ごく短い間に状況は大きく変わり得るのだと認めざるを得ない。

一時ヨーロッパで高まっていたナショナリズムだが、今はまた少し落ち着いている。とはいえ、それはまったくなくなったわけではなく、いつまた再燃しないとも限らない。イデオロギーや宗教をめぐる争いはなくなっても、国家間の恐怖心や恨みの感情はなくなっていない。たとえばポーランド人は、ドイツとロシアに挟まれて、数々の辛酸を嘗めた。今も、ポーランド人に聞けば、家族の辛い体験を話してくれるだろう。スコットランド人のナショナリストと会えば、きっとイギリスを非難する言葉を延々と聞かせてくれるだろう。ボスニア人にセルビア人のことを聞いてみてもいい。国家間の憎しみなどもはやない、という考えが誤りであることはすぐにわかるだろう。ヨーロッパの歴史の記憶は、時を越えて生き続ける。今ここで起きていることよりも、遠い昔の出来事の方に現実感を覚える場合すらある。記憶は何度でも蘇る。記憶とともにかつてのような敵意が蘇ることはないかもしれないが、記憶が強い力を持ち得ることは事実だ。

ヨーロッパ人の感性はアメリカ人とは違う。アメリカ人にとっては未来が常に重要だ。過去は重要ではない。南北戦争が始まった地とされるのは、バージニア州マナサスだが、まさにその場所には今、ショッピングモールが建っている。起きた出来事はアメリカでも記憶はされているが、ヨーロッパ人のように、遠い時代の記憶に苦痛や誇りなどの感情が伴うことはない。一九四五年以降、ヨーロッパは集団記憶喪失症になろうと努力した。しばらくはうまくいったのだが、結局、記憶は蘇ってしまった。

このことは国境地域を見ると最もよくわかる。国境地域はあくまで地域であって、国境「線」とは異なる。それは国と国とが出会い、溶け合う場所だ。ヨーロッパには数多くの国境地域が存在する。EUによって、それは時代遅れのものになるかと思われた。国と国との間の違いがなくなれば、国境地域というものも事実上、存在しないのと同じになる。しかし、かつての税関上屋は今も国境を通る道路には残っている。つい見逃しがちだが、残ってはいるので、再び元のように使い始めるのはそう難しくないだろう。再びヨーロッパ大陸を支配する強国となったドイツが、輸出によって力を得たことを考えれば、いずれ税関が復活することがあっても不思議ではない。スロバキアとウクライナの国境のように、ＥＵの内と外とを分ける国境の意味は今後どう変わるだろうか。

私は二〇一一年九月のある日、スロバキアとウクライナの国境を実際に越えたことがある。ウクライナ側からスロバキアに入るには数時間を要した。スロバキアの警備員は、ＥＵに入ろうとするウクライナ人を非常に警戒していた。愛想のないその態度は冷戦時代を思わせた。国境付近にはトイレがなかった。だが、トイレはなくても出るものは出る。ジョニーウォーカーの黒を売っている国営商店の入った建物があったが、そこにもトイレはない。私は建物の裏へと回った。すると、女性の警備員が慌ててやって来て、私がウクライナの尊厳を傷つける行為に及ぶのを（当たり前だが）止めようとした。私がアメリカのパスポートを見せると、彼女は静かにその場から立ち去った。一九七五年に戻ったような気分だった。アメリカのパスポートを見せた途端に逮捕されることも、王様のように扱われることもあった時代だ。

国境を越えるべく待っている人たちの話す言語は実に様々だった。車の外に立ちピーナッツを食べているハンガリー人のグループがいた。殻は地面に投げ捨てていたが、やはり同じ女性警備員が来て、彼らに向かって何かを叫んだ。殻を拾えと言っていたのだろう。そのやりとりの背後には何か歴史があることを強く感じたが、私はあまりそれについて知りたいとは思わなかった。そのハンガリー人たちはウクライナ語が話せたし、反対にウクライナ人たちはハンガリー語が話せた。何人かのルーマニア人も加わって皆で話していたが、話が通じていた。私はハンガリー語でハンガリー人に話しかけてみた。ＥＵ側に時々買い出しに行き、買った物を車のトランクに積んでウクライナに持ち帰るのだという。彼らと警備員との間には絶えず微妙な駆け引きがあるのではないだろうか。ピーナッツの殻くらいであれほど激しく怒るのは、過去に彼らとの間に色々なことがあったからではないか、と私は思った。

皆がお互いのことを知っており、お互いの言語も理解できる。皆が国境をうまくやり過ごしたいと思っている。当然、そこには歴史が生じる。ピーナッツの殻レベルの個人的な歴史だけではない。スロバキア人、ハンガリー人、ルーマニア人、ウクライナ人が交じり合って生きていると、状況によって時には爆発も起きるだろう。過去には実際に起きている。より深刻な歴史だ。起きたことは何世紀経っても記憶されており、決して消え去ることはない。

国境地域が消滅するまでには長い時間がかかるだろう。それは、EUの根本的な問題である。存在を忘れようと努めることはできる。許すことも、忘れたふりをすることもできるが、記憶、恐怖、恨みは決して消えはしない。状況が厳しくなると、記憶はたちまち蘇り、恐怖と恨みも同時に蘇る。そして、状況が厳しくなることはどこでも頻繁にある。ヨーロッパ人は一時、そんなことは二度とないと信じ込んだ。ユーゴスラビアもコーカサスも忘れようとした。ウクライナに問題などないふりをした。しかし、長く続いた習慣はそう簡単に乗り越えられるものではない。

Ⅲ 紛争の火種

第8章　マーストリヒトの戦い

マーストリヒト条約が起草、調印、施行されたのは、ヨーロッパに平和の時をもたらすためだった。だから、EUの設立時期と、バルカンやコーカサスで大きな紛争が始まった時期とが重なったのは皮肉としか言いようがない。バルカンでは、一九九〇年代に約二五万人もの死傷者が出た。コーカサスでは、アルメニアとアゼルバイジャンとの戦いで、約一一万五〇〇〇人の死傷者、一〇〇万人もの難民が出た。マーストリヒト条約が原因で戦争が起きたわけではないし、戦っていたのはEU加盟国の人たちではなかった。それでも、EUが戦争の最中に作られたというのは事実である。また、EUができて以降、ヨーロッパでは、一九四五年から一九九二年までの間よりも多くの戦争があった。

ヨーロッパ人の大半はこの事実から目を背けている。彼らは、ユーゴスラビアを特殊な地域とみなし、現代ヨーロッパを象徴する存在とは見ない。コーカサスの戦争も厳密にはヨーロッパの戦争ではないと考えた。過去の辛い歴史もあり、ヨーロッパ人は誇りに飢えていた。帝国主義や大量殺戮以外に、何かヨーロッパは他とは違って特別だと言える証拠が欲しかったのである。ヨーロッパ人は過去の戦争から、戦争は割に合わないことだと学んだと信じていた。また、戦争を起こさない社会を作り上げたとも信じていた。自分たちは世界に教えるべき重要なことを知っているとも考えた。第二次世界大戦後の復興の時期には、平和の維持がヨーロッパ人にとって非常に重要な事項となった。何か戦争が起きても、それがヨーロッパの戦争であると簡単には認めない。だが、実際にはヨーロッパでも戦争は起きていたので、どうしてもそれを認めざるを得なくなると、平和はとても壊れやすいので、戦争があっても仕方のないことなのだと主張した。

こんな逃げ口上もあった。コソボ紛争でNATO軍がセルビアを攻撃した際には、他のNATO加盟国の軍隊もいたが、大半がアメリカ軍だった。なので、これはヨーロッパの戦争ではなく、アメリカの戦争なのだという。少なくともヨーロッパ人の心の中でそれはアメリカの戦争ということになった。集団安全保障のためなのだから仕方がない、一応、自分たちも参加しているが、主に実際に戦争をしているのは自分たちではない、というわけだ。

バルカンもコーカサスも、複数の民族が交じり合って住んでいる地域である。元々、どの土地がどの民族のものかが明確ではないため、境界線が非常に複雑で入り組んでいる。ロシアのマトリョーシカ人形のように、境界線の内側にまた境界線がある、ということもある。ある民族の土地の中に、ある民族の飛び地があるということだ。当然、内側の飛び地は狭い。狭い土地の中にさらに狭い飛び地があるので驚かされる。わずかな家族だけから成る村もあれば、一つの家族が複数の集落に分かれて住んでいることもある。長年の歴史の中で何度も繰り返し戦い、戦いの度に態度を硬化させてきた。その歴史を決して忘れることはないし、相手を許すこともまずない。

二つの戦争が山岳地帯で起きたのは不思議なことではない。小国は山の中の方が生き延びやすいからだ。戦争や征服があっても、山の中に逃げ込めば生き残れる可能性が高い。山が盾となって身を守ってくれる。ただし、山の中にいて、国家としての体裁を保つのは容易なことではない。山は人を守ると同時に分断もさせるからだ。国というかたちにまとまるよりも、一族、家族の単位にまで分かれて暮らす人も多い。山岳地帯には、近代以前からの、国家とは言えないが、国家に準じるような小規模の集団があちこちに住んでいる。言語、宗教を共有する集団である。

山の中には国家の法が及ばないことも多い。征服者が、山の中に追いやった小集団を根こそぎにできなかった場合には、彼らに自分たちの法を強いるのは難しかった。生き残った集団は、自分たちの定めた法に従って生き続けた。家族や一族の慣習がそのまま彼らの法になったのだ。たとえ敵に攻め込まれた場合でも、他に助けを求めるのは難しい。同盟関係にある一族は山を挟んだ隣の谷に住んでいる、というようなことが多いからだ。そういう環境にいると、自然に強くなっていく。苦境にもよく耐え、戦う能力も十分に持った集団となっていくのである。時代とともにいくつもの帝国、大国が栄え、滅びていったし、その勢力に影響は受けたが、結局、小集団は消えることなく生き続けた。山岳地帯に点在する小さな民族集団はどれも極めて好戦的で、大国などの圧力がかかっている間はおとなしくしているが、圧力が緩むと、途端に互いに争い始める。

ソ連崩壊後、マーストリヒト条約締結後に生じた戦争には他にも特徴があった。それは、キリスト教徒とイスラム教徒が交じり合う境界の地域で発生したということだ。ボスニア、アルバニア、コソボはイスラム教で、セルビア、クロアチアはキリスト教の地域になる。アゼルバイジャンはイスラム教だが、アルメニア、ジョージアはキリスト教だ。共産主義崩壊後、最初に起きた戦争は、キリスト教徒とイスラム教徒の間の戦争だった。ヨーロッパ内にイスラム教徒がいるという問題はしばらく忘れられていたのだが、共産主義崩壊とともに復活した。最初の戦争でそれが明らかになったということだ。宗教間の争いというよりも民族間の争いという性質が強い戦争ではあったが、ともかくこれが新しい種類の戦争ではなく、昔からの戦争の続きであることはわかる。しばらくはなくなっていた紛争の火種が復活したわけだ。

特に壮絶で、世界からも注目されたのは、バルカン紛争である。第一次世界大戦後、バルカン半島の西部は「ユーゴスラビア」と呼ばれるようになっていた。ユーゴスラビアは、複数の民族、宗教が併存する国家だが、ヨーロッパの他の地域と同様、民族どうしは長年、敵対関係にあった。敵対関係にあった民族が、勝者により一つの連邦国家にまとめられたわけだ。一つの理念の下に集まり、過去の争いを乗り越えようとした。だが、ユーゴスラビアは、まさにマーストリヒト条約調印の年である一九九一年に崩壊することになった。ユーゴスラビアが崩壊したことで、ヨーロッパは一つにまとまれるはず、という幻想は打ち砕かれた。信じたかったが、やはり幻想に過ぎなかったのである。ただし、バルカン半島は真のヨーロッパではないと思う人も多く、そこで起きたことはヨーロッパ全体を代表する出来事ではないという考え方もあった。バルカン半島は除外できる、というのは、ヨーロッパ人にとっては気の休まる考えだった。だが、それは正しいとは言えない。バルカン半島は間違いなくヨーロッパの一部だし、ヨーロッパの歴史にとって重要な地域でもある。それは、ビスマルクの一八八八年の言葉を思い出せばわかる。ビスマルクは「次にヨーロッパで戦争が起きるとしたら、それは、バルカン半島で何か愚かな事件が起きた時だ」と言ったのだ。

バルカン半島の戦争

私の父はよく「バルカン半島には決して行ってはいけない」と言っていた。父に言わせれば、そこは暗黒の土地だった。ポケットに小銭を入れていただけで、それを奪おうとした誰かに殺されるかもしれない。あるいは、うっかり何かを見た、というだけで殺される恐れもある。そんな土地だというのだ。フランスでは、第二次世界大戦の前まで、バルカンという言葉は暴力や野蛮さと結びつけられやすい言葉だった。凶悪犯のことを「バルカン」と呼ぶことさえあったほどだ。だが、それも過去のことで、バルカンの状況は昔に比べれば随分良くなっていると私は感じていた。冷戦時代のユーゴスラビアには、他の共産主義国に比べて目が開かれているという印象があった。ところが、一九九〇年代になると、バルカンは、少なくともユーゴスラビアの地域は昔の悪評そのままのような場所になってしまった。

バルカンは、三つの強大な力にそれぞれ違う方向から引っ張られることで分裂してきた地域だ。南東のトルコ、東、北東のロシア、そして、北西のゲルマン国家の力によって常に引っ張られていたのだ。ヨーロッパの偉大な帝国どうしがそこで出会い、争いを繰り広げた。歴史上、バルカンに長くとどまった大国は一つもなかった。どの国も、どこか他の場所、もっと重要な場所へと向かう途中に通っただけだった。バルカンは、どの国にとっても、防護壁、あるいは跳躍板のようなもので、決して目的ではなかったのである。たとえば、一四世紀には、オスマン帝国が北へと向かう途中にバルカンを通過している。北に目的とする土地があったのだ。ハプスブルク帝国は、反対に、オスマン帝国を押し返すためにバルカンを通った。二〇世紀には、ソ連がアドリア海の港を獲得しようとしたが、ユーゴスラビアの共産主義者によって阻まれた。彼らは共産主義者でありながらソ連に歯向かったのである。ソ連はルーマニアやブルガリアにとどまり、そこから先へ進むことを断念せざるを得なかった。

皆、通り過ぎて行ったのだが、彼らは皆、その痕跡を残した。イスラム教徒もカトリック教徒も、正教徒もいて、宗教的にも民族的にも寄せ集めの状況になったのはそのためだ。新たな勢力がやって来る度に、必ず何らかの跡を残す。ただ、そこに残された古い痕跡を拭い去るような力はないし、そういう意図もない。つまり、時が経つごとに、そこに住む小規模な民族グループの数は増えていくということだ。皆、自らの境遇に少なからず不満を抱えながらも、外からの影響はあまり受けることなく生き続けてきた。ただ、グループどうしの小競り合いは絶えないので、どのグループも強く逞しくなり、態度は強硬になる。

バルカン半島

バルカンにどこかが攻め込む度に、彼らは強硬になり、根絶やしにするのは困難になっていった。もはや危険すぎて誰もそれを試みようとしないほどになった。

バルカンの民族どうしで激しい戦闘が繰り広げられるのは、大国からの圧力が弱まった時に限られる。それは滅多にないことだった。一九九〇年代には、その滅多にないことが起きた。ソ連は崩壊し、アメリカは無関心、ドイツは東西統合に忙しく、トルコは内向きだった。バルカンへの外からの圧力がなくなり、ユーゴスラビアは建国以来の自由を得ていた。外部からの圧力がなくなったことと、内部で爆発が起きたこととの間には強い関係があるということだ。冷戦時代には、NATOとワルシャワ条約機構の力がユーゴスラビアを抑えつけていた。ユーゴスラビアはソ連の支配を恐れた。NATOはソ連と力の均衡を保っていた。この力があったからこそ、ユーゴスラビア内部はまとまることができていたのである。ソ連が崩壊してしまうと、NATOはバルカンへの関心を失った。その時にはチトーが死んで一〇年以上が経過していた。抑えつけられていた敵意は蘇り、ユーゴスラビアは炎上することになった。

ユーゴスラビアは内部に多くの境界線を抱えた国だった。ほとんどすべてのことが、複数の意味を持っていた。その人が誰かによって同じことの意味が変わるのである。小さな橋ですら、境界線になることがあった。ノーベル文学賞を受賞したボスニアの作家、イヴォ・アンドリッチが、自身の作品『ドリナの橋』の中で、そんな橋のことを書いている。ボスニアに暮らすイスラム教徒とキリスト教徒の生活を、橋を通じて描いた。

その橋には、そしてそのカピア（橋の中間部分の広くなった場所。そこに人々が集まることができる）には街の人たちの人生が流れ込む。橋の周囲で、また橋との関わりの中で、彼らの暮らしは営まれていく……ドリナの橋の左岸で生まれたキリスト教徒の子供たちは、生涯のはじめの日々に橋の反対側へと渡る。橋の反対側で洗礼を受けるためだ。だが、橋の右岸で生まれた子供たちは、イスラム教徒なので洗礼を受けることもなく、彼らの父や祖父がそうであったように、橋の上や周囲で子供時代の大部分を過ごす。

アンドリッチは、街の中にある秩序を丹念に皮肉を込めて描いている。彼は二つの集団の間の違いをよく認識していたし、彼らがともに抱える怒り、ともに流してきた血についてもよく知っていた。このような境界線のそばの地域は、恐ろしい場所にもなり得る。そうした地域の中に、また境界線に囲まれた地域が存在することもあり、さらに恐ろしい場所になり得た。たとえ一つの危険から逃れたとしても、またすぐに別の危険が待っているからだ。人々は、自分のよく知っているもの、愛するものを失う恐怖から、集団内で結束する。橋の反対側の人間を攻撃するのも恐怖からだ。この恐怖を不合理な恐怖だと言えるのは、遠くにいて、彼らとは別の恐怖を抱く人間だけだ。あるいは、力があり、その力で安全を確保している人間は何も恐れないかもしれない。境界線の周囲の地域では、何も考えずに気楽に生きることはできないし、どのような恐怖も不合理とは言えない。

バルカンの人々の抱く憎しみと恐怖心がヨーロッパ全体にまで影響を及ぼしたことは歴史上、何度もある。一九一二年、ブルガリア、ギリシャと同盟を結んだセルビアとモンテネグロは、衰退しながらもバルカン半島に居座っていたオスマン帝国を攻撃した。この戦争は、オスマン帝国が一世紀にわたって続けてきた後退をさらに続けたため、すぐに終わった。だが、翌一九一三年、すぐに別の戦争が始まった。前の戦争の戦後処理に不満を抱くブルガリアが、マケドニアを攻撃したのである。ブルガリアと同盟を結んでいたギリシャもマケドニアを攻撃した。そこへルーマニアとオスマン帝国が割って入り、ブルガリアを攻撃する。付近の小国や、小国の中の小集団も戦争に加わったが、それぞれが時によってどちらにつくか態度を変えたため、まるで万華鏡のような状態になってしまった。こうなったのは、どの集団も他の集団を一切信用していないし、何を考えているかわからないと恐れていたからだ。そして一九一四年には、セルビア人の秘密組織「黒手組」のメンバー、ガヴリロ・プリンツィプが、オーストリアのフランツ・フェルディナント大公と妃ゾフィーをサラエボで暗殺するという事件を起こす。これが第一次世界大戦へとつながった。各集団が他のすべての集団を恐れ、常に最悪を想定して計画を立てる。この恐怖は決して不合理なものではない。

第一次世界大戦終了後、戦勝国は、バルカン西部に必要なのは多民族国家だと判断した。カトリックのスロベニアとクロアチア、正教徒のセルビア、マケドニア、ボスニア・ヘルツェゴビナ（イスラム教圏だと思われることが多いが、実際にはセルビア正教徒が多い）などがまとまって一つの国を作るべきと考えたわけだ。だが、国の統一原理をどのようなものにしようと、皆が賛同できるものになるはずはなかった。第一、どの地域も、民族的に一様ではないのである。民族的、宗教的にこういう人たちが大勢を占めるということはあるが、どの地域にも他の民族や、宗教の違う人が多く入り込んでいた。そして、皆がそれぞれ他と対立し、他とは離れていたのである。

バルカンに統一国家を作ることで、ヨーロッパ人は問題を解決し、再びビスマルクの予言どおりのことが起きるのを防ごうとした。一九一八年に国が成立した時には「セルビア人・クロアチア人・スロベニア人王国」という名前になっていたが、そのせいでいかにも分裂した国という印象を与えてしまった（また、おかしいのは、すでに国王が権力を失っていたにもかかわらず、セルビア国王を多民族国家の頂点に置いたということである）。国名は一九二九年にユーゴスラビア王国に変わる。王位に就いたアレクサンダル一世とその一族は、ドイツが侵攻してくる一九四一年まで、専制体制を敷くことになる。ドイツ侵攻後は、国の統一が乱れた。隠れていた敵意、憎しみが再び表面に出るようになったからだ。ユーゴスラビアの中にはドイツに味方する者もいれば、戦いを挑む者も、無視する者もいた。また、国民どうしの戦いも起きた。

第二次世界大戦後には、統一が回復し、新たな専制体制の下で、争いは抑止された。ヨシップ・ブロズ・チトー元帥を指導者とする共産主義国家ができたのである。チトーの政府は、強権と、各共和国への巧みな配慮により、国内での紛争の発生を抑えた。チトーはまた、ソ連の支配からユーゴスラビアを守った。他の共産主義諸国よりも自由な経済政策を採ったことで、一九六〇年代のユーゴスラビア経済は共産主義世界の中でも最も活気あるものとなった。おそらくそれは当然の結果だったと言えるだろう。

私は一九七四年にベオグラード、ザグレブ、リュブリャナを訪れているが、どの都市もワルシャワやプラハと大きく違っていることがすぐにわかった。ソ連の都市との差はさらに際立っていた。地理的な制約、イデオロギーの制約がある中、うまくやっていたと言っていい。ユリアン・アルプスの小さく、美しい街、ブレッドを訪れた時のことを思い出す。ブレッドには、他の東ヨーロッパ諸国にはない優雅さのようなものがあった。私は湖の周りを散策し、湖を見渡せるレストランで食事をした。私にはとても代金を払えない高いレストランには、ユーゴスラビアのエリート層のように見える人たちがいた。だが、話をしてみると、彼らは決してエリート層の人間というわけではなく、中間レベルの官僚や普通のビジネスマンだったことがわかった。泊まったのは安い小さなペンションだが、窓の美しい建物で、羽根布団で眠ることもできた。ペンションのオーナーの住まいは別にあった。複数のビルを所有していたのだ。山を一つ越えればそこはもうオーストリアという場所だ。オーストリアへと通じる地図にない小道は無数にあった。ユーゴスラビア政府は、国外へ出て行く人間がいても特に問題視はしていないようだった。だがオーストリアの側は違った。一九七四年と言えば、まだ共産主義が崩壊する兆しもない頃である。そんな時代に共産主義国だったユーゴスラビアがこれほど亡命者に関して無頓着だったというのは驚きだ。

しかし、一九八〇年にチトーが死ぬと、ユーゴスラビアは壊れ始める。ユーゴスラビアを構成する共和国は、誰か別の人間をチトーの代わりにしようとはせず、八の共和国や自治州が交代で大統領を受け持つ輪番制になった。これは結局、妥協策でしかなかった。誰も反対者が出ないようにしていたらそうなったというだけだ。ユーゴスラビアを建国から一つにまとめていた専制体制はもはや存在しなかった。国内の各集団どうしの対立が、これで制度化されたのである。

一九八九年には、ソ連の東ヨーロッパに対する影響力はほぼなくなる。ユーゴスラビアをそのままの形にとどめていた力がまた一つなくなった。共産主義が崩壊すると、政権からは倫理的な権威がまったく失われてしまった。残ったのは、ユーゴスラビアを構成する共和国と、その中の互いに敵対し合う数々のコミュニティだけになった。どのコミュニティでも、多くの人民は家庭に武器を所持していた。一九七〇年代にユーゴスラビアを訪れた際、私はクロアチアの首都ザグレブの駅で、休暇中の兵士を見た。休暇中にもかかわらず彼らは武器を持っていた。自宅に武器を持って帰るからだ。第二次世界大戦後のユーゴスラビアはパルチザン国家だった。ゲリラによって作られた国ということだ。軍隊にはその名残りがまだあった。またそのことが、再び紛争が起きる原因となった。ユーゴスラビアの各家庭の戸棚には、国を代表するプラム・ブランデー「スリヴォヴィッツ」がしまってあった。肝臓をえぐり出すような強い酒だ。そして、スリヴォヴィッツの瓶とともにしまわれていたのが、機関拳銃である。国内の緊張が高まれば、すぐにでも本格的な戦争をする準備は整っていた。

戦争は一九九一年、古くからの敵どうしであるクロアチアとセルビアの間で勃発した。比較的平和な連邦国家だったユーゴスラビアが、一気に大量殺戮の現場になってしまった。両国間の憎しみの感情の起源はかなり遠い昔にある。第二次世界大戦中、クロアチアはナチスに対してどちらかと言えば友好的だったが、セルビアはレジスタンスの中心にいた。カトリックであるクロアチアは、イタリア、オーストリア、ハンガリー、ドイツなどのヨーロッパ諸国に長らく親近感を抱いてきた。文化的に近いことによる親近感があるのはもちろんだが、それだけでなく、自分たちよりも大きいセルビアへの恐怖心も背景にあると考えられる。恐怖心から同盟国を欲しがっていたということだ。セルビア人は正教徒であり、共産主義者ですら、ロシアの正教徒とのつながりを感じていた。共産主義者はナショナリズムを超越しようとした。クロアチアの民族主義団体ウスタシャは、共産主義者のパルチザン狩りを行い、ナチスを支援したが、パルチザンの多くはセルビア人だった。セルビア人とクロアチア人の間では、何度も許しがたいことが行われてきた。その事実は決して消えないし、過去が清算されることは決してない。

一九七〇年代のはじめ、私はザグレブの大学のそばで何人かのマルキストたちと夜を過ごしたことがある。彼らはスターリン主義者ではなく、その理由はよくわからなかったが、プラクシス派の流れを汲む新左翼と呼ばれた人たちに近かった。男性、女性どちらも教育程度が高く、哲学なども学んでいた。自分たちのことを啓蒙主義思想を受け継ぐ人間とみなしていることは明らかだった。また、自分たちの仕事は、新たな形態の社会主義をユーゴスラビアにもたらすことだと考えてもいるようだった。それは既存のものより人間味のある社会主義だ。当時のルーマニア、チェコスロバキア、ソ連の社会主義に比べてリベラルなものということになる。

スリヴォヴィッツが次々に振る舞われ、私たちは飲みながら話をした。私は、途中で話題を変え、ベオグラードで出会った人たちのことを彼らに話した。すると、すぐにではなかったが、間違いなくその場の雰囲気が変化した。彼らが不快感を露わにしたのである。知的水準が高いはずの人たちだが、一人は床につばを吐き、口汚くベオグラードのことを、そしてセルビアのことを罵った。果てはかの国の動物までも執拗に悪く言った。一見、アメリカの大学にでもいそうな男性である。ところが、ブランデーを何杯も飲み、夜も更けてくると様子が変わってきた。誰もがつい、本音を話してしまう時間になると、彼も一人のクロアチア人なのだということがよくわかった。セルビア人との間の出来事を許すことも、忘れることもできない。夜中過ぎには、啓蒙主義など遠くに消えてしまっていた。

彼の憎しみにどのような理由があるのか、知りたいと思えば過去を探ればよい。きっといくらでも理由らしきものは見つかるに違いない。簡単に言えば、彼はクロアチアを愛していたし、クロアチア人であることを誇りに思っていたということになる。彼の祖父の記憶が、彼自身の記憶でもあった。あらゆるものを腐食させる啓蒙主義の力をもってしても、それを腐食させることだけはできない。バルカン半島においても、ヨーロッパの他の多くの地域と同様、記憶とは悪い記憶である。怒りと恨みとをもたらす悪い記憶だ。独裁者や、経済的な繁栄によって、感情は抑えられ、なだめられることもある。啓蒙主義者にとっては、受け入れがたい感情でもある。しかし、抑制する力が弱まれば、古い記憶は何度でも蘇る。

一対一だった戦争は、やがて複数対複数の戦いへと発展していった。ユーゴスラビア人全員が参加して、極めて複雑なチェスの試合をしているようだった。あまりに複雑で、どう対処すればいいのかまったくわからない。また、ただ激しい戦いが起きただけではなく、強制収容所が作られる事態にまでなった。かつてのドイツのように、科学技術を応用して一度に大量の人間を殺す強制収容所ではなかったが、飢餓と暴力で悲惨な状態になっていた。ボスニアでは、イスラム教徒、クロアチア人、セルビア人が皆、戦争に参加し、互いを敵として戦っている。しかし、セルビア人が支配していたボスニア北部が最強だった。セルビア人たちはサラエボにまで南下し、イスラム教徒の首都を包囲した。その場の状況は、砲兵射撃を除けば中世とほとんど変わらない。

私はその包囲攻撃が終了してから約一四年後にバニャ・ルカを訪れている。バニャ・ルカは、スルプスカ共和国の首都で、私が行った時には平和で経済的にも裕福に見えた。日曜の午後、市の中心部を散策してみたが、街は平穏そのものだった。公園には、大きな駒を使ってチェスをしている人がいて、一〇〇人以上の人が集まってその対戦を見物している。アイスクリームは美味しかったし、ホテルのカフェは、身なりのいい若者たちで満員だった。緑豊かな通りを歩いていると、ＫＰＭＧのマークを掲げたビルが目に入った。スルプスカ共和国はあくまでボスニア・ヘルツェゴビナの一部で、独立した国家ではないが、いまだにボスニア・ヘルツェゴビナの旗ではなく、自らの旗のみを掲げている。昔からの対立はいまだに続いているのだ。その中に、現代文明の象徴のようなグローバル企業KPMGのマークがあったわけだ。

街で見かける広告や看板には英語のものが多く、そうでなくても一部に英語が入っているものはよく見かけた。それに特に驚かない自分が不思議だった。私の若い頃、ボスニア・ヘルツェゴビナの第二言語はドイツ語だった。まさにこの地で起きた反乱を鎮圧すべく戦ったのはアメリカ人だが、街にあふれる英語を見ていると、住民たちが過去のことはもう忘れようと努めているのを感じた。

バニャ・ルカから南へと伸びる道路は、二車線で幅は広くないが舗装は良く、起伏のある道沿いでは数多くの建物の建設が進んでいた。バニャ・ルカとサラエボの間でのビジネスには、将来性があると見られていたのだろう。サラエボに向かって行くと、高速道路とオフィスビルの建設が着々と進んでいるのがわかる。現在でも、川沿いにサラエボに向かう主要道路は、午後の早い時間でも混雑している。まだ古い建物は多く、道路も曲がりくねっていたが、大勢が暮らす丘の下の街は、夏の夜などあちこちで食べ物が売られ、音楽も流れて活気づいていた。

一〇年と少し前まで、バニャ・ルカは、スルプスカ共和国の指導者、ラトコ・ムラディッチの権力の座だった。当時、街から南へ向かう道路は、サラエボを攻撃するための軍の車両や迫撃砲などで埋め尽くされていた。その戦闘はヨーロッパの体験した中で最悪のものとはまでは言えないが、一九四五年から今までの間では最悪と言っていいだろう。

私はボスニアの復興ぶりに驚いた。がれきが片づけられ、街が綺麗になったというだけではない。人々の暮らしが少なくとも見かけ上、普通に戻っていたのに驚かされた。戦争が起きると、当然、戦場になった場所は荒廃する。そして、場所以上に荒廃するのが人だ。通常、つい最近、戦火を体験した人と言えば、荒廃して、いかにもそのように見えるものだ。ところが、バニャ・ルカやサラエボの人々はそうではない。かつて軍の車両や武器を運んでいた道路は、今ではごく普通の道路に見える。人もそうだ。サラエボのモスクで夕べの祈りを捧げる人たちの姿は、ヨーロッパの他の街の人たちと区別がつかない。バニャ・ルカでチェスをする人たちもそうだ。だが、彼らは過去に起きたことを忘れたわけでもなければ、許したわけでもない。彼らにとっては、五〇〇年前に起きたことも、一九九五年に起きたことも、昨日起きたことと同じだ。忘れたいという強い気持ちはあるし、そのために努力もしているが、この地で忘却はあり得ない。

ヨーロッパ人たちは、ユーゴスラビアでの出来事をまるで「先祖返り」のように見ていた。遠い過去には自分たちの先祖も同じようなことをしていたかもしれないが、もう時代遅れで今の自分たちには無関係だと感じていた。現在のヨーロッパでは、多数の国の間で苛烈な戦争が起きることなどない。その人の民族だけを理由に強制収容所に送ることもない。ヨーロッパ人は、第二次世界大戦の前のような忌まわしい存在ではないのだ。だから、一九九五年にしたことを見ると、ユーゴスラビア人はとてもヨーロッパ人とは思えない。ヨーロッパ人のように思っているが、実は別の種類の人たちなのだろう。彼らが何者なのかはわからないが、ヨーロッパの精神に反した人たちであることは確かだ。そう感じた人が多かった。だが、それは本当だろうか。一九一二年にバルカン半島で戦争が勃発した時にも、ヨーロッパ人は同じように思っていたのである。そして、すぐ後にヨーロッパで起きたことは、バルカンで起きたことよりもはるかに酷かった。

私がサラエボで泊まっていた小さなホテルの所有者は教養豊かな年配の女性だった。背は低く、小太りで、忙しく動きまわって周囲の人たちの世話を焼く様子は、私の伯母によく似ていた。戦争の時のことを尋ねても、なかなか話をしてくれなかったが、あきらめずに何度か水を向けると、ためらいながら、街がバニャ・ルカから来た男たちによる砲撃にさらされた日々のことを静かに話し始めた。私が「バニャ・ルカではKPMGのビルを見ました。もう二度とあんなことは起きないようですね」と言うと、彼女は悲しげに微笑んで「ここでは、いくらお金があっても戦争が起きないとは限らないんです。この平和もいつまで続くことやら」と答えた。「戦争はまたいずれ起きます。でも、とりあえず今はホテルを持っている。それだけです」とも言った。平和が永遠に続くかどうかは彼女にとって問題ではなく、ともかく今は十分に平和でホテルの経営を楽しむことができる。それだけで嬉しいのだという。何とも控えめだが、現実がいかに厳しいかがよくわかる話だと思う。

バルカンでの戦争そのものを詳しく調べてもさほど大きな意味はない。重要なのは、その戦争が後にどこにどう影響するかだ。戦争が起き、多数の人が死んだ。そして、アメリカ人の仲介により一応の停戦が実現する。だが、その後、アメリカは、セルビアと戦争することになる。アルバニア人とイスラム教徒が多数を占めるコソボ地区をめぐって戦争することになったのだ。セルビア人はコソボ地区を自身の国家アイデンティティにとって重要な土地と見ており、人口の上では多数派のアルバニア人との間の対立が激化したことが戦争へとつながった。結局、一三八九年のコソボの戦いの記憶がまだ消えていないのだとも言える。この戦いの意味は、六〇〇年前から変わっていない。

ヨーロッパ人は戦争を防ぐこともできなかったし、起きた戦争を自ら止めることもできなかった。単に互いに物理的、精神的に疲弊しきって、その結果、戦争が終わったということだ。戦争が終わっても、始まる前と変わらず、何も解決はしていない。ユーゴスラビアができた時には、これで一九一二年、一三年のような流血は防げると思われたが、幻想に過ぎなかった。敵は敵のままだ。たとえどんな旗を掲げて生きるようになろうと、敵は敵のまま変わらない。EUへの加盟が認められたら、戦いは終わると多くの人が信じたこともあった。なぜ信じたのかはよくわからないが、一部に熱心に信じた人たちがいた。だが一方で、次の戦争は必ず起きるとわかっていた人たちもいた。ＥＵの推進者たちはもちろん、加盟が戦いを終わらせると信じきっていた。私はどちらの側の人たちとも話したが、戦争を予期していた人の方が冷静に現実を見ていて、その考えには動かしがたいものがあると感じたので、より真剣に話に耳を傾けることになった。

コーカサスの戦争

バルカン半島西部の紛争の火種は、その土地に古くからあったものだ。だが、実際に火がつくのは、外部的要因によることが多い。今後、火がつくとすれば、トルコの勢力が高まった場合、あるいは、ロシアの同地域への影響力が強まった場合かもしれない。ヨーロッパが力を失い、不安定になることで紛争が起きる恐れもある。ドイツ一国が極端に強くなり、統合を進めていた他のヨーロッパ諸国との乖離が大きくなると、それが紛争へとつながるかもしれない。旧ユーゴスラビアの内部では、戦争は一応終わっても問題は何も解決していない。そして、平和を保つ動機がこれからは弱まっていくかもしれない。忘れていた大国が再び台頭する可能性について私たちは真剣に考えておく必要があるだろう。大国が同地域を経済上、重要な場とみなしているうちはいいが、戦争の場とみなすようになると問題だ。アメリカがボスニアとコソボに部隊を送り、すでに何年も駐留させたままでいることも忘れてはならない。

コーカサス山脈は、黒海とカスピ海とをつなぐ陸橋のような場所だ。この陸橋は、ヨーロッパとアナトリア半島、ペルシャをつなぐ役目も果たしている。

コーカサス山脈は、大コーカサス山脈と小コーカサス山脈から成る。北にあるのが大コーカサス山

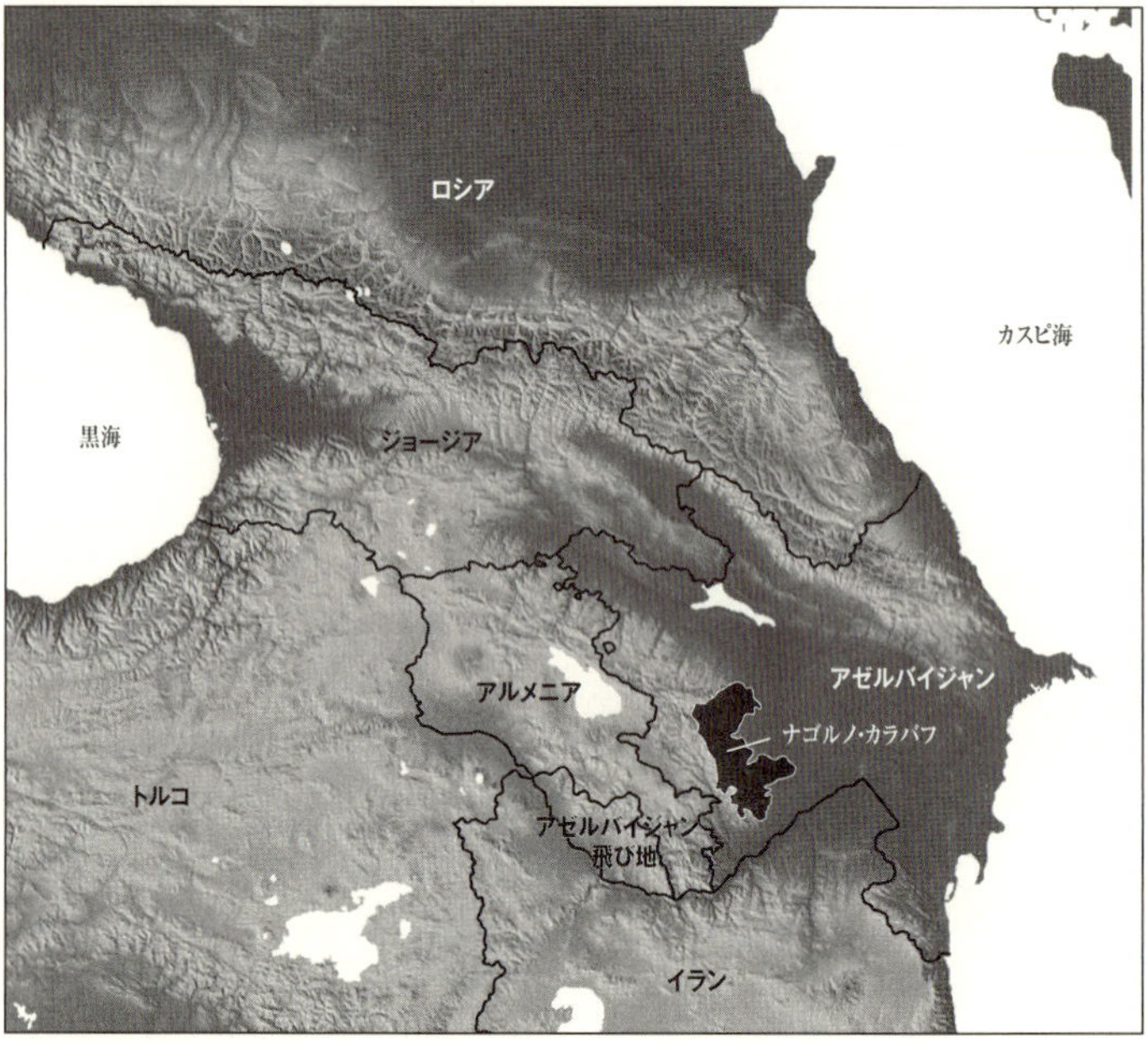

コーカサス

脈で、ヨーロッパでも最も高く険しいエルブルス山（五六四二メートル）を擁する。南の小コーカサス山脈は、大コーカサスに比べれば標高は低いが、バルカン半島と同じく土地の起伏が激し過ぎてほとんど人を寄せつけない。二つの間の平地は、西側はまだ起伏があるが、東に行くにしたがい平坦になる。平地を作ったのはクラ川で、トルコ東部の山々から流れ出し、カスピ海へと注いでいる。平地は黒海にまで伸びており、西の海岸平野とつながっている。コーカサス地方の二つの国家、ジョージアとアゼルバイジャンは、この平野に位置し、もう一つのアルメニアは、大部分が南の山岳地帯に位置する。

コーカサス地方は、三つの大国に囲まれており、そのうちの二つはバルカン周辺にも大きな影響を及ぼしている。

一つは南西のトルコ、もう一つは南東のイラン、三つ目が北のロシアだ。この三国は、いずれも何度もコーカサス地方の支配を試みている。三国が共有していた時期も長かった。険しい山は、三国が互いから身を守るのにも役立った。どの国も、この土地に何か足がかりさえあれば、どこが正確な境界線かは重要な問題ではなかった。小コーカサスでも山は険しく、大軍が一気に越えることはまず不可能だった。ロシアにとっては、大コーカサスは必要不可欠な存在だ。その北の広大なヨーロッパ平野は、防衛が難しい場所だ。大コーカサスはヨーロッパ平野の端に位置する。つまり、大コーカサスを奪われれば、その先はロシアの奥深くまで簡単に入って来られる、常にドアが開いているような状態になるということだ。ソ連崩壊後も、ロシアがどうしてもここから撤退しないのはそのためだ。チェチェン共和国や、ダゲスタン共和国で、イスラム教徒の反乱が起きても撤退するわけにはいかない。

ロシアは実のところ、撤退するどころかできる限り南へ行きたいと考えている。そうして、攻撃を受ける危険性を少しでも減らすのである。一九世紀には、オスマン帝国とペルシャが弱かったために、クラ渓谷を越え、小コーカサスにまで進出することができた。その過程でジョージア、アルメニア、アゼルバイジャンを吸収している。ロシア革命後、この三国は一時的に独立を回復したが、ソ連はその後再び三国を統合し、国境を元に戻した。トルコとイランは弱かったために、誰もそれに異議を唱えることはなかった。

ソ連はこれで三つのものを得た。一つは、大コーカサスの支配権を失うことはないという保証だ。二つ目は、小コーカサスを通り抜ける道を確保したということだ。冷戦時代の初期には重要なことだった。トルコ、イランからアメリカ軍が攻撃してくる恐れがあったからだ。三つ目は、これがおそらく最も重要だったのだが、アゼルバイジャンの首都バクーにあるヨーロッパ最大の油田を手に入れられたことである。バクー油田を自分のものにしたことで、ソ連の工業化は加速した。バクーの石油がなければ、ソ連は第二次世界大戦に勝利することなどできなかっただろう。当然、ヒトラーは、バクーを我が物にできれば戦争に勝てると信じていたはずだ。スターリングラード攻防戦の最大の焦点も、バクーへと通じる扉が開かれるかどうかにあった。ドイツはソ連軍と山々によって動きを阻まれ、戦争に負けた。大コーカサスがドイツを打ち負かしたと言ってもそう間違いではない。

ソ連の崩壊は、コーカサスで始まったと言ってもいい。後にアゼルバイジャン共和国の大統領となった、ヘイダル・アリエフは、元はソ連共産党の政治局員で、アゼルバイジャンKGBの議長だったこともあった。だが、ゴルバチョフと対立したことで一時引退して、アゼルバイジャンへの帰国を余儀なくされた。彼は、ゴルバチョフの下ではソ連は長くはもたないと確信していた。引退はしたが、いずれまた自分の時代が来ると信じたアリエフは、地元で徐々に政治基盤を固めていく。これが後にソ連から独立したアゼルバイジャンが、今日にいたるまで独立を維持することにつながった。

ほぼ同時期にアゼルバイジャンでは驚くべきことが起きていたのだが、ほとんど注目されなかった。アゼルバイジャンのある地方の議会がモスクワに対し、「アゼルバイジャンを離れ、アルメニアに加わりたい」と申し出、許可を求めていたのだ。ゴルバチョフはこれを拒否している。認めると、それをきっかけにソ連の内部で他にも国境線の移動を求める声が出るのではと恐れたのだ。ソ連では、特にスターリン時代に歴史的経緯を無視した国境線の移動をしていた。また、不明確になっている国境線も多かったので、あちこちから同様の要望が出ればソ連をさらに混乱させる要因になると考えた。

問題の根はソ連の政策にあった。ソ連では、連邦内の共和国に関し、政治的、戦略的な理由から国境の変更や人口の移動をよく行っていた。時には、かなりの数の人間を一斉に国外退去にすることもあった。第二次世界大戦中には、アゼルバイジャン人が中央アジアへと退去させられるということが起きた。また、コーカサス地方の中での人口の移動も行われている。アルメニア人は、政府の許可により、アゼルバイジャンのナゴルノ・カラバフ地区に大量に流入している。何年か経つと、本来、アゼルバイジャンだった場所が、アルメニア人に占拠されているという状況になった。

ソ連がその後、弱体化し、崩壊したことで、ゴルバチョフの拒否は無意味になった。「アゼルバイジャンが統治するナゴルノ・カラバフ地区を、アルメニア統治下に移したい」というアルメニア人たちの要求をゴルバチョフは撥ねつけていたが、それは無効になってしまったのだ。ソ連崩壊後、アルメニアとアゼルバイジャンはともに主権を持った独立の共和国になり、両者の緊張は高まった。アルメニアで多くのアゼルバイジャン人が死に、アゼルバイジャンでも多くのアルメニア人が死んだ。バルカン半島での戦争が始まったのとほぼ同じ時期、一九九二年の冬頃までには、アルメニアはナゴルノ・カラバフへの攻撃を開始していた。そして、アルメニア人、アゼルバイジャン人の双方がソ連製の武器を取って戦争へと突入した。八〇万人を超えるアゼルバイジャン人と、約二五万人のアルメニア人が難民となった。そして約三万人のアゼルバイジャン人と六〇〇〇人のアルメニア人が死んだ。一九九四年に一応、停戦となったが問題が解決したわけではなく、それどころかさらにこじれてしまっている。国境付近には現在も狙撃兵がいるし、国連決議も無視されている。

私は停戦後一〇年以上経ってからアゼルバイジャンを訪れた。その時は、出迎えてくれた政府の役人がすぐに、ソ連からの独立の際に犠牲となった人たちの記念碑に連れて行ってくれた。私は記念碑に花を手向けた。カメラを持った放送記者たちが私にインタビューをしようと待っていた。最初の質問は、ナゴルノ・カラバフ問題に関する私の立場を問うものだった。アゼルバイジャンに行ったのはそれがはじめてだったのだが、問題については一通り理解しているつもりでいた。だが、私は肝心なことをわかっていなかったのである。それは、紛争の背後にある当事者の感情だ。それは現地に行かない限り、理解の難しいことだろう。私は立場を曖昧にしたまま回答せざるを得なかった。ただ、国連決議は尊重しなくてはならない、ということだけは言った。私の意見を気にする人がどこかにいるとも思っていなかった。

インタビューの内容や、私のアゼルバイジャンでの行動は、インターネット上で公表された。すると、すぐにアルメニア人が攻撃してきた。私がアゼルバイジャン人に雇われているというのだ。アゼルバイジャンに行き、バクーの街を称えることを言っている(確かに、魅力的な街ですね、くらいのことは言った)ことからして間違いないという。アゼルバイジャンから金をもらっているのでなければ、そんなことをするはずがないと言われた。どちらの側もアメリカに問題の解決を求めている。しかし、結局、直接関わっている人たちにしか解決のできない問題なのだろう。

他人の政治的情熱を非理性的で的外れだと思ってしまうのは簡単だ。私たちは自分自身の愛情や憎しみについてはよく理解できるし、当然、それを真剣に受け止める。だが、他人のそれに関しては、すぐに無分別だと思ってしまうし、時には病的だとまで思うこともある。確かに私たちには記憶というものがあり、誰かに不当な扱いを受けたと思えば、決してそれを忘れない。国家間で何か争いがあった時には、最も強い国を除けば、すべての国が被害者意識を持つことになる。決して正当化できない悪事が行われ、自分たちはその犠牲になったと感じる。そして決してそのことを忘れない。バルカンでも、もちろんコーカサスでも同じことが起きた。他人の抱く感情を理解せずに動けば、政治的に重大な過ちを犯すことがあるだろう。他人の愛情や憎しみは、どうしても理不尽に見えるが、それはそういうものだと理解しなくてはならない。コーカサスで私は、記憶や感情がどういうものかを学ぶことができた。念のために言っておくと、私はアゼルバイジャンから一切金銭を受け取っていない。

バルカンとコーカサスの紛争は、ヨーロッパ人の「新しいヨーロッパ」という物語を否定するものだった。戦争はなくなりはしなかった。ヨーロッパが統合へ向けて順調に進んでいるように見えた二〇〇八年に勃発した、ロシアとジョージアの戦争もその一つだ。一九四五年以前にヨーロッパを動かしていた感情はまだ死んではいなかった。EU加盟国内では、まだそれは明確には見えないかもしれないが、バルカン半島などを含めたヨーロッパ全体に目を向ければよくわかる。

中には、紛争が起きていると言っても、それは、ヨーロッパの中でも遅れている地域（バルカン半島）や、真にヨーロッパとは言えない地域（コーカサス地方）でのことなので、大した問題ではないと言う人もいる。だが、忘れてならないのは、バルカン半島は第一次世界大戦が始まった場所だということだ。また、チェチェン共和国や、ダゲスタン共和国など大コーカサスでは、現在、ロシアがイスラム教徒の反乱と戦っている。それも無視できない。他にも紛争が起きる恐れはある。そのすべてが取るに足らないものだと言うのなら、ヨーロッパの範囲を頻繁に定義し直さなくてはならないだろう。ソ連が崩壊しても、EUが設立されても、ヨーロッパの戦争は結局、終わらなかった。それは認めるしかない。

今のところ、EU内部に限って言えば、戦争は一度も起きていない。それは確かだ。ヨーロッパに紛争を求める本能のようなものがあるとしても、EUはそれをきっと抑えることができる、そう信じる人にとって、これまでEU内で戦争が起きていないことは強力な論拠となる。だが、ここで一つ疑問が生じる。もしEUが失敗して、加盟国がばらばらになったら、あるいはEUは存続してもかたちだけで何も有効に機能しなくなったとしたら。EUという組織が戦争の発生を抑えているのだとして、その組織が消滅するか、あるいは無効になるかしたら、何がヨーロッパの暴走を抑えるのか。

私は、EUは今、簡単に対処できない危機に直面していると考えている。このままではEUは失敗してしまう。問題は崩れたバランスを取り戻せるかどうかだ。私はバランスを取り戻せないだろうと思っている。問題は構造的なものなので、必然的に失敗することになる。ヨーロッパの統合が紛争を防いできたというのが本当なら、EUなしでは、バルカンやコーカサスのような紛争が他でも起き、ヨーロッパの未来は多くの人の期待とは大きく異なるものになる。

次の章からは、今後、紛争の火種となりそうな場所をいくつか取りあげ、個々について分析をすることにしよう。ヨーロッパには古くからの伝統が数多くある。その一つは、同じ場所で同じような紛争が繰り返されるという伝統だ。

第9章　ドイツ問題の再燃

ヨーロッパの問題は今、再びドイツの問題になっている。ドイツが何を望み、何を恐れ、何をし、何をしないかが問題になっているのである。これは、ヨーロッパにとっては古い問いだ。そして、ヨーロッパでおそらく最も古い問いにつながる。「次の戦争はいつ始まり、どこで戦われるのか」という問いだ。一八七一年のドイツ統一は、やがてあの三一年に及ぶ戦争を生んだ。その後、四五年にわたりドイツは分裂した状態となるが、その間、一応の平和は保たれた。再統一を果たした今は、疑いなく、ヨーロッパを牽引する大国となっている。EUはこれまでのところ成功しているとは言えないが、そこで重要なのは、ヨーロッパはこれからまた分裂してしまうのか、ということだ。一時は統合が進んでいたのに、ヨーロッパの構造は再び過去のようになってしまうのか。

一九四五年の時点では、大国としてのドイツはもはや終わったと考えられていた。ところが、ドイツはまた大国として台頭することになる。他国を支配しているとは言えないが、少なくともヨーロッパ大陸の国々を引っ張る力とはなっている。問題は、ヨーロッパにとって、また世界にとってそれが何を意味するのかということだ。現在のドイツは、もちろん、どの点をとってもアドルフ・ヒトラーのドイツとは違う。軍事力は限定されているし、憲法を基礎にした極めて民主的な体制となっている。だが、それでも、ドイツが現在のヨーロッパで最も強大な国であるという事実は変わらない。その決断、行動は、ヨーロッパ大陸に大きく影響する。他のどの国よりも影響は大きいだろう。

その立場はドイツにとって新しいものではない。一八七一年のドイツの統一は、以後、ヨーロッパのあり方を変えてしまった。強大で創造性に富み、しかも安定性を欠いた国がヨーロッパ平野の中心にできたことによる影響はとてつもなく大きかった。ヨーロッパの歴史のはじめにまでさかのぼると、ライン川の東のゲルマン人の存在がローマ帝国の限界を規定したということがあった。ゲルマンの諸民族は、アルプスの北、ライン川の東に存在し、東側の境界線は不明瞭だった。ローマといえどもゲルマンの諸民族を無視することはできなかったのである。

一八七一年、プロイセン王国を核に、それまで小国と自由都市の連合にすぎなかったドイツが一つの近代国家となった。その後、ドイツは三度、大国として台頭し、政治的、経済的にヨーロッパ全体に強い影響力を持つ存在となった。一八七一年のドイツ統一と、ほぼ同時期の普仏戦争は、ヨーロッパを再定義するような出来事だったと言える。一九一八年、第一次世界大戦に敗れたドイツは一度力を失うが、その後、徐々に力を取り戻し、ナチス・ドイツとして最盛期にはヨーロッパを席巻する強国となる。第二次世界大戦に敗れたが、一九四五年からまた復興を開始する。東西に分かれていた国も一九九〇年には再統一を果たす。分裂から統一、発展の後の敗北と衰退、分裂、再び統一と発展、ということをドイツは繰り返してきたわけだ。発展する度にヨーロッパを牽引する大国になるのもドイツの特徴だ。

こうなる一つの理由は、ドイツの地理的な位置にある。北ヨーロッパ平野の中央に位置する国は、必ずヨーロッパにとって重要な存在となる。それは、神聖ローマ帝国の時代のように分裂していても、統一された国になっていても同じだ。ただ、なぜ何度衰退しても再び復興を遂げヨーロッパを牽引する強国となるのか、その理由は複雑で、単に地理的な位置だけを理由にすることはできない。仮に想像できる人は一九四五年の時点で、二一世紀のドイツの姿を想像できた人は極めて少なかったはずである。

たとしたら、きっと恐怖を感じたはずだ。

この章では、ヨーロッパにとって重要な存在であるドイツという国について考えてみたい。ドイツによってこれまでにどのような問題が生まれたのか、その問題はどのように解決されてきたのか。ドイツがヨーロッパを牽引するとは具体的にどういう意味なのか、またドイツの過去の行動は他のヨーロッパ諸国にどのような感情を生んできたのか。そうしたことを考察しようと思う。まず、ドイツが強大な力を持つにいたった理由から考えることにする。特に、一八七一年以降の発展の理由に焦点を当てる。何度か破局的な出来事を経験しながら、なぜそれほどの急速な発展が可能だったのか。

同時に考えると興味深いのは、ロシアをはさんでドイツの反対側に位置する日本の存在だ。ドイツが統一を果たし、発展を始めた頃、日本もやはり同様に国を統一し、発展し始めた。日本はドイツよりもさらに天然資源に乏しかった上、ドイツとは違い、近代的な戦争をするための軍隊も持っていなかった。日本は海軍に関してはイギリスに、陸軍に関してはドイツに学び、力をつけていった。驚くべきことに、その日本の軍事力は、一九〇五年にはロシアを破るほどにまでなっていた。そして、第二次世界大戦の時期には、日本は東アジア随一の経済力、軍事力を持つ国になる。ドイツと同じように、日本もその必要に迫られ、異常とも言えるほどの速度で発展を遂げた。しかも、ドイツよりもはるかに下の出発点から上昇したのである。他国との力関係を覆すために戦争に訴えたところもドイツに似ていた。そして、戦争により壊滅的な被害を受け、ほとんど復興の見込みがないように見えたところも、ドイツと日本は共通していた。だが、第二次世界大戦後の日本は、ドイツと同時に急速に復興を遂げ、現在GDPではドイツよりも上の世界第三位となっている。ロシアやイギリス、フランスなどは戦勝国となっており、第二次世界大戦で受けた被害はドイツや日本よりもずっと小さかったが、ドイツや日本ほどの経済発展はしていない。

なので、ここでの問いは「なぜドイツだけが」ではなく、「なぜドイツと日本が」とした方がいいだろう。ドイツは唯一無二ではなかった。両者の共通点は、まず、他に比べて統一が遅れた国ということだ。また、工業化も他の先進国に比べて遅かった。ドイツも日本も一九世紀の後半になってようやく国の統一を果たし、そこから急速に経済を発展させたのである。両者にとって重要だったのは、原材料の確保である。工業化をしようにも、原材料が手に入らなくては、製品を作ることはできない。そこに立ちふさがったのは、統一や工業化を先に成し遂げていた他の先進諸国である。その点も両国はまったく同じだった。どちらも、原材料と市場を手に入れるための手段として、戦争に訴えることになった。いずれも戦争では結局、悲惨な敗北を喫し、大きな被害を受けたが、一世代ほどの時間で奇跡的な経済復興を果たした。ただし、軍事的には弱いままである。ここで注目すべきはイタリアだ。イタリアは統一の時期はドイツや日本と変わらないが、両国ほど急速な工業化はしなかった。戦争による被害は比較的小さかったが、両国ほどの高い国際的地位を得るにはいたっていない。

ドイツと日本の産業革命は、政府が先頭に立って促進したトップダウン式の革命である。政府が国民に強要したと言ってもいい。どちらの場合も、自国の外を見つめる外向きの力が大きく作用した。プロイセンが統一を強く求めたのは、イギリスやフランスと競争するためだ。そして、競争のためには急速な工業化が不可欠となる。日本は、アメリカ人と出会い、中国がイギリスに実質的に支配されていくのを見て危機感を持った。国を統一し、工業化を急がなくては中国と同じ運命をたどることになると悟ったのである。そして、一八六八年の明治維新により、日本には何世紀もの間存在しなかった統一政府ができることになった。この統一政府は経済的、軍事的な理由から日本の工業化を強力に推進していった。

政府は国営化を進めるというより、国策として工業化を進めていった。ドイツでも日本でも、政策を決定し、実行していく立場にあった貴族階級が、国の運命に対する自らの責任を感じていた。工業化を進めることが国の利益になり、自らの利益にもなることを十分に認識していたのである。イタリアがドイツや日本のようにならなかったのは、一つには両国のような深刻な地政学的脅威に直面していなかったからだろう。しかもイタリアの場合、ドイツや日本とは異なり、貴族階級が協調して行動するということができなかった。

工業化、国の統一、軍事力、という三つの要素はすべてが他の二つと密接に関係し合っていた。それぞれが他の二つを支えたのである。その結果、両国では軍国主義的なイデオロギーが育つことになった。軍を国の発展の象徴とみなし、貴族階級を軍の生来の指導者とする。そして、一般の人民はこぞって軍に参加し、軍を全力で支える、そういうイデオロギーだ。イタリアも、ムッソリーニの下で同様のイデオロギーを定着させようとしたが、うまくいかなかった。ファシスト党の政権は砂の上に築いた城のようだった。

第二次世界大戦後は日本もドイツも、反軍国主義的なイデオロギーを確立することになった。日本は憲法でも平和主義を謳っている。ドイツはNATOにも参加し、一応、伝統的な軍を維持してはいるが、戦前のような軍国的なイデオロギーが戻ることはなかった。にもかかわらず両国は急速な経済発展を成し遂げた。この経済発展は国の復興に不可欠だっただけでなく、軍国主義に代わるイデオロギーを作り上げることにつながった。それは「経済主義」とでも呼ぶべきイデオロギーだ。ともかく徹底的に経済発展を追い求め、それによって国益を確保しようという態度である。実際に経済発展が達成され、生活が豊かになり、軍国主義をもはや時代遅れのものに感じる人も増えた。

日本とドイツには他にも共通点がある。どちらも冷戦時代、アメリカにとって不可欠な存在だったということだ。アメリカ経済は戦後しばらくの間、世界のGDPの半分を占めるほどの規模だった。

そのアメリカと経済の上で緊密な関係を築くことは両国にとって極めて大きな利益となった。まず、アメリカが世界最大の市場だったということが重要だ。封じ込め政策には、両国の繁栄が欠かせない。そのために、アメリカはドイツと日本を必要とした。アメリカは、ソ連に対する封じ込め政策のためにドイツと日本を必要とした。封じ込め政策には、両国の繁栄が欠かせない。そのため、アメリカは敗戦国に懲罰を与えるという考えを早々に捨てた。懲罰のため、貧困のまま放置するという方針をすぐに改めたのだ。戦後の地政学的な状況が、両国の経済の復活を必要とした。アメリカからの対外援助と、巨大なアメリカ市場の存在、そして、関税による自国市場の保護が容認されたこと、これらすべてが復興のためのエネルギーとなった。

戦争中には、その時代の地政学的状況によって生じた社会の現実があった。その現実が、命令をされれば極めて残忍なこともしてしまう人たちを生んだ。だが、戦後は、その極端な悪事をはたらいたのと同じ人たちが、方向転換をし、今度は経済発展のために極端なほどの勤勉努力をした。経済的困窮の恐怖から、勤勉に努力したのは初めてではなかった。戦中に鍛えられた忍耐力があったために、他の国の国民であればとても耐えられないし、耐えようともしない状況にも耐えて努力を続けることができたとも言える。そのことはイタリアと比較してみればよくわかる。同じ世紀の間に二度もイギリスとフランスを追い越して成長を遂げられた背景には、ドイツ人の独自の国民性があると考えられる。

現在、日本は世界第三位、ドイツは世界第四位の経済大国である。二国は今にいたるまで、軍事的には強大になることなく、経済大国となる道を歩んできた。どちらも、持っている実力の割には国際的な影響力を発揮して来なかった。それは、戦後の両国は全体としてはどちらもアメリカの戦略の下にいたからだ。つまり、決して安定した基盤の上に存在しているわけではないということである。アメリカが大きく方針転換をすることがあれば、途端に将来は不透明になってしまう。国のあり方にはいくつか選択肢はあるが、両国はどちらも国際社会で積極的に主導的役割を果たすことは避けてきた。リスクを冒すことになるからだ。

ドイツのことを考える時は日本のことを同時に考えるべきだ。そうすれば、必要以上にドイツを特異な国と考えずに済む。実はそれほど特異ではなく、ある条件が揃えば同じような国は他にも生まれ得ると考えることができる。もちろん、ドイツだけの固有の事情もある。分断された国が再統一をし、その後、さらに発展をする、ということは日本には起きていない。ただ、それでも両者の類似性は驚くほど大きく、非常に示唆的であると言える。統一、工業化が遅れたことで、イタリアのように完全な管理の難しい国になることもある。だが、ドイツと日本は同じように、急速な発展を遂げ、その後、戦争によって破局に陥るという似たような運命をたどった。

ドイツと日本に共通していたのは、社会的な連帯だと思われる。敗戦後の壊滅的な状況下でもそれは保たれていた。それが両国の復興を助けた面はある。ドイツでは、悲惨な状況でも一定の規律は維持されていた。表面的にはただ貧困にあえぎ、疲弊しきった危険な状況に見えたが、それだけではない面も一方に存在していたのである。その後のドイツと他のヨーロッパ諸国の間の経済成長には大きな違いが生じたが、危機的状況でも規律を保った忍耐力がその差となって表れたのではないかと思われる。一九五〇年代、六〇年代のドイツの再建を支えた世代の多くはこの世を去ったが、後を引き継いだ世代も基本的にはそう変わらない。六〇年代、七〇年代の急進主義の台頭などを見ると、一見、変化しているようにも思えるが、実は根本的なところはあまり変わっていないと言っていい。

以前と変わったことがあるとすれば、防衛に対する姿勢だろう。冷戦期には、現実的な脅威がすぐそばにあったため、いやでも国の防衛ということを考えざるを得なかった。しかし、冷戦終結後には、防衛に関心を持つ人間は少なくなった。状況が変わったのだからこれは当然のことだ。ワイマール共和国時代のドイツが、軍事的脅威に直面していなかったのに少し似ている。

ドイツの場合、大成功と大惨事とは密接に結びついている。そのため、彼らは自分たちの成し遂げたことを誇りに感じながらも、同時に恐れている。成功を収めて大国になり、強い影響力を持ってしまうと、それまでとは違う役割を果たさざるを得ない。だが、ドイツ人はその役割を担いたいとは思っていない。それによって訪れるかもしれない悲劇を恐れているからだ。ドイツは新しい時代のヨーロッパを主導する役割を熱望しているわけではない。その役割から逃れられなくなることを恐れている。一方、他のヨーロッパ諸国は、ドイツの恐怖心は見せかけで、謙虚なふりをしているだけではないか、と疑いを抱いている。結局、昔ながらのドイツは決して死んではおらず、今はただ眠っているだけなのではないかと思っているのだ。ヨーロッパの中で、ドイツに関して悪い記憶を持っていない国は一つもない。ドイツでさえ、自分自身に関して悪い記憶を持っている。

自分自身が震え上がるほどの恐ろしい出来事の記憶が彼らにはある。だが、それは遠い過去に消え去ったものだとドイツ人は信じたがっている。何かひどい行いをした人間が、「あれは夢だった」と自分に言い聞かせているのにも似ている。本当は起きていないこと、現世ではない別の世界で起きたことと信じたがっているようにも見える。夢であれば、時が経てばすぐに記憶は消えてしまう。忘れてしまえばなかったのと同じになる。忘れようとすれば忘れられるのだとも考えた。だが、実際には忘れることなど絶対にできなかった。夢などではなく紛れもない現実だったからだ。それは現実に起きたことだった。そして、今ドイツ人が恐れているのは、また同じことが起きるのではないかということだ。はじめから夢などではないことを知っている周囲の国々も同じ恐怖を共有している。つまり、ドイツ人の思いと他のヨーロッパ人の思いは、ある部分では同じということだ。

数々の成功を収め力をつけたドイツは、今では近隣の諸国のまとめ役とならねばならない。そして、行動の一つ一つが、些細なものであっても、他の諸国の運命を左右しかねない。その事実は他国の恐怖心を煽る。以前と違うのは、ドイツの成功でも権力でも行動でもなく、それに伴う恐怖心である。他者、そして自分自身の恐怖心が力を弱めると考えることもできる。だが、自らの中に狂気があることをたとえ知っていても、心がその狂気にとらわれてしまわないという保証はどこにもない。ドイツが過去にしたようなことを一度でもした人間は、自分自身について決して安心することができない。そして、他者は当然、まったく安心できない。

ドイツにできるのは、ともかく慎重な姿勢を保ち、いつまでも無害な存在でい続けられるよう努力することだけだ。世界に向かって繰り返しはっきりと反省の意を表明し、自分たちのしたことを最大限真剣に受け止めていることを知らせなくてはならない。国としてまったく普通の営みを続けながら、同時に反省の態度を見せていく必要がある。ドイツ人の生き方はある意味で被害者の生き方に似ているだろう。単に生き続けるだけでなく、絶えずなぜ自分たちはこうなったのかという内省もしていく。もちろん、彼らは被害者ではなく加害者である。どれほど内省をしても、彼らが加害者で、その行為には被害者がいるという事実は変わらない。

ドイツ人全員が同じように考えているわけではない。全員が一つにまとまっているわけではないし、特に若者の間からは常に違うものが生まれている。そのことは、土曜日の夜のベルリンを見ればわかる。土曜の夜にベルリンに行けば、人間には実に様々な生き方があるとわかるだろう。他では見られないような奇妙な人種もそこにはいる。狂気をはらんだベルトルト・ブレヒトの演劇を思い起こすこともある。人間の人生がどれほど奇矯なものになり得るかをそこで知ることができる。また、一見、風変わりな行動の中に贖罪の気持ち、深く哲学的な考察が含まれていて、独特の輝きを見せることもある。ボヘミアニズムは、古くからドイツの若者の伝統である。それは今も変わらない。一九七〇年代に若き革命家だった私の知人たちは、今ではシーメンスやドイツ銀行で高い地位に就いている。結局、彼らの若い時の行動は、後に権力の側に立つ人間の、準備の儀式のようなものだったのかもしれない。二〇歳の頃には「退屈な大人」と呼び、憎んでいた人種に自らがなるための儀式ということだ。若者が反抗し、社会の過去からの慣習を打ち壊そうとするのは何もドイツに限ったことではない。また、そういう若者の多くが後に体制側に入るのもドイツ特有の現象とは言えない。だが、夜のベルリンを見ていると、普遍的とも言えるその傾向がここではより強いように思える。一九七〇年代、ヨーロッパでは新左翼の運動が、大学を中心に大きな広がりを見せていた。中には、爆撃や銃撃、誘拐など、直接的な行動に走る集団もいた。ドイツには、「バーダー・マインホフ・グルッペ」と呼ばれる集団がいて、これが後に「ドイツ赤軍」となる。そのメンバーは数々のテロ行為に手を染め、有罪判決を受けている。創設者のウルリケ・マインホフは、裁判中だった一九七六年に自殺した。指導者の一人だったアンドレアス・バーダーも、一九七七年、自身が「死の夜」と名づけた夜に二人の仲間とともに自殺した。

若者が性に溺れることが珍しくないように、若者が特定のイデオロギーにのめり込むことも珍しくない。どこにでも見られることだ。一九七〇年代には、テロに走る若者も数多くの国にいた。だが、ドイツのテロリストたちの「死の夜」は、ドイツの若者たちが抱える深い闇の反映ではないだろうか。彼らは他国の若者より深い闇を抱えている。その態度を「死への信仰」とまで言うつもりもないし、そもそも彼らの死にどういう動機があったのかが私にわかるわけもない。だが、ドイツの哲学者に関してよく言われることがある。彼らは他国の哲学者に比べて、心の深いところまで降りて行き、またそこに他よりも長くとどまるという。そして、上へと戻ってくる時には他よりも汚れた姿になっているというのだ。これが本当にドイツの哲学者に当てはまることかはよくわからないが、ドイツ赤軍に関してはかなり当てはまるのではないかと思う。過激派と呼ばれた人間も多くは後にごく普通の生活を営んでいる。だが、中には少ないながら、そうしない者もいて、活動が終焉を迎える時、彼らは驚くべき行動に出ることが多い。思想的に右か左かは関係がない。それよりも若さの方が大きな要素である。何かをあまりに強く信じたために、通常ではとても考えられない行動に走り、他人にも自分にも極めて大きな影響を及ぼしてしまう。同じ国の人間だからと言って、その中の誰かが犯した罪を全員で負わねばならないわけではない。そんな連帯責任はないのだ。ただ、文化というものは、元来が集団のものである。属する文化が同じであれば、連帯責任を感じたとしても不思議ではない。ドイツのテロリストたちが自殺したと聞いて、私は本書ですでに書いたハイネの言う「ドイツの雷」のことを思い出した（第4章を参照）。ハイネは「ドイツ人の雷はドイツ人らしく、素早く稲妻が光るようなものではないが、いずれ発生すれば、激しい雷鳴が轟く」と言っている。雷鳴が轟いたのは遠い過去で、もうかなり音は小さくなったが、まだはっきりと聞こえている。

同じようなことが他の国で決して起こらないとは言わない。しかし、ドイツで起きると、より深い意味を帯びることになる。それは不当なことかもしれないが事実だ。ドイツ人は、前に進みたいと望んでいるし、混乱が生じないよう常に気を配っている。過去に起きたことは過去のものとしてしまい込み、再び表に出ないようにしたいと思っている。だが、同時に彼らは、いつまでも同じ状態を続けることはできないと知ってもいる。

ドイツ人は正常と異常の間の溝に捕らえられて動けなくなっている。異常な事態への彼らの恐怖は切実で非常に深い。できる限り正常を装うこと、できる限り目立たないようにすることが、彼らにとって救いの道となっている。とはいえ、世界第四位、ヨーロッパでは最大の経済大国が目立たないでいることは難しい。それでもドイツは、これまで異常な行動から自分たちを守ってくれたものにしがみつこうとしている。普通でいること、目立たずいることに執着しているのだ。指導者の役割を押しつけられそうな現状を変えようともしている。NATOには今後もとどまっていたいと思っている。しかし、アフガニスタンでごく限られた任務を果たしたのを最後に、NATOの下で具体的に行動するのはやめたいとも望んでいる。EUにはとどまりたいが、自分たちはあくまでEU全体のためではなく、ドイツの国益のために動きたいと考えている。しかも、国益のために動いていることをなるべく他国に悟られたくない。ドイツが自らの利益のために動いている、そう思うだけで恐怖におののき、強い怒りを感じる国が多数あるからだ。ドイツ自身も自ら作り出した安全な繭の中にいつまでも閉じこもっていたいのだが、一方でそこから出そうという力は絶えずはたらいている。何か起きる度に力は強まるのである。

ドイツはこれからも、外交問題には非軍事的な方法で対処することに執着するだろう。ドイツは、輸出がGDPの四〇パーセントを占めるような国だ。工業生産物の量は、自国で消費できる量をはるかに超えている。現在の輸出のほんの一部でも失うことがあれば、国内には相当に大きい影響が及ぶだろう。利益率の高い生産物の輸出だけでは、すべての雇用を維持することはできない。利益率の低いものから高いものまであらゆる種類の生産物を輸出しなくてはならない。これほどの輸出偏重型になったのは、元はアメリカの影響である。アメリカはドイツの急速な成長を促したが、その支援は均等ではなく、工業部門に偏っていた。工業を支援して国内需要を上回る生産をさせたのだ。アメリカなどの外国が余剰分を買うことになる。ただ、それは一九五〇年代のことなので、相当に昔の話だ。今までの長い時間に輸出偏重を是正することも十分にできたはずであるが、是正されるどころかドイツの輸出偏重はさらに進むことになった。

ドイツにとっていいのは、政治的な問題、そして当然、軍事的な問題を決して引き起こさないような経済政策を立てることだ。自らの意思を誰にも押しつけることなく、ヨーロッパの大国であり続ける、ということが望みである。本来は国を構成する一要素にすぎない経済力だけを駆使して生きていきたい、国益を追求するにしても乱暴な手段には訴えたくない。ドイツも国家主権は保持したいが、それはあくまでヨーロッパを統合する枠組みの中での話で、そこに属するすべての主権国家の意思を尊重したいと考えている。ドイツの姿勢がそうなるのは十分に理解できるが、実際にそんなことが可能かどうかは別問題だ。

ヨーロッパは今まさに経済危機の中にいる。ドイツはヨーロッパの中でも最も裕福な国だ。しかも、その利益のほとんどはヨーロッパから来ている。だが、ドイツの国民はギリシャの支援に賛同しない。自分たちの怠惰と腐敗のせいで危機になったのに、なぜドイツが助けなくてはならないのか、というのである。ドイツ人は規律正しく勤勉なのに対して、南ヨーロッパ人は無気力で無責任という昔からの通念があり、何となくそれが証明されたように思っている人も多い。これはあくまで偏見なのだが、真実を突いている部分もある。しかし、すでに書いたとおり、ギリシャの苦境はすべて自業自得というわけでもないのだ。問題は、たとえ偏見でも納得する人が大勢いれば影響力を持ち得るということである。

もし本当に怠惰や無責任が危機の原因なのだとしたら、南ヨーロッパ諸国の債務をドイツが肩代わりするのは筋が通らないことになる。だが、話はそこで終わらない。もっと深い意味を持つ恐れがある。この偏見を正しいと認めてしまえば、北ヨーロッパ人、特にドイツ人が少なくとも文化的には南ヨーロッパ人よりも優れているのだ、と言う人が出てくる。それはおそらく「血」のせいではなく、価値観の問題であり、優れている、劣っているという話ではないのだが、そういう話にしたがる人もいる。南ヨーロッパ人は、自分たちの問題にもうまく対処できず、信頼できない。だとすれば、北ヨーロッパ人は彼らを管理下に置き、規律と勤勉努力を教えてやらねばならないという主張もなされるようになる。

これはまさに緊縮財政による問題解決を訴える人の主張だ。ＥＵは危機だが、危機脱出のために重荷を負うべきなのは誰か。ドイツ人は自分たちこそ、危機の犠牲者だと考える。せっかく規律と努力で富を得たのに、それが失われるかもしれないからだ。南ヨーロッパ諸国には、自力で負債を返済させなければならない。すべてではないにしても、大部分は自力で返すべきだろう。もちろん、それは彼らが借りたものだからだし、無責任の結果がどういうものかを南ヨーロッパ人に教える良い機会にもなる。緊縮財政は彼らが生き方を変える良いきっかけになるだろう。ドイツにはそう考える人が多い。

この点では、ドイツの政策とドイツの世論との間に大きな差異はない。困るのは、規律や勤勉努力では解決しない問題もあるということだ。南ヨーロッパ人は押しつけられた規律を拒否するだろう。そして彼らは、すべての債務者にとっての武器を持っている。「デフォルト（債務不履行）」だ。どこかで、支払うコストの方が支払いを拒むコストより高いという時が来る。デフォルトを起こせば、誰からも金を借りられなくなるかもしれないが、たとえそうなっても、債務返済するよりも楽だ、という判断をする可能性があるということだ。また、大企業の例を見てもわかるとおり、倒産をしても、一切の融資が止まるとは限らない。国にも同じことは言える。

ドイツは経済戦略だけで事態を乗り切ろうとしている。この方法は、すべてのプレーヤーが経済ゲームだけをしている場合には有効だ。しかし、デフォルトが起きれば、ゲームは別のものに変わる。ドイツは果たして、経済的手段のみで債務の返済を強制できるだろうか。理屈の上で考えられるのは、債権者が債権放棄することだが、ドイツにとってそれは受け入れがたい。一方で、政治的な手段での解決へと物事が動いていく恐れも大いにある。ドイツにとっては滑りやすい坂道を上っていくような状況だ。ＥＵの枠を守りその中で生きる、経済の視点だけで問題解決にあたる、といった彼らの姿勢は持続できなくなってきている。ドイツは債務のゲームに負けたことを認めるか、経済的手段以外の道を模索することになるかもしれない。

ドイツ出身でアメリカに亡命したユダヤ人哲学者、ハンナ・アーレントはかつて「この世界で最も危険なのは、裕福でしかも弱いという存在になることだ」と言ったことがある。富を守るには強さが必要になる。裕福な者は貧しい者と違い、他人に嫉妬される。他人の欲しがる者を持っているからだ。そして弱いと、強者とは違い力に屈しやすくなる。私の父も「世界で最も裕福な人間でも、貧者の撃った弾丸が当たれば生き延びることはできない」とよく言っていた。同じことは国にも言える。強さのない富は悲劇を招きやすい。すでに書いたとおり、加害者にも被害者にもならずに済めば素晴らしいが、残念ながらそれは不可能だ。

経済が極端に落ち込み、労働人口の四分の一以上が失業し、巨額な債務の返済を迫られている。そんな国ではいったいどういうことが起きるだろうか。政治運動が起きるに違いない。その運動では主に三つのことが訴えられる。まず、債務は返すな、ということ。債務を作った悪党は罰するべきということ。そして、どこかに富める者がいるなら、その富を他に分け与えるべきということだ。人種や民族も必ず問題にされる。移民の受け入れを拒否せよ、という声、たとえＥＵ圏内であろうと、国境を越えた自由な人の移動を制限すべき、という声が起きるだろう。これは経済の問題と密接に結びついているからだ。

経済的に苦境にある人たちには、ＥＵはエリート層ばかりを利するものにしか見えない。その他の大多数にとっては、就職難の原因になるだけと思える。人の移動が自由になると、外国人に職を奪われることもあるからだ。特に、経済危機によって突然、すべてを失った中流階級は、自分の国にいながら外国人になったように感じることになるだろう。移民が多く入って来ると、その国の特性は変化する。しかし、ヨーロッパ各国にはそれぞれ文化の違いがあり、それが移民の吸収を妨げる。また、移民も、受け入れ国と同化したくないと考えるかもしれない。つまり、国の構造が変わってしまうということだ。マルクスも言ったように、資本には国籍はない。それは本当だ。だが、貧しい人々はそうではない。彼らには国籍があり、それに頼ってもいる。経済の問題と文化の問題は容易に融合し得るということだ。経済的に苦しくなると、外国人に対する恐怖心が高まる。その結果、右翼からの政治的圧力が強まることになる。これは何も全体として経済危機にある国に限った話ではない。全体としては豊かな北ヨーロッパでさえ、またドイツにさえ、同じようなことはあるし、アメリカにもある。ただ、程度が穏やかなだけだ。

すでに過激な政治運動が各国で起きているが、それは驚くようなことではない。たとえば、ギリシャの「黄金の夜明け」や、イタリアの「五つ星運動」、フランスの「国民戦線」、ハンガリーの「ヨッビク」などの極右政党が台頭しているし、一般の国民からもかなりの支持を獲得し、無視できない勢力を持つ政党も現れている。ただ現時点では、そう心配することでもない。過激な政党も勢力が一定以上になると変質するからだ。右翼にしろ、左翼にしろ（右翼が多いが）、ともかく彼らは過激なスローガンを掲げてはいるが、それだけではさほど大きな問題にはならない。怖いのは、このままドイツが債務国に対し厳しい姿勢を変えることができなくなってしまうことだ。そうなると、債務国の人々は、ドイツ人、そしてドイツ人に味方する人々を悪者とみなすようになる。強硬な手段を使ってでも彼らから資産を奪い取り、貧しい者に分配すべきという声があがるだろう。

絶望的な状況に陥った国は、捨て身の行動に出ることがある。行動の標的はドイツだろうが、ドイツが裕福だが弱い国でいるうちは、捨て身の行動でもリスクは小さい。ドイツは各国に投資をしているし、各国に資産もある。輸出のための重要な市場もヨーロッパ全体にある。反ドイツ、反緊縮財政の感情が高まれば、ドイツ人やその資産に対する攻撃はエスカレートするだろう。ドイツには、その攻撃を罰として受け入れることもできるが、その莫大な富を力に変えることも当然できる。国家は何もそうなりたくて強くなるとは限らない。その必要があるから強くなるのだ。厳しい選択を突きつけられた時、ただ黙って攻撃に甘んじているよりは、経済面だけでなくあらゆる面で強くなることを選ぶ方がまし、という判断をしてもまったく不思議ではない。

今後、ドイツはあらゆる面で強い国に変化していく可能性が高い。はじめは政治的影響力を高め、自らへの圧力が大きくなるにつれ、軍事的にも強くなっていくだろう。そう遠い将来の話ではない。ドイツは自国の構造的な問題に対処しなくてはならない。問題とはまず、輸出への過度な依存だ。内需の拡大も難しい。輸出を基礎にした経済を維持するには、そのための安定した枠組みが必要だ。これまではＥＵがその枠組みだった。しかし、ＥＵが不安定になり、加盟国が保護貿易主義に走るのならば、ドイツとしては新たな顧客を見つける必要があるし、すでにその動きは始めている。

ＥＵに何があろうと、ヨーロッパ統合への動きにドイツが今後も大きく依存することは変わらない。だが、加盟国がこれから国家主義的になっていくのであれば、ドイツとしては、ロシアや、ラテンアメリカ、アフリカの新興国と経済的関係を強める道を模索せざるを得ない。そこでドイツは厳しい現実と直面するかもしれない。ドイツとしては専ら経済的な利益だけを考えたいのだが、新たなパートナーはどうしても経済と国家の安全保障とを結びつけて考える。たとえば、ドイツがロシアとの関係を深めたとする。ロシアにとって、経済と国家の安全保障は切り離せない問題だ。そういう国とつき合っていかなくてはならないのである。ロシアのウクライナやベラルーシに対する行動を容認することが経済取引の条件だと言われたらどうすればいいのだろう。ドイツがロシアとそういう関係になるのをアメリカは見たくないはずだし、ポーランドもそうだろう。アメリカとポーランドは軍事的な関係を強めるに違いない。ロシアは警戒し、ドイツに対し決断を迫ってくる。

国家が自ら望んで強硬な外交政策を取ることはない。状況からやむを得ずそうするのである。ドイツにとってこれは、NATOとの関係を維持するのか、それとも他の国との二国関係を取るのか、という問題になる。重要なのは、ドイツはすでに冷戦時代に再軍備をしており、今も軍備を維持しているということだ。経済力に比して弱いがともかく軍はある。憲法の制約がある日本とは違い、心理的な障壁以外にドイツの軍備拡張を妨げるものはない。完全な主権国家にもかかわらず武器を持たないという国は世界には一つも存在しない。いかにドイツに悪夢のような過去があろうと、永遠の平和など夢にすぎないのは厳然たる事実である。自らの身を守る必要もなく、経済的繁栄を追求できるという状況は長続きしない。

世界第四位の経済大国には、政治から逃げるという選択肢はない。世界で起きるあらゆることが自らの国益に影響する。当然、ヨーロッパで起きるすべてのことがドイツの国益に影響することになる。万事に受け身になって、ただ良い結果が出るのを祈る、という選択肢もあるように見えるが、どの国の世論も政府がそんな選択をするのを許しはしないだろう。国益を守るための行動を一切取らずに経済の衰退を招くようなことがあれば、国内では大きな政治的反応が起きる。やがて政治家がそれを抑えきれなくなる恐れもある。では、どうすればいいのか。

第一の選択肢が、EUと自由貿易圏を維持することであるのはすぐにわかる。それは不可能ではない。だが、そのためにはドイツに相当の努力が必要になるし、努力が報われるとは限らない。南ヨーロッパ諸国の失業問題を解決し、東ヨーロッパ諸国のEUへの信頼を高めればいいだろうが、どちらも大変な手間と費用がかかる。ドイツの運命はＥＵにかかっている。それは今も変わらない。新たな選択肢を模索しつつも、ＥＵ内の問題の解決には力を尽くさねばならないし、その姿勢を他国にも明確にわかるように見せなくてはならない。

ドイツは二つの決断を下す必要がある。遠い過去から常に重要だった決断だ。一つはフランスとの関係をどうするかだ。もう一つはロシアとの関係をどうするかの決断だ。北ヨーロッパ平野に国土が位置するため、ドイツは常にこの問題に直面してきた。一八七一年以来のドイツの歴史は、それがすべてと言っていいほどだった。三国の間には繰り返し大きな問題が起きた。第二次世界大戦後は、フランスとの緊密な関係がドイツの基盤となっており、反対にロシアは絶えず脅威として存在した。国土の半分を占領されたこともあり、残り半分も奪われる危険にさらされたこともある。

ドイツは以前と変わらず今もフランスとの関係を重視している。しかし、両者の利害は必ずしも一致していない。フランスは高い失業率に悩み、たとえインフレの恐れがあっても景気を刺激したいと考えている。ドイツはそうではない。緊縮経済を強く支持している。ロシアは今のところ、ドイツにとって良いパートナーになり得る国とは言えない。だが、全面的に合わない相手というわけでもなく、一部には非常によく合う部分もある。どの国もそうだが、ドイツにとっても何かを捨てるのは難しい。できればすべてを手に入れたい。ＥＵを安定させることも、フランスとの良好な関係を維持することも、ロシアとの利害調整も十分に可能なことではある。だが、それを全部達成した上で、なおかつドイツの国益を十分に確保し、国内の世論も満足させる政策を立てるとなると、相当に困難なのは間違いない。

結局そんなことはできず、フランスとの緊張が今後高まってしまうこともあり得る。そうなると、フランスはドイツよりもアフリカや地中海諸国に目を向け、ロシアとの協調も試みるようになるかもしれない。また、もしかすると、大国の戦略によっては、各国間に平和的な協調関係が確立され、表面的には良い状況になる可能性もある。ただ、そうなると、ドイツとロシア、フランスとドイツなど、大国間に挟まれた地域に深刻な緊張が生じる恐れもあるだろう。

第10章　ロシアとヨーロッパ大陸

私の母の父はプレスブルクで生まれた。彼の子供たちはポジョニで生まれた。第一次世界大戦後、彼の家族はブラティスラヴァを離れた。この三つはすべて同じ都市の名前である。同じ都市なのだが、どの国の領土かによって名前が変わったのである。オーストリア領だった時代はプレスブルク、ハンガリー領だった時代にはポジョニ、スロバキア領になってからはブラティスラヴァと呼ばれるようになった。このように、ヨーロッパでは大国と大国との狭間の地域にいると、一人の人間が生きている間に同じ都市の名前が二度も三度も変わることがあるのだ。その時の公式な名前で呼ぼうとしない人もいる。また、もしスロバキア人と話すことがあったら、特に真夜中過ぎのバーにいる時には、決してブラティスラヴァをポジョニと呼んではいけない。ヨーロッパ大陸とロシアの狭間の地域では、名前は重要な意味を持つ。名前一つで流血騒ぎにもなりかねない。もちろん、世界中どこでも境界の地域では同じなのだが、特にここでは危ない。

ヨーロッパ大陸（ヨーロッパ亜大陸、ヨーロッパ半島などと呼ばれることもある）と呼ばれる場所は、南は地中海、黒海まで、北は北海、バルト海までである。そして、バルト海の東の端にあるのが、サンクトペテルブルクだ。黒海の東の端にはロシアのロストフ・ナ・ドヌがある。地図にサンクトペテルブルクとロストフ・ナ・ドヌを結ぶ線を引いてみれば、ヨーロッパ大陸とユーラシア大陸本土の境目がどこなのかがわかるだろう。そこから西はすべてヨーロッパ大陸に属すると考えていい。そこ

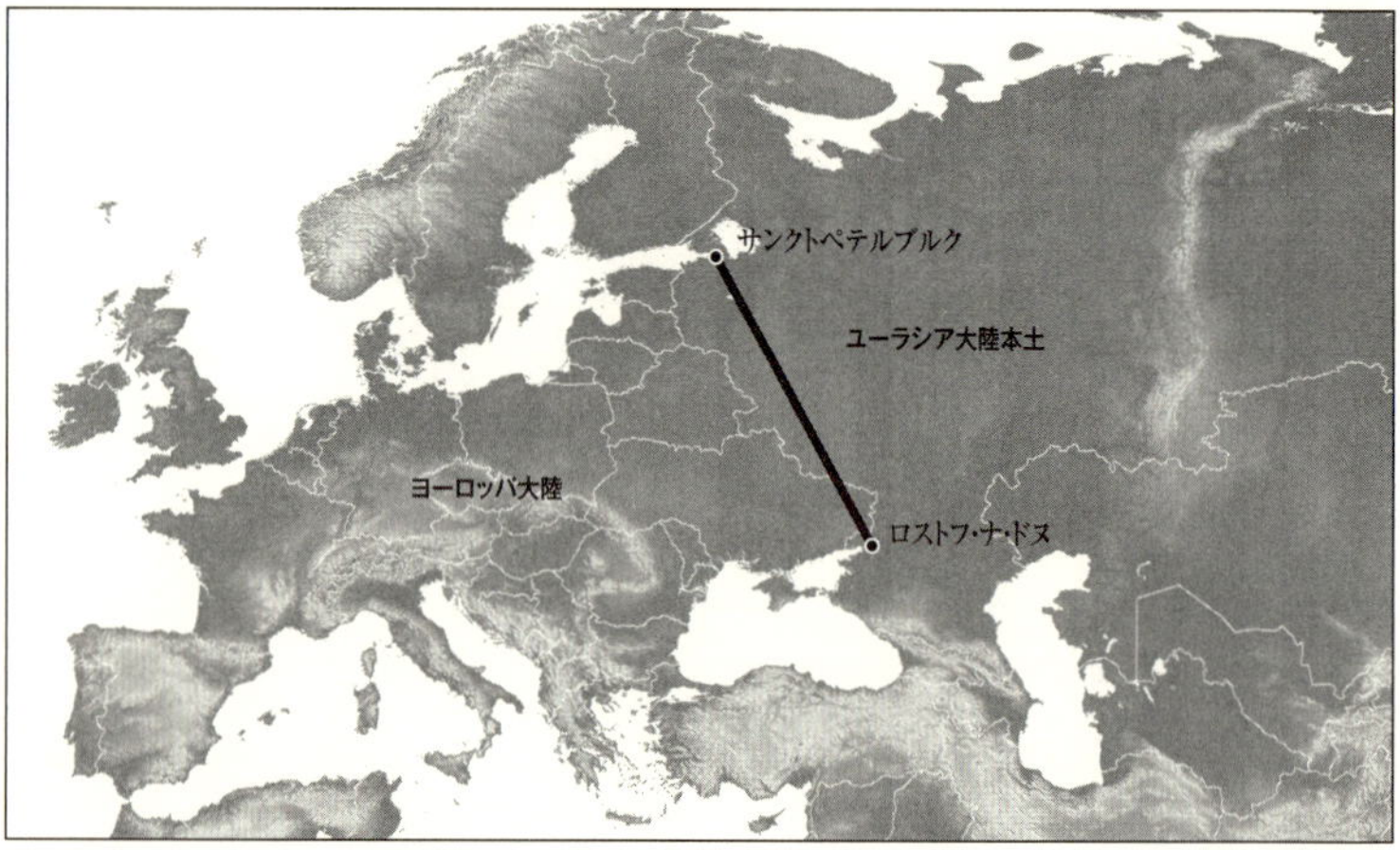

ヨーロッパ大陸とロシアの境界

から東がユーラシア大陸本土というわけだ。

この線は、ロシアの西側の国境線にほぼ一致する。バルト三国やベラルーシ、ウクライナも、かつてはロシア帝国やソビエト連邦の一部だったことがある。このあたりは今ではヨーロッパ大陸の東端の国々ということになるが、ヨーロッパ大陸に属するとも、ユーラシア大陸本土に属するとも言える。宗教的にもカトリックと正教徒が混在する。何世紀もの間、ロシア帝国の国境線は西に行ったり東に行ったりを繰り返してきた。境界の地域を取り込んだり、手放したりしてきたということだ。時にロシアはさらに西深くまで入り込んだこともある。冷戦時代にはドイツの中央部あたりまで進出した。だが、ヨーロッパ大陸の国が、ロシアの土地を奪い、自分たちの恒久的な領土にしたという例はない。ナポレオンやヒトラーなど試みた者はいるが、結局、大敗を喫している。ヨーロッパ大陸とロシアの間の境界は、バルト三国からウクライナまでと、ポーランドからブルガリアまでの二層から成っていると考えていいだろう。

ヨーロッパ大陸とロシアの間には大きな違いがある。まず、ヨーロッパ大陸は狭い。南北は、最も広いデンマーク北部からイタリアの南端までを結ぶ地点でも、二四〇〇キロメートルほどしかない。東から西に行くにつれ徐々に細くなっており、ピレネー山脈の走る特に細い部分は南北五〇〇キロメートルほどになっている。ヨーロッパ大陸は人口密度も高く、小さな国が数多く密集しているという点でもロシアとは違う。ヨーロッパ大陸の方が両方の意味で混み合っていると言えるだろう。

ロシアはとてつもなく広い。北から南までは長いところで約三二〇〇キロメートルあり、ベラルーシとの国境、ウラル山脈あたりの短いところでも南北一八〇〇キロメートルほどある。シベリアを抜け太平洋へといたる東西は最長で約一万キロメートルある。ただ、シベリアはロシアの中核地域ではないし、もちろん、いわゆる「ヨーロッパロシア」にも属していない。

ヨーロッパロシアはその大部分が平坦な土地で、川を除けば行く手を阻む障害物はない。言語、宗教、民族の面では、ロシアはヨーロッパ大陸に比べてはるかに均質である。ヨーロッパ大陸に乗り越えがたい多様性があるとすれば、ロシアには壊し難い均質性があるということになる。ロシアには、約一〇〇の民族集団があるが、人口の八〇パーセント超はロシア人で占められている。次に大きい民族集団であるタタール人はわずか三・九パーセントだ。つまり、民族集団の数は多くても、人口はどれもごく少なく影響力はほとんどない。チェチェンのイスラム教徒は時に暴力的になるが、モスクワ政府を転覆させることはできない。宗教は重要だが、どの民族に属するかはさらに重要だ。特に民族ごとに言語が違う場合にはそう言える。イスラム教徒は集団としては非常に大きい。しかし、イスラム教徒を全部で一つの集団として扱うのは間違いだ。ロシアでは、同じイスラム教徒であっても場所により言語により大きく違っている。また、信仰しているイスラム教にも種類があり、信仰の強さも様々だ。

ロシアは実質的には内陸国家である。人口のほとんどは海から遠く離れた場所にいる。反対にヨーロッパ大陸は海に囲まれている。その経済、文化においては、海上貿易が重要な位置を占めてきた。古代ギリシャの歴史家、トゥキディデスは「内陸のスパルタは貧しいが、海に面したアテナイは豊かだ」と指摘している。事実、アテナイは世界を相手に貿易をしていたが、スパルタは自分たちが育てる作物だけに頼って生きるしかなかった。トゥキディデスは同時に、海の近くで生きる人々が贅沢によって軟弱になっていること、逆に、内陸の人々が大きな困難にも耐える強さを持っていることも指摘した。近代のロシア兵の頑強さを見れば、トゥキディデスの言うことにも一理あるのではと思える。

ロシアとヨーロッパ大陸の地理的条件の差は、経済的な差にもなっている。ヨーロッパ大陸には現在、五億人を少し超えるくらいの人々が住む。一方、ロシアの人口は一億四〇〇〇万人と少しだ。ヨーロッパ大陸のGDPは約一四兆ドルで、一人あたりだと二万八〇〇〇ドルほどになる。ロシアのGDPは約二兆ドルで、一人あたりだと一万四二四六ドルとなる。単純に言えば、ヨーロッパ大陸の人たちはロシア人の二倍以上裕福ということだ。経済力の不平等もロシアの方がヨーロッパ大陸よりもずっと深刻だ。

ロシア人はどちらかと言えば内向きな人たちである。ロシアの中規模都市に暮らす人たちが人生で経験することは、ヨーロッパ大陸の人たちのそれとはまったく違うだろう。まず、ロシアでは色々なものがヨーロッパ大陸より少ない。目新しい事物に触れる機会も少なく、ビジネスチャンスも少ない。平均余命も短くなっている。人間の均質性が高いことは必ずしも幸せな人生にはつながっていないようだ。もちろん、ロシアの作家、アレクサンドル・ソルジェニーツィンのような意見もある。「ロシア人は確かに貧しいが、個人の精神性という点では、ヨーロッパ大陸人よりも優れている」というのだ。そのとおりかもしれない。だが、ロシア人の暮らしが楽ではないのは確かだ。

海だけではなく、ヨーロッパ大陸では川も富を生む上で重要な役割を果たしてきた。最大のドナウ川は、東アルプスから黒海までの間の低コストの交通路を提供してきた。ライン川は北海、ローヌ川は地中海へと向かう交通路となり、ドニエストル川は黒海への交通路となった。つまり、港湾都市だけでなく、内陸の都市も経済的に繁栄することが可能だったわけだ。ロシアにも川はあり、やはり大切な役割を果たしているが、大半のロシア人にとってどの川も遠すぎて恩恵を享受できない。ロシアではどうしても多くを陸上輸送に頼らざるを得ない。

ヨーロッパ大陸とロシアの境界地帯の中心は、ちょうどポーランド、スロバキア、ハンガリー、ルーマニアといった諸国がウクライナと国境を接するあたりになる。ポーランドからルーマニアまでは一〇〇キロメートルほどしかない。そんな狭い範囲に五ヶ国がひしめき、五ヶ国語が話され、五つの歴史が絡み合ってきたということである。そこは私の父の家族が故郷と呼んだ場所だ。つまり、そこには六つ目の歴史もあったということになる。すでに歴史の亡霊のようになっているが、それはユダヤ人の歴史だ。

この場所は他の意味でも中心となっている。境界地帯を南北に分けるからだ。北部はヨーロッパ平野で、平坦な土地が広がっている。南部は山がちで起伏が激しく、横断は容易ではない。ヨーロッパは平坦であり、起伏が激しくもある。二つの違ったヨーロッパが併存している。重要なのはカルパチア山脈の北端で、そこでヨーロッパ大陸の二つの部分が分かれる。

かつてはハンガリーのムンカーチで、現在はウクライナのムカチェヴォとなっている街はちょうどこの重要な場所にある。カルパチア山脈の前衛の山にある街だからだ。ここの住民は皆、二つ以上の言語を話せる。両方が流暢でなくても、ともかく二ヶ国語で意思の疎通ができる。誰もが地図に載っていない細い道をたくさん知っていて、国境の向こう側でどの商品が高く売れるかも皆が知っている。

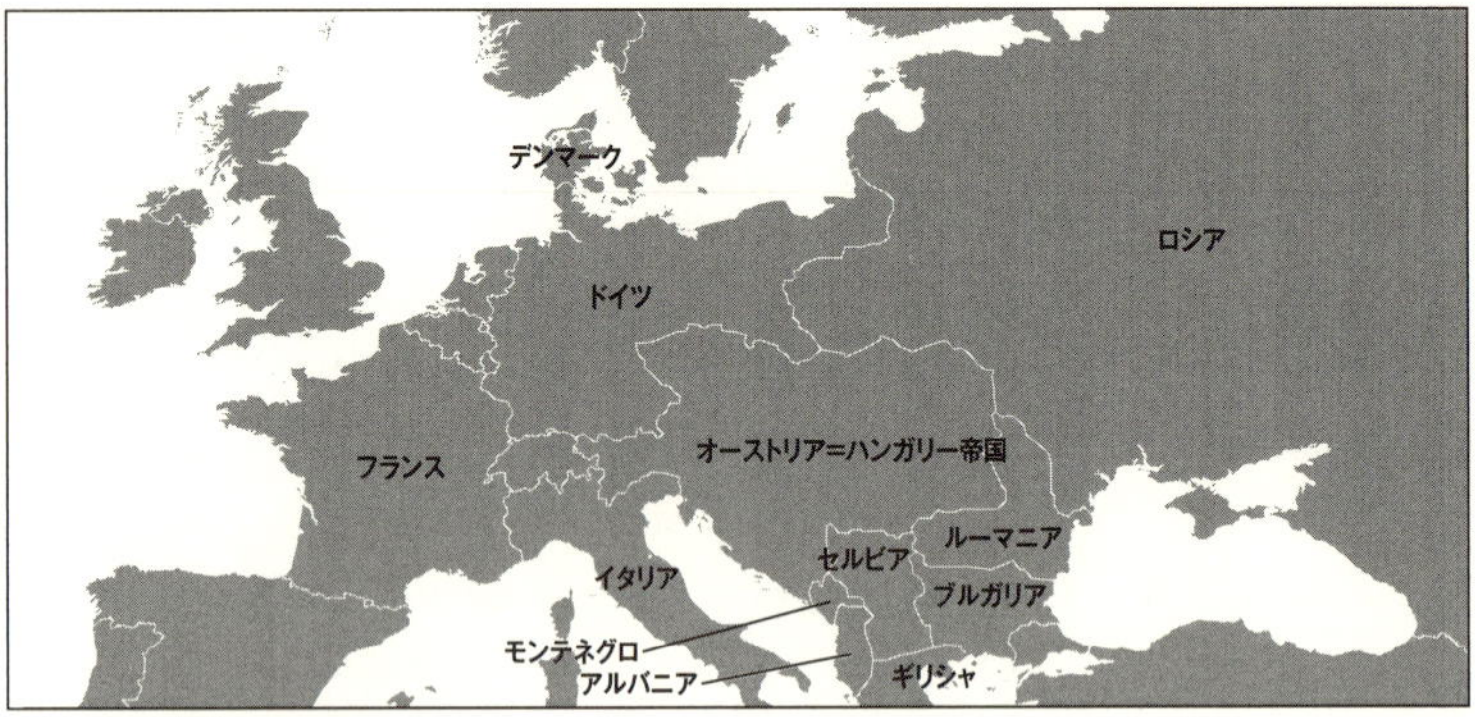

第一次世界大戦前の国境線

そして、誰もが戦争の兆候に敏感だ。農民が天気の変化に敏感なのと同じように、彼らは戦争に敏感である。ここはまるで圧力鍋の中のような場所だ。人は誰も、その圧力にどう耐えればいいかを知っている。

ここはヨーロッパ大陸の圧力とロシアの圧力が合流する特別な場所でもある。時にその圧力は耐え切れないほどの強さにもなった。西には、かつてのオーストリア＝ハンガリー帝国の片割れ、ハンガリーがあるが今ではEUに加盟し、ある意味で再統合をしている。北西にはドイツがあり、やはりEUに加盟しているが、単独でも大国である。南西はバルカン半島で、ウクライナの先にはロシアがある。ロシアはかつてに比べれば力が弱まったとはいえ、常に一つにまとまっており、常に歴史の大きな因子となってきた。ここに住む人たちは、国境線がいかに変わりやすいかをよく知っている。

もう一つ重要なのは、ここは今、アメリカの外交政策の焦点となっている場所だということである。冷戦時代には、紛争の火種はドイツの中央部だった。ところが、今はそれが東のウクライナにまで移動した。西側諸国とロシアが相手より優位に立つために争う場所となったのだ。ウクライナは一種の緩衝地帯となり、安全保障の要衝となった。もし西側諸国

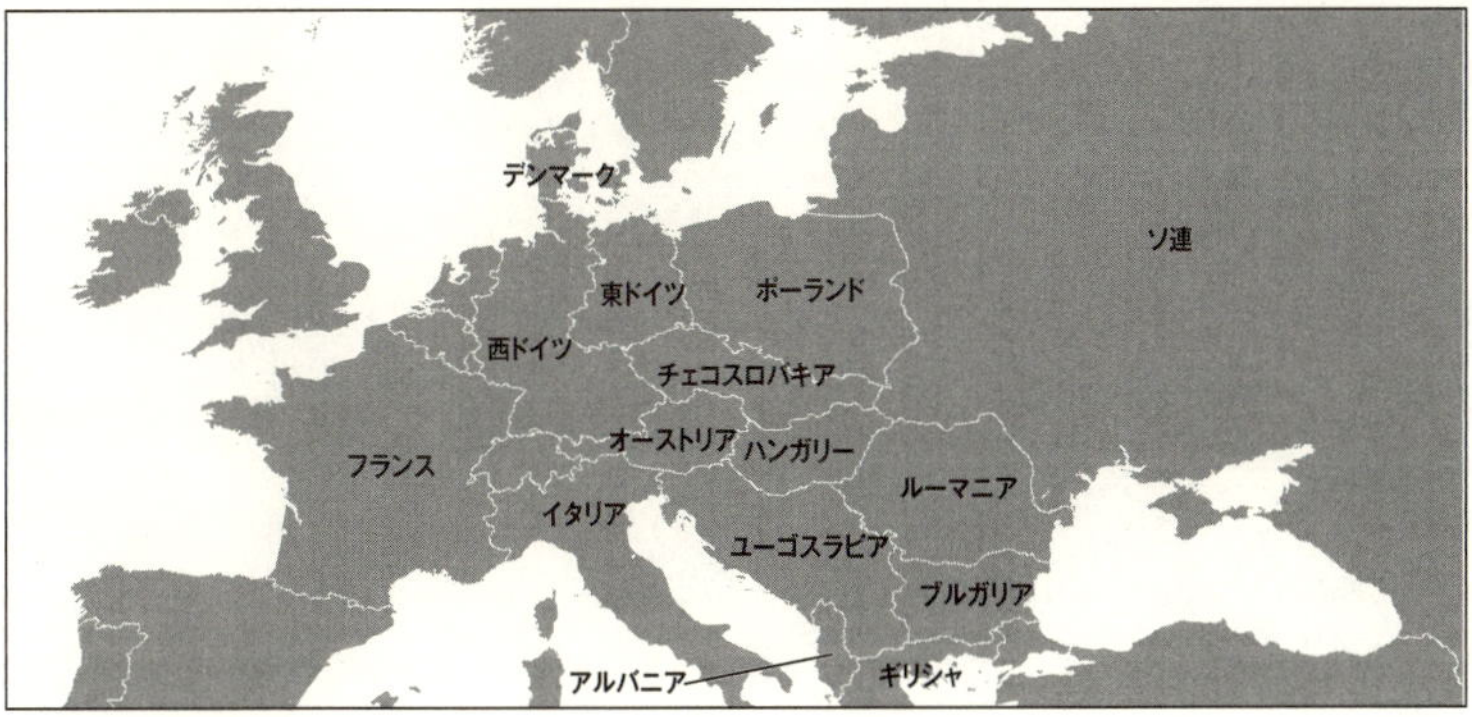

冷戦時代の国境線

が勝てば、両者の対峙する地点を、ウクライナとロシアの国境あたりまで移動させることができる。反対にロシアが勝てば、まさにここムカチェヴォあたりまで前線は移動することになるだろう。両者が何世紀にもわたって争ってきた場所で再び対峙するわけだ。おそらくウクライナ紛争の結果によって、今後アメリカ軍がどこに駐留するかも決まる。今も昔と変わらず、ここでは地図が次々に書き換わる。

今後の三世代くらいの間に地図がどう書き換わり得るかを考えてみよう。第一次世界大戦前の国境線を表した地図は、私の父が生まれた頃のものだ。

この当時は、ポーランド、チェコ、スロバキア、ハンガリー、バルト三国、ベラルーシ、ウクライナなどは独立国としては存在していない。境界地帯は、オーストリア＝ハンガリー帝国、ロシア、ドイツという三つの大国によって分割されていた。またドイツは北部のかなり広い土地を領有していた。

その後の、私にとって馴染み深い冷戦時代の国境線は、これとはまったく異なっている。まずオーストリア＝ハンガリー帝国は消滅しており、ドイツは分裂している。多数の新たな国家が生まれていて、ロシア帝国は以前よりもはるか西へと進出していた。

冷戦後の国境線

ヨーロッパ大陸とロシアの境界線は、事実上、以前よりも西へと移動した。注意すべきなのは、一九一三年と冷戦時代とでは、国境の意味が変わってしまっているということだ。もはや私の父にとっての国境のような穴の多いものではなくなった。父にとって国境とは曖昧な場所で、その人の解釈によって多少は動かせるものだった。私にとっての国境は鋭いナイフのようなものである。ヨーロッパを真っ二つに切ることのできるナイフだ。片足でも誤った側に置いてしまえば、それは死を意味する。私の心のどこかでは、ワルシャワはいまだに敵の領地である。

私の子供たちは、また大きく違ったヨーロッパを見ることになった。

ロシアの国境線は、ピョートル大帝がロシア帝国を拡張する以前のものに戻った。何世紀も独立できなかった国がいくつも主権を得ることになった。五〇年あまりの間に、実質的にドイツの中央部にまで進出していたロシアの国境線は、スモレンスクのあたりにまで後退した。かつてのロシア帝国の国境と比べても相当に東である。私の子供たちにとってヨーロッパはただの場所になった。旅行先としては楽しいが、かつての私のように、生と死を分ける境界線の存在する場所などとは思わなくなった。

　これだけの広い領域について何かを論じるのは容易なことでない。はじめはごく狭い範囲に、モルドバという国に限定して話をすることにしよう。小国ではあるが、そこには、いかにもヨーロッパらしい複雑さ、曖昧さ、危険がすべて存在する。極端な例ではあるが、ロシアとヨーロッパ大陸の境界地帯がどのような場所なのかはモルドバを見ればよくわかるだろう。そこでは物事がどう動くのかがよくわかる。モルドバほど極端ではなくても、境界地帯の大部分は基本的には似たような場所だ。

　一八〇〇年以降、モルドバの持ち主は何度も変わった。オスマン帝国の一部だったこともあるし、ロシア帝国、ソ連、ルーマニアの一部になったこともある。そして今は独立国となっている。現在のモルドバの状態が気に入らなければ、数年待ってみるといい。数年も経てば必ず変化するはずだからだ。小さいので、大した影響力を持つことは決してない。だが、モルドバには戦略的な強みがある。それは、地理的な位置である。主要言語はルーマニア語だが、地域特有の方言であり、ルーマニアで話されているものとは明らかに違う。また、ロシア語も同じくらい使われている。

　ルーマニア人、ロシア人、ウクライナ人がそこでは混じり合って暮らしている。また、第二次世界大戦中にドイツ人がやって来るまでは、ユダヤ人も多く住んでおり、ヨーロッパでも中心的なユダヤ人居留地があった。ユダヤ人の歴史においてはよく知られている、一九〇三年の虐殺が起きた場所だ。その事件は、首都キシニョフ（現在のキシナウ）の病院で一人のキリスト教徒の女性が亡くなったことから始まる。ロシア語新聞は、ユダヤ人の医師が彼女を毒殺したと報じた。報復として、五〇人を超える数のユダヤ人が殺害されることになった。事件については外国の新聞も大きく報じ、アメリカの『ニューヨーク・タイムズ』紙のように、一面で扱うところもあった。キシナウを実際に訪れた時には、この事件「キシナウ・ポグロム」について当然、考えたが、同時に奇妙な感慨があったのも確かである。一九〇三年の時点では、この小国の目立たない場所で五〇人のユダヤ人が殺されたことが、世界的に注目される事件になったのだ。その四〇年後にいったいどれだけの数のユダヤ人が殺されたのかと考えると、キシナウ・ポグロムで騒いでいた頃はまだ随分ましだったと思えてしまう。境界地帯で起きることは、場所だけでなく時間によっても大きく変わる。

モルドバが世界から注目されることはまずないが、それでも重要な場所である。まず、この国は二本の大河の間にある。その一つはプルト川だ。プルト川は現在、ルーマニアとの国境線となっている。もう一つのドニエストル川はほぼウクライナとの国境だ。ウクライナにとって重要な港湾都市がオデッサだが、ここは、かつてロシアが黒海や地中海へ出て行くために利用した場所だ。第二次世界大戦中にナチス・ドイツがオデッサを奪った時、ロシアはいわば世界への交通路を奪われたということになる。ウクライナとロシアは一つになることも離れることもあったが、常に両方がオデッサを極めて重要と見てきたことは間違いない。ロシアは現在、オデッサへの自らの影響力を高めるべく動いている。一方、アメリカの支援を受けたルーマニアは、それを阻止したいと考えている。これが即、大きな戦争の火種になるとは思えないが、小さな争いが起きやすい状況にはなっている。

ロシアとウクライナはともに、国境線をプルト川にまで移動したいと望んでいる。現在のようにドニエストル川が国境線になっていると、オデッサまでの距離が一〇〇キロメートルにも満たないほどになってしまうからだ。ドニエストル川の西岸にまで大国の力が及ぶことがあれば、オデッサを防衛することは非常に難しくなるだろう。また、ウクライナの首都キエフは、ドニエプル川沿いの街で、ドニエプル川が海への交通路となっている。オデッサが奪われれば、この交通路までも奪われてしまう危険性は十分にあるだろう。つまり、モルドバの地を誰が支配するかは非常に重要ということである。ロシアとウクライナにとって、モルドバはカルパチア山脈への経路という意味でも、安全保障上も無視できない土地だ。西側の大国にとっては、モルドバが東へと向かうための足がかりになり得る。ヒトラーとスターリンの独ソ不可侵条約が調印された際、ソ連のベッサラビア（モルドバの一部）侵攻を黙認する秘密議定書が交わされていたことは驚くにはあたらない。二〇一四年、わずかな数のアメリカ海兵隊員がモルドバで演習を行った。それですぐに戦争が始まりそうだと思った人はいなかったが、東西両方が注目した。モルドバ自体が重要なわけではないが、重要なものを手に入れる上でモルドバが重要になるからだ。

公式の統計によれば、モルドバはヨーロッパの最貧国である。モルドバを訪れた時、私は妻と、女性スタッフを一人伴っていた。二人ともごく真面目で、特別派手な服装を好む方でもない。それでも、モルドバで街を歩く時、二人は若い女性たちが履いているブーツに目を奪われ、「いくらくらいするのだろう」と盛んに話し合っていた。つまり、多くの女性が決して安くはないブーツを履いていたということだ。ヨーロッパ最貧と言われる国ではあるが、女性たちはかなり高価な靴を履いていた。妻とスタッフがそれほど靴に詳しかったのも意外だったが、もっと意外だったのはモルドバの豊かさだった。モルドバは私が思っていたほど貧しくはなかった。

またさらに驚いたのは、キシナウ郊外のオルヘイという街だ。道路は車で埋め尽くされていて、BMWのような高級車も多かった。とても最貧国とは思えない。銀行の多さも印象的だった。ソシエテ・ジェネラルなどの大手の国際銀行もあった。BMWも銀行の並ぶ街も、身なりの良い人たちも、私にとっては予想外のものだったのである。

モルドバが貧しいというのはあくまで統計の上のことだ。統計の数字が必ずしも実態を表していないというのは珍しいことではない。ここは、ウクライナとルーマニアに挟まれた境界地帯である。ロシアとヨーロッパの間の境界地帯であり、両方の影響を受ける土地だという意味でもある。ルーマニアの銀行はヨーロッパ大陸側の銀行なので、そこに資金を預ければ、ヨーロッパの資本になる。こうして洗浄された資金は世界をめぐり、その価値を高める。ロシア人とウクライナ人も財産をヨーロッパに移したい。ドニエストル川より東に財産を持っていたら、いつ失われてしまうか気が気ではない。

ドニエストル川の東には「沿ドニエストル共和国」と呼ばれる場所がある。ここは法的にはモルドバの一部なのだが、実質的には独立国となっている。中にはそこを「マフィア国家」と呼ぶ人もいる。麻薬売買やマネーローンダリングなどの非合法活動の拠点となっており、組織犯罪によって動いているから、というわけだ。本来はモルドバでなければウクライナに属するはずの土地だが、現在はロシアの新興財閥が支配している。沿ドニエストル共和国の資金がどこをどう流れるのかは、今のところ詳しくわかっていない。いったん西のEU諸国へと移動した後に姿を消し、再び表に現れた時には洗浄が済んでいる。イギリスの作家、ジョン・ル・カレは、自身の小説『誰よりも狙われた男』の中で、この資金のことを「リピッツァナー・マネー」と呼んでいる。リピッツァナーは生まれた時には黒いのだが、後に白く変わる、という馬だ。このマネーローンダリングは今のところ、国の主要産業の一つと言ってもいい。将来が不透明な土地で明日は誰が敵になるかわからない。だから資金はできるだけ素早く洗浄する。

モルドバ人には現在、ルーマニアのパスポートを取得する権利が与えられている。これはルーマニアが与えている権利だ。ウクライナとロシアは反発したが、さほど強い反発ではなかった。仮にあなたが犯罪に関わる資金を持っていたとする。その資金は、モルドバに持ち込むことができれば、ルーマニアのパスポートを持った人物に比較的簡単に渡すことができる。ルーマニアのパスポートを持ち、あなたの信頼できる人物に渡す。もっと良いのは、あなたを恐れている人物に渡すことだ。そうすれば、資金をEUへと移動できる。EUにはいくらでも極めてクリーンな投資機会がある。この手順は複雑だが、モルドバに銀行が多く、高価なブーツやBMWを多数見かける理由の一つはおそらくこれだろう。

境界地帯の常として、モルドバでもやはり密輸は欠かせないサービスとなっている。密かに運ぶのが物ではなく金だという場合もあるわけだ。一九九〇年代と大きく違うのは、密輸品が女性である、というケースが減ったことだろう。かつてヨーロッパの合法的な売春宿にモルドバの女性が大量に流れ込んできたこともあった。それ以前はソ連に属していたが、ソ連が崩壊し、環境が激変したために、新たな環境に適応して生き残る必要に迫られた女性も多かったのだろう。だが、資金を運ぶ方が利益になる今では、女性が運ばれることは減っている。

モルドバではEUとNATOの力がかつてないほどに強くなった。モルドバをルーマニアに統合しようという動きさえある。ヨーロッパ人は、モルドバを少なくとも今は、EUの正式の加盟国にしたいと強く望んでいるわけではない。それにモルドバの少なくとも一部の人間は、ロシアとヨーロッパの中間にある、という位置を利用して荒稼ぎをしている。EUに加盟し、他のヨーロッパ諸国と同じ規制の下に置かれれば困ることもあるだろう。ルーマニアが今もシェンゲン協定への加盟を認められていない理由の一つはこれである。加盟国のパスポートを持っていれば、他のEU諸国に国境検査なしで入れるという協定だ。ルーマニアは密輸の防止にも徐々に力を入れるようになってはいる。だが、たとえ防止対策にどれほどの効果があったとしても、密輸が日常の一部である境界地帯の本質は簡単には変わらない。モルドバには今、そうした境界地帯の本質と、それを変えたいルーマニアの意向との間の緊張関係が存在する。ルーマニアの意向に嘘はなく、おそらく本心から変わろうとしているのだろうが、その姿勢は、境界地帯が元来持つ性質と対立する。

忘れてはならないのは、この様々に名前を変えてきた地域は何世紀にもわたり、その役割を果たしてきたということだ。時代によって運ぶものは変わったが、していることは変わらない。かつてモスクだった教会、複数の言語が飛び交う街、体格も身なりも良く目つきの鋭い男たちが静かに語り合う酒場などを見れば、土地の歩んできた歴史がよくわかる。まさにここが戦場になったいくつもの戦争の記憶も大きいはずだ。特に、二つの大戦の三一年間の記憶は強く刻まれているだろう。この地域の人たちは、ソ連兵にもナチスの兵士にも、そして、両方の側についたルーマニア人兵士にも大勢殺された。ある意味で、汚く混乱したここの歴史こそがヨーロッパの歴史だと言えるのではないか。身ぎれいになったEU諸国ではなく、ここにこそヨーロッパの本質があるのかもしれない。

境界地帯は一時に比べ、広くなった。また以前ほど通り過ぎるのが危険な場所でもなくなった。合法、非合法のどちらもあるが、人と物の行き来は第一次世界大戦の前よりも盛んになっている。以前と同様、ヨーロッパ大陸から強大な圧力を受けている。それは、ロシアの後退に乗じたEUである。問題は、EUが本当に強い力を持っているのか、それとも幻想にすぎないのかという点だ。

現在のヨーロッパが果たして繁栄しているかは定かではない。特に東側の地域、かつてソ連の勢力下にあった東ヨーロッパ諸国の状況は不安定だし、単に不安定というよりも良くない状況かもしれない。ドイツがヨーロッパの大国として再び台頭したことで、ヨーロッパのパワーバランスは以前とは変わっている。アメリカは、かつてもそういう時代があったが、距離を置き、静観の姿勢になっているように見える。今後もしばらくは積極的に何かをしようとはしない可能性が高い。それを恐れる人も多い。アメリカが動かないとすれば、これからの展開をどう予想していいかわからないからだ。果たして、過去に何度も紛争が繰り返されてきたこの境界地帯の平和はこのまま保たれるのか、それともユーゴスラビアのような悲惨な戦争がここでも起きるのか、それを予想するのは困難である。

第11章　ロシアと境界地帯

ソ連が崩壊したことで、ロシアは極めて脆弱な状態に置かれた。ソ連時代よりも規模が小さくなったためだ。経済的にもロシアは大混乱に陥っていた。この混乱は、事業の民営化だけによって生じたわけではない。当時、ロシアの工業は、西側に比べて一、二世代は遅れていた。自らの支配下にある閉じた帝国内ではそれでもよかった。貿易相手も同じように立ち遅れた国々ばかりだったからだ。だが、囲いが外れてしまえば、外の進んだ工業とはとても競争できない。囲いも貿易相手も提供していたのはソ連だったのだが、そのソ連は消滅してしまった。

ロシアの工業には競争力がなかったが、ロシアの持つ天然資源、特に石油と天然ガスへの需要は極めて強かった。ヨーロッパ大陸の諸国もその両方を強く求めていたので、ロシアは既存のパイプラインを使うか、海上交通路を使うかしてそれを供給した。新たに建設が計画されているパイプラインもあった。

ロシア経済は、石油を購入するヨーロッパ大陸諸国に依存するようになっていた。ロシアにとって幸運だったのは、ヨーロッパの側もそれを強く望んでいたことだ。だが問題もいくつかあった。一つはエネルギー価格である。ロシアはそのままでは価格が低すぎると考えていた。もう一つは、旺盛な需要がそのまま継続するかということだ。ヨーロッパがロシア以外からエネルギーを調達し始める恐れはないのか。その不安はぬぐえなかった。そして三つ目は、果たしてエネルギーを確実に顧客のもとまで届け続けられるのかということである。パイプラインは既存のものも、これから建設するものも、すべて、ロシアでも顧客の国でもない独立した第三国をいくつも通過する。ベラルーシやウクライナを横切り、その後、ポーランド、スロバキア、ハンガリーを通らなければ特に重要な取引相手であるオーストリアやドイツにまで到達できない。

ロシアはドイツへの交通路を必要としていた。しかも、高い通行料を要求する国々を通らずに済む交通路だ。高い通行料を行く先々で上乗せすると、最終的な価格が上がり、ドイツは他のエネルギー入手先を探し始めるだろう。通行料を取られているのに価格を上げないとすれば、ロシアがその分を負担しなくてはならない。これは経済の問題ではなく、政治の問題でもある。純粋に経済的に見れば、他国を通過する際に通行料を払うというのは完全に理に適っている。にもかかわらず、ロシアはその理に適った通行料を請求しないよう、各国を何とか説得できないかと考え、方法を探していたのである。だが、問題は他にもあった。パイプラインの通る第三国はどれも、輸送を遮断することが可能だということだ。何も明確な理由はなくても、突然、輸送が止まることはあり得る。ロシアとしては、ただ何も起きないように祈っているだけ、というわけにもいかない。それでは時に困った事態に陥ることが過去の経験からわかっていた。

そういう理由から、ロシアには、ベラルーシやウクライナをある程度、思いどおりに動かせる状態にしておく必要があった。現在、両国との間には、この問題をめぐる紛争が起きている。同様のことは、ポーランド、スロバキア、ハンガリー、ルーマニアとの間でも起き得る。パイプラインに関して状況は同じだからだ。冷戦終結後、ロシアはどうしても、西向きの経済戦略を採らざるを得なくなった。同様のことは過去にもあった。ロシアには今のところ戦争をする意思はないようだが、何もせずに将来を成り行きに任せることもできない。ともかくまずは、ベラルーシとウクライナに集中する戦

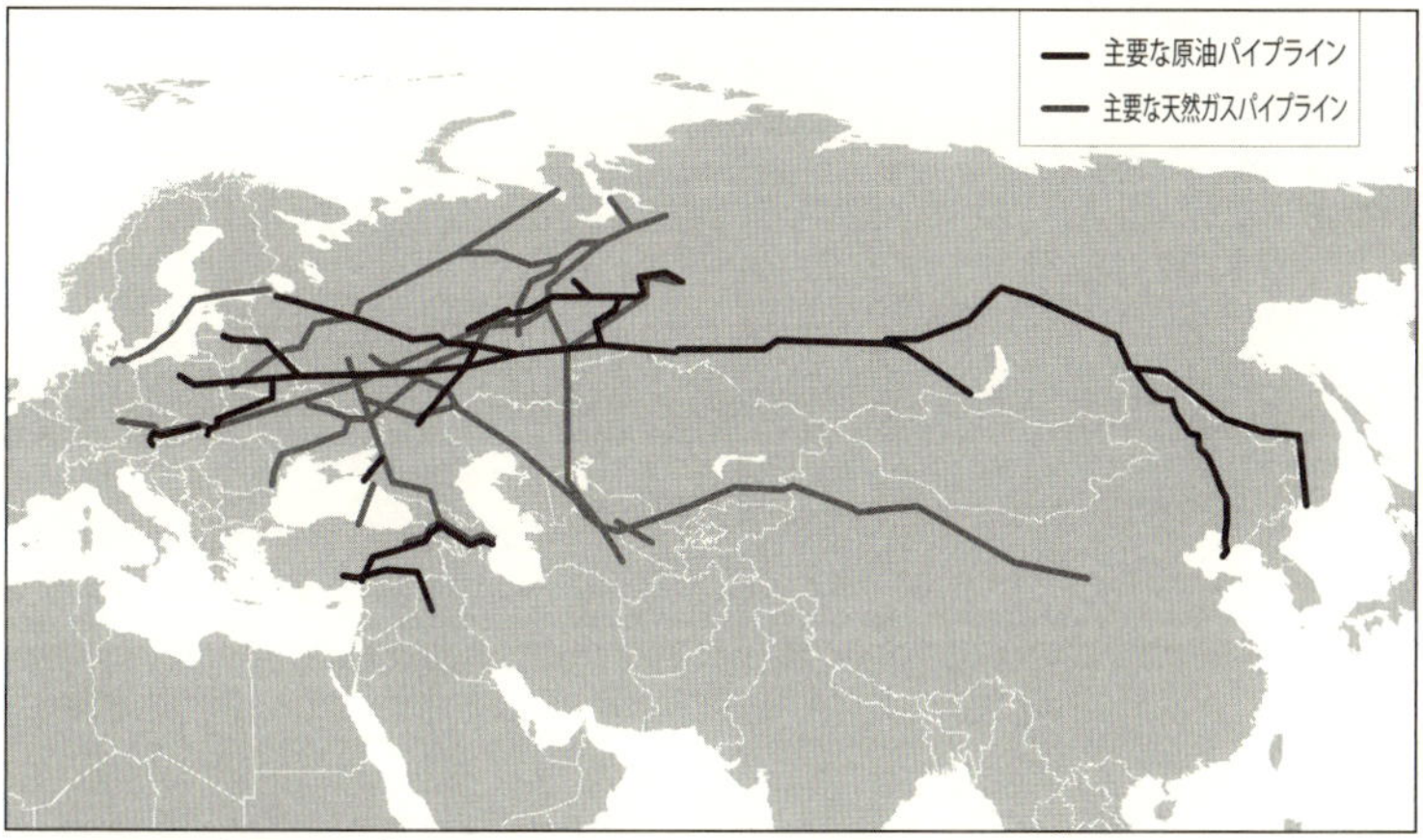

ユーラシアの主要パイプライン

略のようである。そして現状ではベラルーシは大した問題にはならないと思われる。強い軍事力もなく、政権もロシア寄りだ。ロシアの投資も必要としている。ただし、ベラルーシに関しても油断しきっているわけにはいかない。現在の指導者であるアレクサンドル・ルカシェンコがもし辞めれば、同国の政治情勢がどう動くかは誰にも予測できない。ロシアは、将来、指導者が誰になろうとも影響力を残せる仕組みを作っておかねばならない。そのためには、経済的に従属させておく必要があるし、過去から築いてきたベラルーシの諜報機関との関係を利用する必要もある。つまり、ベラルーシでロシアは絶えず存在感を見せつけなくてはならないということだ。

ウクライナに関しては問題はより切実だ。この問題の起源は、一九九〇年代にアメリカとヨーロッパ諸国が下した戦略的決定にまでさかのぼる。その時、選択肢は二つあった。一つは、かつてソ連が支配した国々をそのままのかたちで残し、中立的な緩衝地帯とするというもの。もう一つは、そうした国々をできるだけ多く、NATOやEUに取り込むという戦略である。

その時のロシアには、NATOやEUが東に進出するのを止める力はなかった。ただ、NATOが旧ソ連に属していた国まで取り込むことはないと考えていた。それが暗黙の約束事項だと信じていたのである。だが、バルト三国がNATOに加盟したことで、約束は破られた。そういう約束が本当にあったか否かは別にして、ロシアはそう受け取ったのだ。NATOの勢力範囲は、元よりも八〇〇キロメートル以上も東へと広がった。それだけモスクワに近づいた。サンクトペテルブルクから見ればわずか一六〇キロメートルほどの距離にまで近づいてきたのだ。

最初の争いはウクライナをめぐって起きた。ロシアにとっては鍵となる地域だ。問題はパイプラインのことにとどまらない。ロシアの長期的な安全保障の問題でもあった。ロシアとウクライナの国境線は、一一〇〇キロメートル以上もある。キエフからモスクワまでは八〇〇キロメートルほどで、その間は遮るもののない平地だ。しかも、オデッサとセバストーポリはウクライナにあった。二つは、ロシアにとって黒海、地中海への商業的、軍事的な交通路を提供する都市だったのである。ウクライナまでもがNATOやEUに取り込まれれば、ロシアは、バルト三国だけでなく、ウクライナからの脅威にも対峙しなくてはならなくなる。また、ウクライナの領土への行き来が不自由になれば、ロシアの経済戦略にとっては大きな打撃となるだろう。

ウクライナがNATO諸国と同盟を組むことになれば、ロシアの安全保障にとって大きな脅威となることは間違いない。まさにその脅威が再び表面化したのである。ウクライナ問題が解決をみることはない。いったん決着がついても、また問題が浮上するだけだ。ロシアにとっての重要性を考えると当然だろう。

「ウクライナ」とは元々、「辺境」を意味する言葉である。その名のとおり、この国はロシアから見てもヨーロッパから見ても辺境と呼べる地域、ユーラシア大陸本土とヨーロッパ大陸とをつなぐ位置にある。東部に行くと民族的にもロシア語を母語とするロシア人が多くなる。反対に西部にはウクライナ人が多く、ロシアよりもヨーロッパ大陸の側を向いている。西に行けば行くほど、西側指向のウクライナ人が増えると言える。

私は最近、祖先の故郷でもあるウクライナのムカチェヴォを訪れた。それは日曜の朝で、教会へと向かう人が大勢いて、道路は混雑していた。問題は車をどこに停めるかだった。運転手は私たちを降ろした後、街の中心から遠いところまで行って、そこでどこか待てる場所を探すという。車を置き去りにするのは怖いというのだ（車はまだ新しく、ポーランドのナンバープレートがついていた）。置き去りにすれば、戻って来た時にはタイヤがすべて外されているかもしれない。あるいは、車ごと消えているかもしれないという。

車を降りて街を歩いていると、ローマカトリックの教会と、正教徒の教会とが通りを挟んで向かい合うように建っている場所に出た。どちらも大きな教会である。秋晴れの日で、どちらの教会も建物の外まで家族連れで賑わっていた。皆、礼拝に来たのだろう。教会から通りに向かって出てくる人もいれば、反対にこれから教会に向かう人もいる。しばらく見ていると、二つの教会が、競い合って祈りを捧げていることがわかった。祈りの声はどちらも徐々に強くなっていった。そうして、相手の祈りをかき消そうとしているのだ。突然、カトリック教会が拡声器のスイッチを入れると、祈りは爆音となって通りに響いた。正教会には拡声器はないようだったが、礼拝者たちは教会から通りにあふれ出て、道行く人たちも誘って少しでも声を大きくしようとした。あとほんの何キロメートルか西に行けばカトリック教国のスロバキアという場所だが、ここは一九二〇年からはずっとウクライナ領だった。それだけの時間が経っても、何も問題が解決していないのは明らかだ。

ウクライナは本質的に脆弱さを抱えた国だと言える。東側はロシアの影響が強い。西側はポーランドやルーマニアの影響が支配的だ。ウクライナは、政治的には、EUに入りたい部分と、ロシアに接近したい部分、そしてどちらにも近づかず完全に独立していたい部分とに分裂している。この事実がさらにロシアの不安を煽っている。このように分裂していると、そこに利害を持つ人間のうちの誰に操られても不思議はない。いわゆる「草刈り場」になりやすいのである。ロシアはウクライナのそんな脆弱性を十分に理解している。ロシア自身が長年にわたってウクライナを自由に操ってきたのだからそれも当然だ。そんな理由もあって、ウクライナに関与する外国人がいると、ロシア人の目には誰であろうと操っているように見える。そして、その関係は、ロシアの利害を損ないかねない脅威と映る。

旧ソ連を構成していた共和国については、立憲民主主義の国への転換を促す。それが旧ソ連に対するアメリカ、ヨーロッパの基本的な政策だった。そうすれば国が安定するし、西側の経済制度、政治制度に組み込める、と考える人が多かった。西側が冷戦に勝利したのだからそれで当然ということだ。そのため、アメリカは、自分たちが親民主主義とみなした旧ソ連の共和国の非政府組織（NGO）に資金を提供するようになった。ロシア人の目には、旧ソ連の共和国を「西側寄り」にするその出資は、自分たちへの敵対行為に見えた。共和国が西側に取り込まれることは、ロシアの国益とは対立するからだ。ウクライナに関しても旧ソ連から独立した共和国なので、アメリカは同じことをしていた。だが、ロシアがそれをどう見ているかということに、アメリカは無関心だった。アメリカとしては、ロシアと敵対する意思はなかったのだが、ロシアはそうは思わなかった。西側がロシアへの悪意なくそんな行動に出たと言っても、とても信じることはできなかった。

だがロシアは一九九〇年代には何もできなかった。あまりに弱っていたからだ。しかも、ロシア連邦自体、分裂する危険があった。アメリカとヨーロッパは、ロシアが何もしてこないことを都合の良いように解釈した。ロシアがNATOを脅威と思っていない証拠ととらえたのだ。ロシアもEUとの関係を緊密にしていけばよいと考えていたし、その方がロシアにとっても利益になると信じていた。アメリカとヨーロッパは、ロシアでのビジネスにも積極的だった。かつての緊張関係はもうなくなったという前提での動きである。NGOの件と同様、希望的観測に基づいた独善的な行動と言える。無邪気にもロシア人が自分たちを疑うはずはないと信じていたのだ。信じないとすれば、それは相手が時代遅れで邪悪だからだと思った。自分たちの行動が善意に基づくものであれば、善意の人間ならば皆、良いように解釈してくれる。それが彼らの基本的な考え方だった。

二〇〇一年頃には、アメリカの目は専らイスラム世界に向いていた。そのせいでヨーロッパにおける軍事力は空洞化し、NATOはほとんど機能しなくなっていた。親民主主義のNGOへの支援は、ロシアに脅威と受け取られるのではないか、という考え方は、「あり得ない」として斥けられていた。まさかロシアがそんなことにむきになるとは思わないという人が大半だった。また正直なところ、ヨーロッパもアメリカも、ロシアを軽く見ていたのだろう。ロシアは弱く、貧しい国なのだから、西側のすることに何も言わないだろう。だから好きなように動けばいい。そんなふうに思っているところがあったのは否定できない。

西側のそういう態度が、ロシアにウラジーミル・プーチンという指導者を生んだとも言える。プーチンの権力の源が出身地のサンクトペテルブルクにあることは確かだ。同地への彼の影響力には絶大なものがある。だが、彼が強大な力を持つようになったのには、セルビアのコソボで起きた紛争が深く関係していると思われる。旧ユーゴスラビアでは、セルビア人がいくつもの戦争と戦争犯罪を起こした。一九九九年、セルビア政府と、セルビア内にありながらアルバニア人が人口の多くを占めるコソボ地方との間で紛争が勃発した時には、西側諸国が紛争に介入し、セルビアに対する二ヶ月に及ぶ空爆作戦を展開した。

ロシアはその紛争を望んではいなかったが、彼らの望みとは無関係に紛争は起きた。停戦のために力を注いだロシアは、コソボでの平和維持活動への参加を望んだ。だが、実際にはそうならなかった。ロシア人は、自分たちが西側諸国から軽く見られていると感じた。実際にはロシアに単に無関心だったという方が正確なのだが、ロシア人はそうは思わなかった。無関心にしろ、彼らの態度はロシアには耐え難いものだったのだ。そして、一九九一年以降のそうしたパワーバランスを変えるべく現れたのが、エリツィンに代わって政権の座に就いたウラジーミル・プーチンである。

プーチンは長くKGBにいた人物だ。彼の世界観は極めて現実主義的で、イデオロギーというものはほとんど持たない。おそらく、ソ連の崩壊にも彼は驚かなかったのではないかと思われる。KGBはソ連の中でも唯一、自己欺瞞とは無縁の政府機関だったからだ。一九八〇年代の前半、究極の現実主義者ユーリ・アンドロポフが指導者だった時代から、KGBはソ連が苦境に陥っていることを認識していた。苦境を抜け出すには抜本的な構造改革と、西側の資本の柔軟な受け入れが必要だった。そのためであれば、地政学的な優位を手放すことも厭わない姿勢が求められていた。それが支払うべき代償ということだ。よく知られるゴルバチョフの「ペレストロイカ（改革）」と「グラスノスチ（情報公開）」は、ソ連を救うべくアンドロポフが立てた戦略の実践だったが、結局は失敗に終わった。

アンドロポフと同じく現実主義者であるプーチンは、この失敗が何を意味するかをすぐに理解した。ソ連が崩壊すると、共産主義から資本主義への転換が行われ、事業は民営化され、公有資産は私有化されることになった。そのための法整備が進んでいない国で資本主義化だけが進めば、あらゆる資産は自然に最も強い者に集まってしまう。ソ連では、最も有能で強い人材は、KGBに集まっていた。ソ連崩壊後に生まれた新興財閥（オリガルヒ）には、KGB出身の人間が多い。オリガルヒにも、ロシアン・マフィアにもKGB出身者は多く、三者は結びついている。プーチンがサンクトペテルブルクで権力基盤を築けたのも、KGBに始まる人脈があったおかげだ。

もちろん、KGBの人間だけに、国家への忠誠心、国家に身を捧げる気持ちは強く持っている。だが、諜報機関には元来、シニカルな人間が多く、そうなるよう訓練も受けている。だから、忠誠の誓いなどは信じていない。言葉がいかに軽いかをよく知っているからだ。彼らが決して高いとは言えない給与で命の危険すらある仕事をするのは、KGBの仕事が富や名誉へとつながるからだ。ただし、富は仕事そのものからもたらされるものではないし、諜報機関にいれば基本的には一般の人々の目に触れない世界で生きることになるので、名誉もそこで得られるわけではない。彼らを支えているのは、愛国心とプロとしての強いプライドだ。プライドがあるため、負けることには決して耐えられない。

しかし、プーチンが権力の座に就いた時のロシアは敗者だった。そのことは彼のプライドを傷つけただろう。弱く貧しく、西側諸国からは関心も持たれず、軽い扱いを受けてしまう。そんな祖国を見ているのは耐えられなかったはずだ。財を成し、力を蓄えながら、プーチンは一つの信念を心に抱くようになっていった。その信念を彼は後の演説の中で「何より我々が認識すべきは、ソ連の崩壊が二〇世紀最大の地政学的惨事だったということだ」という言葉で表現している。最高権力者となった彼は、ついにその信念のために行動できるようになった。プーチンの行動を見ていれば、ロシアの力を再生させることが彼のプライドにとっていかに大事なのかよくわかる。だが、単に国を愛しているだけでなく、KGBの工作員には必須の、何物をも信じないシニカルな姿勢も徹底している。現実主義者の顔の下では、忠誠心、愛国心が常に燃え盛っているのだろう。

プーチンは、アメリカが現在のロシアよりもはるかに強い国であることを理解していた。また、ワシントンはすぐにではなくても、いずれヨーロッパ大陸全体を影響下に置いていくことになるだろうとも思っていた。ヨーロッパ大陸とロシアの間の「境界地帯」の国々もそれに含まれる。しかし、アメリカは中東で泥沼にはまり込み、抜け出せなくなってしまった。おかげで、ロシアには、自らの軍事力の回復を誇示する絶好の機会が訪れた。しかも、うまくいけば境界地帯の国々を再び自分たちの側に引き寄せられるかもしれない。特にウクライナをロシアの防衛に有利なように動かせる可能性が出てきた。何もせずに傍観していれば、せっかく開いた窓はすぐに閉まってしまう。だが、行動を急ぎすぎれば、軍の方も準備が間に合わない。ロシアのエネルギーへの依存度からすれば、ヨーロッパ諸国も境界地帯に関してはうかつな動きはできないだろう。ロシアが動いても向こうは急には動けない。プーチンにとっては間違いなくチャンスだった。

ジョージアとの戦争は、境界地帯におけるアメリカの立場を弱め、親米、親西欧派の勢力を弱めることが目的だった。それには成功した。ロシア軍が侵攻しても、アメリカは介入して来ないだろうし、ヨーロッパは介入できないだろうとプーチンは踏んでいたが、そのとおりだった。この戦争によって地域のパワーバランスは変わったのである。

ロシアの前に一つ道が開けた。コーカサスでの立場が強くなれば、それをてこに、ウクライナの状況も改善できる。ジョージアに対しては直接的な軍事行動を起こしたが、ウクライナに対しては違った。公然とあるいは隠然と政治的圧力をかけていく手段を採ったのだ。バルカン半島での戦争以降、ウクライナでは不安が高まっていたので、それを利用した。しばらく平和が続いていたとはいえ、境界地帯の緊張は徐々に高まっていた。経済は重要な問題であり、経済活動のためには平和が良いのはもちろんだが、いつまで平和が続くかわからない昔からの地域の現実は変わってはいなかった。

ロシアは今のところ、明確な軍事的脅威にさらされているわけではない。しかし、ヨーロッパ大陸では突然、予想もしなかった脅威が生じるものだということをロシア人はよく知っていた。ウクライナの未来の不透明さを考えると、その日が来るのは近いかもしれない。ロシアはまだ、安全確保のため今すぐ軍事力を行使する必要に迫られているわけではないし、そのための十分な軍事力を持っているわけでもない。だが、物事が一向に望みどおりの方向に進まない場合、ロシアは見境のない行動に出ることもあり得る。現代のヨーロッパ人にとって、それはあまりにも時代遅れの考えにも思えるかもしれない。ウラジーミル・プーチンにとってはそうではない。彼はKGBで、境界地帯の地政学的問題が永遠に解決しないこと、そして戦略は常に最悪の事態を想定して立てることを徹底して叩き込まれている。彼自身が「二〇世紀最大の地政学的惨事」と呼ぶソ連の崩壊は現実に起こった。それだけでも、最悪の事態に備える姿勢が理に適っていると言えるだろう。

ロシアには二つの戦略がある。一つはヨーロッパ平野のできる限り西に進出することだ。それは軍事戦略的な縦深性を高めるためでもあるし、工業や科学技術に必要な資源を確保するためでもある。もう一つは、カルパチア山脈にまで到達して、それを防護壁として利用できるようにすることだ。どちらも現状では実現できそうにない。仮にベラルーシが今のまま親ロシアの姿勢を保ったとしても、バルト三国やポーランドが障壁となって西への進出は阻まれる。ベラルーシで何かが起きたら、西へ進出どころか勢力範囲がさらに東へと後退する恐れもある。南に進んでカルパチア山脈を確保する戦略では、ルーマニアだけでなくウクライナも問題になる。どちらの戦略にしても、進めるためにはロシアは深刻な問題と向き合わねばならない。軍事、経済の両方の面で乗り越えることが極めて難しい問題である。

ロシアはまず、自らの能力を冷静に見つめる必要がある。バルト三国からウクライナまでの線上に並ぶ国々に比べれば、ロシアは強い。その強さの違いは明白だ。第三者の介入さえなければ、強引に西に出ることは可能だ。さらに西の、ポーランドからルーマニアまでの間の国に比べても、ロシアは圧倒的に強いだろう。仮に圧倒的とまではいかなくても、どちらが強いかは誰が見ても明らかだ。にもかかわらず、今のところロシアが動かないのは、EUやNATOの力が背後にあるからだ。EUとNATOが反撃をしてくれれば、前に進むことはまずできない。だが、ロシアとしては、そうした国々を必ずしも占領しなくてもよい。ただ、中立地帯でいてくれればいいだけだ。それだけで占領するのと同じだけの利益になる。ロシアの望みは身の安全の確保であって、国の拡大ではない。

NATOやEUに加盟したかつてのソ連の衛星国には、三つの思惑があった。一つは、将来、ロシアの力が復活しても、NATOはその力から身を守るための軍事力を提供してくれるだろうということ。二つ目は、EUは自分たちにある程度の経済的繁栄をもたらしてくれるだろうということ。EUに入れば、他の加盟国からの恩恵で豊かになれる。そうすれば、国内の政治も安定するだろう。三つ目は、NATO、EUといった西側の組織に入れば、自国に恒久的な立憲自由主義体制を確立できるのではないかということだ。これは、言い換えれば、これまでのような独裁主義や腐敗政治を排し、西ヨーロッパ諸国の仲間入りをするということになる。

三つ目が実現できるかは、最初の二つにかかっている。だが、NATOは皆に昔の記憶があるおかげで抑止力になっているにすぎない。現在のNATOに昔のような力はない。NATOは実質的にはアメリカ軍で、それに大幅に規模の小さいイギリス軍、フランス軍が加わっているだけだった。それを除けば、NATOの軍事力はなきに等しいほど小さい。NATOはアメリカが動かず、ヨーロッパ諸国だけになったとしたら無力になるだろう。また、NATOは全会一致が原則なので、加盟国が一国でも反対をすれば行動できない。EUもひどい状態になっている。とても繁栄を約束することなど無理だ。東ヨーロッパ諸国は自らの戦略的な位置を見直す必要に迫られている。

東ヨーロッパの生活水準は、以前に比べれば改善しているが、共産主義が崩壊した時に抱いた期待いほどには改善していない。失業率は高く、経済成長も鈍い。元々の水準が西ヨーロッパに比べると低いので、数字的には同じように成長が停滞しているように見えても、西ヨーロッパとは厳しさが違う。

ハンガリーでは、ロシア人への憎しみは根が深い。彼らは今も一九五六年のハンガリー動乱と、その時に見たソ連軍の戦車を忘れてはいない。ロシア人への恐怖心は現在のハンガリーの政治風土において一種の「碇」のような役割を果たしている。もう一つの碇は、ＥＵへの信頼だ。ＥＵに加盟していれば経済的繁栄がもたらされ、立憲自由主義体制を維持できるという信頼が彼らの支えとなってきた。しかし、世の常として、物事はやはりそう単純ではなかった。

ブダペストの五番街とも言えるヴァーツィ通りは、一〇年前に比べて寂れてきている。世界のトップブランドの店の多くが撤退し、その代わりに格下のブランドの店が入っている。私が二〇〇五年に行った時には、宝石店で高い物をいくつも勧められた。その宝石店も今はない。ブダペストで最も高級で最も有名とされるレストラン、グンデルも予約に苦労するということはなくなっている。行ってみると客の半分ほどはアメリカのユダヤ人観光客、ということもある。中には上下スウェットという人もいる。バイオリンで演奏されているのは、ジプシーのメロディではなく、ユダヤ人の民謡だ。価格の安いレストランは、ハンガリー人で満員だ。

ドナウ川沿いやブダの丘のあたりを見ると、街はまだ華やかさを保っている。ただ以前に比べると少し勢いが弱まったというだけなのだろう。二〇〇八年より以前、ブダペストは西ヨーロッパの都市と変わらないペースで発展を遂げていた。街の通りはいつも仕事で忙しく行き交う人々で賑わっていた。だが、二〇一一年には、その時のような忙しげな様子は見られなくなった。交通量が減って道路が渋滞することも少なくなり、歩いて横断するのも簡単になった。

ヨーロッパの経済危機にハンガリーの政府はどう対応したか。ハンガリー首相のオルバーン・ヴィクトルは、中道右派のフィデス＝ハンガリー市民同盟の党首だ。同党は議会で圧倒的多数の議席を得ている。つまり、他の東ヨーロッパ諸国の指導者とは違い、彼は妥協なしに決断を下すことができる。共産主義の崩壊後、ハンガリーや他の東欧諸国にはオーストリアとイタリアの銀行が進出し、住宅ローンの貸し出しを始めた。ハンガリーはユーロ圏ではなく、自国の通貨フォリントを使用している。住宅ローンがフォリント建てで貸し出される際には、高い金利がつく。今後のフォリントの価値低下を補償するためだ。そのため、外国の銀行は、ハンガリー人にフォリント以外の通貨でも融資をする。ユーロやスイス・フラン、円などが選べる。リスクの低い通貨での融資は金利が低い。

ハンガリー人もアメリカ人と同様、低金利の資金に群がった。だが、フォリントの価値は実際に下落を続けたため、外貨建てで融資を受けていたハンガリー人の返済額は、フォリントで見ると月を追うごとに上がっていくことになった。同じ額の外貨を手に入れるのに必要なフォリントが増えたからだ。ある程度までは対応できたが、やがて、返済の滞る人が増え始めた。銀行は、不良債権を出したと認めることになるため、担保権を行使したがらないが、そのままでは、借り主はただ返せずに放置するだけだ。そこでオルバーン首相は解決に乗り出した。どの通貨で借りていても関係なく、返済はフォリントとし、しかも一定の割合しか返済しなくてもよいと発表したのである。

この決断は多くのハンガリー人を守った。だが、債務の扱いに関するEU諸国の常識には反する。他国の銀行への支払いに関し、政府が主権を主張し、一方的に権力を行使する、というのは国際的な金融のルールにもとる。しかし、驚いたことに、銀行もEUもオルバーン首相の措置を受け入れたのである。EUはそれ以前、経済制裁をするとオルバーンを脅したことがあった。ハンガリー憲法裁判所の権限を弱めたからだ。この措置はマスメディアへの介入を強め、オルバーンが権力の座にとどまれる可能性を高めることになった。結局、オルバーンが少し譲歩を見せたために、EUは態度を軟化させている。債務問題に関する首相の措置に対しては、EUはあまり強くは抗議しなかった。銀行もEUもほぼ黙って受け入れたかたちとなった。

理由は二つあると考えられる。一つは、EUがハンガリーをはじめとする東欧諸国のつなぎ止めに懸命なこと。もう一つは、ユーロ圏での経済危機により、ブリュッセル、ベルリン、パリの政治家たちが、ユーロの問題への対処に追われていたことだ。多忙だった彼らは東欧の問題を無視した。EUに加盟しても、ハンガリー人が期待したような利益は得られなかったため、オルバーンは国家主義的な政策を採るようになった。彼の関心はEUそのものにはなく、あくまでハンガリーという国家と、その中での自分の地位にあった。債務者を守った彼の措置は、当然のことながらハンガリー国内で大きな支持を得た。EUが異議を唱えなかったのは驚くべきことだ。

EUには、機関としての価値がほとんどなくなっていた。まず、経済的な面での魅力は失われた。加盟国すべてが従うような外交政策はないし、防衛政策もない。ヨーロッパの防衛政策を実施するのは今もNATOだが、その軍事力のほとんどはアメリカのもので、ヨーロッパのものではない。一九九一年の時点では、東ヨーロッパ諸国は、ロシアは弱く、ヨーロッパは強いと考えていた。現在はその逆になっている。ポーランドからルーマニアまで、どの国もNATOとEUに失望していたし、それ以上に、将来に対して不安を抱いていた。ヨーロッパの状況が変化し、ロシアが自らの戦略的利益を追求できるようになったからだ。

ロシアは、東ヨーロッパを公然と支配したいとは望んでいない。だが、NATOの東への影響力は制限したいと考えている。また、ヨーロッパの統合にも歯止めをかけたい。後に戦略的脅威になりかねないからだ。統合が進まないよう、東ヨーロッパには経済振興のためのEUの代替となり得る手段を提供していく。アメリカは無関心で、ヨーロッパ諸国は大規模な経済的関与ができない。ロシアにとっては今こそが影響力を拡大する好機である。そのために使える資源は限られているが、この機を逃すわけにはいかない。スロバキア、ハンガリー、ルーマニアなど、カルパチア山脈の位置する国に関してもそうだ。

ロシアには、彼らの自由になる「道具」が二つあった。その一つは、「商業的地政学」とでも言うべきものだ。ロシアとしては、東欧諸国を支配したいわけではないが、彼らが望ましくない方向に進むのは防ぎたい。ではどうすればいいか。そこで考えたのが、エネルギーや鉱物の採掘、その他の事業に投資を申し出るという方法である。これをインセンティブとして使う。東欧諸国の経済や事業を直接、動かすことはしない。ただ、インセンティブを使ってビジネス上の決定に影響を及ぼすことはできる。事業家は金銭的利益にしか興味がない。利益を上げるための資金が提供されるとすれば、それがどの国からだろうと気にする人間はいない。

ロシアの関心は金銭的利益以外のところにある。金銭的な利益だけを考えれば、もっと良い投資先があるかもしれない。だが、この場合、目的は政治的なものだ。ロシアはすでに、様々な産業において、各国の依存関係のネットワークを構築した。このネットワークの存在は、政治的な決定に一定以上の影響を与えている。ロシアと疎遠になっているのは賢明でない、自分たちは無防備なのだから、ロシア人に敵意を持たれない方がいい、そう思わせるのである。ヨーロッパからの投資が以前ほどはなく、アメリカから投資はあっても政治的な保護は得られないという状況では有効な手段だろう。投資はどの産業に対してであれ歓迎されるし、それだけならば政治的な代償はほとんど必要ない。おそらく、東欧や旧ソ連諸国のEUへの統合はこれ以上進まないし、NATOとの協調など、幻影と協力関係を結ぶようなものだ。

もう一つの道具は、ロシアの諜報機関である。これも同じくらいに重要な道具である。KGBは、ソ連時代も崩壊後も、東欧諸国とは緊密な関係を保ってきたし、各国に重要な情報源も多く持っている。あらゆる種類の人物について調査をしてきたし、その人が隠したがっていることもすべて把握している。だからと言って、情報を盾にしてあからさまに人を脅すというわけではない。もっと巧妙な方法がある。人は誰でも自分が何をしてきたかは知っている。そして、ロシアに優秀な諜報機関があることも知っている。ロシアからは何も言わなくても、自分の行動の記録はKGBなら持っているだろうと思う。過去の実績のおかげで何もしなくても、したのに近い効果をあげられる場合があるということだ。二〇〇一年以前はそうはならなかった。二〇〇八年になっても同じだった。KGBなど過去の存在だと思われていたからだ。しかし、ヨーロッパの将来が不透明になり、静かだったロシアが少し動き始めたことで、見方は変わった。ロシアを無視しているのは得策ではない。協力する方が賢いと思うようになったのだ。一般の人たちはまだ以前のままだったが、政治に少しでも関わりのある人は変わったし、労働組合の関係者や企業の経営者なども変わった。ロシアの存在の大きさに気づき、何か意思決定をする際には考慮するようになったのである。

ロシア人は常に、カルパチア山脈や、ドナウ川の流れるハンガリー平野を理想的な「緩衝材」だと見ていた。だが、そこを直接、占領したいとは思っていなかった。占領には重い責任が伴い、大きな負担となることをロシア人は歴史から学んでいたからだ。その負担がソ連やロシア帝国を空洞化させることになった。プーチンはこの問題に従来とは根本的に異なった方法で対処した。境界地帯の国々を占領するのではなく、わずかな影響力だけを持とうとしたのだ。しかも、手荒なことはせず、できるだけ穏便に。わずかだが、ロシアの最も重要な国益を守るのには十分な影響力だ。

プーチンの方法は現実的だったと言えるだろう。企業の商業的な利益を損なうこともなかったし、同時にロシアの政治的利益にもなった。旧ソ連に属していた国々、あるいはソ連の支配下にあった東ヨーロッパの国々は、いったんはEU寄り、アメリカ寄りに傾いたが、それが変わってきている。もはやどの国にも操られない。これからは自分で自分の運命を決める。ハンガリーも含め、どの国もそういう意識になった。そのためには、ロシアともうまくつき合いながら、EU諸国との関係も保つということが必要だ。傾いたバランスを中立に戻すということだ。

ロシアは弱く、EUの将来は不透明だ。だとすれば、境界地帯では何もかもが暫定的にならざるを得ない。取るべき姿勢は絶えず変化していく。第一次世界大戦後から第二次世界大戦までの期間には、風はフランスから吹いていたが、第二次世界大戦後にはソ連からに変わり、さらにドイツからの風に変わった。風向きは変わっても、プレーするゲームは本質的には同じだった。だが、昔のゲームは関係を結ぼうにも、相手の要求が厳しく、負担も大きかった。当時は、行きずりの情事より強制結婚の方があり得た。ところが今は、強制などなく、その気のない女性になんとかとり入って求婚しているという状況だ。

カルパチア山脈よりも北の地域の状況は複雑だ。平地なので地形は単純なのだが、いくつもの大国の利害が衝突し、複雑な歴史を歩んできた。ロシアがその地域を支配下に置いたのは、冷戦時代だけだ。歴史的にはそれは普通の状態とは言えない。北の地域では、一世紀以上にわたり、ロシアとドイツが影響力を競い合い、両者の影響力の境界線は平野の上を西へ東へ行きつ戻りつした。ポーランドやバルト諸国は地図から消えている時代が長かった。

今もこの地域の重要性は高い。ドイツは世界第四位の経済大国であり、その西には、世界第五位のフランスもある。二国が合わされば、その経済規模は世界第三位の日本よりも大きくなり、アメリカ、中国に次ぐものになる。そこにポーランド、ロシア、ベネルクス三国、バルト三国を加えると、経済規模は中国を上回る。そう考えれば、北ヨーロッパ平野は、全体としては地球上でも特に豊かな地域であると言えるだろう。

それだけに、政治的な分裂があると他への影響も大きく、複雑な問題を引き起こしやすい。ドイツとフランスは一時、親密だったが、現在二国の間には少し距離ができている。ドイツとポーランドは今は近しい間柄になっているが、両者の間には悲惨な過去の記憶もある。同じことはポーランドとロシア、ロシアとバルト三国の間にも言える。この場所では、第一次世界大戦勃発から第二次世界大戦終結までの三一年間に、人間の魂が引き裂かれるような出来事が起きたのである。世界に古くから存在する紛争の火種は数多いが、その意味で、ここの火種には特に大きな爆発力があると言っていいだろう。

ドイツはヨーロッパの大国というかつての地位を取り戻した。軍事的にはまったく大国ではないし、これまでのところそうなろうともしていない。だが、状況がいつ変わるかはわからないので、今までどうだったかにはほとんど意味はない。現在、EUの進む方向を決定しているのはドイツである。南ヨーロッパの債務危機への対策として緊縮財政が選択されたのも、ドイツの意向が強くはたらいたからだ。債務免除をめぐる交渉においても、決定権を握っていたのはドイツだった。ユーロの価値は欧州中央銀行が管理することになっているが、それに関してもドイツの持つ力は大きい。

ドイツは再び、他国から称賛されると同時に、深く恨まれる存在となった。南ヨーロッパ、東ヨーロッパ諸国の人々にとってドイツは、ともかく自国の製品を外で売りまくっている国という印象だ。小国の細かいニーズの違いには頓着せず、とにかく大量に売りつけてくるという印象を持っている。ヨーロッパには欠かせない大国であることは認めているが、同時に恐れている人も多い。ドイツの一九四五年以降の復興は目覚ましかった。ドイツはいずれ再び、ヨーロッパを支配する大国になるのではないかというフランス人の抱いた恐怖は現実のものとなったのだ。すでに書いたとおり、ドイツの復興の初期には、アメリカが大きく関与したし、その後も長期にわたりアメリカの力が大きくはたらいたことは間違いない。だが、経済的、軍事的にアメリカに大きく依存していた時代はすでに遠くに去った。ドイツは今では、小国のひしめき合うヨーロッパを独力で引っ張っていける大国となっている。

ヨーロッパがドイツを恐れているのと同じく、ドイツもやはりヨーロッパを恐れている。ドイツにとってヨーロッパは輸出のための極めて重要な市場だからだ。その市場が今、不況によって収縮しており、分裂の危険にさらされている。ヨーロッパでのナショナリズムの台頭もドイツにとっては脅威だ。ナショナリズムが燃え上がれば、必ず、ドイツへの敵意が高まることになる。そうなれば、ドイツでもナショナリズムが台頭する危険が生じるだろう。ドイツでは、ギリシャの危機は彼ら自身の怠惰と無責任のせいだと考える人が多い。にもかかわらず、ヨーロッパの他のどの国でもなくドイツがギリシャを救済すべきだという声があがったことについて、怒りを感じているドイツ人は大勢いる。ドイツ経済が活発であることに満足感を覚える一方、自業自得で危機に陥った人々の犠牲になっているという感覚は強い。こうした考えの人々は、ドイツの繁栄が、今、危機にある国々の犠牲の上に成り立っているという事実を無視している。だが、ナショナリズムとは得てして事実を無視しがちなものだ。

今のドイツは昔のドイツとは違うが、昔に戻る危険性もある。ドイツの指導者たちは、「ここを越えればドイツは昔に戻ってしまう」という境界線が存在すると認識している。境界線を越えたか否かを判断する条件はいくつかあるが、その一つは「自分たちは不当に犠牲になっている」という被害者意識の強さである。被害者意識が強まり、外からの軍事的脅威と結びつくと非常に危険になる。現在のドイツでは、被害者意識は強まっているが、外に大きな軍事的脅威は存在しない。将来、脅威になり得るとすればロシアだが、今のところは脅威とは言えない。その意味では、ドイツにはまだ境界線を越える危険はないということになる。

問題は、ロシアがどうしても恐怖から西へと出ようとするということだ。平地の広がるロシア北部の防衛は難しいため、ベラルーシを緩衝地帯とすることは安全保障の絶対条件になる。また、ロシアは、小さく弱いはずのリトアニア、エストニア、ラトビアの三国にも大きな恐れを抱いている。問題は三国自体にあるのではない。その地理的な位置だ。ロシア人の目には、三国がサンクトペテルブルクに向けられた銃剣のように見える。もし、どこかの大国が拠点として使うようになったら、そこからロシアを攻撃するのは容易なことだ。実は、バルト諸国の人たちは様々な面でヨーロッパ平野よりもスカンジナビア半島の人たちに近い。にもかかわらず、地理的にはヨーロッパ平野にいたことが悲劇の歴史を生んでしまった。

ヨーロッパで近い将来、他国にとって脅威になりそうな大国と言えば、今はドイツしかない。そのドイツは、今まで軍事的な大国になろうとは一切してこなかった。ましてや、ロシアを攻撃しようなどという意思はまったくなかった。だが、意思は環境によって変わるものだ。次世代のドイツ人が前の世代と同様に考えるかはわからない。長期的な変化をロシア人としては懸念する。ヨーロッパの未来は不確実なものだし、ドイツのヨーロッパ大陸における地位も今後どうなるかはわからない。そこが何よりも問題だ。ロシアとしては、ヨーロッパ大陸、特にドイツとの間に緩衝地帯が欲しい。過去にはそれはポーランドだった。ポーランドは、第一次世界大戦から第二次世界大戦までの間の約二〇年間は独立国だった。その後、占領されたが、一九八九年には真の意味で独立を回復した。独立以降は急速な成長を遂げ、ヨーロッパに一定の影響力を持つ国となっている。しかし、その地理的な位置がロシアとドイツの間であることは今も変わらない。両方を恐れているが、両方と共存していかねばならない。

ドイツとロシアの関係はヨーロッパにとって大きな問題である。ヨーロッパ全体の運命を決めかねないほどの問題だ。両者の関係は、ヨーロッパ大陸とユーラシア大陸本土との間の関係でもある。ドイツはヨーロッパ大陸を経済的に支配する大国であり、ユーラシア大陸本土はロシアが支配する土地である。両者の間にある境界地帯の国々の運命も、両国が直接決定するわけではないが、両国に大きく影響されるのは確かだ。

ドイツはEUの維持、発展に力を尽くしている。その理由はすでに書いてきたとおりだ。ドイツは深刻な問題を抱えている。EUが何らかの理由で失敗し、ヨーロッパ内に貿易の障壁が復活するようなことがあれば、輸出依存度の極めて高いドイツの経済は深刻な危機に直面する。ドイツにとってEUは決して失敗してはならないものということになるが、ドイツがどこまでEUを思いどおりに制御できるかはわからない。EUがもし失敗すれば、あるいは失敗しないまでも長期にわたる大きな問題を抱えることになれば、ドイツはEU諸国に代わる新たな相手と経済関係を築いていかねばならない。ヨーロッパにはEU諸国以外の国は少ない。中国はドイツと同様、輸出依存の国で競争相手でもある。アメリカは輸入大国だが、絶えず世界のどこかの紛争に関与しており、ドイツもそれに関わることを望んでいる。ドイツを同盟に誘い入れるためなら、貿易問題を積極的に利用するだろう。

EU諸国以外に経済パートナーにある程度適した国と言えば、ロシアだけかもしれない。すでに、エネルギー供給の面では欠かせない存在となっている。問題はロシア経済とドイツ経済との間の均衡である。ロシアの経済規模は、ドイツの輸出を十分に吸収できるほど大きくない。それほど豊かな国ではないのだ。また、ドイツはエネルギーに関してロシアに過度に依存する状態を続けたくないと考え、代替となる国を探してもいる。もちろん、両国の相手に関する過去の悲惨な記憶も障害になり得るだろう。

両国には互いに補い合える面もある。ドイツでは急速に人口減少が進んでいる。ロシアも同様だ。しかし、ロシアはまだ過剰労働力を多く抱えている。雇用の少なさと貧困が大きな問題だ。つまり、ロシアの場合は人口の減少が経済問題の一部を自然に解決するかもしれないということだ。ドイツの場合はそうではない。ドイツの場合は人口減少がそのまま経済の衰退を意味する。何か画期的な手段が発明されるなどして、生産性が格段に向上しない限りそれは避けられない。ドイツは今以上の移民の受け入れを望んではいない。すでに大量のイスラム教徒がドイツに移民として入ってきたが、ドイツ人の目には、彼らは国を乱す存在に映る。どう見るかは人それぞれだが、生産力の減退を補うために移民を増やせば、それが国に非常に大きな影響を与えることは確かだろう。

ドイツにとっては古くからのジレンマだ。経済の発展のためには労働者がいる。だからと言って移民を増やしすぎれば管理ができない。一つの解決法は、ロシアのような余剰労働力を抱えた外国に工場を移転することだ。社会的な費用なしに新たな労働力を獲得できる。すでに一部ではそういう動きも始まっている。お互いの抱える問題がお互いのニーズを満たす、ということだが、問題は両者の間に依存関係が生じることだ。すでに書いたとおり、この種の相互依存関係はかえって軋轢を生むことがある。ドイツもロシアもそんな軋轢を望んでいるわけではない。だが、ＥＵが完全に失敗すれば（あるいは失敗したと感じれば）、ドイツは他の国々との関係を見直さざるを得ない。そして、まず見直すべき相手がロシアだということだ。

ドイツとロシアは歴史上、何度か接近している。一九世紀半ばには、ドイツの統一をロシアが支援した。ロシアは、ドイツが統一されれば、フランスからの再度の攻撃を防ぐ緩衝地帯として機能するだろうと期待したのだ。第一次世界大戦と第二次世界大戦の間の時期（一九二二年）には、ドイツとソ連の間に「ラパッロ条約」が締結された。この条約は、ヴェルサイユ体制から除外された両国が協力し合うためのものだった。ヒトラーの台頭後は無効化されていたが、一九三九年には「独ソ不可侵条約」を締結した。この条約によってポーランドは二国の間で分割されることになった。過去を振り返ってわかるのは、両国が接近するのは常に何か問題を抱えている時であり、その関係は結局、一時的で長続きしないということだ。

ドイツとロシアが緊密に連携することがあれば、それは間違いなくポーランドやバルト三国、ベラルーシなどの国々の運命に大きく影響する。何もこれらの国々が軍事的に占領されてしまうというわけではない。だが、二つの大国が互いに協力し合うようになれば、間に挟まれた国々は嫌でもそれに影響されるだろう。経済的にも政治的にも彼らの行動の選択肢は極端に狭まる。軍事的な要素が加われば、国境線が変わってしまうこともあり得るだろう。

ベラルーシはロシアに吸収される可能性があり、それを喜んで受け入れることも考えられる。少なくともさほど強く抵抗しないのではと思われる。しかし、もしそうなると、バルト三国やポーランドは非常に厳しい悪夢のような状況に置かれることになる。長年の苦労の末、ようやく独立を勝ち取り、維持してきたというのに、結局は、自分からはまったく何もできないところまで追い詰められてしまうのだ。バルト三国に比べて大きいポーランドにとっても同じだ。彼らにとっては、ロシアとドイツが敵対し合っている方が、親密になり協調し合っているよりもずっと耐えやすい。両者の間で絶えずバランスを取りながらきわどい状況を生き延びているポーランドにとって、二国の接近は昔の悪夢の再現を意味する。

ポーランドはわずか二〇年ほど前に長い悪夢から目覚めたばかりだ。ドイツによる占領の後にはソ連による支配の時代があった。目覚めてからの復興ぶりは驚くべきものだった。冷戦時代のワルシャワは、陰鬱な街だった。昼なお暗く、人々は皆、不機嫌な顔をしていた。より良い明日を待ち望みながらも、良い明日など決して来ないことを知っている。そういう雰囲気だった。ところが急激な変化を見せた。今や、街の中心部は誰もが一目見てすぐに「美しい」と思うような場所になった。小雪の降る日のオストロフスキ宮殿など、見ていて嬉しくなるようだ。車で南に向かい、古都クラクフや北カルパチア山脈にまで足を伸ばせば、スイスに来たような気分になる。あちらこちらにシャレー（スイスの伝統的な木造家屋）が建てられているからだ。ワルシャワはドイツによって破壊され、ソ連による略奪に遭った。クラクフはアウシュビッツの強制収容所があった場所のすぐ近くだ。そんなことを考えながら、この二〇年の間に起きた変化を目の当たりにすると、めまいがしてくる。

ポーランドがまったく何の屈託もない場所になったというわけではない。独立国家としての自信を取り戻すまでにはまだ時間がかかるだろう。クラクフからは、アウシュビッツ行きのツアーが出ている。青い屋根の小型バスが何台も待機していて、乗り込むとアウシュビッツまで連れて行ってくれる。実際、かなり大勢の人がツアーに参加しているようだった。私はとてもそのバスに乗る気にはなれなかった。アウシュビッツの現実にはあまりにも不似合いなバスだったからだ。ポーランド人自身、いったいどうとらえればいいのかわかっていないようだった。アウシュビッツでは、ユダヤ人だけでなくポーランド人のカトリック教徒も殺された。どうとらえればいいのかは難しいが、ともかく訪れるべき場所ではある。巡礼地の一つと考えることもできるだろう。ヨーロッパの現実を知るための巡礼地だ。人々がそこへ行くには、行くための手段が必要になる。それでツアーバスがあるわけだ。バスで生計を立てる人もいるのだろう。アウシュビッツにツアーバスは似つかわしくないとは思うが、では何なら似つかわしいのかと尋ねられても私には答えられない。アウシュビッツはたまたまポーランドにあるだけで、ポーランド人の造ったものではない。造ったのはドイツ人だ。そのことは忘れてはならない。

ポーランドが完全に復興しきれていないことは、ワルシャワとブレストとをつなぐ道路を車で走ると特によくわかる。そこには復興前の姿が残っていて見比べることができるからだ。ブレストはポーランドとの国境近くに位置するベラルーシの都市だ。ワルシャワから出てわずか三〇キロメートル走るだけで、もうヨーロッパ大陸から出たような気分になる。建物はソ連時代のままだ。中には第二次世界大戦で破壊されたまま建て直されていないようなものもある。道路もひどいが、ドライバーのマナーもひどい。ここはヨーロッパの高速道路でも最も死亡事故の多いところだとも言われている。本当かどうかは知らない。自虐的な歪んだプライドから大げさに言っているのかもしれないからだ。だが、実際走ってみると多分、本当なのだろうと思える。ポーランドの東部にはラウンドアバウト（円形交差点）が多くあるが、中心は実際に一段高くなっているわけではなく、そこに円があることになっているだけだ。当然、まったく無視して「円」の上を平気で通り過ぎるドライバーもいれば、律儀に周りを回るドライバーもいる。それだけでも非常に事故が起きやすいだろうということは容易にわかる。

土地は平坦で、農場と古い工場とが混在している。ポーランド系ユダヤ人の詩人、ショーレム・アレイヘム（ミュージカル『屋根の上のバイオリン弾き』は、彼の短編を原作としている）はこの地域の出身である。ヘウムの街はすぐ南にある。もはやユダヤ人はまったく残っていない。貧しい土地で人々の服装も粗末なものだ。もし、今後、ロシア人が恐怖に駆られて一気にワルシャワまで進出することがあるとすれば、国境を越える時に必ずこのあたりを通ることになるだろう。

何度も言うように、ロシア人はポーランドに侵攻したいと望んでいるわけではないし、ドイツもそうだ。また、両者は必ずしも緊密に協力し合っていきたいと考えているわけでもない。特にドイツは、

ＥＵが停滞し、アメリカからの軍事協調への要求が強まれば、ロシアとの連携を可能性として検討しなくてはならないが、進んでそうしたいわけではないのだ。仮にロシアとドイツの経済関係が深まった場合、ポーランドがそこに参加して利益を得ることは不可能ではない。危険は協調関係そのものからではなく、恐怖心から生じる。ロシアの恐怖心は、ヨーロッパ大陸への依存からも生じるし、同地域を過小評価すること、あるいはその意図を誤解することからも生じ得る。

スターリンの過ちはそこにあった。当時、ロシアはドイツに依存していたが、その程度は、ロシアの小麦や原材料へのドイツの依存に比べると低かった。ヒトラーは、切実にロシアの小麦や原材料を必要としていたし、スターリンの善意に頼らなければ生きていけないことに強い怒りも覚えていた。だがスターリンはドイツのロシアへの依存度もヒトラーの怒りも過小評価した。スターリンとヒトラーには、人間的に似たところがあった。スターリンならヒトラーの心中を読むこともできたはずだ。だが、それができなかった。ヒトラーにとってロシアはあまりに重要で、好きにさせておくわけにはいかなかったのだが、スターリンにはわからなかった。彼は現実を見ずに自分の希望的観測にとらわれていた。その結果、ソ連では二〇〇〇万人もの人が死亡し、国の独立すら危ういほどの状況に陥ったのである。

アメリカは、日本の真珠湾攻撃による心理的な衝撃をいまだに克服できていない。攻撃の可能性が最も低いと思っていた場所が現実に攻撃された。しかもそれは、攻撃に対応するための準備がまったくと言っていいほど整っていなかった時だった。何十年経っても、また同じようなことが起きるかもしれない、という恐怖心はアメリカ人の心から去らない。二〇〇一年の同時多発テロに驚いたアメリカ人がたちまち逆上した裏には、真珠湾攻撃で受けたトラウマがあるのだろう。同じようにロシア人の心も、一九四一年六月二二日、ドイツがソ連に侵攻を開始した日に受けた衝撃から抜け出せていない。彼らには安心するということができない。安心だと思っていると、いつか幻想を打ち砕かれるかもしれないと恐れるからだ。ベラルーシを管理下に置きたいのはそのためだ。カリーニングラードを守りたいのも同じ恐怖心からだろう。カリーニングラードは、ポーランドとリトアニアに挟まれたロシアの小さな飛び地である。彼らにとっては、本来、脅威であるはずのないバルト三国のような小国であっても、恐怖の対象に見えるのだ。

バルト三国に関しては、その地理的位置から軍事的に重要であることはすでに書いた。三国は長年にわたりソ連の一部となっていたが、元々はスラブ系民族の国ではない。ロシアよりは、スカンジナビア半島諸国、特にフィンランドと共通する部分が多い。また、歴史上、ドイツ騎士団との関わりが深い。現在の街を見るとソ連風の建築物が多いが、そこで暮らす人たちはスラブ人というよりスカンジナビア人である。

しかし、三国は今も国内に時限爆弾を抱えているような状態だ。その爆弾はロシアの意向次第でいつでも爆発し得る。どの国にも、少数とはいえ無視できない数のロシア人がいる。ロシアは、たとえどこにいようとロシア人はすべて危険から保護するという姿勢を明確にしている。その姿勢も他の国でなら大した意味は持たないのだが、バルト三国においては重大な意味を持つ。ロシアは、バルト三国がNATOに加盟したことを大きな懸念材料だと考えている。ロシアの将来にそれがどういう意味を持つか不安に感じているし、バルト三国にいるロシア人が嫌悪の対象となり、差別されるのではという心配もある。

たとえば、こんなシナリオを考えてみることもできる。バルト三国のうちのいずれかの首都で、現地のロシア人が何らかの理由でデモをする。そのデモが本物なのか、誰かの仕組んだものなのかはわからない。ともかくデモは激化し、警察は沈静化のために催涙ガスを使う。だが、それが逆効果となって暴動が起き、何人かのロシア人が殺されてしまう。ロシア政府は、現地のロシア人を保護したいと申し出るが、現地政府はそれを拒否する。その後も暴動は激しさを増し、ロシアはNATOに介入を求める。現地政府は国内問題なのでNATOの介入は適切ではないと主張し、またこの暴動はロシアの諜報機関の仕組んだものであるとの見解を発表する。同時に、諜報機関には関与をやめるよう要請する。爆破事件が連続して発生し、ロシア人が多数死亡したことを受けて、ロシアは軍を派遣し、当事国を占拠する。

現在のところ、ロシアは他により大きな問題を抱えているので、すぐにではないだろうが、何か少しでも歯車が狂えば、バルト三国がロシアにとっての重要な脅威になることは十分にあり得る。また、ロシア人は、常にどこかの歯車が狂いそうな予感を感じて生きている人たちなのかもしれない。そんな恐怖心があるかぎり、彼らがバルト三国に関してすっかり安心するということはないだろう。境界地帯には、長期的に紛争の火種になりそうな場所が多くあるが、バルト三国は、そう遠くない将来、実際に紛争の火種になる恐れがある。

第12章　フランス、ドイツとその境界地帯

以前、ルクセンブルクに夫婦で訪れた際、細かく街を見て回りたいと思い、ガイドを雇ったことがある。派手ではないが手入れの行き届いた建物の並ぶ街を歩いていると、気品のある年配の男性が、車のトランクから荷物を降ろしているのに出くわした。ガイドは彼に丁寧に挨拶をすると「あの人はジャン＝クロード・ユンケル首相ですよ」と教えてくれた。妻は思い切って彼に話しかけた。すると首相は荷物を降ろす手を止め、喜んで応じてくれた。私がそばまで歩いて行くと彼は「明日はＮＡＴＯの会議とＧ８に出るのでシカゴに行くんですよ」と言った。私は「プーチンはどうやら来ないようですね」と返した。ちょうどプーチンの動向に注目が集まっていた時だったからだ。すると返ってきたのは「プーチンとはつい何時間か前に話しました。多分、来ると思います」という答えだった。

とても現実とは思えない出来事だったが、驚いたのは、何世紀も続くルクセンブルク人家系出身だというガイドが首相と同級生で、学校にも一緒に通っていたということだ。ガイドは、ユンケルが暗殺などされないよう祈っているという。もし首相が暗殺されるようなことがあれば、以後は他国と同様、警備の人間に囲まれて動くことになる。国の指導者が国民から孤立してしまう。このように開放的で無防備なのがルクセンブルクという国の特徴なのだろう。

現代という時代にまさに進行中の出来事について話したにもかかわらず、どこか時代錯誤なところのある不思議な会話だった。これぞルクセンブルクという出来事だ。私がはじめて首都ルクセンブル

クを訪れたのは一九七三年だが、その後も繰り返し行っている。街が清潔でともかく魅力的だという理由が大きい。だが、古城や要塞の遺跡を見ると、この国に長い戦いの歴史があることを思い出さずにはいられない。街は散歩や探検がしやすい作りになっていて、歩くのはとても楽しい。ところどころに道路の流れを止めるようにして快適な公園が作られているが、そこでも、戦争のために作られたであろう建造物の名残りを多く見ることができる。
　街の周囲の田舎も良い。小さな村がいくつもあり、城も数多く見られる。ルートA35をスイスから北上してライン渓谷、そしてアルザスを通ると、美しく心地の良い農地に囲まれることになる。この地をめぐってかつてはフランスとドイツが激しく戦ったなどということは想像するのも難しい。この地は現在はフランス領となっているが、時にはドイツ領となった。今も両方の言語が話され、どちらでも意思の疎通ができる。さらに北へと進み、ルクセンブルクも抜けると、土地の起伏が多くなり、深い森も現れる。そのあたりの田舎道を歩いていると、生い茂る木々に覆われた丘が目に入るだろう。見ているとまさかその中を歩いて抜ける人がいるとは思えない。ましてや、その中で戦争をするなどということは、とても無理だと思うはずだ。

　ところが、とても無理なはずのことが、ここアルデンヌでは実際に行われたのである。一九四四年のバルジの戦いだ。アメリカのジョージ・パットン将軍は、第一〇一空挺師団を救うべくルクセンブルクから反撃の命令を下した。四年前、ヒトラーがフランスを攻撃した時も、ドイツ軍は同じくこの起伏の激しい森を通り抜けた。ヒトラーがそんなことを命じたのは、私と同じく当時のフランス人も、まさかそこを軍隊が通るとは思っていなかったからである。第一次世界大戦では、戦争のごく最初にドイツ軍によるルクセンブルクへの攻撃が行われている。鉄道線路を奪うための攻撃だった。ルクセンブルクから西へ約八〇キロメートル行ったヴェルダンやスダンは、第一次世界大戦でも特に悲惨な流血の舞台となった場所だ。

この地域は、近代以前からずっと戦いの場だった。ルクセンブルクから北へ一三〇キロメートルほど行くとアーヘンの街がある。ここは、カール大帝が自らの帝国を築くための戦いの拠点とした場所だ。ルクセンブルクから東へ約三〇キロメートルの地点には、カール・マルクスの生誕地で、コンスタンティヌス一世が拠点としたトリーアがある。コンスタンティヌス一世は、キリスト教を公認したローマ皇帝である。トリーアには、市の中心部に古代ローマの建築物である「ポルタ・ニグラ」が今も残っている。四、五階建のアパートにも似た建物だが、ここにかつてローマ人がいたという確かな証拠だ。そしてやがてローマ人たちは去った。街の人にとっては、我が家とも言えるほど慣れ親しんだ建物だが、街の他の建物と比べると驚くほど異質でもある。地球人の中に一人、火星人が混じっているくらいに場違いな印象を受ける。

この地域で戦いが絶えなかったのは、ローマ軍がトイトブルクの森の戦いでゲルマン人を撃退できなかったからでもある。ローマ人の戦術は、木々の生い茂った森の中での戦いには向かなかったのだ。ライン川を越え、ガリア（現在のフランス）を占領したローマ人は、ゲルマン人に敗れることになる。彼らはその後、二度とライン川を越えようとはしなかった。ローマの文明はそこから先には広がらなかったというわけだ。

ライン川の西には、ゲルマン語（オランダ語を含む）が話される地域と、フランス語が話される地域が併存するようになった。東へ行くほどドイツ語が優勢になる。それぞれに文化の違う二種類の人々がそばにいれば、争いが起きやすくなる。実際、両者がお互いを征服し、自らの側に取り込もうとする試みは何度も繰り返されることになった。

地中海沿岸にはラテン文化が残った。ローヌ渓谷を北上し、ユリウス・カエサルがガリアを征服し

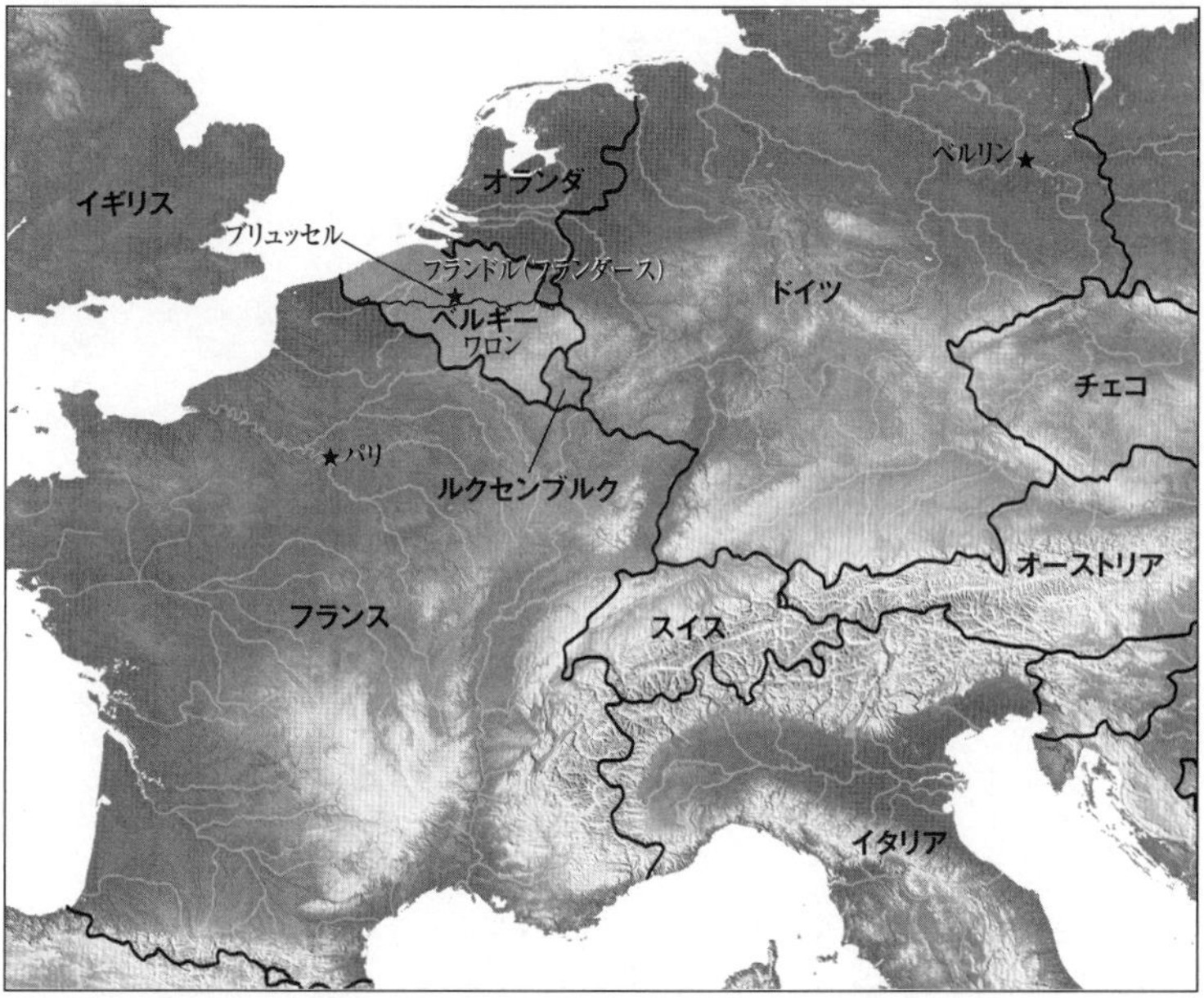

ベルギー、ルクセンブルク、オランダ

た時に通った道、あるいは第二次世界大戦でアメリカ第五軍が通った道をたどって、アルプスを越え、東へと向かうと、まったく異質な世界に入ることになる。スイスには、フランス、ドイツ、イタリアの文化が混在している。そこから北海にいたるまでの場所では、フランス人とドイツ人が複雑な歴史を歩んできた。スイスのバーゼルからE25を北上して、ストラスブール、ルクセンブルク、リエージュを通り、アムステルダムに到達すれば、ローマ帝国と近代ヨーロッパとを分ける境界線を直接、体験することになる。そして、最も境界線が容易にわかるのがルクセンブルクである。

現在のルクセンブルクには、EUの機関が多く置かれている他、銀行も多数集まり、ヨーロッパの金融センターともなっている。ルクセンブルクから北へ向かうとすぐにマーストリヒトに到達する。ＥＵの創設を定めた条約が調印された場所だ。その北西にはハーグがある。ハーグには国際司法裁判所が置かれている。ハーグとストラスブールとを結ぶ線が、だいたいフランスとドイツとの境界ということになる。このあたりで一〇〇〇年以上にわたり戦いが繰り返されてきた。そして、未来の戦争を防ぐために設立されたＥＵの機関もこの地域に多く置かれているということになる。ここに重要な機関が多いのは偶然ではない。ＥＵの構想が生まれた時、誰もが懸念を抱いたのがフランスとドイツの境界地帯についてだったからだ。ここにＥＵの機関を置くのには象徴的な意味がある。長く戦いの場だったところを、平和の場に変えようということである。

ヨーロッパ大陸とロシアとの境界はユーラシア大陸を二分するものだが、フランスとドイツの境界はヨーロッパ大陸を二分するものだと言える。もちろん、戦争はヨーロッパ大陸のどこでも起こり得るのだが、このフランスとドイツの境界地帯が平和だと、ともかくヨーロッパ全体を巻き込むような戦争はしばらくないと安心することができる。ヨーロッパ大陸は地理的には戦争が防ぎやすく、大陸全土の人々を戦争に巻き込むような大国はフランスとドイツ以外には存在しなかった。最も大きいのは、アルプス山脈がヨーロッパ大陸を北と南とに分断していることだ。そうした自然の障壁のおかげで、各地域の人々は他と深く関わることなく、比較的独立して生きてきた。ただ、フランスとドイツの両方が戦争を始めると、それは南や東へと拡大し、ヨーロッパ全体が巻き込まれてしまう危険があった。この地域の平和を維持することが、ナポレオンの時代の前から変わらず重要な課題だった。

ルクセンブルクにはかつて、街を囲む要塞があったが、フランスとドイツ諸国の間の外交交渉の末、一八六〇年代には取り壊されることになった。私は何人かのルクセンブルク人に話を聞いたが、彼らによれば、両者の間に結ばれた条約によって要塞は不要になり、取り壊されたということだった。もう今後、戦争が起きることはないだろうと判断されたわけだ。それ以降、ルクセンブルクは平和な都市となるので、商業と貿易だけに集中すればいいとされた。そういう話を聞くと、ルクセンブルクの人たちの平和への思いの強さを感じる。そしてマーストリヒト条約にかける気持ちもきっと非常に強いのだろうと想像できる。残念ながら、要塞を壊すことになった条約は無意味なものになった。不思議なのは、ルクセンブルクの人たちがそれを予見できなかったことだ。条約が結ばれた後の八〇年間、戦争はルクセンブルクとその周囲で何度も起きた。一九世紀のルクセンブルク人は、要塞はもはや不要だと本当に信じていたのだろうが、それが誤りだったのは明らかだ。問題は、現在も同じように信じられているということだ。やはり今回も誤りになってしまうのだろうか。ヨーロッパにとって最大の問題は、一九四五年以後、またEU設立以後に、その圏内で戦争は起こり得るか、特に全体を巻き込むような大戦争は起こり得るか、ということだろう。

ルクセンブルク人はヨーロッパの問題は解決できる、その方法は見つかったと信じたのだが、歴史的にその問題の多くを起こしていたのがベルギーである。ベルギーあたりの地域は古くから「ヨーロッパの戦場」と呼ばれていた。ゲルマン人（オランダ人を含む）とフランス人が衝突する時には、いつもそこが要所となっていたからだ。この地域が独立国となったのは一八三〇年でその後、永世中立国の宣言をした。イギリスとフランスの間の緩衝地帯となったのである。イギリスは、ベルギーの大きな港、特にアントワープがフランス人の手に落ちるのを恐れた。そこがイギリスへ戦いを挑む際の拠点となり得るからである。港がフランスでもオランダでもなく、中立国のものだということが重要だった。中立国があれば、イギリスとヨーロッパ大陸との間の緩衝地帯になり得る。

ベルギーは、本来オランダだった部分とフランスだった部分とが合わさってできている。今もベルギーは二つの地域に分かれている。一方は、フランドル（フランダース）地域で、オランダ語（フラマン語）が話されている。もう一方はワロン地域でフランス語が話されている。二つの地域の間の緊張は強く、時に暴動にまで発展する。かつてはワロン地域の方がフランドル地域よりも裕福だった時代があったが、今はそれが逆転している。元々オランダ、つまりゲルマンだった部分の方が、フランスだった部分よりも豊かになったわけだ。ベルギーには、境界地帯全体の縮図のようなところがある。そこで起きた摩擦は、将来、フランスとドイツの間に起きる摩擦の前触れであることも多い。ともかくまず知っておくべきなのは、ベルギーが独立して二世紀近くが経過した今でも、オランダだった地域はオランダのまま、フランスだった地域はフランスのままだということだろう。それはベルギー人自身もよくわかっている。現地にいけばすぐに実感できる。

近年、二地域の分割も真剣に検討されている。また、それぞれをフランスとオランダに再統合すべきという意見もある。イギリスは以前のような決定的な力を持った大国ではなくなっており、英仏海峡への東の出口を中立地帯にしておくための発言権もない。そのため、ベルギーの解体もまったくあり得ないことではなくなったのだ。この問題をめぐっては、暴動も何度か起き、扇動的な演説もいくつか行われたが、今のところまだ分裂にはいたっていない。だが、分裂はまったくあり得ない話ではない。ベルギーの状況を見れば、境界地帯全体の安定度をおおまかに知ることができるだろう。もしベルギーが統一を保てないようであれば、地域が平和であるとはとても思えない。

ベルギー内でのフランス、オランダ間の緊張は、現在のところ境界地帯全体には広がっていない。今は平和が保たれている。しかし、それは歴史上はじめてというわけでもないのだ。問題は、平和がこのまま続くかどうかである。続くかどうかはドイツとフランス次第だ。両者の関係が現在のように和やかである限りは大丈夫だろう。ドイツについてはすでに長々と書いてきたので、ここでフランスについて考えてみることにしよう。

フランスはヨーロッパ啓蒙主義の輝かしい中心地であり、一八世紀には知の世界の中心となっていた。二〇世紀の前半までフランス語は、洗練された会話には欠かせない言語で、教養人は誰もがフランス語を話すことができた。いわば、知的生活における共通語の役割をラテン語から奪ったということになるだろう。啓蒙主義思想がキリスト教に取って代わったのと同じことかもしれない。

私のフランスとの出会いは、政治哲学を学ぶ大学院生だった時だ。デカルトやパスカルと格闘したのである。彼らはいずれも偉大な数学者であると同時に哲学者でもあり、しかもお互いにまったく違っていた。デカルトは物事を体系的に考える人だ。あらゆる物の整合性が彼にとっては大切だった。パスカルは小さなプリズムをくれる人だ。それは短い箴言である。彼の箴言を通すと世界がよく見える。デカルトは、思想の一部だけを理解しようとしてもできない。全体を理解しない限り部分は理解できないようになっている。どこにも全体はないのである。パスカルには全体など存在しない。受け取る側の私たちが自分で作らない限り、どこにも全体はないのである。これほど大きく異なる二人だが、共通点が二つある。一つはカトリックに対する態度だ。どちらも言葉の上では攻撃しながらもカトリックへの信仰は大事にしていた。もう一つは時にウィットのために自らの思考を歪める態度だ。大学院生だった当時、私はそれが彼らの弱点だと思っていた。

だが後になって、ルソーの文章の中に、私が弱点だと思った彼らの矛盾について説明する言葉があるのに気づいた。こんな言葉である。「確かに彼らには矛盾がある。私はそれに気づいたが、おかしいとは思わなかった」若い時には、果たしてそんなことがあり得るのかと不思議に思った。しかし、歳を重ねるに従い、最も洗練された解答は往々にして間違っていると徐々にわかってくる。自然も人間も、実はそれほど秩序正しいものではない。一切の矛盾を許さないということになれば、とても説明などできないものだ。デカルトやパスカルがカトリック教徒なのは矛盾したことのようだが、彼らは自分たちの過去に忠実であるためにカトリック教徒でなくてはならなかった。自分たちの未来に忠実であるためにはカトリックを攻撃する必要があった。どちらも理解できる。彼らは過去と未来の矛盾とうまくつき合って生きていかねばならなかった。

大学院生の頃には、サンジェルマン大通りのカフェで、客どうしで交わされる激しい議論に参加したこともあった（当時のカフェはまだ今ほど高くなく、学生でも十分に入ることができた）。話題は次から次へと変わっていく。元々は土台になる大きなテーマがあったのかもしれないが、皆、忘れてしまう。そしてよく覚えているのは、私がいかにもアメリカ流に整然と理論を積み上げていっても、自信たっぷりに言い放たれた一言ですべてが吹き飛んでしまったことだ。そんなことが何度もあった。フランス人らしい気の利いた一言が私の努力を一瞬で無にしてしまうのである。私が相変わらず一つの問題にこだわって話し続けているのに、皆はとっくの昔にまるで関係のない別の話をしている、ということもあった。

かつてはこういうのを単純にフェアじゃない、ひどいと思っていたこともあった。だが、やがてこれが人間の会話なのだということを学んだ。純粋な論理だけでは、人間のすべては表現できない。論理は人間の一部分でしかない。デカルトやパスカルにとってさえ、それは同じだったのである。私のフランスの友人たちは、大事なのは議論に勝つことではなく、人間らしく議論することだと理解していた。口をついて出た表現や、垣間見える見識、そういうものが精緻な論理よりも人の心に深く響くことがある。人間には論理を超えた部分、論理よりも大事な部分があることを、友人たちは私に身をもって教えてくれた。人生が矛盾の連続で、矛盾がとても解消のできないものだとしたら、そのまま受け入れるしかない。フランス人はそう考える。自信たっぷりな態度、気の利いた表現、鋭い眼差し、舌を出す、そんなことで、論理には不可能なことができてしまう。私の方が明らかに筋の通ったことを言っているのに、なぜか言い負かされてしまう。悔しかったが、私は何度も負けることになった。妻との口喧嘩では、勝者が瞬時に敗者になってしまうことがよくあるが、フランス人にとっては、敗者が瞬時に勝者に変わることも珍しくはないのである。

私がパリにいた一九七〇年代、八〇年代、そこにはアラブやヨーロッパのテロ集団が多く集まってくるようになった。彼らにとっての敵であるアメリカ人、イスラエル人、イギリス人などがそこに大勢集まってきていたというのも大きいだろう。アメリカ人にとってテロリストとは、必ず見つけ出して正体を明らかにし、倒さねばならない相手である。フランス人はそう単純には考えない。もちろん彼らも街中で争いが起きることは望まないが、問題はあまりに複雑なので、ただ犯人を倒せばいいとは思わない。あらゆるもの、ことにはふさわしい時と場所がある。その時々の状況によって、壊すべきものもあれば、守るべきものもある。何をどうすべきか、目標は絶えず動いていく。テロ集団は多くの点で似通っているため、どうしても皆、同じに見えてしまうが、本来はそれぞれが単独で存在しており、一つ一つ違っている。それを忘れてはならない。フランス人は何事によらず、最小限のことだけをしてあとは何もしないという技に長けている。そのせいで、時には彼らがまるでテロリストを保護しているように見えることもある。当然だがそんなことは絶対にあり得ない。フランスも反テロリスト連合に加わっているし、テロ行為に反対していることは間違いない。ただ一方で、彼らが他の同盟国とは違った角度からテロリストを見ているというのも確かだろう。

ルソーの言葉にもあるように、フランス人は矛盾を厭わない。彼らはヨーロッパ戦争という壮大な名前のつけられた数々の戦争を見つめてきた。どの戦争も重みのあるものだった。単純に勝った、負けたで割り切るにはあまりに重大すぎた。必要なのは、微妙な駆け引きで双方が何とか受け入れられる落とし所を見つけること。決して問題を解決しようなどとは思ってはいけない。落とし所とは何か、それは簡単にはわからないが、時間が経てば少しずつわかってくる。たとえば、「こいつはテロリストだ」とわかった人間はすべて殺す、という方法だと、テロリストだとわかった人間は殺せても、そうとわからないテロリストは殺せないことになる。テロリストを探し、特定するという作業は、切手の収集に似ていると誰かが言っていた。急がず慎重に進めなくてはならない。様々な種類の切手をじっくり一枚一枚見て、良いと思うものを買い、そうでないものを売っていく。これを少しずつ地道に続けるのだ。静かで孤独な作業である。容易ではないし、なかなか結果は出ない。フランス人は、フランスにいるテロリストを見つけ出して彼らと戦おうなどとは考えていない。フランスのどこでもそうだし、ましてやパリでテロリストと戦うなどとんでもないことである。その姿勢が、パリにテロリストを引き寄せることになる。ともかく安全だからだ。あるフランス人にこう言われたことがある。「フランスはあまりに小さいので、世界のために戦うことなどできません。パリのために戦うだけです。パリを平和に保つために。あなたたちアメリカ人は世界のために戦ってもいいが、パリでは戦わないでもらいたい」

まだ若かった私は、そのフランス人の裏切りとも思える発言に憤った。それはあまりに矛盾した、馬鹿げた言葉に聞こえたのだ。フランス人の哲学についても同じように感じた。しかし、時間が経つにつれ、私は自分が何を言われたのか、その意味がわかるようになってきた。できるものなら私たちはテロリストをすべて排除したい。だが、その方法はわからない。パリには毎日次々に列車が来る。毎日無数の人がやって来るのだ。パリだけでも無理なのだから、世界全体ではもっと無理だろう。ただ、パリの中だけでも、テロリストが人を殺す事件を減らすことができれば、それは一定の成果だと言える。それによって同盟国を戸惑わせることもあるかもしれないが、それはフランス人ならば耐えなくてはならないだろう。なぜなら彼らはフランス人だからだ。フランス人にとって、人生はあらかじめ定めた計画に沿って作っていくものなどではなく、周囲で起きる出来事によって自然に形作られていくものだ。偶然の出会い、行きずりの情事、思いがけない自己の発見、そんな出来事が折り重なって、人生はできていく。偶然の出来事はまた別の偶然の出来事を呼ぶ。それをきっかけに深く考え込むこともあるだろう。生涯をともにする伴侶に出会えることもあるし、出会えないこともある。

また誰にも家族はいて、必ずいずれかの民族に属している。何があろうと、何をしようとその外に出ることはない。表面的には国際的な知識人で、家族や民族から自由のように見える人が実はフランス人で、毎年夏には故郷ボージュにいる家族に会いに行っているというのは何も驚くにはあたらない。不思議に感じるかもしれないが、本当は不思議でも何でもないことだ。昔親しくなった美しく聡明な女性を思い出す。彼女は完全に自由奔放な生き方をしているように見えた。だが、毎日、夜になるとやはり両親の待つ家に帰るのだ。

フランス人はとらえどころがない。あまりにとらえどころがなさすぎて、自分たち自身でも混乱することがある。あるいは、とらえどころがあまりになくて、混乱すらしないこともある。世界に何か不和があっても、彼らはただそれが去るのを待とうとする。何もせず、ただ次に来るものを待つのだ。フランスそしてEUを理解するには、彼らが矛盾を厭わないこと、敗北や衰退などでは弱気にならないことをよく覚えておく必要がある。

フランスの衰退は、一九世紀のはじめナポレオンが敗北を喫した時から始まっていた。しかし、それが明白になったのは、同じ一九世紀の後半、急成長したドイツに経済で追い抜かれた時である。フランスは、二つの大工業国に挟まれることになった。西には細い海峡の向こうにイギリスがあり、ライン川を挟んですぐ東にはドイツがあった。一九世紀の終わりには、両国はフランスにとって高くそびえ立つような存在となっていた。

なぜそうなったかについては、様々な意見がある。たとえば、マックス・ウェーバーは著者『プロテスタンティズムの倫理と資本主義の精神』の中で、プロテスタントの教義は経済発展の強力な基盤となるものだったが、カトリックの教義はそうではなかったと主張した。説得力のある主張ではあるが、バイエルンやラインラントがドイツに属していながらカトリックの強い地域だという事実を無視している。しかもラインラントは、ドイツの工業の中心地だ。フランスでは農民が工業化に抵抗したためだ、という説もある。他にも多数の説があり、どれもかなりの真実を含んではいるが、完全に満足のできるものではない。

私が支持しているのは、ナポレオン以後、イギリスが世界の海を支配し、インドを中心とする大帝国を築きあげたため、という説だ。彼らは巨大な帝国を築くことで他を排除し、貿易上の圧倒的な優位を確保できた。フランスも帝国を築いてはいたが、概ねイギリスが取らなかった場所の寄せ集めで、どうしても見劣りがした。イギリスのように、帝国の中だけで成り立つ交易システムを作ることもできなかった。

他の違いとしては、イギリスとアメリカとの関係があげられる。独立戦争に敗れたとはいえ、イギリスは以後もアメリカとの緊密な交易関係を維持していた。特に重要だったのは、ミシシッピ川流域から大量に流れてくる食糧だった。イギリスはこれを利用して、本国の国民の食糧費を大幅に下げ、農民に都市の工場労働者になるよう促した。これに対しフランスは農民を保護し、アメリカで生産される食糧はあまり利用しなかった。そのため、工業化を進めようにも労働者の数は限られ、都市でも食糧費は高いままだった。イギリスはフランスよりも農民に対して非情だったが、そのおかげで経済的には成功することになった。

ドイツはイギリスやフランスのような帝国は持たずに工業化をした。ただ、地理的な位置はヨーロッパの中でも圧倒的に交易に有利だった。交通路となる大河がそばにあり、オーストリア＝ハンガリー帝国やロシア帝国などとの交易も容易だった。ライン川、エルベ川も利用できたが、特に重要だったのはドナウ川である。ドナウ川はヨーロッパの主要な輸送路となっていたからだ。理由はどうあれ、ともかくフランスは後れをとった。一応、小さくはない規模の産業を有していたため、ヨーロッパの先進国としての地位を完全に失うほどではなかったが、第一級の先進国とはとても言えなかった。その地位を占めたのはイギリスとドイツである。

フランスは何世紀もの間、イギリスと戦い続けてきた。フランス北西部、ブルターニュ、ノルマンディと呼ばれる地方は、イギリスに支配されていたこともある土地であり、フランスとイギリスの間で長い間、奪い合いが続けられてきた。フランス人は、ナポレオンの失脚はイギリス人のせいだと信じている。その理由は、トラファルガーの海戦でイギリスがフランスに勝利したからだけではない。加えてイギリスが海上封鎖を行ったことも大きいという。海からフランスに物資が入って来なくなったからだ。フランスから見れば、イギリスはフランスの敵に味方したように見える。そして、フランス人が飢えるのも構わずに、海の通行を封じてしまった。しかも自らの身を深刻な危険にさらすことはなかったのだ。「裏切りアルビオン（アルビオンはイギリスの古称）」というのは、長らくイギリス人に対するフランス人の見方を象徴する言葉だった。一七世紀フランスの聖職者、ボシュエ司教は次のような言葉を残している。

イングランド、おお裏切り者のイングランドよ、
お前の海がローマ人を寄せつけなかったように
キリストへの信仰の上陸も妨げられた

このようにイギリスに関するフランス人の記憶は決して良いものではない。裏切り者という印象は、第二次世界大戦の際にさらに強まった。フランスが最も必要としているまさにその時に、イギリスが軍を撤退させ、フランスを見捨てたからだ。フランス人からはそう見えた。復活したナポレオンをワーテルローの戦いで敗北させ、再び破滅へと追いやったのもイギリスとその連合軍である。これに関しては感謝している人もいるが、ともかくフランスとイギリスの関係は歴史的に見て良いとは言えず、両者の間では何度も悲惨な出来事が起きている。

フランスとドイツの歴史的な関係もやはり良くはない。イギリスがナポレオンをワーテルローの戦いで破った際には、プロイセン軍も重要な役割を果たしている。ドイツ統一の直前にも、両者の間には戦争が起き、ドイツが勝利している。その結果、ドイツは、それまでフランスだった境界地帯、アルザス・ロレーヌ地方を奪取し、パリでパレードまで行った。これはもちろん、フランス人に屈辱を与えるためのパレードである。他に理由はない。ただそれができるからそうしたというだけのことだ。二つの世界大戦を経験したことで、独仏間の歴史はさらに悪いものになってしまった。フランスとイギリスの歴史よりも悪いと言えるほどになった。

つまり、フランスは長年の宿敵である二国に挟まれて身動きが取れないというわけだ。一時たりとも安心はできず常にいらだった状態で過ごしてきた。統一後のドイツが急激に台頭すると、フランスはイギリスと同盟を結び、ついにはそこにロシアまで引き入れることになる。すべてはヨーロッパ最強の大国となったドイツの動きを封じ込めるためだ。だが、表に出さないとはいえ、フランス人がイギリス人に長年持ち続けた敵意がすぐに消えるわけではない。敵意を持つだけの十分な理由もある。イギリスは、ドイツを抑えるのにフランスを利用していた。フランスを利用して抑え込むことで、イギリスに対抗できる海軍を作れないようにした。フランスとしては他に選択肢がないため、与えられた役割を果たすしかなかった。それだけドイツを恐れていたのである。イギリスの協力を得たフランスは、わなにかかった気分だった。捕らえられて逃れることができず、あとはイギリスと自らの地理的な位置によって与えられた役目を果たすしかなかった。

第二次世界大戦終結後、ヨーロッパの統合が議論された時、ド・ゴールがそれに興味を持ったのは、彼にイギリス人に対する根深い嫌悪感、不信感があったからでもある。それは長い歴史によって培われたものであったが、彼の場合は、第二次世界大戦中イギリスにいたことで、その感情がさらに深まるような個人的体験もしていた。ド・ゴールは、当時で言う「欧州共同体」にイギリスを入れたくなかった。彼にとっては、改革されたドイツを手中に収める方が、イギリスとつき合うより好ましいことに思えたのだ。また、今や衰退の道をたどるイギリスは、彼の目にはアメリカの手先のように見えた。手先となってフランスの主権を奪いに来るように思えたのである。

フランスのドイツとの関係は、ヨーロッパの中だけで言えばフランスとイギリスとの関係によってかなりの部分が決まる。そしてより広い視野で見れば、新しいプレーヤーであるアメリカとの関係もそこに影響してくる。フランスはそうしようと思えば、ドイツを拒絶できる。だが、それはイギリスとアメリカがフランスを支持する場合に限られる。今は戦争をするわけではない。ただ経済上、政治上の関係をどう見直していくかという話だ。イギリスとアメリカの支持がないのであれば、フランスはドイツと協調せざるを得ない。支持が得られれば、別の戦略も考えられる。他国に追いつけないがために、フランスは常に誰かの支持を必要としてきた。現在、どうしても追いつけない相手はドイツとアメリカだ。ともかく、いずれかの国の支持は得なくてはならない。フランス単独では生きていけない。

イギリスはEUからは一歩引いた姿勢を保っている。まったく参加しないというのではないが、ユーロ圏には入っておらず、他にもヨーロッパ全体でのプロジェクトのいくつかに加わっていない。イギリスもヨーロッパ大陸に関心はあって、必要であれば深く関わることもあるのだが、あくまでそれが必要な場合に限られる。何世紀も前から同じだ。強い必要がない場合には、自国の他の利害と衝突しないよう調整しながらのつき合いをすることになる。かつてはほとんどの利益を自らの帝国から得ていたため、他の利害と言えばほぼ帝国の利害を指した。今はアメリカとの関係が代わって重要になっている。ヨーロッパとの関係とのバランスを取っていかなくてはならない。

アメリカは現在、イスラム世界から手を引こうとしているところで、海外の他地域の問題とも関わりを避けている状況だ。アメリカにとってヨーロッパは、自分の手には負えない相手である。ヨーロッパとの貿易は維持していきたいが、ヨーロッパの経済問題などに下手に関わると危険だと考えている。かつてアメリカはフランスの軍事行動に二度関与している。最初は二〇一一年のリビア空爆だった。フランスの支援要請に応える選択をしたのだ。はじめのうちアメリカは消極的だったが結局は協力し、大きな役割を演じている。二度目は二〇一三年、フランスがマリ内戦の沈静化のために部隊を派遣した時である。アメリカは後方支援というかたちで協力した。

注目すべきは、どちらのケースでもドイツは関与していないということだ。それを見ると、フランスとドイツの関係が基本的にどういうものなのかがわかる。この二つは、どちらも国際的な利害が危険にさらされていると考えられるケースだ。少なくともフランスではそう考えた。ドイツは軍事的な支援を拒否したが、アメリカは応じた。折しも、フランスの経済的利害がドイツのそれと一致しなくなっていた時に起きたことだ。フランスで失業率が約一二パーセントにも達していた時、ドイツの失業率は六パーセントを下回っていた。フランスはEUに対し、失業対策を求めたが、ドイツは各国の財政規律を高めるような政策を求めた。

このような相違があっても、フランスとドイツの関係がそれで切れることはなかった。歴史的経緯からドイツ政府が他国への軍事介入に参加しにくいことはフランスの側も理解していたし、経済問題に関してもできる限り違いを埋めようという意思が双方にあった。ドイツもフランスとの緊密な関係を維持したいと考えているのは明らかだ。だが問題は指導者の意思だけにあるのではない。国益のために、あるいは国内の政治問題が原因で、指導者がやむを得ず意思に反したことをする場合もある。それが問題なのだ。

特に解決が難しいのは経済問題だ。ドイツ、フランスともに、見かけより脆いところがある。まずドイツは輸出への依存度が高すぎる。輸出にはどうしても顧客が必要なので、その弱みにつけ込まれる恐れはあるだろう。フランス経済の弱さはすでに、二〇〇八年の危機で露呈している。弱いままの状態が長く続くと、一九世紀後半と同様、相対的な国際的地位の低下につながるかもしれない。フランスのヨーロッパでの地位が、特にドイツに比べて徐々に低下していくのだ。そうなると、ドイツとはまったく異なった経済政策を採らざるを得なくなる。現在のEUの枠組みの中にあり続けることが困難になる恐れもある。

フランスは、ドイツとの関係断絶は一切望まないが、政策で多少歩み寄って欲しいと願ってはいる。ドイツもフランスとの関係断絶は考えていないが、同じく政策で歩み寄って欲しいと願っている。マーシャル・プラン以降、長い時間をかけて緊密な関係を築いてきた両国が戦争を始めるとは想像しにくい。戦う理由が少なすぎるからだ。だが、二国の関係は完全な統合か戦争かという単純な二者択一ではない。その間には実に様々な関係の可能性があり得る。良好な関係を築きながらも互いに違う道を歩くということもある。

ドイツにとって大事なのは、できるだけ多くの国と経済関係を結ぶことだ。そうすれば輸出を促進しやすくなる。ドイツは世界中に顧客がいるため、その分よりグローバルな視点を持っていると言える。しかし、ドイツは、どの国に対しても顧客になるよう強制することはできない。ただ経済的手段によってそう促すことができるだけだ。どの国もドイツに依存しているわけではないし、どうしてもドイツと取引しなくてはならない必要に迫られているわけでもない。輸出の半分を消費するEU加盟国を少しでも思いどおりに動かそうとすれば、ドイツはEUによって与えられた道具を駆使するしかない。

その道具とは具体的には、自由貿易圏、種々の規制、ユーロ、銀行制度などだ。道具をうまく使えば、EUをよりドイツの国益に合うものにすることができる。ところがそれが行き過ぎれば他の国々の強い反発を招くことになる。特にフランスが反発をすると事態は複雑になる。フランスには、ドイツとは違った道筋をヨーロッパに提示するだけの力があるからだ。たとえばドイツは、欧州中央銀行がインフレ対策に重点を置くことを望んでいる。しかし、フランスが望むのは雇用の促進だ。どちらも両国の国内問題を反映している。

今のところ、ドイツの意見が受け入れられたかたちになってはいるが、フランスもあきらめたわけではない。ドイツが債務危機に際し、関係諸国に緊縮財政を求めたのも、自国の国益と国内世論の制約があったからだ。そして、その負担を受けなくてはならない国々の反発を招いた。フランスがドイツに対し、国益からしてとても不可能な行動を求めることがあれば、EUは極めて緊張した状態になるだろう。夢見られていたような平和と繁栄の共同体からは遠いものになる。

そうなってもフランスがEUを離れることはないだろうが、残るにしてもただ今のまま残るということはないに違いない。フランスの指導者は、EUとの整合性を無視して独自の税務政策を採り始める可能性が高い。減税、赤字国債の発行などで失業率を下げようとする。たとえ長期的には有効でなくても、次の選挙までは効果の持続しそうな策を講じるわけだ。もちろん、他にも採り得る政策はあるが、まったく何も問題の生じない政策はあり得ない。必ず、ドイツやEUとの関係に何かしらの影響を及ぼすことになる。最も懸念されるのは、フランスが保護貿易主義へと傾くことだ。農業従事者から極右政党「国民戦線」にいたるまで、様々な種類の人々が、外国に頼らないフランスを望んでいる。非現実的なのは間違いないが、一定以上の数の国民が強くそれを望んでいることは、フランス政府としては無視できない事実である。

フランスにとって特に重要な地域は世界に三つある。一つはヨーロッパ平野、とりわけドイツだ。もう一つは英仏海峡とイギリス。そして三つ目が地中海とアフリカである。二〇〇八年七月に設立された地中海連合は、主としてフランスの置かれた地理的条件から発想されたものである。フランスは北ヨーロッパの大国であると同時に、地中海の大国でもある。その地中海周辺の国々をまとめ、EUと並ぶもう一つの経済同盟を作ろう、というのが元々の発想だった。ヨーロッパ諸国に加え、北アフリカ諸国、イスラエルなど、ジブラルタル海峡からボスポラス海峡までにいたる広い範囲の国々が参加している。フランスとしては、これで自国が十分に競争していける自由貿易圏を作れればと考えた。また、新たな貿易圏でフランスは支配的な存在になれるだろうという思惑もあった。

かつての植民地だったアフリカ諸国との関係を強化することで自らの経済力の弱さを補い、中東や地中海での立場を強めるという狙いもあった。フランスは、地中海連合をEUからは離れた独立の存在と考えるべきと主張しながら、同時にEUとのつながりの重要性も強調した。そのため、結局はどっちつかずの印象になってしまった。当初の予定では、地中海に面する国々だけで設立するはずだったが、参加国が大幅に増えたために趣旨がぼやけた面もある。現在の参加国数は四三で、うち二八ヶ国はEUと重複している。議長国は二年ごとに替わる輪番制で、EUの加盟国と非加盟国が交替で務めることになっている。連合の意思決定は、年に一度の外相会議か、二年に一回の首脳会議でなされる。構想はあり、それに沿って組織は作られたが、実体はないに等しい。どう機能させるのかが明確でないからだ。シリアとイスラエルの両方が加盟していて組織として本当に成り立つのかも疑問だ。連合の規則がEUのそれと衝突する場合にどうするのか。発想は素晴らしいが、あまりに大きな矛盾を抱えている。すでに書いたように矛盾に寛容なフランス人の特質がこういうところに表れていると言えるかもしれない。

今までのところ、連合では事実上、何も明確には定められていない。単に加盟国で何らかのかたちの貿易圏を作ろうと決まっただけである。それでもフランスの推進派は、連合に何とか命を吹き込むべく努力を続けている。こうした動きを見ていくと、地理的な位置がいまだにフランスの経済や政治に大きな影響を与えていることがよくわかる。隣国のドイツとは国益に隔たりがあり、妥協点を見出すのは難しい。しかし、一九四五年以降のヨーロッパの秩序は是が非でも維持したいので、そのための確固たる基盤が欲しい。イギリスに関しては、その存在を問題とみなせばよいのか、問題解決の協力者とみなしてよいのか決めかねている。いまだにイギリスをはじめ、アメリカ、カナダ、オーストラリアなどを「アングロ・サクソン諸国（もはや時代遅れの言葉だとは思うが）」としてひとまとめに扱ってしまう傾向も強い。フランスは確かに北ヨーロッパの国だが、同時に南ヨーロッパの国でもあるし、地中海諸国の一つでもある。そこでのフランスの地位は、北ヨーロッパでの地位より高い。どの地域もやはり細かく分裂している。それでもフランスとしては、EUに代わる選択肢となる可能性があれば追求せざるを得ない。

フランスとかつての植民地であるアフリカ諸国との関係は、イギリスと英連邦諸国との関係よりもはるかに近かった。諸国にとってフランスは独立後も大きな存在であり、フランスの意向に国の行方が左右されるのは珍しいことではなく、軍の介入すら度々行われた。フランスの植民地には、イギリスの植民地に比べ、その準備が整わないまま独立したところが多い。フランスによる半植民地的な扱いが続いた背景には、そういう事情もある。

フランスは中東では、レバノン、シリアの両方と近い関係にある。ただ、フランスがシリアに軍事的に介入することはなかった。アメリカが参加を拒否したためである。レバノンとシリアは、第一次世界大戦後にフランスの保護領となった国だ。北アフリカ諸国との利害関係もいまだに深い。そう考えれば、地中海連合という発想自体は真っ当なものだとも言える。地中海地域の貿易においては、フランスは以前から中心的な役割を果たしていると考えて間違いない。

地中海連合にイスラエルが参加していることに対しては、イスラム教国が反発を強める恐れもあるが、イスラエルにとっては願ってもないことだ。また、EUへの参加を拒否されているトルコが連合には参加しているというのを奇異なことと受け取る人はいるが、そうとばかりは言えない。はじめは不合理に見えたことがあとで意味を持つ場合もある。地中海地域は、ヨーロッパに産業革命が起きる以前は地球上でも特に豊かな場所だった。イスラム教を信仰する北アフリカとキリスト教を信仰する南ヨーロッパは、常に平和的にというわけではないが、関係は保っていた。

地中海連合を作ることでフランスが失うものはほとんどないが、得るものは大きくなる可能性がある。EU外の国々との関係にほんの少しでもプラスになれば、それだけで意味はあったということになるだろう。得るものが大きいか小さいかは、フランスを中心とするその組織がどの程度の富を生むかによって変わる。今のところ先行きは不透明と言うしかない。トルコやイタリア、フランスのように工業がある程度以上発達した国々と、アルジェリアやリビアのようにエネルギー資源の豊かな国々とをこれまでより強く結びつけられれば、成果は出るのではないか。ＥＵではドイツに奪われた地域のリーダーの地位にフランスが就くチャンスでもある。

連合の活動がＥＵ並みに本格化する見込みは薄い。だが、これまでよりも活動に熱心になる国が現れることはあるだろう。参加国をどうまとめればいいか、参加国、特にフランスにどんな利益があるのかはまだよくわからない。互いに強い敵意を抱いている国々も参加していて、果たして大きな対立なしに共存できるのかも疑問である。

いかに疑わしいものであろうと、フランスにとってＥＵに代わり得るのは地中海連合しかない。飛躍的に産業の生産性と収益性を向上させ、ドイツに匹敵するような経済力を身につけない限り、ＥＵでの地位は取り戻せない。しかし、選挙に勝つために政治家は失業対策に力を入れざるを得ず、その状況ではフランスが経済力でドイツに並ぶどころか近づく日すら来るとは思えない。産業革命の頃に始まるフランスの構造的非効率性はいまだに変わっていない。ＥＵ内では、これから地位は低下する一方だと思われる。フランスはとても孤立して生きていける国ではない。他の国々との連携は欠かせないが、ＥＵでの将来が暗いとなれば、何か代替案がいる。地中海連合が有望かはわからないが、一つの代替案ではある。

フランスとドイツの今後の関係はどうやら良好なものにはなりそうもないが、両国の境界地帯の平和は当分の間保たれそうだ。ベルギーがいい例だ。ベルギーはすでに書いたとおり、イギリスの不安を和らげるために、フランスの一部とオランダの一部を人為的に融合させて作った国だ。今、オランダ側は裕福だが、フランス側は貧しい。フランドル地域とワロン地域の間の緊張は根が深く、国がいつまで存続するかすら誰にもわからない。おそらく近いうちにベルギーが消滅することはないだろうが、消滅する恐れがあるという事実が、何としても争いを避けたい現在のヨーロッパにとっては重要なのである。

ベルギーは、フランスとゲルマン諸国との関係の一種の「比喩」になっている。ただし、完全な比喩とは言えない。ベルギーには国の分裂を望む人も多いが、フランスとドイツには二国の関係断裂を願う人などほとんどいないからだ。ドイツは裕福になっているし、フランスは貧しくなっている。ドイツはフランスを経済的に援助することには消極的だ。だが、フランスとの関係によって得られる心理的な安心感、政治的な安全は重要だと考える。フランスはヨーロッパでの主導的地位を失いたくないが、このまま経済的衰退が続けば地位の維持は難しいだろう。

ドイツは輸出の市場を確保するため、東のロシアをはじめ、その他の地域にも目を向けていくだろう。フランスは南の地中海に注目する。結婚にたとえれば、今のドイツとフランスは、仲はさほど良くないが別れるつもりはない夫婦といったところだ。かつて両者を強く結びつけたものは、もうなくなってしまっている。ドイツは以前ほど強く贖罪を求めてはいない。フランスは、統合ヨーロッパのリーダーとなるという野望を失った。そして今やどちらにも、魅力的に見える隣人がいて、すでに秋波を送ってもいる。離婚するとしても意外に穏やかに物事が進むかもしれない。だとすれば、ルートE25の周辺地域の平和も乱れることはない。しかし、フランスの南でその時何が起きるかはまた別の話である。

第13章　イスラムとドイツに挟まれた地中海ヨーロッパ

地中海は、ヨーロッパ大陸の南限である。それは陸に囲まれた内海であり、他の海へと出る経路は二つしかない。一つは西のジブラルタル海峡、もう一つは人造の経路である東のスエズ運河だ。世界には内海が他にもあるが、外への経路がこれほど限られていて、なおかつこれほど大きい内海は他にはない。また、地中海ほど世界史に影響を与えた内海もないだろう。ユダヤ教、キリスト教が生まれたのはこの周辺である。イスラム教徒もここに多く集まってきた。ヘレニズム、ローマ、エジプトにとって地中海がいかに重要かは言うまでもないだろう。ヨーロッパとアフリカとをつなぐのも、その両方をアジアにつなぐのも地中海だ。コロンブスの一四九二年の航海も元はと言えば地中海から始まっているし、この海の政治的状況に大きく左右された。ヨーロッパの南の果てに地中海があったことで多くの混乱が生じ、歴史を動かす大事件がここで次々に起きたことも確かである。

地中海の北側は、歴史的にキリスト教地域であり、トルコやバルカンなどに例外はあるが現在も概ねはそうだ。南側の北アフリカでは古くからイスラム教が圧倒的だ。東側のレバント地方にはキリスト教徒、イスラム教徒、ユダヤ教徒が混在しており、その宗派も様々だ。これは、この地で戦争が繰り返され、人々があちこちへと移り住んだ名残りであり、今もそれは続いている。

地中海は全体が一続きになった海である。東西の長さは約三二〇〇キロメートル、南北は最も狭いところでは一六〇キロメートルに満たず、最も広いところでも八〇〇キロメートルほどである。南北

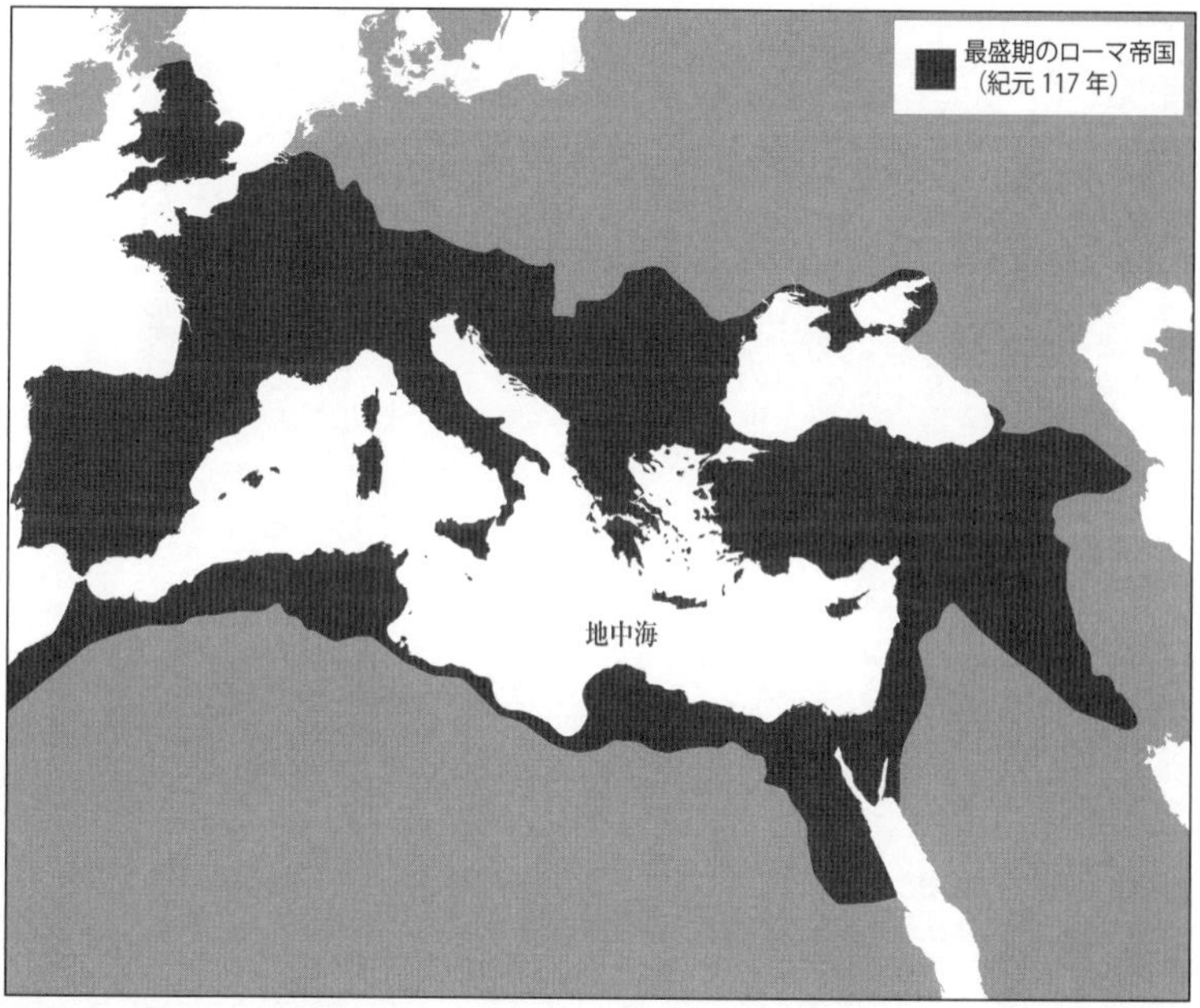

紀元117年のローマ帝国

の海岸は、西ではジブラルタル海峡で最も接近し、東のレバント地方では一つになる。地中海の周辺のどこかで何かが起きれば、同じ地域の別の出来事に影響する可能性があるし、次に何が起きるかをかなりの程度、決定することもある。

古代ローマ帝国はまさに地中海とともにあり、地中海の影響を強く受けた帝国だった。ローマ人たちは、この海を「中心の海」あるいは「我等の海」と呼んだ。帝国の体制の重心と言えるような海だった。交易の際の輸送を効率的に進めるには、たとえば、エジプトからローマへと穀物を容易に運ぶためには、船が必要になる。海賊から海を守るのには海軍が必要だ。ローマ帝国全体を一つに結びつけていたのは、陸軍というよりも、海軍や交易、商業であった。

またそれが可能だったのは、海が狭かったからでもある。ローマ人は、南北二つの海岸を結びつけた。そのつながりは今も残っている。ローマとエジプト、そしてレバントが絶えず交流してきたため、彼らは誰も一つの思想体系に固執することがなかった。そうではなく、複数の文化や経済を結合できるような体制を築きあげた。ローマが長く存続できたのは、その体制のおかげだろう。

実際に見るとわかるが、地中海は極めて美しい海である。ユーラシア構造プレートの縁にあるサントリーニ島を見渡す断崖に座ると、静かな海の深い青が目に入る。水平線の向こうに隠れているのはクレタ島だ。サントリーニ島は、実は五つの島々（サントリーニ諸島）の総称である。五つの島が全体で円を成すように並んでいる。その途中が何箇所も切れた不完全な円の中の海は、約二五〇〇年前に火山が大爆発してできたカルデラである。この爆発で一つの大きな島だったサントリーニ島は五つに引き裂かれ、当時栄えていたミノア文明は滅びることになった。この島は、よく知られるアトランティス大陸の伝説の元になったとも言われている。島が引き裂かれるほどの大爆発は、きっと世界の気候を何年にもわたって変えることになっただろう。サントリーニ島（古くはテーラ島と呼ばれた）より美しい場所がこの世界にあるとは想像しにくいが、同時にここより荒々しい場所があるとも想像しにくい。

シェイクスピアの最後の作品とされる「テンペスト」には、地中海上で大嵐に遭い、難破して孤島に漂着する船が出てくる。船を襲った嵐は妖精が魔法の力で起こしたものだった。そうした話が作られるところからもわかるが、地中海には美しさだけでなく、それとともに妖しさも感じる人が多い。画家のヴィンセント・ヴァン・ゴッホはこんな言葉を残している。「地中海の色は鯖のようだ。とても変わりやすい。緑に見えることも紫に見えることもあり、ただ簡単に青だとはとても言えない。青だと思った次の瞬間に、薔薇のような色合いを帯びることもあれば、灰色へと変わることもある」ホメロスは「ワインのような暗い色の海」という表現をしている。私はゴッホの言葉を知るまで、ホメロスの言う意味がわからなかった。ホメロスは、変わりやすく、説明の難しい海の色をこの言葉で何とか表現しようとしたのだろう。

地中海の気候は温暖である。夏は日差しが強く、冬は雨がやや多い。表面上は穏やかな場所に見える。短い間だけ滞在してすぐに帰る旅人の目にはそう映る。だが、そこに暮らし、歴史を知る人たちにとっては、魅惑的で時に官能的とも感じられる。穏やかな表面の下には、凶暴な性格も隠し持っている。ヴェネチアやブリテン島のヨーロッパ文明、北アフリカ文明、黒海沿岸の大国や、バビロニアやペルシャのような東方に興った大国の文明などがすべて、ここで合流した。沿岸では激しい戦争が何度も繰り返されてきた。第二次世界大戦以後だけで、ユーゴスラビア、レバノン、イスラエル、エジプト、リビア、アルジェリアなどで戦争が起きている。過去何年かに起きたものも少なくない。地中海沿岸の人々というと、勤勉という言葉からは遠い印象があり、その彼らがこれほど戦いに明け暮れてきたというのは意外でもある。

つまり、ここは対照的なものが共存する、矛盾に満ちた場所だということだ。対照的と言うと、まず思いつくのは、地中海の北と南に住む人たちの違いである。その間の距離は数百キロメートルにしかならないのに、北側には主にキリスト教徒、南側にはイスラム教徒が住む。二つの宗教には、一見、類似点も多いように思える。どのくらい両者が違って見えるかは、どう見るか、どの角度から見るかによっても変わるし、二つの宗教にどのくらいの時間接しているかによっても変わる。ゴッホが地中海の色について言ったのと同じく、宗教も刻一刻と違って見えるのである。その点で二つは似ているとも言える。また、両者のお互いに対する見方もよく似ている。お互いに敵と思いながら、強く結びついていることは否定できない、と思っている。サハラの砂と南ヨーロッパの青々とした山は、まったく違って見えるが、どちらも地中海沿岸という一つの大きな地域の一部ではある。お互いの間の距離は最大で八〇〇キロメートルほどで、同じ歴史も共有していながら、大きな違いもある。

私はここまで境界地帯について詳しく書いてきた。境界地帯に住む人々は分断されながらも、強く結びついている。地中海はいわば境界の海ということになるだろう。境界の海の性質は、基本的に境界地帯とよく似ているが、多くの点で違ってもいる。狭い範囲で共存していると、元来大きく違っていた人々も似るようになる。だが、元の性質が失われるわけではない。地中海は周辺地域の交易の促進に役立ったが、戦争の原因にもなった。ヨーロッパ人にとって、地中海は自分たちと似通っている部分もあるが、深いところでは異質な人たちとの間の境界である。

イスラム教徒は、二方向からヨーロッパへと侵入した。イベリア半島からと、南東ヨーロッパからだ。キリスト教徒の側も、シチリアを少しずつ奪い取ったのをはじめ、イスラム教徒の領域に何度も侵入した。たとえば十字軍を派遣した時がそうだし、イベリア半島からイスラム教徒を排除するために戦った時もそうだ。中央ヨーロッパにまで版図を拡大していたトルコ人を追い返したこともある。一九世紀にキリスト教徒は地中海の南側へと進出し、北アフリカの大部分を支配下に置くことになった。キリスト教徒もイスラム教徒もお互いを完全に支配したいと望んでおり、どちらもその目的を達成しかけた。だが、結局はどちらも失敗に終わっている。はじめの出会いから、両者が相手を強く意識していたことは間違いなく、それは今も同じだ。ローマとエジプトがそうだったように、交易をしながら戦争もするという関係が長く続いた。

ヨーロッパはその世界支配の動きの中で、一八世紀の末からは北アフリカも支配するようになった。その最初と思われるのは、ナポレオンの指揮によるフランス軍のエジプト進出だ。世界的に有名だが謎も多い建造物、スフィンクスには今、鼻がない。それは、フランス軍の砲兵将校が標的にして大砲を撃ち込んだからだとも言われている。特に深い理由があったわけではなく、ただ、撃てると証明するために撃ったのだという。北アフリカ進出によって、ヨーロッパ人は地中海沿岸のすべてを支配下に収めることになった。フランス人とイギリス人は競い合って植民地を獲得していったが、この競争に勝ったのはイギリスで、元々はフランス人が始めたスエズ運河の建設も、イギリス人が完了させた。スエズ運河の完成により、イギリス人は紅海やインド洋、そして当然インドへと到達できる海の交通路を得ることになった。この交通路が大英帝国を一つにまとめる上で大きな役割を果たした。北アフリカはまた、ドイツとイギリスがスエズ運河をめぐって戦う戦場ともなった。イギリスは勝ったが、海軍は疲弊しきってしまう。取って代わったのはアメリカの第六艦隊だった。ただし第六艦隊が支配したのは海だけで沿岸部を支配したわけではない。

ヨーロッパが北アフリカを征服したために、後には北アフリカでヨーロッパ人に対する抵抗が始まることになる。エジプトでは、イギリスの選んだファールーク一世の政権が転覆させられ、スエズ運河が新政府に奪取された。イギリスは、フランス、イスラエルとともにエジプトに攻撃をしかけた。運河を奪還し、あわよくば新政府を倒すのが狙いだったが、結局、失敗に終わっている。アルジェリアでは、第二次世界大戦後も支配を維持しようとしたフランスに対し、一九五〇年代に反乱が起き、多くの人の血が流れた。アルジェリアのイスラム教徒は、フランス人の打ち立てた政府を倒し、フランス人入植者を追放しようとした。こうした抵抗により、ヨーロッパ人は、地中海の北岸へと再び追い返された。植民地を失ったのは確かだが、それは同時に植民地管理からの解放を意味していた。おかげで第二次世界大戦後は本国の再建に集中することができた。

戦後の復興後は北アフリカとの間に新たな関係が始まった。それはやはり概ねイスラム教徒との関係ということになる。ヨーロッパは、経済が発展するにつれ、より多くの労働力を必要とするようになった。最も近い供給源は、イスラム世界だった。そのため何百万人という数のイスラム教徒が、職を求めてヨーロッパへと来た。これでヨーロッパの本質が変わることはなかったが、変化がもたらされたことは確かである。たとえばベルギーは、現在、イスラム教徒が一〇パーセントを占めるまでになっている。イギリスではまだ五パーセント足らずで、ドイツでも五パーセントほどにとどまっているが、都市部だけに限ると、この数字は驚くほど跳ね上がる。パリは一〇パーセントから一五パーセント、ブリュッセルにいたってはもはや約三分の一がイスラム教徒である。

以前から地中海の北岸にもイスラム教徒は常にいた。トルコやボスニアはわかりやすい例だし、ブルガリアにも少数派ではあるが無視できない数のイスラム教徒がいた。ただ、近年のイスラム教徒の流入は三つの点で過去とは違っている。一つ目は移民の数、もう一つは彼らの定住場所だ。たとえば、マルセイユやバルセロナには古くからイスラム教徒の居留地が存在する。だが今、彼ら（そのすべてが地中海周辺地域から来るわけではない）は、ロンドンやブリュッセル、フランクフルトなど、従来はほとんどイスラム教徒の移民が来なかった北ヨーロッパの都市へと来るのだ。三つ目の違いは、流入の速度である。流入が本格的に始まったのは一九六〇年代だった。

重要なのは、イスラム教徒の流入した都市の多くが、元来、大量の移民を吸収することに向いていない場所だったということだ。移民の受け入れが不得手な特性は、その国の元々の成り立ちに起因する。すでに書いたとおり、ヨーロッパの国民国家というのは、基本的には、歴史、言語、文化を同じくする人たち、そして運命を共有する人たちの集まりだ。ハンガリー人もスペイン人も生まれながらのハンガリー人、スペイン人である。もちろん、それ以外の人も市民権を取得することや帰化することはできる。定められた手続きによって法的には完全なハンガリー人、スペイン人になることはできる。だが、それは、血、出自を共有するという、本来の国民の概念とは対立する。

ヨーロッパはこの問題を多文化主義によって解決しようとしている。移民を真の意味でドイツ人やスウェーデン人にすることはできないが、過去のような人種差別の復活は絶対に避けたい。そこでヨーロッパの国々では、文化の共有は不可能だと認めた上で移民を市民として受け入れるという選択をした。この多文化主義の下では、移民は元々の住民たちとは異質な存在のままでいて構わない。しかも、異質な彼らの文化は、その国の土着の文化と同等だと認められる。ただ、言葉でそう宣言することと、多数派の国民の実際の行動が宣言どおりになることの間には隔たりがある。宣言と実態を一致させるのは簡単なことではない。

多文化主義も、移民そのものも、一つの大きな問題に直面している。ヨーロッパは移民が流入する前から混み合っているということだ。アメリカとは違い、ヨーロッパの国々には、何百万という単位の移民、しかも永住するつもりの移民を受け入れるような余地がない。移民を除く国民の人口はゆるやかに減少をしているとはいえ、特に先進国と呼ばれる国では、急激な人口の増加への対応は難しい。また多文化主義は分離主義につながりやすい。できる限り自分と文化を同じくする人たちとともに暮らしたいというのが人間の自然な感情である。その上、世界のどこでも移民の経済状況は厳しいので、移民は異様に人口密度が高くて劣悪な環境で暮らさざるを得なくなってしまう。パリ中に、イスラム教徒を収容し、フランス人から隔離するための高層の集合住宅がいくつも建てられている。そういうものがあるのに、他の場所にわざわざ住む移民は少ない。

アメリカでも状況はだいたい同じだが、一つ違いがある。移民の独自文化を維持し続けることはアメリカでも自由にできる。しかし、移民がアメリカの言語、文化の規範を受け入れようとしなければ、多かれ少なかれアメリカ社会からは排除されることになる。自らの文化を犠牲にして、アメリカの規範を受け入れることが、社会に入っていく条件になるのである。民族特有の祝日や民族料理などは維持しながらも、基本的にはアメリカ人になることが求められる。小さくはない代償だが、それに耐えればアメリカ人になることは不可能ではない。ヨーロッパではもっと事情は複雑になる。アメリカに比べ、各国の文化が豊かで複雑である上、歴史が古いからだ。フランス人になるのはアメリカ人になるより難しい。

私の両親は戦前、ハンガリーを愛していたが、彼らが真にハンガリー人と言えるかは結局、明確ではないままだった。彼らはどこまでもユダヤ人であり、どれだけハンガリーに同化しても、両者の違いは埋まらない。私は家族でアメリカに来てから、自ら進んでアメリカ人になろうと決意した。私がアメリカ人になることを妨げたのは、まず野球のボールがうまく投げられないということだ。クラスメートによると、女の子みたいな投げ方だったらしい。そこで、うまくオーバースローができるよう、私は必死で練習をした。ボールの投げ方をマスターした後は、学校で皆の仲間に入ることができた。大学院に入るためにコーネルへ行った時、私にとって障害になったのはユダヤ人であることではなかった。コーネルにはユダヤ人は多かったからだ。問題は私がブロンクスの貧民街で身につけた訛りだった。私のふるまいも、コーネルというよりは、ブロンクスの校庭にふさわしいものになっていた。だがそんなことならば、努力次第で矯正は可能である。しかも、その頃にはもっと下に見られている国からの移民も増えていた。アメリカにもユダヤ人差別はあった。しかし、程度は弱いものだし、ヨーロッパの差別とは根本的に違っていた。ヨーロッパの場合は、その人のふるまいではなく、どの民族に生まれたかが重要で、他所者は何をしても、いつまでも他所者なのである。

ナチスの反ユダヤ主義は、恐ろしく極端になっていたとはいえ、やはりヨーロッパ人の元々持っている性質から出たものである。出自、血というものを重要視する価値観がなければ生まれなかっただろう。その価値観が極端になると、特定の民族に生まれたことをまるで病気のように扱う態度にまで行き着いてしまう。ヨーロッパ人が外国人を自分たちの仲間の一人として歓迎することは今もまずない。イスラム教徒たちは今、かつてのユダヤ人と同じことを経験している。ヨーロッパ人も、少数であれば、外部の人間に対処することができる。だが、一九世紀に、「オストユーデン」と呼ばれる東方ユダヤ人が大挙して流入してきた時には、とても対応ができなかった。近年の大量のイスラム教徒移民に関しても同じことが言える。比較的裕福なヨーロッパ人にとっては、さほど問題にはならない。ヨーロッパの下層階級から自分たちを隔離させて生きていけるからだ。これは、外国人の存在を無視できないロワーミドルクラス以下の人たちの問題だ。外国人労働者が大量に流入することで、彼らの暮らしが圧迫されるからだ。そこに緊張関係が生じる。多文化主義では、移民と元々の国民の間の違いが制度的に明確にされる。その違いを強く実感するのはヨーロッパの弱者であり、アイデンティティの自由や多様性を説く側はえてして、移民との違いを体感することはない。

ヨーロッパ人の民族に対する意識は、たとえば、ドイツ、トリーアの市民博物館に見ることができる。ここには、少しだが街の国際化に関わる展示物がある。トリーアにこれまでどのような民族がどう生きてきたかがわかるようになっているのだ。ユダヤ人とイスラム教徒に関する展示物には、専用のケースはなく、一つのケースを分け合っていた。ロシア人やイタリア人の存在はトリーアにとってやはり大きいのだろう。両者は博物館の中でも特別な扱いを受けていた。学芸員に悪意がないのは明らかだ。ユダヤ人とイスラム教徒は、トリーアの人々の目には、同種の存在に見えるのだろう。トリーアはカトリックの街で、ドイツの他の地域と比べても信仰に熱心な土地である。建物の壁や窓には、宗教行事や祭礼の開催を知らせ、祝う貼り紙があちこちに見られる。トリーアの人たちにとって、ユダヤ人とイスラム教徒はどちらも「非キリスト教徒」という点で同種なのである。そこが他の外国人たちとの最も大きな違いだと認識されていたわけだ。それぞれ別の時代にやって来て、別の運命を耐えてきたということは、彼らにとっては重要ではない。

現代のヨーロッパ人は、過去に比べると非宗教的になった。宗派を問わず、定期的に教会に行くという人はほとんどの国で少なくなっている。世論調査などの結果を見ても、ヨーロッパ人が総じて宗教に敵意までは持たないものの、無関心になっているのは確かなようだ。ユダヤ人もやはり第二次世界大戦の前から世俗化が進んでいたのだが、どうやらそれは問題にされなかった。イスラム教徒が、現代のキリスト教徒に比べて信仰に熱心なのは間違いない。イスラム教徒全員がそうということはおそらくない。だが、少なくとも世俗化の進むヨーロッパ人の目に奇異に映るのに十分なくらいの熱心さは総じてあるのだろう。たとえば、フランスでは、イスラム教徒の女性が公共の場でベールをかぶるのを禁止している。これは治安上の理由からの措置とされているが、それだけではないと思われる。特にイスラム教を攻撃する意図はないのだろう。というよりも、公共の場で信仰を明らかにするのをよしとしないということのようだ。

イスラム教徒は地中海の南から北へと移住してくるだけではない。パキスタンからイギリスへと来る人たちもいれば、インドネシアからオランダへと渡って来る人たちもいる。いずれも同じように問題を生じさせている。ヨーロッパのかつての植民地の人たちには、独立後、かつての宗主国へと移住する権利が与えられている。つまり、過去に帝国を持っていた国の場合には、ドイツなどとはまた違った理由で移民が流入することになる。経済上の理由で促進しなくても移民が来ることがあるわけだ。

理由はどうあれ、こうして多くの移民が来れば、ヨーロッパ社会の構成は当然変わることになる。文化や宗教が異なることが服装や行動によって明らかにわかる人たちが増えれば、ヨーロッパの各国、特に都市部は混乱に陥る危険がある。戦後の急速な復興期には移民の力が強く求められた。だが、彼らはヨーロッパの社会に溶け込むことはできなかった。ヨーロッパの社会は、外国生まれの市民を大量に受け入れるようにはできていないのだ。また、イスラム教徒自身も、ヨーロッパ社会には溶け込みたがらない。自分たちの独自の文化をそのまま守るため、ヨーロッパ人たちとは離れて生活をしたがる。彼らがそこに来たのはあくまで生計を立てるためで他に理由はなく、今までの生活様式を捨てるつもりはまったくない。仕事は欲しいが、ヨーロッパ社会の構成員になりたいわけではないのである。

移民をめぐる状況は二つの理由から悪化している。一つはテロリズムだ。ヨーロッパは9・11規模のテロ攻撃を経験したわけではないが、スペインやイギリスなど、テロ攻撃をすでに受けている国はある。二〇〇六年にイスラム教の開祖ムハンマドを風刺する漫画を描いたデンマークの漫画家のような例もある。漫画家自身が何度も命を狙われた他、抗議のデモも多数起きている。イスラム教徒を多く受け入れると、言論、表現の自由を重視してきた国の文化を変質させる必要に迫られるのではないか、と考える人も増えている。デンマークのアナス・フォー・ラスムセン首相は、この出来事について「デンマークにとって第二次世界大戦以来の危機」と発言している。さすがにそれは大げさだったようだが、当時の懸念の大きさをよく伝える言葉だとは言える。

二つ目は、グローバルな金融危機である。二〇〇八年より前のヨーロッパは労働者を多く必要としており、たとえ文化に違和感はあっても許容して移民を受け入れるだけの意味があった。移民は文化的な面で脅威になり得ても、経済的な脅威ではなかったために大きな問題とはならなかった。ところが経済が危機に陥ると、状況が変わった。金融危機の後、とりわけ失業率が急激に上がった時から、イスラム教徒の存在は単なる文化的な脅威ではなく、経済の面でも脅威であるとみなされるようになった。反イスラムの感情は、一定の地区にイスラム教徒が密集して住んでいる都市で特に高まりを見せた。それが全国に大きく広がるというところまではいかなかったが、以前より反感が高まったのは確かである。一方、経済状況が他に比べて深刻でない場所ではさほど反イスラム感情の高まりは見られなかった。必ずしも人種問題にまで発展するわけではなく、通常それはなかったが、イスラムの存在が軋轢の元になりやすいことだけは明らかになった。

反イスラムの感情がヨーロッパに広がると、同時にイスラム教徒のコミュニティでは反ヨーロッパの感情が高まることになった。パリでは、イスラム教徒たちが自分たちへの扱いに抗議して大規模な暴動を起こしている。だが、問題はまだ社会的なものにとどまっている。外国人の存在によってヨーロッパの国々の中に緊張が生じたというだけだ。だが、南ヨーロッパでは、反移民、反イスラムの感情が他の問題と結びつき、より深刻な問題へと変化し始めている。現在、マルセイユやバルセロナの人口の三分の一はイスラム教徒である。ここまで極端な都市はそう多くはないが、問題はこの地域が経済危機の悪影響を特に強く受けた場所でもあるということだ。失業が増えるにつれ、人々は外国人を職をめぐる競争相手と見るようになる。両者の間の緊張が高まるのは必然だろう。イスラム教徒が同じように数多くいても、失業率が六パーセントを下回っているドイツで起きる問題は、二〇パーセントを上回っているバルセロナとは大きく違うだろう。

世界的な経済危機は、ヨーロッパに大きな分裂を生んだ。経済危機の影響は北ヨーロッパよりも南ヨーロッパで深刻だったからだ。ただ、南ヨーロッパ人の生活は元々、北ヨーロッパ人のそれとは大きく違う。南ヨーロッパは地中海に近い分、その影響を強く受ける。そこが遠い昔から北ヨーロッパと違っていたのは事実だ。しかし、南はその他の点でも北とは異なっていた。南には丘や山が多く、北に比べて土地の起伏が激しい。つまり、その分、移動が困難であるということだ。戦争の際、敵兵が田舎の方へと逃げてしまうと、すべてを見つけ出すのは難しい。一方、小規模な部族が敵の侵入を避けて身を守るのには便利である。この状況では、家族という集団が重要になる。また、家族の範囲は親子や兄弟を越えて大きく広がることになった。家族は、国民国家などという抽象概念よりも、現実的で切実なものだったのである。シチリアにいればローマは遠い。アテネからマケドニアも遠い。しかし、愛する人たちはすぐそばにいる。平野の広がる北は、人々に隠れる場所を与えなかったが、南は大小様々な隠れ場に事欠かなかった。民意識は皆持っているだろうが、北に比べるとそれが幾分弱く、絶対不変のものとは言いがたいところがある。ファシスト・イタリアとナチス・ドイツの違いは主にそこにあったのではないだろうか。前者は後者と比べてどこか芝居がかっていたし、融通無碍なところもあった。

北と南のこうした違いを指摘したのは何も私がはじめてではない。だが言い古されていることだとしても、一面で真理ではあるし、覚えておくべき重要なことでもある。産業革命が北で起きると、かつては地中海の交易路に近く裕福な土地だった南は相対的に貧しくなった。南ヨーロッパはその後ずっと、北に後れをとっている。これも多くの人が言っていることだが、私も、南ヨーロッパの人たちの「自己の生存」に対する感覚は、北ヨーロッパの人たちとは大きく違っていると思う。それには北に比べて穏やかな自然条件が大きく影響したのだろう。何も、彼らは北の人のようには働かない、などと単純なことを言いたいのではない。ギリシャの漁師や、スペインの農夫の働きぶりを見れば、それが本当でないことはすぐにわかる。ただ、南の生活が北ほどに切迫感に満ちていないのは確かである。南では冬の訪れが即、死を意味することはない。支度ができていないまま冬になったからといって即、死んでしまうわけではないのだ。工業の生産性向上も北ほど切実な問題ではない。基本的には豊かな土地であり、工業が成功しなくてもすぐに極端に貧しくなることはないからだ。中には彼らのこうした面を必要以上に大げさに受け止め、美化する人もいる。しかし、ここではっきり言えるのは、ただ南の人たちの生き方は北とは違っているということだけである。

南の人たちは、温暖な気候のせいで怠惰である、行動、生き方にそれは表れている。北ヨーロッパ人、特にドイツの中にはそう思っている人が多い。この考えもまったくの誤りではないだろう。だが起伏の多い地形の影響も強いし、南の諸国が北のような帝国を持たなかった分、不利だったという説明もできる。理由はおそらく一つではなく多数あるのだろうが、ともかく南ヨーロッパが二〇〇八年に体験したことは北とは違っていた。また複雑なのは、フランスのように一つの国が北と南に分かれている場合もあるということだ。同じ国でありながら、金融危機への反応も大きく違った。フランスのフランソワ・オランド大統領はこんな発言をしている。「フランスは果たして北ヨーロッパの輸出大国なのか、それとも多額の負債を抱え、経済的な自立のできない地中海沿岸の国なのか。その両方だろう」

フランスのこの二面性も、南ヨーロッパの直面する現実の一つだ。しかし、ここではキプロスを例に話をするのがわかりやすいだろうと思う。キプロスを見れば、地中海周辺諸国の特性と経済危機の影響がよくわかる。キプロスは、レバノンやイスラエルの海岸からそう遠くない島である。この小さな島が、南ヨーロッパが現在陥っている危機の縮図のようになっている。極端な例を見ると、物事がより明確にわかるということはよくある。

キプロスは東地中海の島で、南ヨーロッパの中でも金融危機の影響を最も極端なかたちで受けた場所だと思われる。一九六〇年に独立する前は、イギリスの植民地だった。人口の約四分の一はイスラム教徒のトルコ人で占められる。残りは正教徒のギリシャ人である。一九六〇年から七四年までの間は、その複数の民族が共同で作った政権が島を統治していた。ところが一九七四年、ギリシャへの併合を望むギリシャ系ナショナリストがクーデターを起こした。トルコはそれに反応して、トルコ人が多く住む島の北部へ軍を派遣してその地を占領した。これで島は事実上、南北に分断されることになってしまった。

承認している国がほとんどないとはいえ、分断されていることは疑いようのない事実である。南部のキプロス共和国が公式に認められた唯一のキプロスだが、この国は二〇〇四年にEUに加盟した。加盟できたのは、ギリシャの希望が取り入れられたからでもあるが、EUの拡大方針のおかげでもある。どの国もEUに入ればそれによって利益が得られ、成長できるはず、という考えの下、拡大が進められたのだ。またトルコの問題も影響した。トルコはEUへの加盟を望んでいる。加盟は欧州理事会の全会一致でないと認められないが、ギリシャが反対する可能性が高かった。そもそもトルコのような大きなイスラム教国をEUに入れることには、ヨーロッパ人はあまり積極的ではなかった。もしトルコがEUに加盟することになれば、イスラム教徒の移民がトルコからヨーロッパ大陸に大量に流入して収拾がつかなくなる恐れもある。ただ、その理由をはっきりと口に出しては言い難い。トルコがキプロス北部を占領している事実は、加盟を拒否する口実として便利だったのである。ギリシャ寄りの南部のキプロス共和国をEUに加盟させることは、トルコに対する暗黙のメッセージだった。ヨーロッパとトルコとの関係も、ヨーロッパとイスラム教徒との関係と同様、多面的で非常に複雑である。キプロスでの出来事は、それがわかりやすいかたちで表面に出た例と言えるだろう。

キプロスの中でもトルコ寄りの北部は、歴史的にギリシャ寄りの南部に比べて貧しかった。ところが近年ではそれが逆になっている。地中海ヨーロッパの経済危機は、ヨーロッパとの関係が密だったキプロス南部により大きな影響を与えた。キプロス北部は、経済的に健全だったトルコとの結びつきが強いため、さほどの困難は経験せずに済んだ。二つの地域の違いは非常にわかりやすい。一方から一方への移動は、レンタカーを使わない限りは容易である。だが、いつ北部から南部、あるいは南部から北部へと移ったかは誰にでもすぐにわかる。キプロスが二つの地域に分かれているのは昔からのことである。いわば、長らく敵対してきたトルコとギリシャの間の境界地帯だったわけだ。現在、両者の互いに対する敵意は弱まっているが、過去には極端に強まったことが度々ある。

キプロスに行って、南部の海岸沿いを車で走っていると、ヨーロッパ南部のどこかにいる気分になる。そこには南北の緊張や貧困を感じさせるものはない。だが、しばらくするとこの土地にはいくつかヨーロッパ本土とは決定的に違うところがあるのに気づき始める。

私は何度かキプロスに行ったが、そのうちの一度は、リマソールのフォーシーズンズホテルを予約していた。フォーシーズンズにしておけばまず間違いはないだろうと思ったからだ。行ってみると期待どおり、豪華で良いホテルだったのだが、実はフォーシーズンズチェーンのホテルではまったくないということがわかった。単にその名前をつけておけば宿泊料金を高くでき、客も集めやすいというだけのことだったらしい。他の場所なら商標権の問題になっていただろうが、キプロスにはそれを気にしないおおらかさがある。もう一つ気づいたのは、ホテルの宿泊客の多くが使っていた言語が、ギリシャ語でも英語でもなく、ロシア語だったことだ。屋外のバーで会話に耳を傾けてみると、二人のロシア人が七五〇〇万ドル規模の取引について話しているのが聞こえてきた。他にも、身を乗り出すようにして真剣に話をしている男たちがあちこちにいた。

私たちはボートをチャーターして、海に出た。途中、リマソールの西にある大規模なイギリス空軍基地を通り過ぎ、島の周囲を回って、ラチに着いた。二〇一三年九月のことである。シリアにアメリカとイギリスが軍事介入する可能性が高まっていた時だ。そういう時期だったので、私は空軍基地の動向が気になった。帰途、リマソールに近づいていたところで、ボートの二つあるエンジンのうちの一つが故障した。それ自体は珍しいことではないので、そう不安には思わなかったのだが、強風の吹く中、一つのエンジンでボートを操るのは難しかったらしい。船長は港湾警備隊と沿岸警備隊に連絡を試みた。緊急用の周波数で繰り返し信号を送ったが、どちらもそれには応えなかった。キャプテンは私たちに「いつもこんなものですけどね。きっとコーヒーでも飲みに行っているのでしょう」と言った。私はその時にここは基本的には第三世界なのだということを悟った。海に囲まれた島の沿岸警備隊員が休憩に出ていて救難信号を受け取れない、などということはヨーロッパではあり得ない。

ここで疑問になるのは、なぜキプロスはEUに加盟しているのかということだ。二〇〇八年以前のヨーロッパ人は誰でもEUに受け入れようとしていたので、それが理由の一つではあるだろう。当時ヨーロッパで最も経済成長が著しかったトルコを除き、他はどの国でも受け入れるような姿勢にはなっていた。もう一つの理由は、ギリシャがそう望んだからである。また忘れてならないのは、キプロスはかつて第二のスイスになろうとしていたという事実である。ヨーロッパ人もそれを真剣に受け止めていた。

キプロスは位置から見ると、確かにそれにふさわしい場所ではある。イスラエル、レバノン、シリア、北アフリカ、トルコ、バルカン、イタリアのどこからもそう遠くない。金銭的に多少余裕があれば誰でも簡単に来ることができるだろう。スパイが多く暗躍していたことや、アラブ、ロシア、イラン、イスラエルなどの資金の通り道になっていたこともスイスに似ているとは言える。また、スパイと資金洗浄とは近い関係にある。

キプロスでは、スイスやリヒテンシュタインをモデルに金融や企業の制度を作ろうとした。一定以上の大口預金者は秘密口座を使えるようにしたし、外から誰が所有者かわからない企業を設立できるようにもした。島にロシア人が多いのはそういう理由からだ。キプロスに資金を積み上げているのである。もちろん、スイス化のためには観光開発にも力を入れたが、内戦前のシリアなどへの原油の輸送など、その他の用途に使われるようにもなった。

EU側やギリシャの事情はわかるが、キプロス人自身がなぜ、EU加盟を決意したのか、それが私には何よりも謎である。それまでのような秘密の多い銀行や企業のあり方は、EUが変えさせようとするだろうと予想できた。スイスがEUに加盟していない理由の一つはそれだ。以前よりも秘密金融などの規模は大幅に縮小してはいたが、それでも彼らはブリュッセルの支配下に入ることを拒否したのだ。キプロスの人たちに話を聞く限りでは、どうやら彼らはEUは素晴らしいものだと単純に信じていたように思える。二〇〇四年にEUに加盟し、二〇〇八年にユーロを採用した時点では、たとえ銀行制度の支配権を手放したとしても、その犠牲を補って余りある経済的利益が得られると思っていたらしい。EUに入ってしまうとスイスはスイスでいられなくなる。キプロスもEUに入れば第二のスイスにはなれなくなるだろう。だが、ヨーロッパ諸国の仲間入りができるという喜びが、正論をすべて吹き飛ばしてしまったらしい。

だが、秘密口座や秘密企業を一度認めてしまうと、なくすのは難しい。いずれも銀行や弁護士にとってありがたいものだし、預金者によっては、秘密口座がなくなると他に資金を移しようがないことも多い。実際、キプロスには二〇〇八年の時点でも、秘密口座や秘密企業がかなり残っていた。一方で経済が急速に発展したために、透明性の高い銀行や企業の活動が次第に優勢になってもいた。そこへ、ヨーロッパの他の国と同様、キプロスにも金融危機が訪れたのである。政府は債務不履行の危機に陥った。EUにとって、この場合もやはり取り得る選択肢は二つだった。誰かが債務の支払いを助けるか、あるいは無理をしてでも支払わせるかである。

ドイツはこの時もやはり後者を選んだ。ところが、キプロスに関しては、ギリシャなどの場合と違い、本当に無理に支払わせることになった。政府には資金がなかったので、EUはキプロス政府に全銀行口座を凍結させ、個人口座の預金の中から税金を強制徴収させた。特に、預金額一〇万ユーロを超える個人口座には高率の税金をかけることになった。凍結された預金の半分弱は返却されず、破産寸前の銀行の株式に転換された。

どの国もそうだが、キプロスにもやはり犯罪に手を染める人間はいる。キプロスの金融制度が彼らにとって好都合なものだということは、ＥＵも完全に把握していた。ドイツは明言しないものの、ロシアン・マフィアの秘密口座からの資金没収を支持していることを示唆していた。推計では、実際に没収された資金のうち、非合法なものは約三分の一だという。残りの三分の二は、キプロスの真っ当な個人や企業の預金だったわけだ。一〇万ユーロは大金ではあるが、一般の市民が決して手にできないほどの額ではない。老後のために貯金した、家を売った対価を得たなどでそのくらいの資金を持っている人は少なくない。つまり、ＥＵはごく普通の市民から資産を奪い取ったということになる。外貨も含む、地元キプロスの企業やギリシャの企業の資金も徴収したが、資金の多くは合法的なものだった。キプロス政府は、それを使って、キプロス国債を保有していたヨーロッパの銀行に支払いをした。

一連の動きはキプロスに大混乱をもたらした。企業では、給与の遅配が起きたし、老後の生活資金を失った人も多かった。さらに損失が増えるのを恐れ、多くの企業がキプロスから資金を引き揚げてしまった。国の重要な産業だった観光も大きな打撃を受けた。ホテルやレストランも運営のための資金を奪われたからである。六〇〇〇万ユーロを失い、一切、戻って来なかったというホテルもあると聞く。口座が凍結されていた数週間、従業員への給与の支払いは滞り、後になって支払われた給与も通常の四分の三の額になっていた。ヨーロッパの銀行は支払いを受けられたが、それは、キプロスの経済に打撃を与え、普通のキプロス人の暮らしを破壊した上でのことだった。現在に至るまで、奪われた資金の多くは返還されていない。

ドイツがこのような措置を推し進めたのは、債務不履行がいかに恐ろしいかというメッセージを伝えるためだった。しかも、ヨーロッパの主要国をほとんど傷つけることなくメッセージを送ることができる。スペインやギリシャ、ハンガリーに対して同じことはできないだろう。そもそもどの国も拒否をするし、ドイツも自由貿易圏が失われる危険がある中、強行はできない。キプロスはヨーロッパにとってさほど重要な国ではない。しかも、一部を占領されるなどトルコと複雑な関係にあり、ロシアの存在感の大きい国でもある。その腐敗の程度や非効率性もヨーロッパの中では特徴的だ。失業率が高いという点では、他の南ヨーロッパ諸国に似ている。金融危機の当時は一五パーセント近くの水準だったが、その後は二〇パーセントにまで上昇した。国に税収をもたらさない地下経済がかなりの規模になっており、その中ではいわゆるブラックマネーが循環している。キプロスを南ヨーロッパ的な国の最も極端な例と言うこともできるだろう。弱い国であり、外からの圧力には抵抗できない。EUはそのキプロスを通じてメッセージを発した。その国の国益に明らかに反することであっても、EU全体のためであれば強制する力を持っていることを証明したのである。

興味深いのは、EUの要求を基本的にそのまま受け入れたキプロス指導者の態度だ。債務不履行の回避のため、国の経済に大打撃を与える厳しい措置を断行せよ、という要求を彼らはほぼそのまま呑んだ。預金の没収に同意し、それを実行してまでも、彼らはEUにとどまりたいと望んだわけだ。このEUへの協力が社会的にも政治的にも、何にもまして重要とみなされた。政財界のエリートたちにとっては、他の何よりもEUの一部でいることが大切だったようだ。

実のところ、エリートたちは自分たちの資金をキプロスの銀行の個人口座に入れたりはしていなかった。彼らの決定は、彼ら自身ではなく、資産の大部分を銀行に預けていた中流階級の国民や、中小企業に大きな影響を与えた。EUは実質的に、キプロスの政府ではなく、同国の中流階級に債務を支払わせたことになる。政府がEUの要求に応じたのは、国を全体として見れば、EUにとどまることが利益になると判断したからだろう。階級別ではないGDPの数字だけを見ていればそう言えるのかもしれないが、中流階級には損害ばかりにしか感じられない。彼らの利害はまったく無視されたことになる。

キプロスの動向は、地中海地域全体の動向の象徴だ。ドイツは、債務を抱える国自身が債務問題を解決すべきと主張した。キプロスの取り得る唯一の選択肢は、国民の資産を北ヨーロッパの銀行に渡すことだった。キプロスの政財界のエリートは、国を是が非でもEUの枠内にとどめたいと願っており、そのためであれば、EUの要求を喜んで呑んだ。だがその結果、エリートと一般の国民の間に緊張関係を生み、EUとキプロス政府の両方に対する不信を招くことになった。また、背後には、ギリシャ側のキプロスと、イスラム教徒との間の緊張も存在する。キプロスの企業、特にサービス産業の企業には、キプロス人のみを従業員として雇うという方針のところが多い。そのため外国人（非EU諸国から来たイスラム教徒が大半を占める）は、キプロスで働いて生計を立てようとしても難しく、たいていは貧困に陥るか、犯罪に走るか、島を離れるかになってしまう。

キプロスと同じようなことはスペインからギリシャまでに至る地中海ヨーロッパ諸国にも言える。それぞれに大きく違っているはずの国々が同じ問題に直面している。債務危機。外部からの緊縮財政策の要求と、自国政府によるその実行。反EU、反移民を掲げ、現在の自国政府を国の敵とみなす政党の台頭。排斥の対象はイスラム教徒だけではなかった。スペインでは、カタルーニャ州の分離独立運動が起きた。イタリア、フランス、ギリシャでは極右政党が力を増している。どの国でも、移民は現在たまたま多くを占めるイスラム教徒たちに限らず、国のアイデンティティや、国民の雇用に対する脅威だとみなされている。ロマと呼ばれる移動型民族も疎まれているが、それは彼らが職を奪うからだけではなく、犯罪に走りやすく、行動の制御も難しいと考えられているからだ。

ヨーロッパの北と南の緊張関係は、最近生じたものではない。両者には昔から根深い違いがあり、金融危機や債務危機の際にはその違いが浮き彫りになった。しかし、今のところ緊張が戦争へと発展する気配はない。地理的な条件を見ても、ヨーロッパの北と南が戦争をする可能性は低いと思われる。ただ、南が内部に重大な不安要素を抱えていることは否定できない。失業率が二五パーセントを超えていて、しかも職のある人の中にも給与を大幅に減らされた人が大勢いるとしたらどうだろう。医師や技術者といった専門職に就き、中流階級の暮らしを営んでいたはずの人たちの中に、突如生活を破壊される人が数多く出たとしたら。その状況が長く続けば何かとてつもないことが起きても不思議ではない。

これからはEU内で北と南の亀裂がますます深くなる恐れがある。また、EUを支持するエリート層と、支持しないその他の一般の民衆の間の亀裂も深まるかもしれない。一般の民衆の中にもEUに疑いを抱く程度の人もいれば、あからさまにEUを敵視する人もいるだろう。北と南の関係には、政治、経済のエリートどうしの関係もあれば、民衆どうしの関係もある。民衆の方が数の上では圧倒的なので、民衆の不満があまりに強くなると、エリート層が何を望んでも、意思を通すことは徐々に難しくなるに違いない。

経済状況が悪化すると、イスラム教徒の移民たちが事態を大きく動かすきっかけになりやすい。失業率が上がり、移民に職を奪われているという意識が国民の間に強くなると、ヨーロッパ統合の理念と国民国家の概念の間の緊張は高まるだろう。過激な主張をする政党が台頭し、主流派政党と鋭く対立するということもあるかもしれない。過激な政党の一部は極左だろうが、大きな力を持つのはやはり極右政党だろう。民衆の移民排斥の感情につけ込んで力を得るのだ。これまでの歴史から、ヨーロッパでは、階級間、民族間の緊張が同時に高まった時に社会が最も不安定になると言える。移民にとって生きづらいのは、南ヨーロッパよりもむしろ北ヨーロッパである。たとえば、デンマークの国民は、おそらく地中海沿岸のどの国よりも、移民の存在に強い違和感を覚えている。だが地中海諸国には、ヨーロッパとイスラム世界との境界地帯という性質があるし、色々な意味で移民の流入に慣れている。だが、それでも経済状況が極端に悪くなると、移民に寛容な姿勢は失われていってしまう。

経済問題が拡大すると、南だけでなく北でも社会不安が生じる恐れがある。国と国との戦争は起きないかもしれないが、エリートと民衆の戦争、民族と民族の戦争は起きる恐れがある。そういう状況への地中海地域の政治の対応には、いつもどこか軟弱なところがある。その少なくとも一部は文化に起因するのだろう。必ずしも寛容性があるわけではなく、ただ無策なのである。北ならばとても許容されないはずのことが許容されている場合も多い。私はそれをキプロスで身をもって体験した。救難信号に対応しない沿岸警備隊、対応してもらえなくても特に怒らない船長、どちらも北から見れば驚くべき存在である。私が「これに関しては後で報告をするんですか」ときくと、船長は軽く肩をすくめただけだった。「困ったもんだ」というのではなく「まあいいよ」という優しい感じの反応だ。誰でもコーヒーを飲みたい時はある。彼は納得していた。

これはヨーロッパの果てでの話だ。南端の人たちもヨーロッパ人ではあるが、同時に外部の人間の特性も一部持っている。北ヨーロッパ人の極端なほどに効率を追求する態度、仕事を人生と同一視するような価値観は、一〇〇〇年以上にわたり戦い、交易をしてきた地中海沿岸のアラブ人たちとは相容れない。彼らの文化は通商民族のそれであり、工業社会の文化とは違う。二つの重要な違いはまず速度にある。南ヨーロッパでは、商品を買う時の価格交渉は一つの社交行事であり、それに一日を費やすことも珍しくないが、お互いにその体験を楽しんでいる。北では、価格はあらかじめ掲示しておくもので、交渉の余地などない。

一六世紀のヴェネチアの例を見てもわかるとおり、通商民族はこのような生き方でも驚くほど裕福になり得る。ただしそれは、現在の地中海ヨーロッパには当てはまらない。今、そこではヨーロッパのどの場所にもまして危機が迫っている。ヨーロッパを統合すれば平和と繁栄がもたらされるという理念が危機にさらされているのだ。平和には経済的繁栄が欠かせないが、肝心のその経済の衰退が止まらない。そして、ＥＵの外ではトルコという新たな力が台頭し、事態をより不安定なものにしている。

第14章　ヨーロッパの縁のトルコ

トルコをヨーロッパだと思う人は少ないだろう。西アジアの果てだと思う人がほとんどのはずだ。だが、それは誤りだ。少なくとも地質学的には。トルコは、ヨーロッパ構造プレートの上にあるからだ。トルコ、あるいはその前身であるオスマン帝国は、何世紀にもわたりヨーロッパ諸国と深く関わってきたし、ヨーロッパ大陸のかなり深くまで領土を拡大したこともある。他の大国と同じようにヨーロッパの歴史を形作る一つの大きな勢力であったことは間違いない。ヨーロッパ諸国にとっては、時によって敵になることも味方になることもある存在だった。トルコの歴史は、他の諸国と同様にヨーロッパの歴史であった。

ただ、ヨーロッパ人は二つの理由でトルコ人を異邦人だと見ている。一つは、その多くがキリスト教徒ではなくイスラム教徒であることだ。その点でどうしても完全なヨーロッパ人だとは思えない。もう一つは、ビザンティン帝国（東ローマ帝国）を滅ぼしたのがオスマン帝国だったという事実だ。トルコ人が一四五三年にコンスタンティノープルを陥落させ、東ローマ帝国を滅ぼした時、彼らはヨーロッパ人には、文明に対する脅威と映っただろう。そしてローマ帝国を脅かし、ついには滅亡させた蛮族の集団にも見えただろう。彼らはヨーロッパにとって危険な異邦人であった。自分の歴史に侵入してきたイスラム教徒、異邦人、そういう印象は現在のヨーロッパ人にもある。

だが、すべてのヨーロッパ人が彼らを招かれざる侵入者とみなしていたわけではない。一四五三年においてすらそうだった。ヨーロッパのキリスト教は、西のカトリックと、東の正教会とに分裂した。両者の論争は激しいもので、時に多分に政治的なものでもあった。オスマン人は伝統的に宗教的な寛容性が高かった。決して異教を心から受け入れていたわけではなく、政治的な意図があってのことだったが、寛容だったことは間違いない。帝国を築くことは、ただ敵の軍隊を倒すだけではできない。軍を倒した後はその敵を統治する必要がある。統治するなら敵より味方の方が容易だということをオスマン人たちはよく知っていた。コンスタンティノープル陥落後、彼らは正教徒たちに信仰の自由を与え、それまでの宗教施設の存続も許した。改宗を強制することは一切なかった。カトリック教徒たちは、ヨーロッパ大陸の奥深くまで侵入してきたオスマン人たちに恐怖を覚えたが、同時に、オスマンの後押しにより正教の影響が強まる可能性を懸念した。正教徒は、イスラム教徒との共存に順応したが、カトリック教徒は共存を嫌って後ずさりをした。正教徒とイスラム教徒の間には神学上の問題があったが、両者は互いに現実主義的な姿勢で相対した。

オスマン帝国が最大でどこまで勢力を伸ばし、ヨーロッパ大陸のどのあたりまで侵入したのかは是非知っておくべきだろう。この帝国の偉大さがよくわかるはずだ。

最盛期のオスマン帝国は、ナイル流域を含む北アフリカ、紅海、ペルシャ西部を支配下に収めた他、ヨーロッパ大陸にも侵入した。ブダペストを越え、ウィーンやクラクフの近くにまで到達したのである。もっとも、すべての場所を征服したわけではなく、同盟を結んで現地の政治に関わるというかたちで支配した土地もあった。ただ、一世紀ほどにわたり、ブダペストがオスマンの都市であったことは確かである。

ブダペストには、私が生まれた場所から二ブロックのところに「ドハーニ・ウッツァ・テンプロム（タバコ通りシナゴーグ）」という名前のシナゴーグがある。ヨーロッパでは最大のシナゴーグだ。

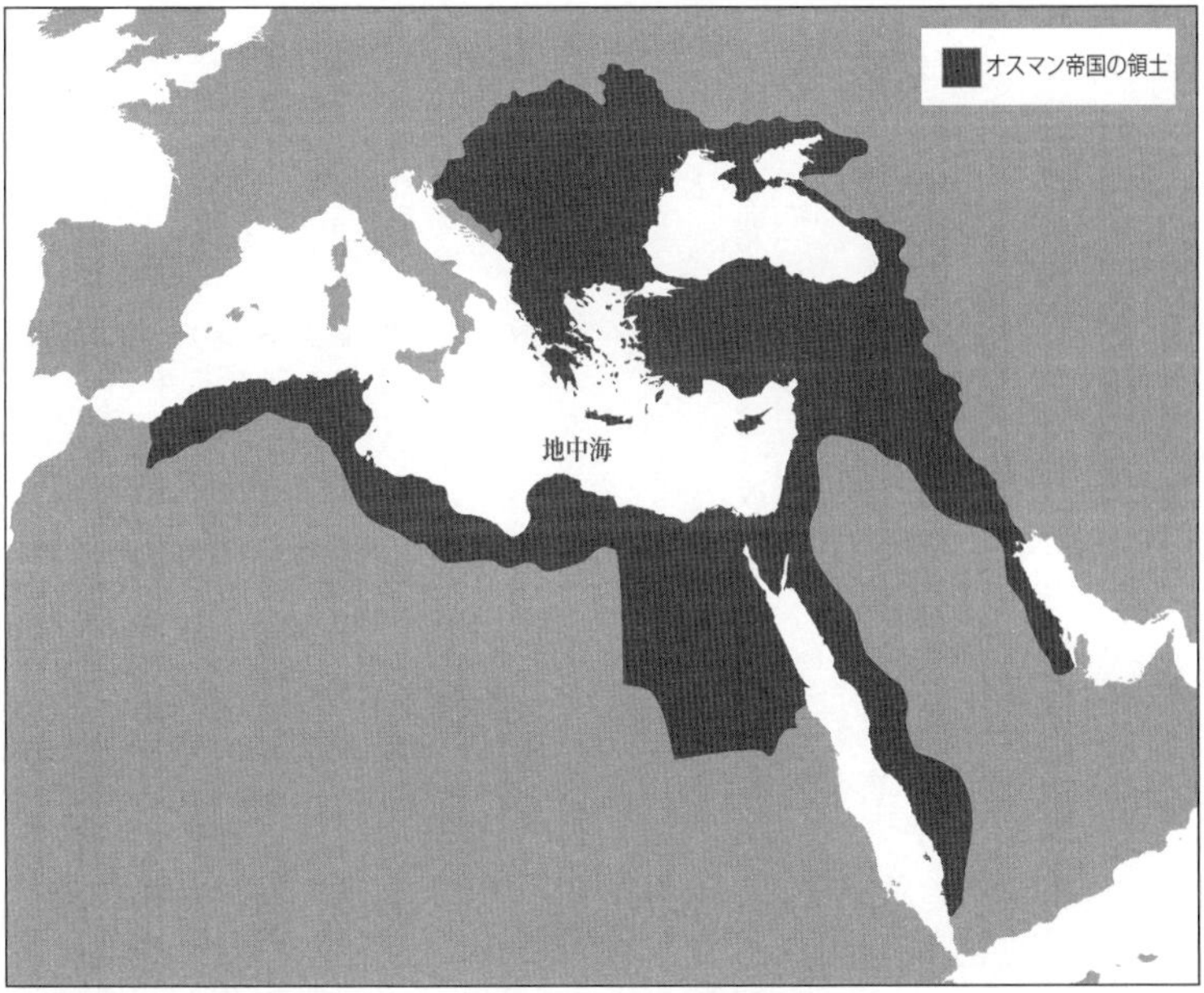

最盛期のオスマン帝国

「ドハーニ（Dohany）」はトルコ語でタバコのこと。つまり、ハンガリー人たちは、トルコ語を借用したということだ。建物も、ハンガリーのこれまでの支配者たちの様式が混じり合ったものではあるが、かなりの部分がオスマン帝国統治時代のものである。トルコ様式（当然のことながら現地では長らくビザンティン様式と呼ばれていた）の他には、ムーア様式、ゴシック様式などが使われている。ただ、厳密にはそのように多数の様式が混ざっているにもかかわらず、一見すると明らかにトルコ風になっている。他の何物にも見えない。建てられたのは一九世紀だが、このシナゴーグは、ブダペストが一五四一年に征服されてから一世紀以上の間オスマンの手の中にあったという事実の反映だと言える。オスマンはユダヤ教も許容したが、シナゴーグの建物はその証拠でもあるということだろう。

一五世紀には「神よ、我らを悪魔から、トルコ人から、そして彗星から救い給え」という祈りの言葉があった。悪魔に関しては説明不要だろう。彗星とは、一五世紀にやって来てヨーロッパ人を震撼させたハレー彗星のことである。トルコ人は他の二つよりはるかにヨーロッパ人に恐れられた。今よりもヨーロッパのさらに奥まで侵入するのではないか、と恐れられたのだ。祈りの言葉は、脅えたカトリック教徒たちのものだ。ただ、こう書くだけだと、話を単純化し過ぎていることになる。彼らは地中海を支配しようとして、当時、強力な海軍力を誇っていたヴェネチアと同盟を結んだこともあるからだ。ヴェネチア人はカトリック教徒で、オスマン人はイスラム教徒だが、それと戦略、商売は別ということだ。罪の意識はあっても、両者はそれを呑み込むことができた。またすでに書いたとおり、オスマンがシルクロードを支配してしまったことが、イベリア人を動かし、ヨーロッパの世界支配が始まるきっかけになった。ヨーロッパのその後の歴史において、オスマン帝国の影響と無関係に起きたことはむしろ少ない。

トルコは地質学的な意味以外でもヨーロッパだと言える。トルコの文化はヨーロッパに入り込んでいるし、反対に、ヨーロッパの文化も、トルコに深い影響をもたらした。オスマン帝国が第一次世界大戦後に崩壊した時、後に残ったのは、アナトリア半島とイスタンブール、そして東部の山々だけだった。後にトルコの初代大統領となるムスタファ・ケマル・アタテュルクは、互いに補完し合う二つのことを同時に目指して進んだ。一つは多国籍の帝国の代わりに国民国家を設立することである。啓蒙主義思想に従い、ヨーロッパと同様の国民国家を作ろうと考えたのだ。もう一つは、国家を世俗化することだ。公私の区別ということを重視し、宗教活動は私的生活に属すると明確に定めた。彼はそれまでのイスラム国家を、現代のヨーロッパの価値観を反映したものに作り変えようとしたわけだ。

トルコは確かに他のヨーロッパ諸国とは違っている。ヨーロッパとイスラム世界の境界に位置する国でもある。トルコ自体、両方の要素が合わさってできているとも言える。過去にオスマン帝国がそうであったように、経済的にも、政治的、知的にもヨーロッパとイスラム世界の間の乗り継ぎ地点、懸け橋の役割を引き続き果たしている。両者にとって、間に立ついわば翻訳家のような存在かもしれない。その翻訳が絶えず有効とは限らない。両者を結ぶ経路ではあるが、いつも効率的な経路だとは言えない。ひどい回り道をさせられることも、高額の通行料を支払わされることもある。ただ、それによって得られる利益が狙いとはいえ、トルコが歴史的に自らできる限りその役目を引き受けようとしてきたことは間違いない。世界中のどの国であっても同じだろう。利益にならないのであれば、仲介者になどならない。そして仲介者となるのなら、両方の世界に身を置こうとする。二つの世界に片足ずつを置くというのでは済まない。どちらにも真に属してしまう必要がある。

イスタンブールのグランドバザールでは、本当に二つの世界がそこで混じり合っているのを実感できる。何も観光客に見せるためにそうしているわけではなく、元からそういう場所なのである。イスタンブールの市民も普段から利用している。ドイツの工業製品も買えるし、イランのラグもある。店に入ると、椅子と茶をすすめられ、鋭い目で見つめられる。彼のDNAは、何世紀もの間、同じように客を値踏みしてきた祖先たちから受け継がれた。店に来たのがどういう人間なのか即座に見抜き、隙があれば何かを売ろうと待ち構えている。ここはシルクロードの終点であり、イタリアへと続く海上交通路の起点でもある。アジアでもヨーロッパでもない。トルコだ。そこでは金を持ってさえいれば誰もが歓迎される。あらゆる言語が話されている。かつてのコンスタンティノープル、現在のイスタンブールは、アジアとヨーロッパを商品や文化が行き来するための通路である。それを統括しているのがトルコ人ということになる。

オスマン帝国の強力な歩兵軍団は「イェニチェリ」と呼ばれた。イェニチェリが最初に組織されたのは一四世紀であり、兵士はキリスト教徒の家族の中から選ばれた。重要だったのは宗教ではなく、パシャ（高級軍人）への忠誠心である。この忠誠心を保証するのは、高い俸給と、軍務期間中あるいは退役後に強い権力を得られる機会である。つまり、オスマンの力は、キリスト教徒として生まれた兵士たちの上に築かれていたわけだ。ヨーロッパに侵入し、ブダペストにまで至ったのもこの兵士たちだ。オスマン帝国がキリスト教徒として生まれた兵士に依存していたことは、もう一つの重要な事実と密接な関係にある。それは、オスマンの君主であるスルタンが、初代のオスマン一世を除き、生まれながらのイスラム教徒でない母親から生まれていたということだ。母親は皆、あとでイスラム教に改宗した人ばかりだった。どちらも、多様な帝国を一つに束ねるためにあえて採られていた手段である。

トルコ人はすでに何世紀も前からキリスト教徒ではなかった。ヨーロッパ人が彼らをヨーロッパ人とみなすのに抵抗を持つのはそのせいだ。いかに世俗化したとはいえ、ヨーロッパはいまだに宗教と言えばキリスト教という土地である。世俗化をするということは、裏を返せばそれ以前に強い影響力を持つ宗教があったわけだ。強い宗教がなければ、わざわざ世俗化する必要もない。その宗教は、ヨーロッパ人にとっては概ねキリスト教だった。トルコでは、同じことがイスラム教に関して起きた。どちらもが世俗化したのだから、両者が接近しても不思議ではなかったが、それが逆に障壁を高くした。基礎を成す宗教は、たとえ勢力が衰え、時代遅れとみなされるようになったとしても、やはり今も両者を規定する存在であり続けている。

トルコは大きく二つに分けられる。イスタンブールとそれ以外だ。イスタンブール以外のトルコは今も保守的であり、イスラム教への信仰は根強い。ただしイスタンブールは世俗化していると言うともちろん誇張になってしまう。イスタンブールは国際都市であり、世界でも重要な水路の一つとされるボスポラス海峡をまたいでいる。これは、地中海と黒海とをつなぐ水路だ。イスタンブールはまたトルコとヨーロッパ大陸、地中海世界とロシアとをつなぐ懸け橋でもある。ボスポラス海峡によって分断された中枢都市だ。

イスタンブールは商業の中心地である。グランドバザールは、過去の交易を基礎とした経済の象徴だろう。ダウンタウン地区は、商業と工業とが融合する新たな時代の象徴だ。イスタンブールは、コンスタンティノープルの時代から国際都市で、文明も信仰も異なる人たちが数多く集まって住んでいた。一つ共通していたのは、皆が「金を稼ぐ」のにとても熱心だったということだ。その共通点、つまりビジネスが多様な人々を結びつけた。小さな商店の主だろうが、銀行幹部だろうが、そこでは商取引が最も重要な仕事で娯楽でもあった。そういう都市では、公平性がとても重んじられる。金は誰が持って来たものでも金に変わりはないという考え方をする。

だが、それはオスマン帝国の滅亡とともに変化した。あとを引き継いだムスタファ・ケマル・アタテュルクに率いられた人たちは、トルコは帝国を手放し、アナトリア半島だけに集中しなくてはならないと理解していた。また、トルコが近代国家に生まれ変わる必要も理解していた。オスマン帝国はヨーロッパ人との戦争に負けたのだ。それを見たアタテュルクは、トルコをヨーロッパの国家にしたいと思った。彼の目には、ヨーロッパ人は世俗化を目指しているように見えた。宗教はあくまで個人的なものとし、公的な生活からは宗教、そしてそれを象徴するものを排除しようとしていると見えた。トルコではそのため、政府関係者がイスラム風の衣装を着ることが禁止され、一般の人間も公共の場では着ないよう奨励された。

アタテュルクは近代化を単純に良いことと考えていたわけではない。民主主義は導入したかったが、同時に民主主義が国に混乱をもたらすことも懸念した。トルコ人が心の奥に抱える不満や怒りなどがそれで一気に爆発することを恐れた。彼が近代化のための大事なツールと考えたのが軍隊だった。軍隊は、発展途上国の中では最も近代的な部分だとも言える。必要に迫られて組織が効率化される上、戦力を少しでも高めようと、可能な限り進んだ科学技術を取り入れるからだ。アタテュルクもそう考えたのだろう。現実的に考えれば、トルコを真の意味で安定させるには、軍隊の存在が重要になるのは間違いない。軍隊がヨーロッパ的な意味での専門家の集団であるということにも彼は注目した。軍の構成員は各々が自らの専門技術を磨き、その仕事の倫理的規範に従って行動する。そうした意味で彼らはいわゆる政治屋よりも優れていると考えた。アタテュルクは、腐敗し、自分の利益ばかりを追い求める政治屋たちの姿を見ていた。それに比べれば誠実で義務に忠実な軍人の方が良い。また、何ら専門的な技術を持たない一般の民衆と比べても、軍人は優れている。そう信じた。以後、長年にわたり、トルコでは実際に軍隊が何度も政治に介入をすることになった。アタテュルクにとって、軍隊は国の世俗化、安定化、倫理の向上に貢献できるものだった。プロフェッショナリズムをはじめとするヨーロッパ的な美徳を取り入れるのに役立つ上、トルコ社会全体の模範ともなれるはずだと考えていた。

アタテュルクは、シャーの統治するイランや、ガマール・アブドゥル＝ナーセルの率いるエジプトなど他の多くの国々にも影響を与えた。「世俗的な軍事国家」を標榜する国が地域に増えることになったのである。ただ、この流れは後になって変わる。一九七九年のイラン革命から一九九〇年代にかけては、世俗国家という国のあり方に異議を申し立てるイスラム教徒たちの動きが徐々に広がることになった。その最も極端なかたちは、イランやアル・カイダに見ることができる。世俗的な軍事国家は、イスラム世界全体で支持を失いつつある。それは一つには、西洋の魅力が薄れたからだろう。またアタテュルクの考えから派生した汎アラブ主義（ナセル主義）が失敗したというのも大きい。個人が各自の人生を生きるというよりは、家族、一族が一体となって生きる傾向の強い人たちに、そもそも「宗教はあくまで個人的な活動である」という考え方が馴染まなかったのではないかと私は考えている。彼らにとっては生活を公と私に分けることそのものに無理がある。キリスト教世界でさえ、公私を分けることに苦労している。無条件に分けることができるのは世俗主義者だけだ。イスラム世界では公私の区別が真に受け入れられることがなかったために、アタテュルクの構想したような国家は危機に陥った。

トルコは、イスラム世界では世俗主義の起源となった場所だが、実は話はそう単純ではない。トルコもイスタンブールの外に出れば保守的で、いまだに宗教心は強い。アタテュルク的な国家主義も一応、浸透してはいるが、それに皆が心から賛同しているとも言い難い。二〇〇〇年には「公正発展党（AKP）」が結成され、二〇〇二年の選挙では地滑り的な勝利を収めた。AKPは親イスラム政党で、世俗化のための禁止事項（女性は頭にベールを被って政府機関で働いてはならない、など）の一部緩和を求めた。だが、同時にEUへの加盟は推進するとし、その他には世俗主義者の保護や、軍隊の力の抑制なども訴えた。一方、世俗主義の共和人民党（CHP）は、表面的には穏健な態度を取るAKPが実は、その裏でイスラム国家の設立を目論んでいるのではないかと恐れ、強く反発した。元々、国民が政治に関して過熱しやすい国であるトルコでは、両者が激しく意見の応酬をすることになった。

私は以前、イスタンブールのチャルシャンバ地区を歩いたことがある。イスタンブールの中でも特に宗教心の強い場所だと聞いていた。世俗主義者の中にはそこを「サウジアラビアのよう」と表現する人もいる。貧しいが活気のあるコミュニティには学校や商店などが並んでいた。子供たちは通りで遊び、男たちは二人、三人ずつ集まって、世間話をしたり議論をしたりしている。女性はブルカやヘッドスカーフを身に着けている。すぐそばには、コーランをはじめ宗教に関わることを学べる大きな学校もあった。男子だけの学校だ。

私がそこを歩いていて思い出したのは、若い頃に見たブルックリンのウィリアムズバーグだ。今のように高級住宅地に変わる前の話である。当時のウィリアムズバーグには、ハシド派のユダヤ人が大勢いた。子供たちが通りで遊んでいるところや、男たちが商店の外で話し込んでいたりするところはそっくりだった。イェシーバーというユダヤ教の学校もあった。他所者の存在を敏感に察知する街の雰囲気が、私の昔の記憶を呼び起こしたようだった。私はここで二つのコミュニティが驚くほど似ているということを書きたいと考えていたのだが、それは的外れなのではないかと思い始めた。確かに、都市の貧しく宗教心の強いコミュニティ、という点で共通しているが、両者の間には、そうした類似点をすべて無意味にするほどの違いがある。それは信仰する宗教の違いだ。

チャルシャンバ地区を見ていると、AKPをはじめ、トルコを統治しようとする政党がどのような問題に立ち向かっているのかが実感を伴ってわかった気がした。イスタンブールの人たちは大部分の地域でヨーロッパ人と同様の感覚、価値観を持っている。だが一方でチャルシャンバのような場所もあるし、イスタンブールの外にはそれに近い都市や農村が数多く存在するのだ。宗教心の強い人たちは自分たちの意見に自信を持っているし、最近では強く自己主張もするようになっている。とても無視はできないだろう。

トルコの世俗主義者の一部には、AKPがイスラム教のシャリーア法を政治に持ち込むのではないかという深い懸念がある。特に強く懸念しているのは専門職に就いている知識階級の人たちだ。私は、先祖代々トルコに暮らしてきたという医師と夕食を共にしたことがある。彼は私に、AKPが今のままの路線を突き進んでいくのだとしたら、いずれヨーロッパに移住しようと考えていると話した。いざその時になって彼が本当に移住するのかはわからないが、ワインを何杯か飲んだ後で熱っぽくそう語っていた。ここまでの心配をするのは世俗主義者の中でも少数派で、大半はAKPにその意思はないと理解している。時には、彼らがわざと恐怖を誇張して話しているのではないかと思うこともある。そうして私のような外国人がトルコ政府に悪い印象を持つようにしたいのかもしれない。

しかし、チャルシャンバでの体験を思い出すと、そう言って簡単に片づけてしまうこともできない。世俗主義者は長い間、保守的な人々を無視し続けてきたし、無視することも可能だったのだろうが、そういう時はもはや過ぎた。知識階級と、小商店主などの民衆をトルコ社会の中で統合することなくトルコを統治するのは難しいだろう。イスラム世界が急進化していることを考えるとなおさらそうである。チャルシャンバの民衆は、イスラム世界の現在の傾向を象徴する存在だと考えられる。その意味で重要な存在だ。無理に抑えつけるという選択肢はなく（以前はあったかもしれないが、今はない）、受け入れていくしかないのだ。そして、長く続いている世俗主義と宗教主義との対立に正面から向き合わなくてはならない。さもなくば、対立が長引くことになるだろう。イスラム世界では、そうした対立は言葉だけでの争いにとどまらないことが多い。イスタンブールの中ではチャルシャンバは極端な例だが、そこに問題はよく表れている。

イスタンブールは、ヨーロッパとイスラム世界の間の境界にある都市だと言える。だからこそ、ヨーロッパとイスラムの価値観がそこでぶつかり合う。イスタンブールの中でもヨーロッパ主義者と呼ばれる人たちは、ともかく是が非でもEUに加盟したい。それは必ずしも経済的な理由からではない。トルコの経済は、今でこそ減速しているが、この一〇年ほどは素晴らしい状況だった。過去五年だけを見れば、ヨーロッパの大半の国よりは好調だったと言える。にもかかわらず、ヨーロッパ主義者たちはEUに入りたいというのだ。それは、世俗主義と自由民主主義がEU加盟によって保障されると考えるからだ。加盟国になれれば、トルコ人はヨーロッパ人であると公式に認められたことになる。そう考えるわけだ。イスラム教主義者たちは、加盟をそこまで重くは受け止めない。第一、(それは世俗主義者も同じだが)承認されることはないだろうと思っている。もし加盟が承認されたとすれば、それは彼らにとって行動の自由を意味する。行動の自由が認められ、イスラム教徒の移民も多く受け入れられるのだろうと受け取る。ヨーロッパはとてもそれに対処できないだろう。EU加盟はおそらく実現しないと思われる。ただ、加盟を支持するか否かは、世俗主義者の中では一つのリトマス試験紙のようになっている。AKPが大胆な主張をできるのは、彼らにとってEU加盟が大した意味を持たないからだ。

オスマン帝国が第一次世界大戦に敗れた直後から、トルコにはこの種の対立が存在する。戦争に敗れたことで彼らは南ではアラブの土地を失ったし、バルカン半島の大半の領土も失うことになった。残ったのは、オスマン帝国の中心地で、元々トルコ民族が支配する土地だったアナトリア半島のみである。半島のつけ根の部分の北では、黒海に面したジョージアと国境を接し、南では地中海に面している。アダナなどの街があるあたりだ。二つの地点を結ぶ線より東には、ジョージアの他に、アゼルバイジャン、アルメニアがある。トルコの南東はイラン、南はイラク、シリアである。

アナトリア半島の地形は総じて平地が少なく、山がちになっており、東へ行くほどさらに平地は減る。このように山がちで、周囲を海に囲まれていたおかげで、帝国崩壊後も中心の半島だけは残り、それ以上、領土が減ることはなかった。トルコへの侵入は容易ではない。オスマン帝国も、アナトリア半島の支配権を獲得するまでに一世紀以上の時間を要している。

半島内部にも互いを良く思わず、敵対している集団はおり、それぞれの間の境界地帯も存在するが、

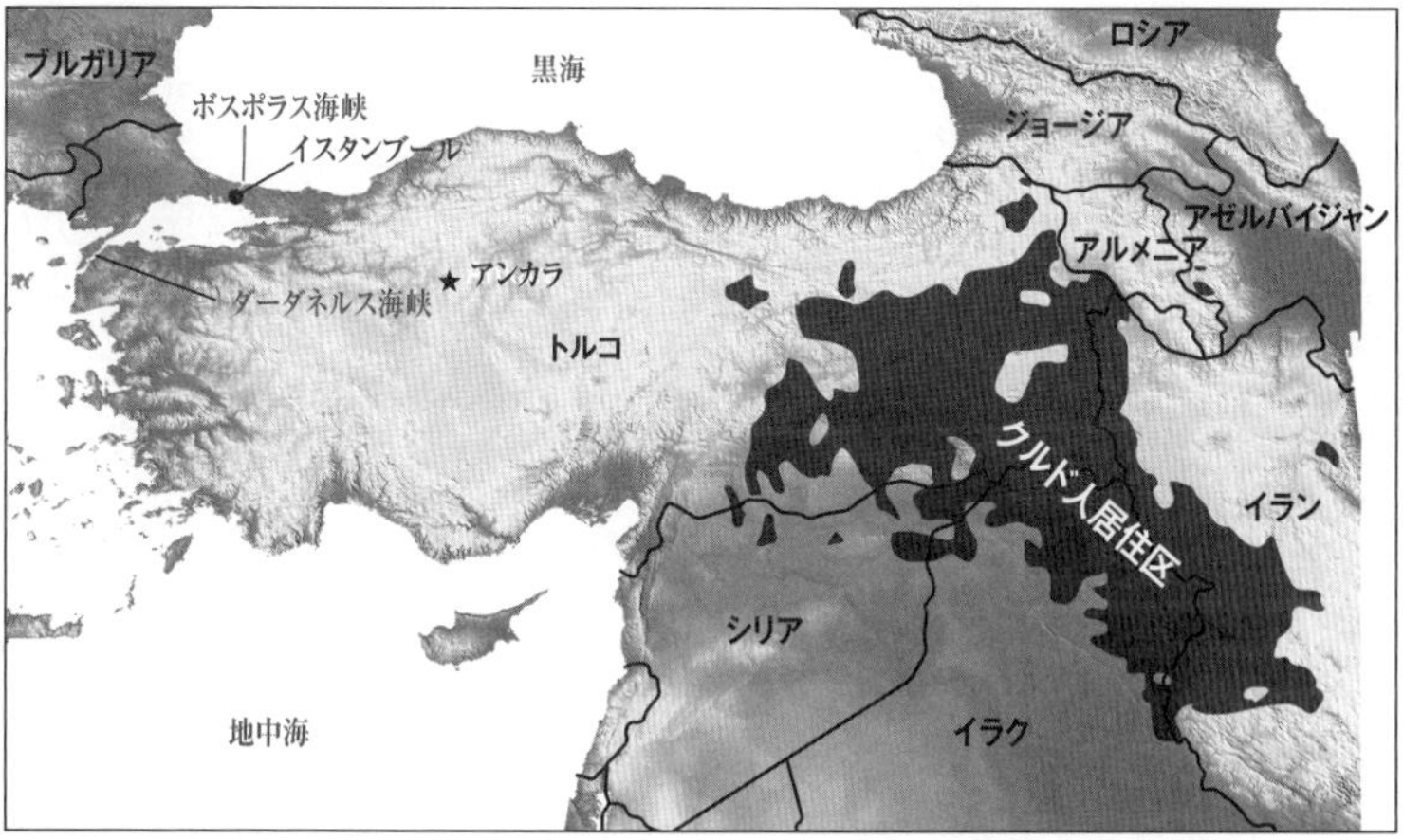

トルコ

東、あるいは西へ行くほど、それは重要なことではなくなる。半島の東や西でより重要なのは、他の国民国家の存在と、国家間の境界地帯である。特に、アジアとアラブ世界、ヨーロッパが出会う東では、今も絶えず緊張があり、実際に戦争している場所や、すぐにも戦争が起きそうな場所がある。クルド人居住区、アルメニア、イラク、アゼルバイジャン、シリアなどがすべてトルコに隣接しているのだ。クルド人居住区にいたっては、トルコの国内にまで入り込み、それがイランやイラクにまで広がっている。つまり、トルコの東は内外に常に暴力が存在する場所ということだ。西へ向かい、ボスポラス海峡を渡って、ヨーロッパ大陸にまで行けば、さほどの暴力は存在しなくなるが、そこにもやはり深刻な政情不安はある。

トルコの国境地帯には、多様な民族集団がおり、一部の人たちが国境の向こうから進入して来ることもある。彼らは歴史の名残りだとも言える。中でも最も大きな集団は東のクルド人だ。クルドは国土を持たない国家のようになっている。イラク、イラン、シリア、トルコにまたがって住み、独自の言語を話しているのだが、自分の国土はない。彼らの住む領域は非常に脆弱なものである。一つの「国」が、四つの国の上に重なって存在しているのだから、絶えず混乱を引き起こすのは当然のことだ。

ここに住むクルド人は三〇〇〇万人にもなる。その半数以上がトルコにいる。トルコの総人口は七五〇〇万人ほどだが、その約二割がクルド人ということだ。それだけの数が国の東側に集中している上、国境の外のクルド人たちとも交流しているために、問題はより複雑になっている。

一二世紀に生きたサラディンはイスラム教徒にとって偉大な英雄である。彼はエジプト、シリアのスルタンで、キリスト教徒の十字軍と戦った。ダンテは『神曲』の中で、サラディンを、ホメロス、プラトン、ユリウス・カエサルとともに、歴史の中でも特に優れた非キリスト教徒の一人に数えている。彼はイスラムの英雄であるが、キリスト教徒にも畏怖の念を抱かせた。そのサラディンはクルド一族の出身だった。

なぜ、そのクルド人が国を持たないのか、不思議なことのように思える。第一次世界大戦後には、クルド人国家建設について真剣な議論がなされたこともあったのだが、結局、国ができることはなかった。主な理由の一つは、イラク、トルコ、シリアなど、地域の主要国のどれもが建国を望まなかったからである。どの国も国境付近の山岳地帯を安全保障上、非常に重要なものと見ていた。しかし、クルド人の国が山岳地帯の中央部にできれば、各国は結果的に重要な場所を奪われることになる。クルド国家の外交政策がどのようなものになるのかも予測ができなかった。また、クルド人はあまりに人口が多かった。仮にクルド人国家ができたとしても、周囲の国の力により、内部分裂を起こすかもしれない。そしていずれかの国がクルド人を利用して隣国へと勢力を伸ばす恐れもある。たとえば、イランがトルコへ、トルコがイラクへといった具合だ。反対にクルド国家が強大になり、周囲の国にとっての脅威になる恐れもある。国家ができた場合の不安要素があまりに大きかったために、クルド人がそのまま分散している方がトルコやイラン、イラクなどにとっては都合が良かった。

もちろんクルド人たちが黙って納得するはずはなく、抵抗が始まった。ヨーロッパのはずれに生きる彼らには、他の民族にはない特徴が数多くあったが、国家建設の可能性を潰されて怒らないほど特異な人たちではなかった。当然のことながら、暴力にも訴えて抵抗をした。トルコ内部では、頻繁に交渉が繰り返される一方、イスタンブールとクルド人居住区の両方で、主要武装組織「クルディスタン労働者党（PKK）」による爆破テロも時折発生している。トルコ軍の側から攻撃をすることもある。クルド人居住区は貧しく、人々のイスラム教への信仰心は篤い。皆、トルコ人に対して敵意を抱いている。だが、敵意を向けられたトルコ人も彼らに報復をする。

私は、イランとの国境に近いクルド人の町、ドグバヤジで一晩を過ごしたことがある。トルコとイランとの関係は良好で、そこから数十キロメートルのところにある国境付近に行ってみると、トラックが自由に行き来するのを目にした。この分なら、自分たちが自力で国境を越えてイランに渡ることも可能だろうと思った。ところが、ドグバヤジでは状況がまったく違っていた。この町は、クルド人居住区に最も近いトルコの主要都市、エルズルムに比べてはるかに貧しい。その違いは、歩道でもホテルでも容易にわかった。

その夜、私は九時に床に就いた。何もすることはなかったし、夜に出歩く気にもならなかったからだ。特に理由はなかったが、本能が私に出歩くなと告げていた。灯りを消してしばらくすると、銃声が二回聞こえた。おそらく数ブロックくらい先のところからだろう。わずか数秒の間隔で二回の発砲があったのだ。祝砲だったのかもしれないが、その町に何か祝うことがありそうには見えなかった。仮に祝砲だったとしたら、なんともわびしいものだった。車のバックファイアなどではない。確かに拳銃が二回撃たれた音だった。私には処刑の音のように聞こえた。トルコの大都市ヴァンでその話をした時には、あり得ない話ではないと言われた。ただ、政治的な争いによる銃撃ではないとのことだった。

シルクロードはまだ生きている。今、運ばれているものはヘロインだ。イランからトルコへクルド人によって密輸されている。トルコからは、さらにヨーロッパへと転送される。密輸の秩序を守るのは、政府ではなく当事者たちである。ルールに違反した人間がいれば、当事者が処罰する。私が聞いた銃声も、ドラッグ密輸に関係したものだったのだろう。国境地帯では常にあちらからこちらへ、こちらからあちらへと物が動いている。少しでも高く売れる場所へと運ぼうとするのだ。それは、大昔からの人間の営みである。密輸を取り仕切っていたのは誰なのか、誰が儲けるのか、それは知らないし知りたいとも思わない。確かなのは、地域の状況を決めるのは政治だけではないということだ。政治と同時に経済のことも知る必要がある。

トルコにとって東の紛争の火種はクルド人だけではない。アルメニアも危険な存在だ。私は、アルメニアとの国境に近い、アニという場所を訪れたことがある。そこは、世界で最初のキリスト教国家アルメニアの中世の首都だったところだ。アルメニアは、中世にトルコ東部を占領した国でもある。アニはアルメニアから見て川の向こう岸の平坦な台地の上にある。乾燥し、風の強い場所だ。トルコがそこで発掘調査を進めていて、アルメニア人の怒りを買っている。オスマン帝国が崩壊した時、トルコ人はアルメニアとの国境を明確にする必要に迫られたが、彼らはアニを自分たちの領土としてしまった。アルメニア人も多く住む土地だっただけに、必然的に民族浄化が行われ、多数のアルメニア人が殺された。アルメニア人はそのことを忘れてはいない。トルコ人はまず認めないだろう。非難されれば、アルメニア人が過去に自分たちにしたことを持ち出して反論するに違いない。

ヨーロッパと同じく、ここでも記憶は長く残る。数百年前の出来事が最近のことのように語られる。

自国の古都がトルコ人の手にあるのに、アルメニア人はそれに対しほとんど何もできない。それで平然としていられるわけはない。

アニから北西へと向かうと、カルスという街に着く。トルコの街だが、建物を見るとロシアのようだ。実は、かつてロシアは、この地域一帯を占領していたことがある。アルメニアもアニもカルスもすべて、第一次世界大戦まではロシアの領土だったのだ。戦争中、オスマン帝国は、アッラーフアクバル山地のサルカムシュに大軍を展開して、ロシアと戦った。アッラーフアクバル山地は、ロシアとの国境に近いトルコの山岳地帯である。一九一四年から一五年にかけての冬の間に、トルコはロシアを攻撃するために約九万人という規模の部隊を派遣した。両者の戦いはおよそ一週間続いた。地元の人が私にしてくれた話によれば、トルコ兵はたった一晩で八万人も死んだという。多くは凍死だった。本当に一晩の出来事だったのか実際には数日にかけてのことだったのか、それはどうでもいい。重要なのは、三一年間続いた虐殺の一部が間違いなくここで起きたということだ。その意味でここもやはりヨーロッパなのである。

私は、ゴーリーという街にイスタンブールの友人のいとこがいるというので会いに行った。カルスから車で一時間ほどのところだ。夜になると彼は私を車に乗せ、トルコ北東部の未舗装道路、草木のほとんど生えていない丘の上を走って小さな村まで連れて行ってくれた。自称一一〇歳の男性に会うためだ。ほとんど目も見えず、耳も聞こえなかったその人は民族的にはラズ人に属すトルコ人である。丘の斜面に建てられた家には四世代が暮らしていた。男性の息子は六〇代だったが、街で働いているという。四〇代はじめだと思われる孫は、ムーター、つまり村の長だった。まだ四歳くらいの曾孫は恥ずかしそうにはしていたが、未知の人間がいることには興味を惹かれていたようだ。ラズ人は南コーカサス出身のジョージア人である。その村にも、近隣のいくつかの村にもラズ人は大勢いるようだった。かつてロシアに支配され、現在はトルコ領となったこの地域にラズ人は数多く暮らしている。老人の家族は村でも最も裕福だった。五〇頭もの牛がいるからだ。ここでは、国境などほとんど意味を持たない。その時の支配者が誰だろうと、地域の暮らしに介入して来ない限りは歓迎である。

三杯目のお茶を飲んだ頃にドアが開いて、老人の息子の妻が入って来た。六〇代だと思われる体格の良い女性だ。牛の世話をしていたのだ、と彼女は私たちに誇らしげに話した。それは彼女の役目だった。村で最も多くの牛を飼っている家で、世話を任されている。誇らしいことに違いない。歯は抜けてしまっていたが、そんなことはものともしない魅力と温かみが彼女にはあった。家族は明らかに彼女を中心に動いていた。都市からは遠く離れた場所ではあるが、衛星インターネットは使えるようになっており、村の外の世界で何が起きているかはそれで知ることができる。老人が本当に一一〇歳なのか、それとも九〇歳くらいなのか、私には知る術がないが、四世代の家族は自分たちの暮らしが豊かだと知っており、それを喜んでいた。暮らしぶりを見知らぬアメリカ人に見せるのも嬉しそうだった。

この時の旅に関してはもう一つ話しておくべきことがある。カルスと、悲惨なサルカムシュの戦いの舞台になった場所を訪れた際、私たちは、わずかな村がある以外は誰もいない谷を車で通り抜けた。そこの村々は、近代のトルコとはとても思えず、また周囲のどの国とも違っていた。彼らは貧しいわけではない。まるで違う時代から来た人たちのように見えた。エネルギー源は飼っている牛の糞だ。数少ない牛の糞が彼らの財産である。そこには木もなければピートもない。積み重ねられた糞は小屋のようなかたちに成形され、何かの記号が浮き彫りにされていた。いったい何の記号なのかは私にはわからない。それは土曜午後の遅い時間だったが、私はちょうど高齢の女性が糞の山に装飾を施しているのを見ることができた。

私が訪れたどの村にも、必ず一軒、近代的なトラクターを持っている家があった。家の前に綺麗なトラクターが停まっているのだ。それは考えてみれば、糞の山への彫刻よりも不思議なものだ。どうやら政府の何かのプロジェクトの一環として贈られたらしい。トラクターは提供しても、誰も電力その他のエネルギーを村に提供しようとはしない。一晩で八万人が凍死したという伝説すらあるくらい寒い場所なのにだ。ここはヨーロッパの果てである。人々は静かに暮らし、もはや現代のヨーロッパ人にはとても耐えられないだろうと思われることにも耐えている。

シルクロードでは現在、ドラッグだけではなく原油も運ばれている。クルド人はそれにも関わっている。イラクは、戦争によって国がばらばらになってしまった。「破片」の一つは、イラク北東部のクルド人居住区である。すでに見たとおり、イランやトルコにまで広がる地域だ。原油があることはわかっていたが、イラクがサダム・フセインの統治下にあった時代には、誰もそこへ行って原油を掘り出そうなどとは考えなかった。だが、フセイン政権崩壊後、クルド人は以前に比べてイラク国内で自由に動けるようになった。その状況を受け、いくつかの石油会社が原油採掘に乗り出した。

これにより、トルコの立場は複雑になった。一方で、彼らはクルド人の独立に強く反対している。しかし、もう一方で、ロシア以外のエネルギー供給源を強く求めてもいる。現状ではロシアへの依存度が高すぎるからだ。トルコにとって、クルド人の地域政府は、自らのエネルギー需要を満たすための便利な道具に見えると同時に、危険な存在にも見える。トルコ国内のクルド人の間にナショナリズムが高まるきっかけにもなりかねない。

トルコのエネルギー戦略についてここで詳しく触れることはしない。問題は、彼らのクルド人政策の複雑さだ。二つの国益が真っ向から対立している点が興味深い。イラクのクルド人とトルコのクルド人の間には、イデオロギーの違いがあるが、それでも同じ民族である。トルコ側のクルド人が、イラク側の同胞の自治権と商業的な可能性とに惹きつけられることは十分にあり得る。今までもそうだったが、トルコにとっては綱渡りの状況がこれからも続くことになる。

シリアの内戦もトルコにとっては同様に困った事態だった。トルコは、バッシャール・アル＝アサド率いる政権を支持していなかった。イスラム教アラウィー派の信者が主導する世俗政権である。トルコが支持するのは現政権に敵対するスンニ派だ。ただスンニ派も分裂しており、中にはＩＳＩＬのような過激なジハード集団もいる。トルコとしては自国への飛び火を警戒しながら非常に慎重に対処する必要があった。

東、あるいは南で国境を接する国々は、どれもトルコにとって細心の注意を必要とする国ばかりである。コーカサス地方に関しても、イラクやシリアに関しても、簡単に解決する問題など一つもない。まさに不安要素に取り囲まれていると言ってもいいだろう。それで時には利益を得られる機会に恵まれる場合もあるが、ただ危険なだけという場合もある。このように、それぞれに問題を抱えた隣国が三日月形を成すように並んでいるのは、いかにもヨーロッパ的であるが、東のイランも南のイラクやシリアもヨーロッパの国ではない。ここはヨーロッパの縁であり、何もかもが不安定で、時に暴力的になる。ここで起きたことはヨーロッパにも影響を及ぼすことが多い。人も一部ヨーロッパ大陸へと流れている。

冷戦時代、トルコにとって最も神経を使う紛争の火種は西にあった。それは、ボスポラス海峡と、その先のヨーロッパ大陸の先端部分だ。ソ連は、その海峡に固執していた。ボスポラス海峡、マルマラ海、ダーダネルス海峡は、古くは一八世紀からロシア人が固執してきた場所である。そこを手に入れれば、世界で最も豊かな海である地中海へと容易に出られるようになる。ロシアの海軍が地中海に出る上で最後の障壁となっていたのだ。地中海への交通路が確保できれば、海が利用できるようになれば、ロシアは貧しさから抜け出すことができる。裕福な海運国へと変貌を遂げ、イギリスやフランスをはじめ、地中海に集まってくる他の国々に匹敵する海軍力を持てるようにもなる。海峡が自分のものにならない限り、ロシアは地中海では常に「ゲスト」のような存在でいなくてはならない。トルコや、他の主要海軍国が通行を許可しない限り、地中海へは入れないのである。

アメリカの戦略の根幹は、ソ連の封じ込めだった。中でも重要なのは、トルコとギリシャが絶対にソ連の支配下に入らないようにすることだ。トルコとギリシャの間にも問題はあった。両国はエーゲ海の島々をめぐって絶えず争い、戦争寸前になることもあったし、キプロスにも複雑な事情を抱えていた。元来、古くから仲の悪い国どうしでもある。

現状、トルコの西は落ち着いている。ロシアは、原油を運ぶためにボスポラス海峡を利用するようになった。トルコがその原油を買っている。ギリシャは深刻な危機にあるため、トルコと争う余裕がない。アナトリア半島の西側の国境地帯は静かで、しばらくはこの状態を維持できそうである。ただ、北東の国境に関してはそうはいかない。ロシアとその南のコーカサス諸国との間にも紛争が起きている。地中海が戦場になることは当分ないだろうが、イスラエルの行動、あるいはイスラエルに対する他国の行動は気になるところだ。

地中海は今のところ静かだが、この状況は長くは続かないだろう。海も周囲の土地もあまりにも価値が高いために、どうしても争いは起きる。また元々多くの問題を抱えている地域でもある。アメリカとロシアの緊張が、さらに新たな紛争を生む恐れもある。北アフリカの状況によっては、経済的に危機にあり、国民の間に不満がたまっている南ヨーロッパで何か起きるかもしれない。

そして注目すべきはトルコが発展しているという事実だ。必ずしも一直線に成長しているというわけではないが、周囲の多くの国々が衰退しているか、紛争状態にある中、徐々に強くなっている。トルコでは、オスマン帝国への回帰という懸念が急速に広まっている。世俗主義者は、そうなればシャリーア法国家になってしまうと恐れる。微妙な問題を含むため慎重な扱いを必要とするが、今後のトルコのあり方を大きく変える可能性はある。トルコの力が強くなれば、コーカサスやバルカンを含めたヨーロッパに長期的に大きな影響を与えることになるだろう。これまでのように単にトルコや他のイスラム諸国から多くの移民が来るということにとどまらない影響があるはずだ。

第15章　イギリス

ドーバーの断崖の上に立つと、遠くにフランスが、ヨーロッパ大陸が見えるような気がする。実際に見えたことはないが、そういう気がするのだ。足の下からは、英仏海峡を渡る列車の轟音が聞こえるような気もする。これはイギリスのパラドックスだ。表面的には、英仏海峡が外部からのイギリスへの接近を防いでいるように見える。実際、過去にはそうだった。海はヨーロッパ大陸からイギリスへの人の侵入を防いできたのだ。だが、今ではトンネルがイギリスとヨーロッパ大陸とを結んでいるので、英仏海峡は無視できる。昔とは違う。昔は間に海があることがすべての前提だったはずだ。イギリスの歴史はその前提の上にある。あらゆる戦略にそれは影響を与えた。では、具体的にはどんな影響なのか。イギリスとヨーロッパ大陸とはどのような関係にあったのか。ヨーロッパの未来を考える上でも、重要な問いだと思う。

英仏海峡を大きな地図の中で見てみよう。海峡は、帝国への経路である大西洋と北海をつないでいる。また、イギリス諸島とスカンジナビア半島はその北海でつながっている。いずれも、いわゆるヨーロッパ半島に属さないヨーロッパだ。文化の基礎にプロテスタントと海があるという点でも、両者には共通点があると言える。イギリスは一〇六六年にノルマン人に征服された。ノルマン人はスカンジナビア半島からフランス北西部へと移住した人たちである。彼らは、英仏海峡を越えてイギリスへと渡り、その後の歴史に大きな影響を与えることになった。イギリスは、スカンジナビアやオランダ、ベルギーと親密な関係にあったし、もちろん、フランスとも何世紀にもわたり、密接に関わり合っている。ロイヤル・ダッチ・シェルのように、イギリス、オランダの合同企業は多数ある。英仏海峡だけを見ていては、イギリスと大陸との関係はわからない。北海や欧州自由貿易連合（ＥＦＴＡ）についても考える必要があるだろう。すでに触れたが、ＥＦＴＡはＥＣの代替とすべくイギリスが設立した国際機関で、北海を囲む国々が中心となっていた。

北海はその周辺の国を、ヨーロッパ半島から引き離す役割を果たしている。この海の周囲の地域は、人口も少なく、資産、資源もドイツのような国を支えるには十分ではない。だが、デンマーク、オランダ、そしてフランスの一部は、北海を通じて結びついている。これは大陸内部での関係に代わるものになり得る。その意味で、北海の存在はヨーロッパ大陸を分裂させる要因だとは言える。さほど強くはないが、ヨーロッパの統合を逆行させる力があることは確かだ。

イギリスは、北海周辺諸国の中では、人口、国力ともに圧倒的な存在だ。過去何百年もの間、ヨーロッパ全体の歴史を動かしてきた国でもある。ヨーロッパ大陸諸国がどうしても内向きになりがちで、近隣からの脅威にばかり目を向けているのに対し、周囲を海に囲まれているイギリスは世界に目を向ける広い視野を持っていた。イギリスは、ヨーロッパの一部であるが、ヨーロッパのすべてに関わるわけではない。関わりたい時にだけ関わるような面がある。近隣の出来事をまったく無視することができないフランスやドイツとは違う。経済的にも軍事的にも、その必要がある時だけ大陸と関係を結ぶ。自らの国益に都合が良いように大陸の状況を変えることすらあった。そんなイギリスの動きによって、大陸の緊張が高まることもあり、諸国の内向き傾向がさらに強まることもある。

ヨーロッパが統合されなかった理由は数多くある。北海の存在もその一つだが大きな理由ではない。それより大きいのはやはり英仏海峡だろう。この海峡がイギリスとヨーロッパ大陸を隔てていることがおそらく最も重要だ。狭い海域だが、狭いだけにかえって危険になっている。大西洋と北海からの水の流れが、潮汐によって刻々と変わるため、航海は容易ではない。気候は寒冷湿潤で、風も強く、しかも天気が変わりやすい。どちらの方向でも渡るのは難しい。

一九四四年六月、連合軍がノルマンディーに上陸した際、その数日前から最も懸念されていたのは現地の天候と、それが英仏海峡に与える影響だった。また、軍事的に大きな懸念事項となっていたのは兵士の船酔いだ。海峡の波が荒れれば、移送中、特に上陸用舟艇で船酔いを起こし、陸に上がっても戦闘ができない恐れがある。連合軍としては条件が最高の時を選んで上陸をしたかったが、それは不可能だった。大西洋からは次々に暴風雨がやって来るので、その間を狙おうなどと思っていると上陸のタイミングを逃してしまう。結局、作戦は大勢の兵士が吐き気に襲われながらも成功に終わった。

イギリスへの侵攻には、過去、ローマ人とノルマン人が成功している。だが、どちらも遠い昔だ。一六世紀以降は、侵攻されそうな危機に瀕しても、その度に英仏海峡がイギリスを守ってくれた。一六世紀にはスペイン人、一九世紀にはナポレオン、二〇世紀にはヒトラーに打ち勝つことができた。いずれも圧倒的に強力な軍隊を持っていたが、海峡を渡って部隊を上陸させ、維持するということができなかった。ただし、侵入者からイギリスを守ったのは波だけではない。もちろんイギリス海軍の力も大きかった。

イギリス海軍は、元は何か大きな戦略があったというよりも、スペインから富を奪い取るために作ったという側面が強い。当時、スペインには、南米に築きあげた帝国「スパニッシュ・メイン」から、金銀や宝石、香辛料など莫大な富が流れ込んでいた。イギリスが海軍を設立しようと考えたのは主に二つの理由からだ。一つは、当然、スペインに流れ込む富があまりに莫大だったことだ。それを輸送途中で奪い取れば、大きな利益になることは間違いない。二つ目は、スペイン海軍の成長がイギリスにとって直接の脅威になっていたことである。スペイン海軍がもし大西洋を制圧するようなことがあれば、イギリスの周囲の海域まで支配され、もはや防衛不能になる恐れもあった。

そして時が経ち、イギリス海軍はヨーロッパ最強となった。トラファルガーの海戦でナポレオンの海軍を破って以後は、真に地球規模で部隊を展開できる世界で唯一の海軍にまでなった。大英帝国の礎はこの海軍である。一九世紀末、大英帝国はヨーロッパ帝国主義体制の最も大きな部分を占めていた。英国海軍の仕事は、帝国内の治安を維持すること、そして最も重要なのは海上交通路の安全を保つことである。帝国内での交易、あるいは帝国と外の世界の交易に滞りが生じないようにしなくてはならない。

イギリス（イングランド、スコットランド、アイルランドの連合体だったが、アイルランドが北部を残して独立してからは、ほぼイングランドとスコットランドの連合体となった）の安全は、海の支配を維持できるかどうかにかかっていた。海の支配権を失えば、大英帝国は崩壊することになる。敵海軍に勝つ最良の方法は、そもそも敵に海軍を作らせないことだ。海軍を作らせないためには、持っている資源をすべて地上での戦争に向けさせることだ。そのためには、最大限の努力をして、ヨーロッパ大陸内の大国がお互いに不信感を抱くよう仕向けるのが最良の方法である。だが、大陸内の大国は元来、お互いを信用していなかったので、その不信が持続するようイギリスは最低限の努力をするだけでよかった。一方を支援したかと思うと、他方を支援するというように、絶妙のバランスを取って支援する相手を変えていくのだ。他国が大陸内のことに気を取られている限り、イギリスの安全は保たれる。

この戦略にも問題はある。常に成功するとは限らない。時折、イギリスの封じ込め策をものともせずに急成長を遂げ、大陸全体をほぼ手中に収めるほどになる国があるからだ。そうなると、すぐイギリスにとって脅威になってしまう。たとえば、スペイン、フランス、ドイツなどは実際にイギリスにとって重大な脅威となった。また、外交面、経済面でのバランスを取る努力が不十分だったため、結果的にイギリスの海の支配が脅かされたこともある。その時は、結局、陸上に兵力を投入するしかなくなってしまった。

イギリスの陸軍は比較的小規模である。どこかに狙いを定め、その標的を確実に叩くという使い方をする。決して大規模な戦闘を展開するためのものではない。ワーテルローの戦いがそうだったように、限られた規模の戦闘で間違いなく相手を弱体化させるための最終手段として使われるのだ。この戦略の問題は、敵が必ずしも正確にこちらの思いどおりに動くとは限らないということである。現に二つの世界大戦でイギリスは大規模な消耗戦に巻き込まれてしまっている。イギリスの戦略は崩壊し、イギリスの力そのものも衰える結果となった。

ジョージ・オーウェルはかつてイギリス人のことを「鈍重だが礼儀正しい人々。己の鈍重さを愛し、二五万もの銃剣を使ってそれを守っている」と表現した。二五万の銃剣は、当時、大陸諸国で何百万と使われていたことを思えば決して多くはない。重要なのは、優れた目を持っていたであろうオーウェルがイギリス人を「鈍重だが礼儀正しい」と見ていたということだ。彼は、自国人の礼儀正しさに高い価値を感じ、鈍重さを気に病むことはなかった。イギリス人の多くが自分たちのことを同じように見ていた。だがそこには大きな矛盾が潜んでいるのだ。

イギリス人は何世紀にもわたり、大陸ヨーロッパ諸国の指導的な政治家たちを巧みに操ってきた。そして「裏切りアルビオン」という異名を与えられることになった。ヨーロッパでイギリス人と言えば、「約束や義務をものともせず、常に自己の利益だけを追い求める冷血漢」という見方が一般的になっていたからだ。「裏切り者」という言葉が使われたのはそのためだ。他国を操ることで身を守りながら、イギリス人は大帝国を築きあげた。インドでは何億という単位の人々を支配下に置いたが、そのためには現地の有力者を味方につけて操るという狡猾な手段を用いた。武力を使うこともあったが最低限にとどめている。中国でもやはり同様の方法で自らを経済的に優位な立場に置くことに成功した。さらに、イギリスはイスラム世界にも勢力を伸ばしている。その姿を見て「鈍重」と思う人は少ないだろうし、「礼儀正しい」などとは決して思わない。イギリスの輝かしい歴史は、狡猾さと冷酷さに満ちたものである。にもかかわらず、オーウェルは「鈍重だが礼儀正しい」などと言った。いったいこれはどういうことなのか。

ジョージ・バーナード・ショーが書いた『シーザーとクレオパトラ』の中には、テオドトスがエジプトの結婚に関する慣習について説明したのに対し、ブリタニクスが「シーザー、この話はまるで間違っている」と反論する場面がある。テオドトスはこの発言に激怒するが、彼をなだめようとしたシーザーはこう話す。「許してやってくれ、テオドトス。彼は蛮族の生まれだ。だから、自分の部族、自分の島の習わしが自然の摂理のように思っているのだろう」

イギリス人は世界の大部分を支配下に置いた。皆が知っている文化のほとんどが、彼らの帝国に含まれることになったのだ。しかし、イギリス人は自らの地域性をほとんど失うことがなかった。同様に帝国を築きあげたペルシャ人やローマ人、ギリシャ人と違うのは、イギリス人がただ自分たちの文化の優越性を信じていただけではないということだ。自分たちの文化を構成する要素すべて、ほんの些細な慣習にいたるまですべてが、他の文化よりも優れていると信じていた。ブリタニクスは、エジプト王族の結婚式の慣習に衝撃を受ける。違いに驚いたというのではなく、「それでは礼儀に反している」と感じたのである。誇り高きローマ人であるシーザーは、ブリタニクスの地域性、偏狭さを敏感に察知した。すべての社会にはそれぞれの慣習があり、慣習は社会によって違う。イギリス人もそれは知っているはずだが、時折、本当に正しいのは自分たちの慣習だけで他はすべて間違っている、と信じているかのような態度を取るのだ。

若い頃、イギリスの有名大学の夕食会に出たことがある。私の育った家庭では、食事は単にフォークとナイフをうまく動かして食べる、というだけのもので、あとは必要に応じてスプーンを使うくらいだった。だから、その時に見たイギリスの食事の複雑さには仰天してしまった。私には至極単純な行為にすぎない食事が、イギリス人にとっては、数々の規則がある複雑な儀式になっていたのである。その規則は私には異質で、恣意的なものに感じられた。道具も多くは見たことがないもので、用途さえよくわからないものもあった。彼らの礼儀作法もそれまでに見たことのないものばかりだった。スープ一つ飲むにしても、複雑な動きが必要で、とても時間がかかる。そこに悪意などはなかった。その日、テーブルに着いていた人たちは、高い教育を受けた人ばかりだったため、複雑な食事作法を完全に身につけているものと見なされていた。私は何をどれで食べればいいのかわからずに戸惑い、スープを口に持っていく時に頭を傾ける角度も、皿からスープをすくう方向も何もかもわからずに大混乱に陥った。ホストは優しい人で何も口に出しては言わなかったが、私が無教養な人間に見えたのは間違いないだろう。

私はその後、オーストラリア出身の女性と結婚した。彼女はイギリス風のテーブルマナーがまだ残っている地域で育っており、やはり自分の身につけた作法を自然の摂理のように思っていた。生活を共にする間に、二人は互いに妥協するようになり、私はなるべく彼女の好みに合う食べ方を覚えるようになったし、彼女も自分のマナーが単なる慣習であることを理解するようになった。だが、自分の食べ方が教養人にとって唯一、正しい方法だという意識は完全には抜けないようだ。言うまでもないが、妻が見ていなければ、私は今でも皿に口をつけてスープを飲んでしまう。

妻はまったく「鈍重」な人間ではない。オーウェルが言ったような鈍重さを、イギリスの歴史からは感じ取ることは難しい。しかし、彼らが帝国を築けたのはまさにその鈍重さのおかげだったとも言える。イギリス人は、世界に多様な文化があることを理解しており、あらゆる異文化に強い関心を持っていた。その反面、心の奥では、自分たちの文化だけは絶対のものだと信じていた。スープを飲む際の礼儀作法、といったほんの些細な慣習も、単なる慣習ではなく、絶対に正しい文化の大事な一部だと信じていたのである。

自分の文化を絶対のものとみなし執着する姿勢は、いかにも「田舎者」風で、野蛮だとも感じられる。ただ、その性質は、多様な帝国を一つにまとめる法体系を作る上では役立った。植民地を自らの思い描いた理想像に合うよう作り替えるということにもつながった。イギリス人の鈍重さにはとてつもなく大きな力が潜んでいる。日常生活の習慣には文化による違いがあり、違っていてもどれもが正しい。それを心から認めようとしないイギリス人は想像力に欠ける融通が利かない人たちにも思える。だが、強い力を持つようになったイギリス人が、支配地域に自分たちの文化を持ち込んだことには大きな意味があった。被支配者たちには、支配者たるイギリス人の力を羨む気持ちがある。羨ましいと感じれば、彼らの行動様式をまね、取り入れようとする。そうするうちに、はじめは模倣だった文化が心の奥深くにまで浸透することになる。夕食会の席でマナーがわからず、恥ずかしい思いをすれば、後の行動に大きく影響することがある。その体験自体に力があるということだ。恥ずかしい思いをさせ、何も言わずに自分のやり方に従わせる、それは暴力で思いどおりにするよりはずっと「礼儀正しい」ことには違いない。

イギリス人は、北アメリカの植民地も自分たちの理想像に合わせて作った。強く異議を唱える者もいたが、そのやり方はやはりとてもイギリス的だった。ただ、時間が経つにつれ、アメリカはイギリスにとって、文化、政治の両面で厄介な存在になっていった。アメリカはイギリスにとって最初の大植民地だが、大英帝国の失墜を象徴する存在でもある。失敗の背後には文化的な要因がある。アメリカは、イギリス人の理念を具現化し、制度化して作った国と言えるだろう。だが、その制度は、逆にイギリスに影響を与えた。アメリカが移民に支えられていたことも大きい。移民たちはアメリカの文化を絶えず変化させていた。第二次世界大戦後にはイギリス本国にも移民が多く流入するようになったが、それまでは移民による文化の変容などほとんど体験したことはない。形式にこだわらないことや、徹底した能力主義などに代表されるアメリカの文化は、元々のイギリスの文化とはまるで違うものである。この違いがイギリス人を苦しめた。ヨーロッパ大陸の諸国の方がかえってアメリカに違和感を抱かなかったくらいである。自らの文化に強く固執するその特性ゆえに、急成長し力をつけていくアメリカとの違いを受け入れられなかったのだろう。後になって、イギリスは海の支配権をアメリカに明け渡し、帝国を失うことになるが、その時にもこの違和感が大きく作用したように思える。

一方でアメリカとイギリスには共通点も多かった。スケールはイギリスよりはるかに大きいがアメリカも一種の「島」であり、海が外からの侵入を防いでいる面があった。周囲が海ということは、最大の脅威は強い海軍を擁するイギリスということになる。イギリスとアメリカは一八一二年にも戦争をしているし、オレゴンをめぐる争いもあり、南北戦争中には両者が衝突する危機があった。興味深いのは、第一次世界大戦後、アメリカがいくつかの戦争に備えた作戦計画を策定していたことだ。その一つは「レッド計画」と呼ばれるもので、イギリスがカナダからアメリカに侵入した場合を想定していた。もちろん、そのようなことはまずあり得ない。軍事計画担当者がよく考える、無意味な「万一に備えた危機管理計画」の一つである。とはいえ、こういうものが存在したという事実は注目に値する。

当時のイギリスにはアメリカに侵攻する計画は一切なかった。だが、両者は同じ海、つまり大西洋をめぐって競争していた。輸出大国だったアメリカは、どうしても大西洋を利用する必要があった。イギリスも帝国維持のために大西洋を必要とした。アメリカの国是が変わり、力も強くなったことが、二国の利害の対立を大きくした。深刻な軋轢に発展することはなかったが、イギリスが西半球のいくつかの海軍基地を支配下に置いていることにアメリカは不安を抱いてはいた。イギリスも、一九〇〇年以降、アメリカの海軍力が高まっていることを不安視していた。

こうした事情が表面化したのが、第二次世界大戦での出来事だ。イギリスは、フランス降伏後、ドイツからのとてつもなく強い圧力にさらされていた。アメリカは、イギリスに古い駆逐艦五〇隻を貸し出すことに合意した。一方、イギリスはその見返りに、西半球の土地や海軍基地を九九年間、アメリカに貸し出すことになった。貸し出す中には、東バハマ、ジャマイカの南岸、セントルシア、西トリニダード、アンティグア、英領ギニアの一部などが含まれており、バミューダやニューファンドランドの基地使用許可も与えられた。

ドイツのUボートと戦うための五〇隻の駆逐艦と引き換えに、イギリスが西半球の海軍基地を明け渡したため、アメリカにとっての最大の脅威は取り除かれることになった。イギリスは、北大西洋のどの部分に対しても力を及ぼすことができなくなってしまった。相手がどうしても必要とするものを渡したことで、アメリカは労せずして北大西洋のパワーバランスを変えることができたのである。

第二次世界大戦後、アメリカは歴史上はじめて、世界の海を支配下に置く国となった。太平洋からは日本人、そしてイギリス人、フランス人を追い出した。北大西洋は戦争中からすでに手に入れていた。その他、イギリス海軍が押さえていた場所は、NATOを通じて少なくとも部分的にはアメリカの支配下に入ることになった。これは海洋帝国だった大英帝国の終焉も意味した。もはや海上交通路の秩序を維持するのはイギリス海軍ではなくなったのだ。大英帝国の消滅には他にも多数の理由があるが、第二次世界大戦中に北大西洋の支配権を事実上手放したことが、直接の原因としては大きいと考えられる。

戦後、西ヨーロッパはアメリカの支配下に入ることになり、帝国を失ったイギリスは単にヨーロッパに多数存在する国家の一つになった。戦勝国にはなったものの、イギリスは最も重要な財産を失った。以後、イギリスの行動には変化が見られる。かつては、ヨーロッパ大陸内部の力のバランスを保つのに注力していたが、戦後はアメリカとヨーロッパの間でバランスを取って生きることに注意を向け始めた。バランスが大事という点では同じだが、以前よりもすべきことはさらに複雑になった。

この本でもすでに書いたとおり、イギリスは帝国消滅後、ヨーロッパ大陸と非常に複雑な関係を維持してきた。それは特に新しいことではない。イギリスがヨーロッパ大陸と近くて遠い関係にあったのは昔からのことだからだ。一八世紀、ヨーロッパ各国の上流階級はフランス人を手本とした。一九世紀後半になると、それがイギリス人に変わった。イギリス人の服装や礼儀作法を皆がまねるようになったのだ。それは、各国の王家にヴィクトリア女王の子女が多く迎え入れられたからでもあるが、イギリスに模倣するだけの価値があったからでもある。産業革命を起こし、世界帝国を築いたことで、その文化も魅力的に見えるようになった。模倣すれば、力を共有できるような気がしたのである。

どの国にも独自の文化、慣習はあるが、その慣習が極端に複雑なものだと、もはやその国に生まれなければ、完全に身につけることは不可能になる。イギリスの上流階級、せめて中流階級に生まれなければ、憧れているイギリスの慣習は身につかず、どれほど努力をしても社交の場で恥をかくようなことになるのだ。また、かつてイギリスの良家の子弟は「グランドツアー」と呼ばれる大規模な国外旅行をした。行き先はアテネやローマ、パリなどだが、関心は同時代の住民よりも、その歴史や文学などにあった。イギリスと大陸は、お互いに関心はあったが一方は現在、他方は過去を見ていたというわけだ。結婚でもそうだが、これでは両者の関係はうまくいかない。どちらもが現在の相手を尊敬、信頼し、運命を共有する意識を持たない限り、良好な関係とはならないのである。

第二次世界大戦後、イギリス人は、力を失うと同時に大陸諸国にとって魅力的な存在ではなくなった。新たに注目を集めたのはアメリカ人と、ヨーロッパとはまったく異質なその文化である。イギリス人の文化は複雑さが神秘的で、そこに惹きつけられた人も多かったが、アメリカ人の魅力は気取らないところ、開放的なところにあった。イギリス人は、文化を複雑にすることで、外国人や下層階級が自分たちの社会に入ってくることを防いでいたが、アメリカ人はそうではなかった。だが、アメリカ人も誰でも受け入れるというわけではない。友好的には接してくれるが、自分たちの文化の重要な部分を受け入れない人にはやはり厳しい。重要な部分とは、簡単に言えば合理性である。それは、コンピュータのような機械や、味を楽しむよりは栄養摂取を目的とした昼食などによく表れている。仕事に人生のすべてを捧げて成功を収める人物の存在も、彼らの文化の象徴だろう。ヨーロッパ人には、個人的な成功よりも、親戚をも含めた家族との生活を大事にする人が多い。アメリカ人は、自分の望む仕事があればどこにでも行く。私たち夫婦には子供が四人いるが、それぞれが別の街にいるし、親と同じ街に住んでいる子はいない。彼らはアメリカ人であり、仕事が優先なのだ。私たちがそれを理解できるのは、自分たちも同じだからだ。成功のためにいつでも移住できることは、家族と暮らすことより重要である。

ヨーロッパ人は、かつてイギリス文化に惹かれたようにアメリカ文化に惹かれた。とりわけ魅力に感じるのが、アメリカ文化はイギリス文化と違い、すべての階級に開かれていることだ。また、複雑な礼儀作法を覚える必要がないところもいい。しかし、実は真にアメリカ人のようにふるまうのは容易なことではない。彼らのように徹底して合理的に生きるのはヨーロッパ人には難しい。イギリス人は、大陸ヨーロッパ人のようにアメリカ人を模倣する気にもなれず、両者の間で板挟みのようになっている。

二〇〇八年の経済危機の際、フランス人、ドイツ人は盛んに経済政策に関して「アングロ・サクソン・アプローチ」という言葉を使った。二一世紀のアメリカでは、アングロ・サクソンはすでに多数派の民族とは言えなくなっているのだが、その事実を彼らは無視した。次に危機がヨーロッパに飛び火することも予見できていなかった。だが、それは脇に置くとして、注目すべきは、大陸ヨーロッパ人がイギリス人を文化、経済に関してアメリカ人と同じグループに入れたということだ。

大陸ヨーロッパ人はイギリス人を自分たちとは異質だと考えている。アメリカ人も、イギリス人を自分たちとは異質と感じている。イギリス人は自らをどちらとも違う独自の存在と思いながらも、両方の陣営に属する必要はあると考えている。経済面で言えば、イギリスにとって最大の貿易相手はEUである。ただ、ヨーロッパを国別にすると様相が違ってくる。二〇一三年、イギリスからの輸出品を世界で最も多く買った国はアメリカだ。全体に占める割合は一三・四パーセントにもなる。二位はドイツで九・八パーセント。二国に続くのがオランダ、フランス、アイルランドである。ドイツ、オランダ、フランス、アイルランドを合計すると全体の三一パーセントになる。つまり、約三分の一は、海をはさんで向かい側の国々が相手ということだ。ベルギーとスカンジナビア諸国は合わせて一〇パーセントなので、約四〇パーセントは北海周辺諸国と言ってもいい。

経済的には、やはり今でもイギリスにとって北海をはじめ、周囲の海がすべて重要ということになる。全体的に見ればそう考えて間違いない。国別には、アメリカが最も重要な顧客となっている。歴史的には国家の安全保障にとって最も重要で、互いに大きな影響を与え合ってきたヨーロッパ諸国は今やどこも個別にはアメリカほどの経済パートナーではなくなった。だが、かつての植民地だったアメリカは、今も重要な存在であり続けている。残りのヨーロッパ諸国や中国を含むその他の国々は、輸出全体の半分ほどだ。

イギリスがEUとあまり密な関係を築きたがっていないのは明らかだ。自らも加盟国であるが、一定の距離は保っておきたい。理由は文化の違いではなく、彼らの国家戦略にある。現在のイギリスには、ヨーロッパの大国に介入してその力の均衡を保つような力はない。しかも、細分化が進み、互いに矛盾した要求を多く抱えたヨーロッパに深く関わると、イギリスが非常に困った状況に置かれる恐れもある。大きな損害を被ることもあるだろう。欧州中央銀行への依存も避けたいし、うっかりどこかの二国間の問題に政治的に介入して、両方から攻撃されることも避けたい。ヨーロッパへの関心がないわけではない。特に関心を寄せるのは北海周辺諸国だ。彼らは大切な貿易相手でもある。EUに加盟していれば、他の加盟国は自由貿易圏になるので、市場にしやすい。それがイギリスにとって重要なEUの価値だ。通貨の統一や、ましてや欧州合衆国を目指すことには興味がない。

この「どっちつかず」の状態を保つため、イギリスは最大の経済パートナーでもあるアメリカとの関係を大事にしている。それは経済関係だけにとどまらない。イギリスは、計画的に縮小したとはいえ、今もかなり大きな軍事力を維持している。多くはヨーロッパ向けだ。だが、その目的は結局、何なのだろうか。イギリス軍は、世界のほぼどの場所でも単独で動くことはできない。それでも一定の軍事力を維持するのは、アメリカとの間に依存関係を作るためだ。何かあればアメリカはイギリス軍に依存するという状況になっていれば、二国でEUの対抗勢力になり得る。両国軍に確かに依存関係があることは、近年イスラム世界でアメリカが起こしたいくつもの戦争で皆、知っていることだ。

イギリス軍の力は決して小さくない。他の同盟国軍とは違って、象徴的な兵力ではない。特殊空挺部隊（SAS）など、多くの作戦で重要な役割を果たしている部隊もある。しかし、アメリカがイギリス軍から得る最も大きな利益は政治的なものだ。イラク攻撃にたとえフランスやドイツが反対しても、ヨーロッパの小さな国々に加えてイギリスが賛成したということは、アメリカにとって極めて重要だった。イギリスの支持があるのとないのとでは、作戦の正当性が相当に違って見えるからだ。

アメリカが始める戦争を常に支持するようなイギリスの姿勢は、もちろんヨーロッパでは多くの批判も浴びている。だが、背後には重要な目的があるわけだ。フランスもアメリカと自国が特別な関係にあることを何かにつけ強調する。その関係は頭の中にだけあり、現実に存在するものとは言えないだろう。イギリスのアメリカとの特別な関係は間違いなく本物である。実際の行動に基づくものだからだ。イギリスはアメリカにある程度の要求ができる。アメリカが何かの分野で大きな成果をあげれば、その恩恵を受けられることもあるだろう。最新のテクノロジーを提供してもらえることもあり得る。EUで最大の経済力を持っているわけではないイギリスが、アメリカの支援のおかげで実力以上のことをする可能性もあるのだ。

イギリスにとってバランスが大事というのは今も変わっていないのだが、そのバランスは昔より複雑なものになっている。背景に複雑な事情、複雑な動機があるからだ。ただし、その究極の目的は明確である。イギリスの国益を守ることだ。大陸ヨーロッパとの関係は保つ必要があるが、泥沼の状況にいつの間にか巻き込まれて身動きが取れなくなり、大損害を被るような事態は絶対に避けねばならない。昔からそうだったが、イギリスは今も常に最悪の事態を避けるべく、周囲の国々を巧みに操っている。アメリカも、フランスも、そしてドイツも、その他の国もだ。力は弱まったとはいえ、ただどこかに、誰かに従属するようなことは決してない。アメリカ主導の戦争を常に支持するのは、弱まった力を補うための戦略である。必要に応じてアメリカの力を借りるわけだ。輸出の市場を確保するためには、EU加盟国の資格を利用する。ただし市場としている国にある程度以上、深く関わることはない。

イギリスに危機が訪れるとしたら、それはEUからではないだろう。危機はアメリカから訪れる。ヨーロッパでの地位を保つために利用しているはずのアメリカが危機の原因になるのだ。イギリスはヨーロッパ内の大国の一つにすぎないが、アメリカは世界の超大国である。イギリスはヨーロッパとアメリカとを天秤にかけているが、アメリカは地域と世界全体とを天秤にかけている。イギリスはアメリカにとって地域の一部分にすぎない。にもかかわらず、一定の影響力を持てたのは、アメリカにとって「有用」だからだ。今後もその影響力を失いたくないと思えば、アメリカが何か紛争に関わる度にそれに追随しなくてはならない。自らの身を守るために積極的にどこかの紛争に関与する、イギリスはそんな世にも珍しい国家になっている。

ただ、イギリスはどの紛争にも、昔のような関わり方はできなくなっている。今もヨーロッパ大陸に対して影響力を持ってはいるが、紛争を終わらせるような決定的な力ではない。かつて植民地だった国でも、平和維持活動に参加することはあっても、自分たちへの反乱軍と戦うことはない。北アイルランドで民族紛争が再燃することがたとえあっても、それをイギリスが自ら武力で鎮圧するようなことはない。イギリスがそんなことをする時代は去った。

英仏海峡は現在も引き続き境界地帯であり続けているが、静かな境界地帯であり紛争の火種ではない。

ライン川周辺と同様、そこから紛争が起きる可能性は低い。確かに、万一ベルギーが分裂することでもあれば、極右、あるいは極左政党が政権を取るなどしてフランスが極端な行動に出れば、事態は一触即発ということになるかもしれない。だがそれは、本当に万が一という話でしかない。アメリカが世界の海を支配している限り、アメリカとの関係を維持している限り、イギリスは少なくともヨーロッパでは平和に生きていられるし、その風変わりな文化も残ることになるだろう。

イギリスにとっての紛争の火種は、世界中のどこになるかはわからない。歴史を見ればそれは当然のこととも言えるが、今のイギリスが特殊なのは、紛争に巻き込まれる場合には選択の余地なく巻き込まれてしまうということだ。たとえば、再び力を持ち始めたロシアがますます強くなれば、アメリカは、ロシアとヨーロッパ大陸の境界地帯に大部隊を展開するかもしれない。その時もイギリスはアメリカに追随して動くのである。それは、ヨーロッパの中で、紛争後の世界で一定の影響力を持つために支払う代償だ。

一つ大きな不確定要素があるとしたら、スコットランドだ。スコットランドは、元は独立した王国だったが、一七〇七年にイングランドと合同してグレートブリテン王国の一部となった。現在のイギリスの国旗は、イングランドの国旗（セント・ジョージ・クロス）とスコットランドの国旗（セント・アンドリュー・クロス）を組み合わせたものになっている。イギリスを支配してきたのは常にイングランド人で、スコットランド人は不平を言いながらも、大きな反乱を起こすには理由に乏しかったため、今日まで合同が続いてきた。市場や科学技術の実用性を重要視したスコットランド啓蒙主義は、イギリスやその他の国で産業革命が進むための知のエンジンとなった。また、注目されている北海油田はスコットランド沖にある。

スコットランドでは現在、独立運動が盛んになっている。二〇一四年に実施された独立の是非を問う住民投票では、約四五パーセントがイギリスからの独立を支持するという驚くべき結果が出た。ヨーロッパ全体に起きている動きに影響を受けている部分もあるのだろう。民族自決を訴える声が近年、各国でさらに高まり、ヨーロッパの細分化がますます進んでいるからだ。ただ、スコットランド独立の場合は、ナショナリズムの高まりよりも、利益追求の側面が強い。そのため、独立に抵抗するイギリス側の反論でも、経済の問題に触れる場面が多くなっていた。何世紀もの戦いの歴史を背景に両者のプライドと怒りがぶつかり合う、といった状況にはならない。

重要なのは、スコットランドが国家主権を取り戻そうとしたことではない。独立を求める側にも、止める側にも熱情が感じられないことだ。「ビロード離婚」と呼ばれた穏やかなチェコとスロバキアの分離を思い出す人もいるだろう。だが、彼らの統合は元来、外部の人間が勝手に決めたことで、その際には特に大きな争いもなかった。熱情のない「結婚」だったわけだ。イングランドとスコットランドは違う。勝者であるイングランドでも、敗者のスコットランドでも、多くの人の血が流れた末の合同だったからだ。無数の陰謀や裏切りがあり、何度も激しい戦いが繰り返された。両者の結びつきには、核エネルギーのような力がはたらいていても不思議ではない。強く結びついた二国が分離するとなれば、核分裂で大きなエネルギーが解放されるように、何かとてつもない事件が起きてもおかしくはないはずである。ところが、そんなことは一切なかった。過去何世紀の間のどこかで、イングランドもスコットランドもそのエネルギーを失ったのだ。スコットランドが独立を望むのならば、いつか独立する可能性はある。しかし、そこに怒りや憎しみはない。アイルランドがイギリスから離れた時とは違うし、北アイルランドで紛争が過熱していた時とも違う。

スコットランドが独立しても、イングランドの反対で問題がこじれても驚きはない。またそこでまったく戦争が起きなくても、驚くにはあたらないだろう。イングランド人は、オーウェルが言うように「鈍重だが礼儀正しい」のである。スコットランド人も長年のつき合いでそれに影響されている。スコットランドはもしかすると、特にヨーロッパにおいては、これまでとは違う新たな種類のナショナリズムがあり得ることを証明するかもしれない。それは、他者への憎しみではなく、自分自身への愛情に動かされたナショナリズムである。

第16章　終わりに

この本で書いてきたことは主に三つだ。一つは、ヨーロッパはなぜ世界を支配できたのかということ。政治、軍事、経済、知、あらゆる面でヨーロッパが世界を制覇した理由を探った。次に、一九一四年から一九四五年までの間にヨーロッパが覇権を手放すことになったのはなぜかということ。果たしてヨーロッパの何が問題だったのかを考えた。三つ目は、今後のヨーロッパはどうなっていくのか、ということ。一九四五年以降は全体としては平和が続いたが、今後も同じなのか、それとも再び昔のヨーロッパに戻ることはあるのか。三つ目の問いに答えるには、どうしても最初の二つに答えなくてはならない。だが私がこの本を書いたのは、結局は三つ目の問いに答えるためである。

ごく簡単に言えば、ヨーロッパの紛争の歴史はまだまったく終わっていない、ということになる。ヨーロッパの基本的な構造は昔と変わっていない。狭い土地が多数の地域に分かれ、数多くの国民国家がひしめき合っている。そこには長い、怒りと憎しみの歴史があった。中にはそんなことをすっかり忘れたかのようにふるまっている国もあるが、だからといって歴史が消えたわけではない。それが前面に出ている国も、背後に隠れている国もあるが、いずれにしてもヨーロッパ人の他のヨーロッパ人に対する怒りと憎しみが今も変わらずに存在することは確かだ。

一九四五年から一九九一年は平和の時代だったが、その平和はヨーロッパ人の力で得られたものではない。アメリカとソ連がヨーロッパで対峙していたために結果的に得られたものだ。続く一九九一年から二〇〇八年までの平和は、一応、ヨーロッパ人の力によるものである。この間は経済が概ね好調だったことと、ドイツがヨーロッパ統合に熱心に取り組んだことによって、大きな戦争が避けられ、全体的には平和が保たれたと言える。ただし、まったく戦争がなかったわけではない。ヨーロッパの中心部では起きなかったというだけで、戦争は起きていた。そして、二〇〇八年以降、いよいよヨーロッパが試される時が来ることになった。今もそれは続いている。EUに対する期待は、実態に合わないものだったことが明白になった。EUの真の姿が露呈したのである。再び大国となったドイツに対する不安も生まれた。静かだったロシアが存在を主張し始めた。こうしたことすべてがヨーロッパの今後に影響する。果たして何が待ち受けているのか、予想することは難しい。

二つの大戦のような大戦争がヨーロッパで再び起きるとは私は考えていない。それは、もはやヨーロッパが世界の政治体制や文化の中心ではないからでもある。三一年の間に二度も大戦が起きたのは、当時、世界のどこにもヨーロッパを止められる力が存在しなかったからだ。現在は、アメリカが当時よりも強力な国家として君臨している。一九一八年と一九四五年に戦争を終わらせたのも、結局はアメリカだった。冷戦時代にもアメリカの力で戦争の発生は抑えられていた。現在でもそれはあり得るだろう。ヨーロッパに今、存在する紛争の火種は小さいものばかりで、実際に起きている戦争も小規模である。もしヨーロッパ全体を巻き込む大戦争が再び起きれば驚きだが、しばらくの間はまずあり得ない。とはいえ、何の摩擦も起きないとは考えられない。今のところ紛争が起きるとは想像できない二国間で摩擦が生まれることも十分あり得る。ヨーロッパは特殊な場所ではない。戦争は何も「歴史に学ばなかったから」起きるわけではないし、その人たちの人間性が悪いから起きるのでもない。戦争が起きるのはまず、利害の対立があるからだ。利害の対立があまりに大きくなり、戦った場合に生じる結果の方が、戦わなかった場合に生じる結果よりもましだ、と判断した時、人間は戦争をする。

長い時間が経過するうちには、必ずどこかでそんな利害の対立は起きる。いくら起きないようにと願っても、防ぐことはできない。ヨーロッパ人も人間なので例外ではない。平和が続くようにと願うだけでは、戦争は防げない。悲しいことではあるが、事実は事実だ。

ヨーロッパは過去のような覇権的な地位をすでに失っている。全体ではまだかなり大きな経済力を持っている。ただ、経済はいわゆる「ソフトパワー」の一部であり、安全保障、平和に依存するものだ。海や空を自由に安全に利用できなければ経済は成り立たない。他国に貿易を拒否されては困るし、投資した海外の資産が攻撃の対象になってもいけない。ヨーロッパは今でも先進的な科学技術を有しているし、経済的にも豊かである。ヨーロッパ諸国と関われば、何からの利益になる可能性が高いということだ。その関係を拒否する力を持っていれば、他国は脅威に感じる。無視のできない脅威である。

ヨーロッパ人の投資資産や、ヨーロッパ人が結んだ商取引上の契約をどこまで尊重してもらえるかは、結局、将来への期待にかかっている。今後、さらに投資の促進、取引の活発化などが期待できれば、自然に尊重するに違いない。かつてヨーロッパの経済大国が後ろ盾にしていたハードパワーはもはや失われてしまった。中国やロシア、アメリカなどは経済大国であると同時に軍事大国でもある。彼らは他国にヨーロッパと同様の利益をもたらすことができるのに加え、契約違反などあった場合には武力による報復も可能である。つまり、尊重を怠った場合の結果が、ヨーロッパ相手の時より重大なものになる恐れがあるということだ。現状、それが問題になることはないが、世界的な大国どうしに利害の対立が生じると、ヨーロッパがその間で板挟みになることはあり得る。ハードパワーの欠如によって追い詰められることもあるだろう。「裕福だが弱い」というのは危険な状態なのである。

ヨーロッパ人もやはり、狼のいる世界に生きている。以前からいる狼に加え、最近はまた新たな狼も現れている。ドイツ、フランス、イギリスなどの大国なら経済力を盾にすることは可能だろうが、その他の諸国には難しくなる恐れがある。経済力だけで軍事力がないと特に厳しい。まず、ともかくアメリカに対抗できない。これが現在のヨーロッパを理解する上で、最も重要なポイントである。ヨーロッパ諸国に対しては、どの国であっても、軍事力を使って脅しをかければ、ほぼ間違いなく優位に立つことができる。おそらく相手は金銭で解決しようとするか、問題を無視して過ぎ去るのを待つか、黙って言うことに従うかのいずれかだ。少なくともすぐには戦おうとしない。

重大な紛争はすでに起きている。ロシアとヨーロッパ大陸の間の、境界地帯をめぐる紛争だ。主な焦点となるのはウクライナである。バルト三国がEUとNATOに加盟した今は、ウクライナをどうするかが東西両側にとって問題になる。ここでの紛争がどこから始まったのかについては、見方が分かれている。西側の主張では、大統領の腐敗と圧政に対して民衆が暴動を起こしたのがきっかけということになる。ロシア側は、合法的に選ばれた大統領が、アメリカやヨーロッパの手先の暴徒によって追放されたのがきっかけだと主張する。

どちらが真実かは大した問題ではない。真の理由はウクライナの地理的位置にあるからだ。ウクライナは、ロシアにとっては南の緩衝地帯になり得る国である。この国がヨーロッパ大陸の側についてしまえば、ヨーロッパの勢力圏からヴォルゴグラードまでは三〇〇キロメートルほどの距離に縮まってしまう。ヴォルゴグラードはソ連時代にはスターリングラードと呼ばれ、第二次世界大戦中にソ連が死力を尽くし多くの犠牲者を出して守った場所だ。ウクライナがNATOに加盟するようなことがあれば、NATOは第二次世界大戦中のヒトラーとほぼ同じところまで進出して来ることになる。バルト三国とウクライナに挟まれるベラルーシも、そうなると西側についてしまうのは時間の問題だ。ロシア寄りの現政権がいつまでも続くわけではない。かつてのロシア帝国、ソ連の時代には、国境からかなり東に入ったところにあったスモレンスクも、西側と直に対峙する場所ということになってしまう。ヨーロッパ大陸は全体が仮想敵の手に渡る。

国の意図が短い間に簡単に変わり得るということをロシア人はよく知っている。ヨーロッパもアメリカも現段階では悪意などないのかもしれない。しかし、国の意図も能力も本当に短期間で変わってしまうのだということをロシア人は歴史から学んでいた。ドイツは一九三二年の時点では弱い国だった。政治的にも分裂していて、軍事力などないに等しかった。ところが、一九三八年にはヨーロッパ大陸でも最高の軍事大国になっていたのである。国の意図も能力も、まさしくめまいがするような速度で変わっていった。ロシア人にはその時の記憶や、一九世紀のクリミア戦争の記憶もあった。彼らは必ず最悪を想定する。そして、現実が最悪の想定どおりになることも多いのだ。

ロシアの軍事力はソ連時代ほど強力ではない。今の軍隊はいわば過去の名残りのようなものだ。ただ、それでもヨーロッパ諸国の軍隊よりは強い。つまり、ロシアはヨーロッパを実際に攻撃しなくてよい。またウクライナの経済が苦境にあること、ドイツにはロシアと敵対する意思がないこと、そしてウクライナはアメリカから遠いこと、などはすべてロシアにとって好都合だった。ウクライナはロシアにとって非常に大事な場所だ。ヨーロッパにとっても、ロシアとの間の緩衝地帯となるため重要である。しかし、アメリカにとっては、両者に比べてはるかに優先度が低い。ヨーロッパは自らの力でなんとかするしかなく、しかも、経済力をてこにするわけにはいかない。ロシアはウクライナを重視しているだけに、経済的理由からウクライナを好きにさせておくようなことは決してない。さらにロシアには切り札があった。天然ガスだ。ヨーロッパにはロシアの天然ガスがどうしても必要である。ガスを送ってもらうには政治的代償を支払わねばならない。

ロシアは西の緩衝地帯を再建しようとしている。ヨーロッパとアメリカは、緩衝地帯の必要そのものを否定し、ロシアに考え方の変更を求めるだろう。しかし、ヨーロッパに十分な軍事力がないため、公平なゲームはできない。境界地帯の「第二層」に属する国々、ポーランド、スロバキア、ハンガリー、ルーマニア、ブルガリアなどは、軍事力に頼るなど時代錯誤の態度だというヨーロッパ的な考え方を受け入れているが、ロシア軍が西へと進み始めれば、どうなるかわからない。最大の問題は、ロシアがどこまで行くのかということだ。

この問いに答えるには、もう一つの問いに答える必要がある。ヨーロッパの東端の防衛力はどのくらい弱いのかということだ。ロシアはヨーロッパに本格的に侵攻しなくても大きな力を得ることができる。ヨーロッパの防衛力は、細分化が進んだことと、ＮＡＴＯが弱体化したことで著しく低下し、無防備と言ってもいいほどになっている。また、経済危機がまだ解決していないことから、特に東の国は強く支援を求めている。ロシアの経済は世界第八位の規模だ。深刻な弱点を抱えた経済とはいえ、ハンガリーやスロバキアくらいの国に救済のための投資をするくらいは何でもない。彼らをロシア側に引き入れれば、ポーランドやルーマニアなど比較的大きな国も、孤立を恐れロシアへの態度を和らげるということもあり得る。

境界地帯の国々が防衛力を強化するという対策も理屈では妥当なように思える。しかし、彼らが強い同盟関係を結ぶのは難しいのではないか。細長い領域の防衛は容易ではないし、どの国も他国からの軍事的攻撃への対応には長《た》けていない。経済的な懐柔によって同盟を突き崩される危険性も高い。ヨーロッパ大陸の他地域の国々からの相当な協力がないと、とても成功しないだろう。経済面、軍事面両方の支援がいる。鍵となるのはドイツの協力だ。

ドイツはヨーロッパでは最大、世界でも第四位の経済大国である。世界第三位の輸出大国でもある。必然的に経済のレンズを通して世界を見ることになる。一九四五年の敗戦はドイツにとって悲劇だったが、その体験が、後の発展の原動力にもなった。軍事に気を取られず、経済に集中したことで、今日の繁栄を築くことができた。そのため、どうしても軍事的な行動を不合理なものと見る傾向がある。問題は、軍事行動を起こすかどうかドイツの一存で決められるとは限らないということだ。もしロシアが、東ヨーロッパ諸国の弱さを利用するようなことがあれば、ドイツも何らかのかたちで軍事力を使う決断をせざるを得ないかもしれない。ロシアとの同盟を模索するという選択肢もなくはないが、ドイツの軍事力が弱いままだと、その同盟が危険な罠になる恐れがある。東ヨーロッパ諸国の連合を支援することでロシアを牽制しようとするかもしれない。あるいは、自らの手でロシアを東に押し戻せるよう、軍備を増強するという選択肢もある。

ドイツとロシアの間の境界地帯は、元来、紛争の火種になる場所だが、最近はより火のつきやすい状況になっている。ロシア周辺でそこだけが火種というわけではない。コーカサスは今もそうだし、ロシア人は自ら火種の温度を上げてもいる。アルメニアと長期的な条約を結び、かなりの規模の部隊をそこに派遣するなどしているからだ。これで、西側の支援を受けたジョージアは、ロシアとアルメニアに挟み撃ちされるような格好になった。また、これはアゼルバイジャンへの脅威にもなった。アゼルバイジャンは、ヨーロッパにとってロシアに代わり得る有力なエネルギー供給国である。

当然、トルコも無関係ではいられない。トルコ人とアルメニア人は、大虐殺の悲惨な記憶もあって、互いに強い敵意を抱いている。一方でトルコは、ロシアのエネルギーに依存してもいる。少なくとも代わりの供給源が見つかるまでは依存せざるを得ないだろう。おそらく代わりを見つけるのは難しいので、トルコはロシアと明確に敵対することはできない。ただ、ソ連崩壊後に独立した国々は、トルコにとっては、ロシアとの間の緩衝地帯となって好都合だった。緩衝地帯が消滅し、ロシアの影響範囲が拡大すると、冷戦時代と同じ状態に逆戻りしてしまう。それは困る。こうした事情から、トルコとロシアは、特にアゼルバイジャンをめぐって政治的に対立するようになった。

トルコの立場は複雑だ。いずれは世界的な大国になるだろうが、まだそうなってはいない。現在は循環的な景気後退期に入っていて経済は好調とはいえず、内部には政治的緊張も抱えているが、どちらも長く続く問題ではないと思われる。トルコが世界的な大国となるのは、経済力が強いからだが、周囲の混乱状況もトルコの発展に大きく寄与すると考えられる。混乱によって、トルコには、投資と交易の機会が生じるからだ。もちろん、トルコ自身が紛争に巻き込まれてしまう危険性もある。トルコには黒海が重要で、そのため対岸のウクライナとは黒海をめぐって利害が対立しやすい。イラクやシリア、アラビア半島との間にも利害の対立はある。黒海の緊張が高まり、国の南も東も不安定で軍事衝突すら起きるような状況だとすれば、トルコの周辺でひとまず平穏なのはバルカン半島だけということになる。この何世紀もの歴史からわかるのは、バルカンの平穏は長くは続かないということである。ヨーロッパ大陸を除けば、トルコの周囲は紛争の火種ばかりというわけだ。

トルコとヨーロッパ大陸との関係は、ヨーロッパと北アフリカという、より大きな関係の中で考える必要がある。これには二つの次元がある。一つは、北アフリカ、特にリビア、アルジェリアから南ヨーロッパへのエネルギーの供給だ。この流れはヨーロッパにとって極めて重要なものである。供給されるエネルギー自体もそうだが、ロシアの代替となるという意味でも大切になる。だが、リビア、アルジェリア、特にリビアの状況は不安定になっている。リビアで内戦が発生した時には、フランスとイタリアが軍事介入に賛成した。フランスは空爆を開始したが、アメリカに対しては早期警戒管制機（AWACS）による戦闘管理を要請している。フランス単独では作戦行動を維持できないことが明らかになったわけだ。結局、指導的な役割を担ったのはアメリカだった。この軍事介入、特にその余波はアメリカにとって幸せな体験ではなかった。

ヨーロッパは、エジプトで起きたような出来事に対処する際、アメリカに頼るのが常だった。ところが、アメリカの側は、以前に比べ、対応する態勢が整っていない。エジプトの問題は、これまでの経緯から見て今後も拡大する恐れがある。アメリカは、今のところ北アフリカに対し差し迫った利害を持たない。過激なイスラム運動には対処するが、それ以上のことをする気はない。たとえば、政権の交代を目論むようなことはあり得ない。ヨーロッパは違う。北アフリカからのエネルギー確保は、ヨーロッパにとってはどうしても必要なことである。

二つ目は、北アフリカとトルコからヨーロッパへの、移民の大量流入という次元だ。この移民流入は、元はといえば、安い労働力を求めたヨーロッパの側から誘導したものだ。にもかかわらず彼らの存在は、ヨーロッパ内部に強い緊張を生むことになった。この緊張が、EU加盟国間であれば、ほぼビザなしで出入国ができるという現在の体制を脅かすまでになっている。デンマークのように、イスラム教徒の入国を規制したいという意向を示す国も出てきている。またイスラム教徒の移民は制限すべきということで、EU全体の意見は一致しつつある。北アフリカ諸国にとってこれは重大な問題であり、ヨーロッパへの強い反感も生じている。地中海を越えてのテロ行為や、北アフリカ諸国の政権への脅威にもつながり得る。ヨーロッパはその事態に否応なしに巻き込まれることになる。

ヨーロッパ内部では、極右政党が勢力を拡大することも懸念される。金融危機や失業率の上昇などにより、既存の政党は信頼を失っているし、ヨーロッパ統合の理念を支持する人も減っている。ハンガリーやフランスなどで極右政党が支持を集めているのは必然とも言える。極右政党に共通するのは、EUへの敵意と、激しい反移民感情だ。自国の国益を優先し、ヨーロッパのエリートたちが掲げるような国境を越えた利益は二の次とする。彼らへの支持は、まだ政権を奪うのに十分なほどには高まっていない。しかし、連立政権の一部を構成するまでになった党もあり、得票を急速に伸ばした党もある。

ライン渓谷、英仏海峡、その他、古くからあるヨーロッパの紛争の火種は、今のところ総じて静かだ。フランスとドイツの緊張は高まってはいるが、火種に火がつくような状態からは遠い。ただ水面下では、紛争の原因になりそうなロマンティック・ナショナリズムに火がつきかけている。多国籍な組織に権限を移譲することの正当性に疑問が投げかけられているのだ。それによって古くから存在する国家間の紛争が再燃する恐れがある。極右政党の存在はそんな水面下の動きのごく一部にすぎないが、それ自体も無視はできない。ともかく経済に関する主権を移譲してしまうことに対する不安が全体に高まっていることは間違いない。

当面、紛争の火種と言えばまず、EUの縁の部分である。だが、EUそのものも揺らいでいる。今のEUは大きく四つに分かれてしまっている。ドイツとオーストリア、その他の北ヨーロッパ諸国、地中海諸国、そして境界地帯の諸国である。四つ目は、過去の緩衝地帯を取り戻そうとするロシアの動きに直面している。地中海諸国では、高い失業率が悩みとなっている。大恐慌時代のアメリカより失業率の高い国すらある。北ヨーロッパ諸国は他の地域に比べれば問題が少ない。中でもドイツは比較的、良い状態だ。

EUは四つに分かれており、境界線を越えると、置かれている状況も、抱えている問題も見事にまったく変わる。体験する現実はそれぞれに違い、その違いは決して埋められない。どうすれば埋められるのか、想像してみることすら難しい。しかも、四つの違いはいまだに広がり続けている。いったんは統合しかけたように見えたヨーロッパは、再び元の国民国家の集まりに戻りつつある。彼らが超越しようと努力していた歴史にまた戻りつつあるのだ。

現在のヨーロッパの問題は、実は彼らの最も偉大な時代、啓蒙主義の時代に抱えていたものと同じである。問題の源は、たとえ魂を売り渡してでも、あらゆるものを手に入れたいという欲望にある。現在、彼らは、何も売り渡すことなくあらゆるものを手に入れたいと望んでいる。何より欲しいのは永遠の平和と繁栄だ。どの国も、自らの国家の主権は従来どおり保持し続けたい。ところが一方で、他の国には、国家の主権を従来と同じようには行使して欲しくない。

彼らは皆、「ヨーロッパ人」でありたいと望みながら、ヨーロッパ全体で運命を共有することは望んでいない。皆、自分の母語を使い続けたいと望んでいるが、そのことが完全な相互理解を妨げるとは思っていない。勝利を得たいとは思うが、そのために危険を冒すのはいやだ。完全な安心を得たいとは思っているが、自分の身を自分で守るつもりはない。

そこにはロシアの存在も大きく関わってくる。陸に閉じ込められたこの国を打ち負かすことはできない。ロシアの存在がある限り、ヨーロッパ大陸の安全が確保されることはないだろう。一九九一年にヨーロッパの新しい歴史が始まった。ソ連が崩壊し、EUが誕生したのである。二〇一四年、弱っていたように見えたロシアが再び力を持ち始め、EUとの境界にあった紛争の火種も復活した。また新たな歴史が始まったのである。EUの可能性には誰もが夢を抱いた。しかし、その夢はなんと短かったことだろう。ヨーロッパの最も危険な紛争の火種が二〇一四年に復活したことも驚きだ。第一次世界大戦が始まってからちょうど一〇〇年だった。ヨーロッパの地獄への降下が始まってから一〇〇年という年である。

いったん地獄に落ちたヨーロッパは、そこから這い上がった。ところが、ファウストですら、完璧な知識と引き換えに魂を売ったのに対し、現代のヨーロッパ人たちは、何の代償も支払わずに完璧を欲したのだ。だが、何事にも必ず代償が発生する。代償が何かを知らないというのは、最も危険な状態である。ただ、おそらく本人たちも知りたくはないのだろう。

最初にあげた三つの問いのうち最も重要な「今後のヨーロッパはどうなっていくのか」に答えるには、あの戦いの三一年間とは訣別できたのか、ということについて考えてみる必要があるだろう。答えはノーだ。ただし、完全なノーというわけではない。重要なのは、ヨーロッパはもはや世界の中心ではないということだ。今はあくまで世界を構成する一部分でしかない。何かがあった時に世界に及ぼす影響はかつてに比べるとはるかに小さくなっている。二〇世紀の前半とは違い、ヨーロッパでの大戦争の発生を止められるだけの大きな力が現在はヨーロッパの外に存在する。アメリカだ。だが武力による問題解決はヨーロッパでは時代遅れになったという考え方は誤りである。それは幻想でしかない。過去においても幻想だったし、これからもそうであり続けるだろう。すでにわかったとおり、ロシアは自らの権威を取り戻そうと立ち上がっている。ドイツは、自らの国益とEUの利害の狭間で苦しんでいる。今、二つの利害は同じではないということである。

人間が戦争をするのは、愚かだからでも、過去に学んでいないからでもない。戦争がいかに悲惨なものかは誰もが知っており、したいと望む人間はいない。戦争をするのはその必要に迫られるからだ。戦争をするよう現実に強制されるのである。ヨーロッパ人はもちろん人間なので、他の地域の人間と同様、あるいは過去の彼らと同様、いつでも悲惨な戦争を選択せざるを得ない状況に追い込まれる可能性はある。戦争か平和か、その選択を迫られる時は来る。ヨーロッパ人は過去に何度も戦争を選択してきた。今後も選択する時はあるだろう。まだ何も終わってはいない。人間にとって重要なことは、いつまでも終わることはないのである。

謝辞

本書の出版にあたっては大勢の人たちの力を借りることになった。この場を借りて感謝の言葉を述べておきたい。まず、私の良き友人であり、編集者であるジェイソン・カウフマン。彼は、今回も忍耐強く私を本書の完成まで導いてくれた。また、原稿について示唆に富むコメントをくれ、仕上げの編集作業にも取り組んでくれたロブ・ブルームにも感謝したい。やはり良き友人であり、私の著作権代理人でもあるジム・ホーンフィッシャーにも礼を言いたい。彼は私に出版ビジネスの何たるかを教えてくれた。

原稿を読んでコメントをくれ、かなり厳しく批判もしてくれたストラトフォーの仲間たちにも感謝している。中でも特に辛辣だったのが、ロジャー・ベイカー、リーヴァ・バーラ、アドリアーノ・ボゾーニ、アントニア・コリバサヌ、アリソン・フェディルカ、レベッカ・ケラー・フリードマン、ローレン・グッドリッチ、カレン・フーパー、ネイト・ヒューズ、マーク・ランセマン、ジョン・ミニックだ。その他の多くの人にも力を借りた。同じくストラトフォーの中で私の友人でもあるデヴィッド・ジャッドソンの名前も外すわけにはいかない。いつもユーモアあふれる態度で素晴らしい助言をくれた。グラフィックデザイナーのT・J・レンシングにも礼を言うべきだろう。長い時間をかけて多数の地図を作成してくれた。どれも本書で私が書いたことを理解する上で助けとなる重要な地図である。作業が滞りなく進むよう手伝ってくれたテイラー・クリストマン、広範囲の調査を完璧にこなし、貴重な情報を提供してくれたマット・パワーズにも感謝している。

そして最後に、妻であり、共著者でもあるメレディスに感謝したい。彼女自身は名前を出されたくないようなので、その意向には反することになるが、やはり礼を言わないわけにはいかない。いつものことであるが、本書も彼女なしでは決して完成しなかっただろう。

解説

作家・元外務省主任分析官
佐藤　優

ジョージ・フリードマン（一九四九年生まれ）は、外交やインテリジェンスの世界でも一目置かれた存在だ。フリードマンが創設した米国の民間調査会社「ストラトフォー」（STRATFOR/Strategic Forecasting, Inc.）は「影のＣＩＡ（米中央情報局）」と呼ばれることがある。それは、この会社が、怪しげな謀略や工作活動に従事しているからではない。ＣＩＡ、ＳＩＳ（英秘密情報部、いわゆるＭＩ６）、ＳＶＲ（露対外諜報庁）、モサド（イスラエル諜報特務局）などが行うのと同水準の情報分析能力がストラトフォーには備わっているので、「影のＣＩＡ」と呼ばれているのである。

本書のタイトルは、『新・１００年予測』であるが、実を言うと一〇〇年という単位の長期分析は、インテリジェンス機関では行わない。こういう長期の分析は、もっぱらアカデミズムの仕事である。本書では、過去の歴史を踏まえた上で、長期的な視野から優れたインテリジェンス分析と予測を行っているが、むしろ近未来の予測が重視されている。

近未来の情勢を予測するにあたって、インテリジェンス機関の分析技法が役に立つ。しかし、その技法には、熟練した分析官による職人芸的な要素があるため、ノウハウを外部に伝えることが難しい。ＣＩＡ、ＳＶＲ、モサドの組織には、管理部門、工作部門、分析部門、教育部門などが設けられている。

分析部門は、もっぱらデスクワークになるが、専門家と認定されるためには、最低、一つのテーマに一〇年間従事することが要請される。その間に何度も短期分析（数ヵ月から一年以内の未来について、誰が何を行い、その結果、どのような状況になるかについての精密な予測）、中期分析（五年以内の情勢について、誰がキーパーソンになるかを含む具体的な予測）、長期予測（五年以上の大雑把な流れについての予測。現在の構造が変化するかどうかの見通しが重視される）に関するレポート（分析メモ）の提出を頻繁に求められる。そして、予測が何度も外れる者は分析部門から去ることになる（大学やシンクタンクに転職する場合が多い）。

中期分析のノウハウは、具体的分析を積み重ねることによってのみ身につく。本書を読んで痛感したが、フリードマンは、中期分析に関して天賦の才がある。これは、フリードマンが中欧のハンガリー出身のユダヤ人であることと関係しているのであろう。周囲を大国と大民族に囲まれているために、中欧のユダヤ人は、アンテナを張りめぐらせ、情報を精査し、正しく分析した上で、素早く行動しなくては生き残れなかった。フリードマン一家もそのようにして生き残ってきたことが、以下の記述からうかがえる。

父はアメリカが好きだったが、それはアメリカにいれば安全だからだった。ヨーロッパから渡ってきた父が知っていたのは、命は大事であるということ、自分にとって最大の敵は自分の命を奪う人間であるということだ。それがすべての基本である。彼にとって世界は単純な場所だった。ヨーロッパは、狼のような人間と、その餌食になる人たちしかいない場所だった。アメリカは違う。アメリカには恐れるべき人も恐れる人もいなかった。父にとってはもうそれだけで望外の喜びだったのである。

父は決してロシア人を許さなかった。ナチスの生んだ恐怖を彼らが引き継いだからだ。父はフランス人も許さなかった。腐敗していて弱く、わずか六週間で戦争に負けてしまったからだ。自らの力で立とうとせず、フランスに頼っていたポーランド人も許さなかった。そして何よりもドイツ人を決して許さなかった。怪物のようになってしまったヨーロッパも許さなかったし、あまりにも簡単に自身を許したヨーロッパ人も許さなかった。父にとってヨーロッパは、怪物たちとその協力者、そして怪物の被害者たちしかいない場所だった。彼は二度とハンガリーにもヨーロッパにも戻らなかった。行ってみたいとも思わなかったようだ。大学生の頃、私は父に尋ねた。「ヨーロッパは以前とは変わったのだから、それを認めたらどうか」と。父の答えは「ヨーロッパは絶対に変わらない。ただ、何もなかったことにしてしまうだけだ」という明快なものだった。

今のEUを見ていると、父の言葉を思い出す。EUとはまさに「何もなかったことにしてしまう」ための機関だからだ。もちろん、皆、過去に何があったかは知っているし、その過去に嫌悪感を抱いていないわけではない。過去に起きたこと、見聞きしてきたことはすべて踏まえた上で、長らく存在してきた悪魔をヨーロッパから切り離そうとする試み、それがEUなのだろうと思う。（五三頁）

極めて鋭い指摘と思う。ヨーロッパは、本質においてエゴイスティックだ。文化と文明の衣の下に隠れているヨーロッパの民族と国家の本質を見極めないと、国際情勢の正確な予測はできないのである。フリードマンの強さは、国際政治学者が目を背けがちなヨーロッパの暗黒部を見据えているところにある。第一次世界大戦で一六〇〇万人、第二次世界大戦で五五〇〇万人の死者が発生し、さらにスターリンの下で殺害されたり、餓死させられたりした約二〇〇〇万人を加えると、一九一四年から一九四五年までの三一年間に九一〇〇万人が死んでいる。まさに二〇世紀は大量殺戮と大量破壊の時代で、その原因はヨーロッパにあるのだ。

フリードマンは、ウクライナ、トランスコーカサス地方、バルカン半島など紛争の火種となる地域について詳細な分析を行うが、それとともにEU自体が解体するシナリオも排除すべきでないと考えている。

中には、紛争が起きていると言っても、それは、ヨーロッパの中でも遅れている地域（バルカン半島）や、真にヨーロッパとは言えない地域（コーカサス地方）でのことなので、大した問題ではないと言う人もいる。だが、忘れてならないのは、バルカン半島は第一次世界大戦が始まった場所だということだ。また、チェチェン共和国や、ダゲスタン共和国など大コーカサスでは、現在、ロシアがイスラム教徒の反乱と戦っている。それも無視できない。他にも紛争が起きる恐れはある。そのすべてが取るに足らないものだと言うのなら、ヨーロッパの範囲を頻繁に定義し直さなくてはならないだろう。ソ連が崩壊しても、EUが設立されても、ヨーロッパの戦争は結局、終わらなかった。それは認めるしかない。

今のところ、EU内部に限って言えば、戦争は一度も起きていない。それは確かだ。ヨーロッパに紛争を求める本能のようなものがあるとしても、EUはそれをきっと抑えることができる、そう信じる人にとって、これまでEU内で戦争が起きていないことは強力な論拠となる。だが、ここで一つ疑問が生じる。もしEUが失敗して、加盟国がばらばらになったら、あるいはEUは存続してもかたちだけで何も有効に機能しなくなったとしたら。EUという組織が戦争の発生を抑えているのだとして、その組織が消滅するか、あるいは無効になるかしたら、何がヨーロッパの暴走を抑えるのか。

私は、EUは今、簡単に対処できない危機に直面していると考えている。このままではEUは失敗してしまう。問題は崩れたバランスを取り戻せるかどうかだ。私はバランスを取り戻せないだろうと思っている。問題は構造的なものなので、必然的に失敗することになる。ヨーロッパの統合が紛争を防いできたというのが本当なら、EUなしでは、バルカンやコーカサスのような紛争が他でも起き、ヨーロッパの未来は多くの人の期待とは大きく異なるものになる。(二四五〜二四六頁)

ギリシャ危機で、EUの危機は現実の問題となっている。ギリシャが欧州共通通貨ユーロから離脱するような事態になると、ロシアが対ギリシャ支援に踏み切るかもしれない。その場合、ヨーロッパの秩序が抜本的に変化する。さらに英国がEUから離脱する可能性も強まっている。さらに英国からの分離傾向を強めているスコットランドが、EUへの加盟を求めるという錯綜した状況が生じるかもしれない。ちょっとしたボタンの掛け違いからEUが解体していくというシナリオも、二〇年くらいのスパンで見るならば、完全に否定することはできない。

さらにフリードマンの分析で秀逸なのは、トルコの近未来に関してだ。

地中海は今のところ静かだが、この状況は長くは続かないだろう。海も周囲の土地もあまりにも価値が高いために、どうしても争いは起きる。また元々多くの問題を抱えている地域でもある。アメリカとロシアの緊張が、さらに新たな紛争を生む恐れもある。北アフリカの状況によっては、経済的に危機にあり、国民の間に不満がたまっている南ヨーロッパで何か起きるかもしれない。そして注目すべきはトルコが発展しているという事実だ。必ずしも一直線に成長しているというわけではないが、周囲の多くの国々が衰退しているか、紛争状態にある中、徐々に強くなっている。トルコでは、オスマン帝国への回帰という懸念が急速に広まっている。世俗主義者は、そうなればシャリーア法国家になってしまうと恐れる。微妙な問題を含むため慎重な扱いを必要とするが、今後のトルコのあり方を大きく変える可能性はある。トルコの力が強くなれば、コーカサスやバルカンを含めたヨーロッパに長期的に大きな影響を与えることになるだろう。これまでのように単にトルコや他のイスラム諸国から多くの移民が来るということにとどまらない影響があるはずだ。（三七九〜三八〇頁）

トルコが、オスマン帝国への回帰という表象で、帝国主義的傾向を強めていることは間違いない。さらに、トルコのエルドアン政権には、スンナ派イスラム原理主義的傾向もある。トルコ帝国主義とスンナ派イスラム原理主義が複雑に絡み合い、トルコが世界の不安定要因となっていることも間違いない。

日本での新聞、テレビ、雑誌などで報道されない国際政治の動因をわかりやすく解明しているところに本書の特徴がある。国際政治に関心を持つ全ての人に本書を勧める。

二〇一五年六月三〇日

新《しん》・100年予測《ねんよそく》
ヨーロッパ炎上
2015年7月25日　初版発行
2015年8月10日　再版発行
＊
著　者　ジョージ・フリードマン
訳　者　夏目《なつめ》　大《だい》
発行者　早川　浩
＊
印刷所　株式会社精興社
製本所　大口製本印刷株式会社
＊
発行所　株式会社　早川書房
東京都千代田区神田多町2−2
電話　03-3252-3111（大代表）
振替　00160-3-47799
http://www.hayakawa-online.co.jp
定価はカバーに表示してあります
ISBN978-4-15-209550-3　C0031
Printed and bound in Japan
乱丁・落丁本は小社制作部宛お送り下さい。
送料小社負担にてお取りかえいたします。

100年予測

The Next 100 Years

ジョージ・フリードマン

櫻井祐子訳

ハヤカワ文庫ＮＦ

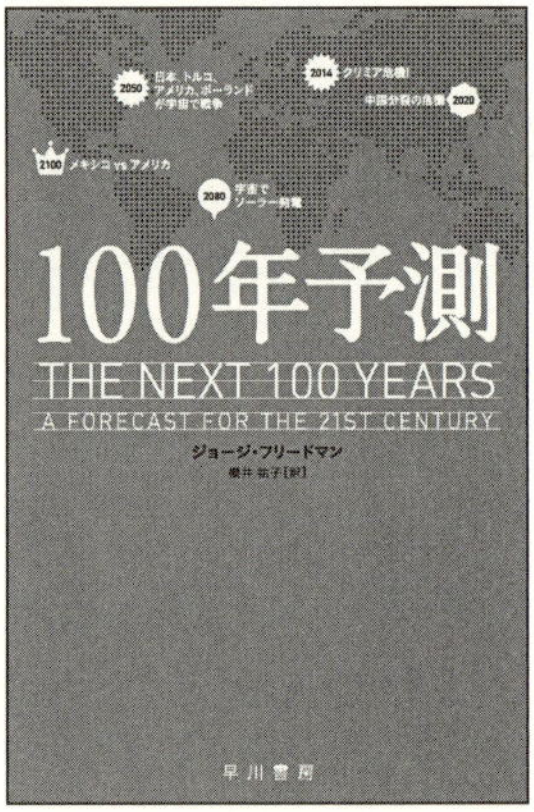

各国政府や一流企業に助言する
政治アナリストによる衝撃の未来予想

「影のＣＩＡ」の異名をもつ情報機関が21世紀を大胆予測。ローソン社長・玉塚元一氏、ＪＳＲ社長・小柴満信氏推薦！ 21世紀半ば、日本は米国に対抗する国家となりやがて世界戦争へ？ 地政学的視点から世界勢力の変貌を徹底予測する。解説／奥山真司

続・100年予測

The Next Decade

ジョージ・フリードマン
櫻井祐子訳

ハヤカワ文庫NF

中原圭介氏（経営コンサルタント／『2025年の世界予測』著者）推薦！
『100年予測』の著者が描くリアルな近未来

「影のCIA」の異名をもつ情報機関ストラトフォーを率いる著者の『100年予測』は、クリミア危機を的中させ話題沸騰！　続篇の本書では2010年代を軸に、より具体的な未来を描く。3・11後の日本に寄せた特別エッセイ収録。『激動予測』改題。解説／池内恵

ブレイクアウト・ネーションズ

――「これから来る国」はどこか？

Breakout Nations
ルチル・シャルマ
鈴木立哉訳
ハヤカワ文庫ＮＦ

「世界の頭脳１００人」に選ばれた投資のプロが、世界経済の潮流を読む

新興国の急成長の時代が終わった今、突出した成長を遂げられる国はどこか？　モルガン・スタンレーで２５０億ドルを運用する投資のプロが、20カ国を超える新興諸国をつぶさに歩き、今後ますます繁栄する国、そして没落する国を徹底予想する。解説／吉崎達彦